U0932204

普通高校“十一五”规划教材

办公自动化技术及应用

李明富　顾娅军　主　编

苏　波　陈　蕾　饶云波　副主编

北京航空航天大学出版社

内容简介

本书系统全面地介绍办公自动化的基本技术和应用。全书共10章,主要介绍办公自动化的理论知识以及办公自动化中的信息处理方法。第1章介绍办公自动化基本概念,第2章介绍办公自动化设备使用与维护,第3章介绍 Windows XP 操作系统,第4章~第7章分别介绍办公自动化软件 Word 2003、Excel 2003、PowerPoint 2003、计算机网络的应用,第8章介绍常用办公工具软件的使用,第9章介绍局域网的应用,第10章介绍局域网操作系统的安装与设置的方法等知识。

本书突出实用性,以培养实际技能为目的,可作为普通高等院校、高职院校办公自动化课程的通用教材,也可作为各类高教自考、成人教育、培训学校的教材,还可作为广大读者学习相关知识的参考用书。

图书在版编目(CIP)数据

办公自动化技术及应用/李明富,顾娅军主编. —北京:北京航空航天大学出版社,2007.9

ISBN 978-7-81124-108-2

Ⅰ.办… Ⅱ.①李…②顾… Ⅲ.办公室—自动化—基本知识 Ⅳ.C931.4

中国版本图书馆 CIP 数据核字(2007)第 084723 号

办公自动化技术及应用

李明富　顾娅军　主　编

苏　波　陈　蕾　饶云波　副主编

责任编辑　刘晓明

责任校对　戚　爽

*

北京航空航天大学出版社出版发行

北京市海淀区学院路37号(100083)　发行部电话:010-82317024　传真:010-82328026

http://www.buaapress.com.cn　E-mail:bhpress@263.net

涿州市新华印刷有限公司印装　各地书店经销

*

开本:787×960　1/16　印张:23　字数:515千字

2007年9月第1版　2007年9月第1次印刷　印数:4 000册

ISBN 978-7-81124-108-2　定价:33.00元

前　言

随着数字化技术的发展，计算机、通信、办公自动化工具进一步走向融合，计算机已经成为办公自动化最基本的工具。办公自动化利用先进的技术，使人的各种办公活动逐步由各种设备、各种人机信息系统来协助完成，达到充分利用信息、提高工作效率和工作质量、提高生产效率的目的。办公自动化自提出到现在已有了20多年发展历史。由于办公自动化技术的不断发展，办公自动化新产品不断地出现，办公自动化的内涵也不断地丰富和发展。越来越多的人已经认识到学会使用计算机的重要性，迫切希望掌握计算机的基础知识和操作技能，以便适应现代社会发展的需要。

同时，办公自动化已成为机关和企业现代化管理的必然趋势。在目前政府机构及企事业单位大力改革的外部环境下，办公自动化对提高政府机关或企业各部门的办公效率，提高决策的科学性、正确性，提高综合管理水平和竞争能力都有着十分重要的意义。构筑企业内部网，实现办公自动化，成为许多领导和信息主管部门的主要工作。

办公自动化在各行各业的应用，对使用办公自动化的人员提出了很高要求，从个体工作的自动化转向了现代办公自动化；现代的办公自动化系统通过计算机网络将所有员工联系起来，通过网络来完成大部分的办公工作，是全员的办公自动化。这要求所有人员，上至领导，下至各级员工，都应能使用计算机，否则，办公自动化就无法进行。在应用办公自动化设备时，同样需要使用者对办公自动化硬件有比较深入的了解，像传真机、复印机、输入/输出设备、信息处理设备、信息复制设备、信息传输设备、信息存储设备、其他辅助设备等都需要熟悉和掌握。

为适应现代办公自动化的要求，根据高等学校信息管理专业和市场对办公自动化的要求，我们组织编写了本书。本书以实用为原则，把日常办公过程中所涉及的常用软件、工具软件、办公设备都作了详细介绍,在介绍的过程中,以实例为主,语言简练,浅显易懂。

本书共10章,从办公自动化基本知识、基本概念开始介绍,第1章介绍办公自动化基本概念,第2章介绍办公自动化设备使用与维护,第3章介绍Windows XP操作系统,第4章～第7章分别介绍办公自动化软件Word 2003、Excel 2003、PowerPoint 2003、计算机网络的应用,第8章介绍常用办公工具软件的使用,第9章介绍局域网的应用,第10章介绍局域网操作系统的安装与设置的方法等知识。

本书由李明富、顾娅军任主编,负责全书的统稿和部分编写工作。参加编写的人员还有:苏波、陈蕾、饶云波。其中苏波编写第1,10章;李明富编写第2章,饶云波编写第3章,陈蕾编写第4,5章,顾娅军编写第6,7,8,9章。编写过程中得到北京航空航天大学出版社的大力支持,得到西南科技大学、成都航空职业技术学院、成都东软信息技术职业学院领导和同事的大力支持,在此,一并表示感谢。

由于作者水平有限,若书中有疏漏和不足之处,敬请广大读者不吝赐教。

作　者

2007年5月

目　录

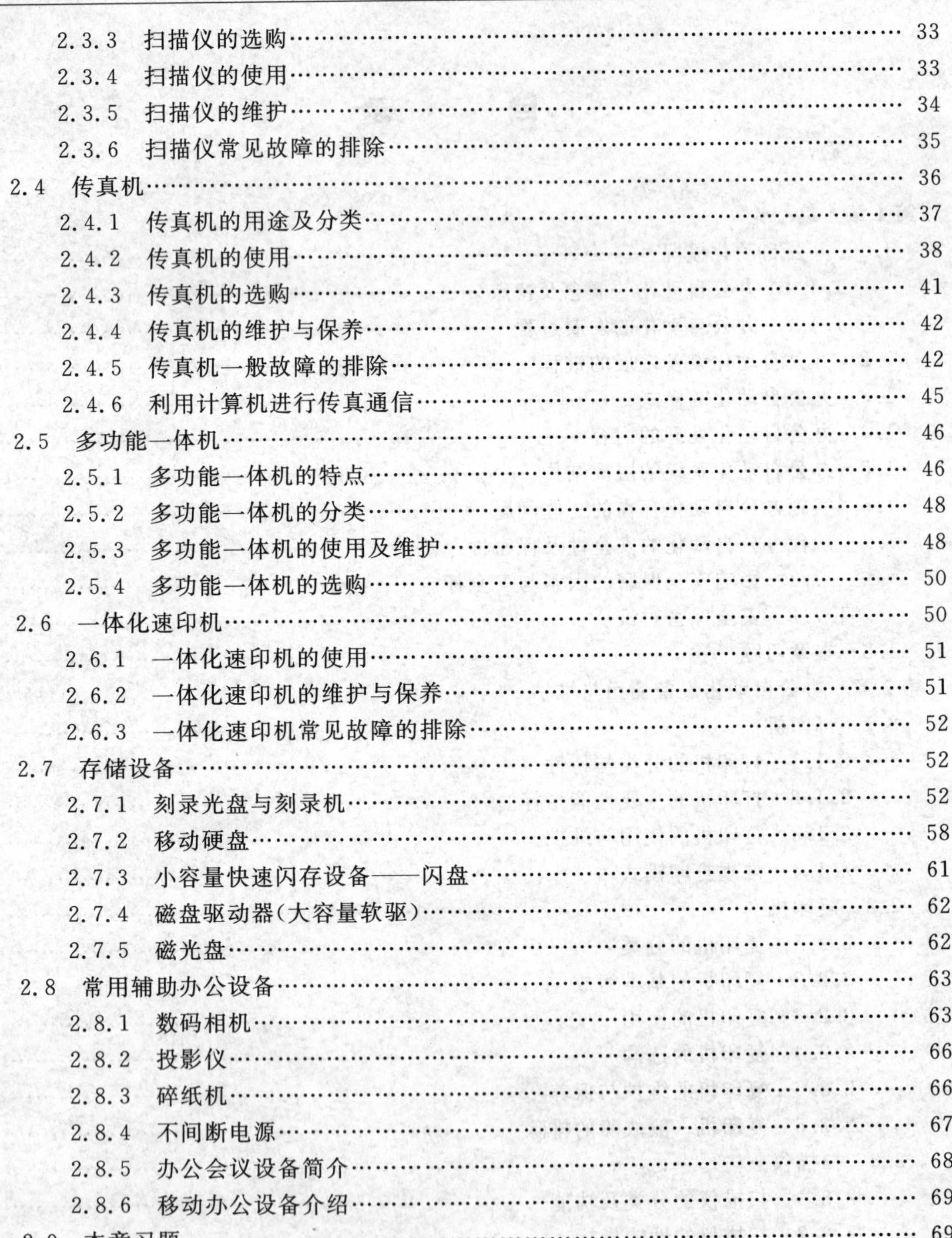

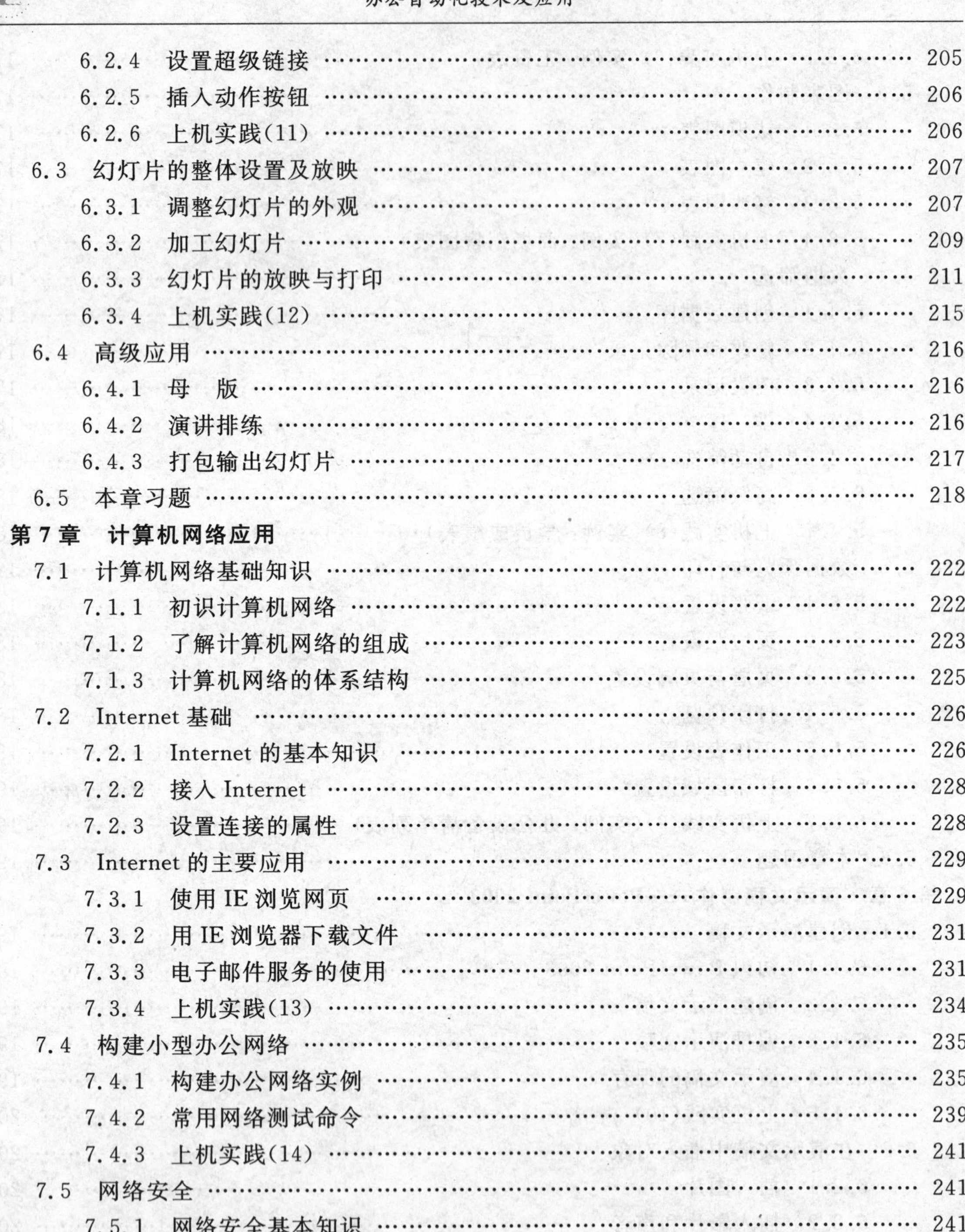

第1章 绪 论

教学目的和要求：通过本节的学习，掌握办公自动化的基本概念及发展情况，了解办公自动化设备的发展，理解办公自动化系统安全与保密措施。

重点：

◇ 办公自动化的基本概念；

◇ 国内外办公自动化的发展情况；

◇ 办公信息系统的组成与功能；

◇ 办公信息系统的安全与保密。

难点：

◇ 办公自动化的发展趋势；

◇ 办公信息系统的安全与保密措施；

◇ 办公自动化的模式。

1.1 办公自动化概况

办公自动化是信息革命的产物，也是社会信息化的重要技术保证。回顾近20年来微电子技术进步和通信技术突飞猛进的发展，各种先进的办公设备如雨后春笋般出现。为适应瞬息万变、竞争激烈的时代要求，各办公机构纷纷引入自动化系统。办公自动化作为当前国际上飞速发展的一门综合性的新学科，已经越来越受到人们的重视。

1.1.1 办公自动化的概念及特点

办公自动化的主要目的是提高办公室人员的办公效率和质量，它着重解决人与办公设备之间的人机接口问题，是以现代化的办公设备为前提的，是一个由硬件和软件组成的系统。一个较完整的办公自动化系统是由人员、办公设备和信息资源三者密切联系的一个整体。

通俗地讲，办公自动化就是利用现代化的设备和技术，全部或部分代替办公人员的业务活动，优质、高效地处理办公信息和办公事务。目前，办公自动化已将计算机技术、通信技术、科学管理思想和行为科学有机地结合在一起，应用于传统的数据处理技术难以处理的、数据量庞大的、包括非数值型信息且结构不明确的办公事务上，有效地提高了办公质量和办公效率。

1. 办公室的工作性质

办公室的功能很多，归根到底表现在两个方面：一是处理办公信息；二是产生办公信息。

常见的办公信息主要包括文字、报表、语言、图形和图像等。

2. 办公自动化的主要内容

办公自动化将现代技术装备、科学管理思想和行为科学有机地结合在一起，应用于办公工作，以提高办公质量和效率。早期的办公自动化主要是使用计算机、复印机等单机设备代替办公人员的大量重复劳动，而现代办公自动化已构成一个人机系统，使一部分办公活动由人完成过渡到由设备完成。办公自动化的主要内容包括文字处理、报表处理、数值和非数值计算、图形和图像处理、语言处理、通信、信息存储与管理、日程管理以及辅助决策等各方面。

3. 特　点

办公自动化是信息化社会最重要的标志之一，具有以下特点：

(1) 办公自动化是当前国际上飞速发展的一门综合多种技术的新型学科

办公自动化的理论基础是行为科学、管理科学、系统工程学、社会学和人机工程学等。它的技术基础是计算机技术、通信技术和自动化技术等。其中计算机技术、通信技术、系统科学和行为科学是办公自动化的四大支柱或称四大支撑技术。综合起来看，办公自动化是以行为科学为主导、系统科学为理论基础，综合运用计算机技术和通信技术来完成各项办公业务。办公自动化不仅仅是简单的自动化科学的一个分支，而是一个信息化社会的时代产物，是一门综合的学科技术。

(2) 办公自动化是一个人机信息系统

在办公自动化系统中，“人”是决定因素，是信息加工的设计者、指导者和成果享用者；而“机”是指办公设备，它是办公自动化的必要条件，是信息加工的工具和手段。信息是办公自动化中被加工的对象，办公自动化综合并充分体现了人、机器和信息三者的关系。一个典型的办公自动化系统应包括信息采集、信息加工、信息传递和信息保存四个基本环节，其核心任务是向各级环节发送不同的指令。

(3) 办公自动化将办公信息实现了一体化处理

信息通常有如下形式：

- 文字　指各种文件、信函、档案、手稿等；
- 语言　有电话、声音传递、声音文件等；
- 数据　包括数据文件、报表、纪录等；
- 图像　有电视会议、电视监督等动态图像；
- 图形　包括样品照片、统计图表、传真图像等静态图形。

办公系统把基于不同技术的办公设备用联网的方式连成一体，以计算机为主体将各种形式的信息组合在一个系统中，使办公室真正具有综合处理这些信息的功能。

(4) 办公自动化的目标是为了提高办公效率和质量

办公自动化是帮助人们产生更高价值的信息的一个辅助手段，使办公设备成为智能的综合性工具。办公自动化将许多独立的办公职能一体化，并提高办公的自动化程度，从而提高办

公效率、方便办公工作，获得更大效益，对信息社会产生积极影响。

其主要特点有：

① 办公自动化是涉及文秘、行政管理、电子、机械、物理等学科并利用计算机、通信、自动化等技术的一门综合性学科。

② 办公自动化是融人、机器、信息资源三者为一体的人机系统。它包括了信息采集、加工、传递和保存四个基本环节。

③ 办公自动化包括文字、数据、语言、图像等信息的一体处理功能。

④ 办公自动化能够优质、高效地处理办公信息和事务。

1.1.2　办公自动化的发展过程

从远古时代开始，人类就不断努力寻找新的信息交流方法。最初人们以简单的语言和手势进行信息交流和传递氏族首领的命令和意图，以便同大自然进行斗争，获取食物，防御野兽以谋生存。经历漫长的岁月之后，人类成功地创造了文字，使得人类可以超越时间、超越地域地交换和传递信息，而用石头、树枝、骨头做成的笔是人类用文字传递信息最早的工具。公元前 3200 年埃及人发明了墨水；公元 105 年及其以后中国人发明了纸、砚和毛笔，公元 1040 年发明了活字印刷，公元 1565 年发明了铅笔。在中国，笔、墨、纸、砚被称为“文房四宝”。几千年来“文房四宝”成了中国以及亚洲地区的传统办公工具，而公文和信函的传递，则主要用马作为交通工具，由人来负责传送。

随着时代的前进、技术的发展，直到近代，办公工具才出现了突飞猛进发展的局面。1714 年出现了机械打字机；1836 年 IBM 公司推出了电动打字机；1837 年出现了复印机；1843 年出现了录音机；1898 年出现了照相机；1950 年出现了电子计算机；1970 年出现了文字处理机及电子打字机、声控打字机；电话机以按键形式代替了拨盘式，程控电话被广泛使用。“文房四宝”一统办公室的局面被打破，人类逐渐进入了办公自动化的时代。

1. 办公自动化的发展概况

目前办公自动化在美国、日本和欧洲等发达国家和地区得到迅速发展，已从初级应用阶段发展到了成熟阶段。

美国的办公自动化始于 20 世纪 60 年代初期，发展迅速，走在世界各国的前列。1978 年卡特政府筹建了白宫办公业务信息系统，这是一个具有 1 000 个终端的局域网；到 1983 年美国约有 80％的政府机构设置了文字处理系统和电子报表系统；到 1984 年约有 90％的政府机构用上了电子邮件系统；近年来，又增加了各类管理支持软件、文件查询和报表生成、数据库管理等。到 1989 年美国 70％的信息业实现了办公自动化，公司、企业对办公自动化应用比政府机构的水平高。他们不仅把办公自动化视为提高办公效率、节约办公成本的手段，而更重要的是用它来加强经营管理，作为提高企业素质和竞争能力的重要条件。一些大型计算机公司和厂商，不仅在其总公司内部建立和使用较高水平的办公自动化系统，还在分布于世界各地的分公司建立了远程通信网络，以便进行办公信息传递。目前，许多探索性的技术，如办公管理多元信息综合通信、光纤通信和卫星通信传送电视会议等也已经开始应用到办公自动化中。

纵观美国办公自动化的发展过程可大体分为以下四个阶段：

第一阶段是1975年以前，主要是采用以计算机为中心的单机设备，如文字处理机、复印机、仿真机和专用交换机等，用以完成单项办公业务的自动化。

第二阶段是1975—1982年，主要是采用部分综合设备，建立了局部计算机网络系统，实现了关键部分办公业务运行自动化。

第三阶段是1983—1992年，主要是采用系统综合设备，如多功能工作站等，建立了跨单位、跨地域的联机系统，建立了企业间或是地域间的计算机网络，实现了办公业务综合管理的自动化。

第四阶段是1993年以后，办公业务高度自动化，办公自动化系统智能化，并将办公自动化系统与更大范围的信息系统结合起来组成统一的大型信息管理系统。

日本发展办公自动化比美国起步晚，大体也可分为四个阶段：

第一阶段是1979—1982年，实现了单机办公业务的自动化；

第二阶段是1983—1987年，实现了办公机器化；

第三阶段是1988—1992年，日本的办公自动化进入了成熟期，实现了办公自动化系统的集约化，使全部办公系统有机地结合了起来；

第四阶段是1993年以后，整个办公自动化实现了高度自动化和智能化，并将办公自动化系统与范围更大的信息系统结合起来，构成统一的大型信息管理系统，其水平与美国已经不相上下。

2. 我国办公自动化发展概况

我国办公自动化起步较晚，20世纪70年代从国外传入，80年代得到发展。党中央和国务院对办公自动化技术的应用较为重视，国务院电子振兴领导小组于1985年设立了办公自动化专业领导小组，1986年成立了办公自动化专业的专家组，并多次举行全国办公自动化工作的研讨会议，对我国发展各类办公自动化设备和办公自动化系统的功能、结构、通信网络、办公自动化集成和接口以及应用软件等7个方面的问题进行了研究讨论，还请了专家写了办公自动化设计指导等。

国务院率先组织开发了“政务办公自动化系统”。目前全国市级以上的政府机关和大中型企业、事业单位都已经初步建立了办公自动化系统。目前，在全国各类机关、部门和企事业单位还有成千上万种不同功能不同规模的办公自动化系统正在研制或已投入运行。

我国的办公自动化进程可分为三个发展阶段：

第一阶段是“六五”(1981—1985年)期间，是启蒙和准备期，主要是与国外公司联合举行展览会、研讨会和技术座谈会；联合生产诸如复印机、电子汉字打字机；解决汉字输入/输出技术；解剖典型办公软件包；有关系统软件和应用软件的汉化；试开发某些办公自动化系统，探讨

中国办公自动化发展模式，制定办公自动化发展规划等。

第二阶段是“七五”(1986—1990年)期间，是开创和见效期，或者称为发展期。在这个时期有计划地在全国范围内开展办公自动化试点，并对全国通信网络进行大规模的改造，取得了良好的效益，技术上日趋成熟，并培养了一批办公自动化技术骨干，建立了一批能体现我国最高水平的国家级办公自动化系统。如国务院办公厅办公自动化系统就是在这段时间内研制并成功投入运行的；地方政府办公自动化系统也逐渐投入了运行，同时做好了办公自动化的标准工作。

第三阶段是1991年以后，我国办公自动化走进成熟期。全国分组交换网投入使用，中央、省市、中心城市、大中型企事业单位都基本实现了办公自动化，并建立起点网互联、自上而下的办公自动化系统。

应清醒地看到，我国办公自动化起步晚，与发达工业国家相比，在办公自动化方面还有很大的差距；但我们急起直追，发展很快，办公自动化正方兴未艾，来势如潮。

1.2　办公自动化设备发展的进程

人类为实现办公自动化总是在进行着不懈努力。为了实现办公自动化，人类从来没有停止探索的步伐。随着时代的进步，办公自动化技术设备的使用经历了单机、局部网络、大规模计算机网络和世界性计算机网络四个阶段。

- 1975年以前为办公自动化的第一阶段，设备以单机为中心。
- 20世纪70年代后期到80年代初期为第二阶段，设备使用在单机应用的基础上，以单位为中心向单位内联机发展，建立起计算机局部网络系统(简称局部网络)。
- 20世纪80年代后期到90年代中期为第三阶段，设备使用由计算机局部网络向跨单位、跨地区联机系统方向发展。
- 20世纪90年代中期至今为第四阶段，是“全面实现办公自动化”的阶段。

人们生活在e时代，办公自动化还需要人为控制和参与。办公自动化就是高效率的代名词，也就是高速度、高正确率、高标准的代名词。但是，并不是有了计算机，一定就有了高效率。如果这台计算机是在一个不会操作的人手里，非但不能提高工作效率，而且还有可能会使工作效率降到零点。所以我们需要学习当前的技术，着眼于办公自动化技术未来的发展趋势。社会的发展、技术的进步，特别是近些年来计算机和通信技术的不断进步，不仅迅速普及了办公自动化系统的应用，而且办公自动化技术也将得到更高层次的发展，主要包括以下几个方面：

- 新的办公自动化设备将不断推出。由于办公自动化系统的硬件的性能价格比大幅度提高，不仅有利于办公自动化技术的推广应用，而且新的办公自动化设备将不断研制成功并推荐给用户。例如新型的打印机已经初步具备人工智能。
- 办公自动化系统集成技术进一步提高。由于近年来计算机系统的开放性、兼容性，为办公自动化的系统硬件和软件的集成提供了方便。例如 Unix,Linux 操作系统的推广和应用,还有 Java 语言的跨平台性,给多种软件的移植和集成提供了平台,给系统的配置增加了方便和灵活性。

- 人-机界面得到很大改进,目前的操作系统已经向第四代迈进,具备语音识别的操作系统也将很快面世。这样的系统更便于办公室操作人员接受,有利于办公自动化技术的推广。
- 引入办公自动化多媒体技术。多媒体技术是指计算机不仅能够处理数据、文字,也能够处理语言、图形、图像(静止和活动图像),使信息处理更为丰富、生动,从而扩大办公信息的应用范围,提高其价值。
- 办公自动化的安全性将更为严密。尽管网络上不断有关于病毒和黑客攻击计算机系统的先例,但是人们已经能够及时发现并把不良影响降低到最低的程度。因此,安全性将使办公自动化更为人性化和合理化。
- 计算机网络技术将逐步完善。计算机远距离通信的应用,发展了数据通信技术,将逐步完善计算机网路通信。这种通信系统称为 CBMS(基于计算机的信息通信系统)。它包括多用户系统、局域网系统和远程计算机网络系统等。

除 CBMS 外,办公自动化系统中也大量应用传统模拟信号的通信,如电话、传真和可视图文等。这些语言和非语言的模拟信号由于发展了脉冲编码调制(PCM)技术和数字程控技术,故可把模拟信号转换成数字信号传输,减少信息损失,从而有可能使它与 CBMS 相互兼容,形成信息通信系统,更有利于办公自动化系统的通信。

1.3 办公自动化的模式

1. 个人办公自动化

个人办公自动化主要指支持个人办公的计算机应用技术,这些技术包括文字处理、数据处理、电子报表处理以及图形、图像处理技术等内容。它一般通过使用通用的桌面办公软件如 Microsoft Office,WPS Office 等实现,在单人单机使用时非常有效。

2. 群体办公自动化

群体办公自动化是支持群体间动态办公的综合自动化系统,为区别传统意义上的办公自动化系统,特指针对越来越频繁出现的跨单位、跨专业和超地理界限的信息交流和业务交汇的协同化自动办公的技术和系统。它有两个特征:网络化和智能化。

1.4 办公自动化处理的内容

各种职能不同的办公室是一个信息处理系统,各个办公室之间存在着密切的关系,办公室

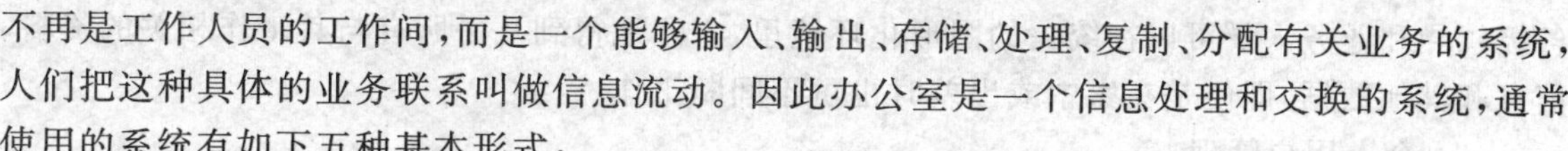

不再是工作人员的工作间，而是一个能够输入、输出、存储、处理、复制、分配有关业务的系统，人们把这种具体的业务联系叫做信息流动。因此办公室是一个信息处理和交换的系统，通常使用的系统有如下五种基本形式：

① 声音　如电话、语音输入/输出、声音文件等；

② 数据　如各类表单、数据记录等；

③ 文字　如文件、电报、仿真、卷宗等；

④ 报表图形　含图片、照片、仿真图形和统计图表等；

⑤ 影像　电视录像和电视会议等。

由上可知，可将办公自动化系统处理的主要内容归纳为：文字处理、字符识别、声音处理、资料再现、电子邮件和电子会议等。具体来讲，它的应用有以下方面。

(1) 收发文管理

收发文管理主要负责公文的拟定、收发、审批、归档、查询检索和打印等工作流程的全过程处理。先由起草人起草公文，之后通过网络发送给审批人，审批合格后签发。当收到一份公文时，先进行收文登记，然后发送给公文拟办人，在拟办人指定批办、承办人后，公文将自动发送到批办、承办人处，最后由专人将公文归档。各类公文拥有相应的安全机制，具备相应的保密级别，通过指定不同级别人员具有的不同权限，还可以实现网上公文查询。发文管理用来实现内部文档从拟稿、批阅、签发，到最后的整理、归档的发文流程的计算机自动化控制，达到发文自动化。

(2) 外出人员管理

外出人员管理主要是通过电子公告板方式实现对外出人员进行登记管理。外出人员利用此公告板方式公告自己的外出事由、外出时联系方法、外出时间以及外出期间指定的工作代办人和代办事项，还可以将自己外出的消息通知有关人员。外出归来后再通过网络撤销外出通告。

(3) 会议管理

在传统方式下，召开会议时需要的大量文件，让人头痛不已，而在办公自动化方式下则要轻松得多。在办公自动化系统中，可实现网络远程实时会议控制和图文、影音在线传输，并可通过浏览器安排、管理会议。

(4) 领导活动安排

领导活动安排主要负责办公室对领导的工作和活动进行统一的协调和安排，包括一周活动安排和每日活动安排。相关人员可据此安排日程安排相应工作，不至于发生冲突。

(5) 论坛管理

所谓的论坛，类似现实生活中的公告牌，用于系统内部人员在上面发布相关公开信息。论坛管理主要负责对这些信息的管理，比如信息分类、更新等。公告牌可以用来发布各种通知或其他公用信息。可在内部开通电子邮件，并具备和系统外部乃至国际互联网的信息交流能力。

各级领导和业务人员可以在统一的图形化环境里，方便地得到几乎所有与其工作相关的资料、信息和其他数据，即使是在家中或出差时也可不间断工作。

(6) 个人用户管理

个人用户工作台用于对本人各项工作进行统一管理，例如安排日程、活动，查看、处理当日工作，存放个人的各项资料、纪录等。此外个人用户还可以通过电子邮件与其他单位或个人交流意见、讨论问题及传送材料。

(7) 电子邮件

电子邮件系统可完成信息共享、工作批阅流程和文档传递等功能。

(8) 远程办公

每一个工作人员都不能保证一直在办公室中工作。当远离办公室或出差，而又非常需要了解单位的某些数据信息时，或当想在离本单位较远的地方设立几个办公点时，可通过公共电话网络、DDN 专线等连接的远程计算机，完成所有有关的办公业务。

(9) 档案管理

办公自动化系统可实现交互式的劳资人事管理。把员工资料与考勤制度、工资管理、人事管理相结合，有效提高工作效率，降低管理费用，实现高速、实时的查询管理。

(10) 综合信息

综合信息提供单位职工的电话号码查询，增进职工与单位和外界的沟通；提供国内外相关法律、法规查询，并提供相关咨询服务。公共信息服务不仅能使本单位内部共享其他信息资源的信息，而且也能使社会各界共享政府、企事业单位可公开的信息，如企业形象宣传等。

(11) 简报期刊

简报期刊提供国内外主要报刊杂志的查询和特定信息检索。彻底改变传统以手工劳动为主的工作方式。整理、提炼并保存政府、企业的各类有用信息，为用户提供共享信息的环境。提供信息查询、统计、分析功能。

可见办公自动化能处理的内容是非常广泛的，几乎可以轻松地处理人们日常办公中点点滴滴的事情。但是各个办公自动化系统并非都一样，各个系统也有其特定的职能，就如汽车能为人们做的事情也无外乎接送人、运输货物，但按职能来说又可分为货车、跑车以及客车等。办公自动化系统也是如此，因此也就有了不同的层次结构。

1.5 办公自动化系统的层次结构

办公自动化系统按其职能可分为三个层次，即事务处理级办公自动化系统、信息管理级办公自动化系统和决策支持级办公自动化系统。

1. 事务处理级办公自动化系统

办公事务处理的主要内容是执行例行性的日常办公事务，涉及大量的基础性工作，包括文

字处理、电子排版、电子表格处理、文件收发登录、电子文档管理、办公日程管理、人事管理、财务统计、报表处理以及个人数据库等。事务型办公自动化系统可以是单机系统，也可以是一个机关单位内的各办公室完成基本办公事务处理和行政事务处理的多机系统。单机系统不具备计算机通信能力，主要靠人工信息方式及电信方式通信。多机系统可采用计算机终端网、局域网、程控交换机综合通信网、计算机局域网或远程网等。

2. 信息管理级办公自动化系统

管理型办公自动化系统是把事务型办公系统和综合信息紧密结合的一体化的办公信息处理系统。它由事务型办公系统支持，以管理控制活动为主，除了具备事务型办公系统的全部功能外，主要是增加了信息管理功能。根据不同的应用分为政府机关型、市场经济型、生产管理型、财务管理型和人事管理型等。

管理型办公自动化系统多数是以局域网为主体构成的系统，局域网可以连接不同类型的主机，可方便地实现本部门微机网之间或者是与远程网之间的通信。通信网络最典型的结构采用中、小型主机系统与超级微机和办公处理工作站三级通信网络结构。其中，中小型机将主要完成管理信息系统功能，处于第一层，设置于计算机中心机房；超级微机处于中间层，设置于各职能管理机关，主要完成办公事务处理功能；而工作站完成一些实际操作，设置在各基层科室，为最底层。这种结构具有较强的分布处理能力，资源共享性好，可靠性高。对于范围较大的系统，可以采用以程控交换机为通信主体的通信网络，把中大型机、超级小型机、高档微机、微机、各种工作站、终端设备以及电话机、传真机等互联起来，构成一个范围更广的办公自动化系统。

3. 决策型办公自动化系统

决策型办公自动化系统是在事务处理系统和信息管理系统的基础上增加了决策或辅助决策功能的最高级的办公自动化系统。它主要担负辅助决策的任务，即对决策提供支持。它不同于一般的信息管理，要协助决策者在求解问题答案的过程中方便地检索出相关的数据，对各种方案进行试验和比较，对结果进行优化。为此，该系统除了利用信息管理系统数据库所提供的基础信息或数据资料外，还需为决策者提供模型、案例或决策方法。所以只有数据库的支持是不够的，还必须具备模型库和方法库。模型库是决策支持系统的核心，其作用是提供各种模型供决策者使用，以寻求最佳方案。它包括计划模型、预测模型、评估模型、投入/产出模型、反馈模型、结构优化模型、经济控制模型、仿真模型、综合平衡等。在实际应用中，对同一问题可以用不同的模型，从不同的角度去进行模拟，向决策者提出有效的建议。

1.6 实施办公自动化存在的一些问题

办公自动化不同于简单的自动化设备，各种办公自动化软件的成功应用，需要多方面的支持。目前困扰办公自动化实施的主要问题如下。

(1) 系统的安全难以令人满意

自从第一台计算机诞生以来，安全就成了阻碍计算机应用的一个重要因素，尤其是在网络时代，Internet的广泛应用同时也意味着外部窥探的危险来临。对于办公自动化系统，由于其传输、处理、存储的信息具有很高的价值和保密性，因此也成为黑客和计算机病毒攻击的目标，使直接与Internet相连的办公系统的信息安全难以保障。为保证网络系统的安全，一般单位采用的安全措施主要有：

① 直接利用操作系统、数据库、电子邮件以及应用系统提供的安全控制机制，对用户的权限进行控制和管理；

② 在网络内的桌面工作站上安装防病毒软件；

③ 在Intranet与Internet的连接处加装防火墙和隔离设备；

④ 对重要信息的传输采用加密技术。

详细的安全及保密性问题在第2章将学习到。

对于处理秘密、机密甚至绝密信息的办公系统而言，这些安全措施远远不足，系统很容易遭到黑客和病毒的入侵，传输的数据也可能被截取、篡改，因此，多数的办公自动化系统需要建立自己独立的内部网络系统(Intranet)，并在物理上与外部网络世界隔离。

(2) 与办公自动化相适应的规章制度不健全

办公自动化不同于一般的管理软件，它处理的电子化公文存在法律效力的问题，但目前国内尚无这方面的立法。同时，办公自动化也需要建立和完善各种规章制度，保证办公系统的正确运行，使工作人员能正常使用软件。在运用软件的管理过程中，必须有一种制度对人的行为进行管理，如果有关的人员不把数据录入进去，或者录入的数据不正确，那么运用什么软件也没有办法。

(3) 自动化与手工操作的矛盾

办公过程中引入计算机管理系统，必然会对现行的体制产生影响，尤其是现行的手工公文处理方式已经运行几十年了，有一套完善的制度和行之有效的方法，机关工作人员也习惯了这种公文处理模式，要一下子改变原有的工作方式和习惯，应用计算机进行公文处理，确实会在一部分领导干部和工作人员之间产生疑问和抵触情绪，妨碍办公管理系统的应用。因此，做好宣传工作，转变观念，统一认识，是推行办公自动化的必要条件。

(4) 需要领导的重视和工作人员的支持

在目前形式下，应当对机关和企业办公自动化负全责的信息中心主任(CIO)还没有真正获得应有的权力和信任，既要面对单位“一把手”的直接指导，又要面临基层部门来自传统的阻力，因此，办公自动化的实施必须取得领导的重视和支持；否则，采取“用得好就用，用得不好就算了”的态度，那么办公自动化设备永远只能是摆设。

(5) 慎重选择适合自身条件的设备、软件和服务厂商

管理软件都有一个适用性，不同的单位都有自己的特殊之处，适用于其他单位不一定就适

合自己。因此，在实施办公自动化之初，要先对单位需求进行分析和设计，对各种系统进行咨询和考察，选择与单位条件相适应的体系结构、设备和软件系统，选择能及时提供服务支持的厂商，要从根本上解决服务的保证问题，尽可能使服务本地化，否则越来越高的服务费将成为单位的一个负担。

尽管当前的办公自动化已经深入到行政、企事业等各行各业，但是依然有许多问题摆在人们面前，安全和保密性就是当前最亟待解决的问题之一。

1.7　现代办公自动化的安全性及保密性

高效率是工作的基本原则。所谓高效率，就是在合理的限度内，用最少的投入(时间、人力、物力)完成尽可能多的工作，创造更多的财富，极大地实现其价值。显然工作效率是衡量一个机关、部门和个人能力的尺度。

在谈到实现办公自动化关于安全性和保密性问题之前，先看看办公自动化到底对人们有什么意义，这样更便于理解办公自动化在安全性和保密性方面的客观要求。一般衡量办公室工作人员办事效率的标准有两条：一是准确，二是迅速。准确是对其工作性质而言，即要求准确地提供实际数据及大量的有关资料(包括起草各类文件)；迅速是对其所花费的时间及完成的工作量而言，即要求完成工作的时间尽可能短，完成合乎质量的工作数量尽可能多。迅速和准确是一个统一体，既要做到准确，又要做到迅速，这就是高效率。这就需要改革传统的手工办公方式，引进现代化的办公方法和先进的办公设备，实现办公自动化。

可见办公自动化是一项具有重大现实意义和历史意义的系统工程，其主要意义可以归纳如下：

① 提高办公效率。据有关资料表明，代理商每天手写20封信函，如果采用自动化工具书写，工作效率约可以提高25%。还有，如查找文件、校对文件等，如果采用办公自动化工具，可使办公效率提高20%～30%，公文计算机写作可提高速度5～10倍。传统的纸张文件，改用电子文件的形式存储、传递、复制、归档和收发可全部自动化，因而可实现无纸办公。

② 信息社会的需要。办公室仍用人工抄写的手工劳动来处理潮水般涌来的信息流，已远远不能适应现代社会的需要，必须走办公自动化的道路。特别是一些国际化的大公司，每天处理的信息数以万计，如果只用人工方式来管理，不仅成本高，而且是很不现实的。

③ 管理和社会经济发展的需要。社会化大生产要求降低成本，提高管理水平，讲究经济效益，扩大管理范围，增强竞争力。这是当前瞬息万变、激烈竞争的时代对各个企事业单位提出的客观要求，也是事业成功的关键。办公自动化打破了秘书与经理之间一一对应的关系，可以做到一位秘书同时为几位经理服务。

另外，办公自动化在促进人类进步、增加社会效益等方面的作用是很难用数字来表示的。正因为办公自动化对人们日常工作的重大意义，才产生了办公自动化安全与保密方面的特殊要求。

1.7.1 影响安全保密的因素与安全标志

安全与保密性是实现办公自动化的一个重要因素。先来看看其因素与安全标志。

安全保密因素：包括系统的软、硬件设备，存储介质等方面的物理保护和计算机安全保密问题。它涉及环境场地的技术要求、设备安全、软件安全、供电安全、空气调节规范、电磁屏蔽技术、防水灾、防风暴、防震、存储介质管理和机房管理等。

1. 安全隐患

(1) 人为失误和设计错误

使得内部人员可以进行未经授权许可的活动，外部的恶意破坏者得以进入系统。

(2) 自然灾害或环境破坏

对信息设备及其备份系统造成破坏。

(3)病　毒

病毒、蠕虫软件(搜索系统用户名和口令字的匹配)和其他具有破坏性的软件，会通过借来的磁盘、预先打包的软件，甚至通过与其他网络的连接进入网络。恶意破坏软件、应用计算机动态地进行破坏的行为如：有目的地编写病毒程序、侵入其他计算机网络和采取破坏系统软硬件的行为等，很像是人类战争行为的活动，其破坏性远远超过现在的计算机病毒的能力。例如黑客、计算机盗贼以及其他侵入网络的人在网络中进行捞取金钱、寻找工业秘密的活动，或者对系统本身进行破坏。

2. 安全标志

能防止对信息的非法窃取；能杜绝泄露和毁坏事件的发生；能预防泄露和毁坏事件的发生；对于毁坏后的更正以及恢复正常工作的能力较强，所需时间较短；安全保密系统符合经济要求；安全保密系统符合使用方便性要求。

1.7.2 安全保密对策

1. 对策范围

(1) 行政措施

采用行政法规、规章制度及社会允许的各种方式。

(2) 法律措施

针对计算机犯罪的打击、制裁手段。

(3) 软件保护措施

采用软件技术手段辨别用户，控制用户的应用方法和对信息加密。

(4) 物理保护

对场地环境和软件硬件设备及存储介质等方面的保护。

2. 计算机安全监视技术

计算机安全监视技术是指采用监视程序对用户登记和用户存取状况进行自动记录以保护系统安全的技术方法。用户登记包括对用户进入系统的时间、终端号、用户回答口令的时间与次数等情况的自动记录。为了防止非法者进入,监视系统将对口令出错达到规定次数的用户报警并拒绝其进入;对用户存取状况的监视系统将自动记录下用户操作运行的程序、所使用的数据文件名称、增删情况、越权行为和次数等,形成用户使用日志;还将记录对被保护的信息的维护状况,特别是违反保密规定的行为。

(1) 防火墙技术

防火墙技术是运行特定安全软件的计算机系统,它在内部网与外部网之间构筑一个保护层,使得只有被授权的通信才能通过保护层,从而阻止未经授权的访问、非法入侵和破坏行为。

(2) 自适应安全管理套件

自适应安全管理套件可形象地比喻为网络守夜人的软件系统。它是对在网络周围"挖护城河"式的防火墙软件的发展,它在网络上不停地来回移动,自动搜索出网络的薄弱处,监测网络防范侵袭的能力,必要时还会采取行动堵住安全漏洞。

3. 用户识别

用户识别是由计算机验证回答身份是否合法的保密技术。一般有以下几种:记忆方法,采用口令字或通行字,其缺点是失窃后不留痕迹;钥匙或加密磁卡方法,将钥匙或加密磁卡插入计算机的识别器以验证身份;保密算法,用户采用某一过程或函数对某些数据进行计算,计算机根据其结果以验证用户身份;利用生物测定学手段,采用指纹、声音、视网膜等由计算机识别以验证用户身份,来控制访问。

4. 终端识别

终端识别也称回叫保护,是在计算机通信网络中广泛应用的一种安全技术。计算机除了对用户身份进行识别外,还对联机的用户终端位置进行核定。如果罪犯窃取了用户口令字在非法地点联机,系统将会立即切断联络并对非法者的地点、时间、电话号码加以记录以便追踪罪犯。

5. 计算机安全加权措施

计算机安全加权措施是指对用户、设备和数据文件授予不同级别的特权,以防止非法应用的措施与技术。用户权限是对具有进入系统资格的合法用户,根据不同情况划分不同类别,使其对不同的数据对象和设备所享有的操作授予不同的使用权限。设备权限是对设备(特别是终端和输出设备)能否进入系统的某一层次、部分以及能否输出和复制系统程序、运行程序或数据的规定和授予。数据的存取控制,包括对数据的只读(出)、读/写、打开、运行、删除、查找和修改等不同级别操作权限的规定。

6. 计算机数据加密与数字签名技术

(1) 作　用

应用于以下几个方面的目的：

数据隐蔽　避免数据被非授权人截获或窃取。

数据完整　根据通信期间数据的完整与否，检验数据是否被伪造和篡改。

发送方鉴别　证明发送方的身份以防止冒名顶替者。

防发送方否认　在保证数据完整性及发送方身份的前提下，防止发送方事后不承认发送过此文件。

(2) 计算机数据加密

计算机数据加密是为防止数据在传输过程或计算机存储系统中被非法获得或篡改而采用的技术。具体做法是将原始的数据(明文)按照某些特定的复杂规律(算法)转变成难以辨认的数据(密码)。这样即使非法窃取到了数据也无法使用，而合法用户可按照规定方法将其译为明文。目前国际流行的自由加密软件“双匙”加密文件提供一对钥匙——密匙和公匙。只有本人的密匙才能解开他人用本人提供的公匙加密的文件，为此需要把自己的公匙发布到专门的公匙服务器中供他人复制使用，本人的密匙也可用做文件的数字签名。

(3) 数字签名技术

数字签名技术能够实现在网上传输的文件具有以下身份保证：接收者能够核实发送者对报文的签名；发送者事后不能抵赖对报文的签名；接收者不能伪造对报文的签名。

(4) 用户的自我保护

对于用户来说，应避免使用“脆弱的口令”，即很容易被入侵者破解的口令。可采取以下一些方法：使用数字或者加入特殊字符作为口令字；用很长的缩写名作口令字，比如一首歌或一个短语的首字母缩写，最好是个人化词语的缩写；经常更换且从不与他人共用一条口令字，这样不会立即被人看出来。

7. 计算机反病毒技术

(1) 计算机病毒

计算机病毒与正常程序的本质区别是具有传染性；此外，它是寄生的、潜伏的、可触发的和可衍生的，具有广泛的破坏性。它是一些恶作剧的自我表现者和故意破坏者的智力犯罪的产物。自 1978 年第一个病毒出现以来，病毒的数量已过万种。其基本类型可分为引导性病毒、文件性病毒、混合性病毒等。

(2) 反病毒技术

反病毒产品目前主要有(查)杀毒软件和硬件防病毒产品两大类。

(3) 杀毒软件

杀毒软件是由查毒和杀毒功能组成的软件。当用户使用其查毒时，它将计算机文档与已知病毒的特征值作比较，一旦相同便认定感染病毒并报告用户执行杀毒程序，清除被感染的文

档使文档恢复原样。

(4) 计算机免疫系统

计算机免疫系统是以动态防御为主的反病毒模式，系统随时或在计算机和程序启动时自动激活监控并阻止病毒的传染和破坏，可防未知病毒，可杀磁盘上的已知病毒。对于无法杀的未知病毒可准确得知其宿主文件，便于报给杀毒软件公司，升级杀毒软件。杀毒软件如果带毒可被防毒卡发现并阻止其传播；在杀毒软件不能及时得到升级的情况下，系统资源仍可得到很好的保护。这类似于建立了人体免疫系统的抗病毒程序。人体消灭病毒的本领十分高明，就连以前从未见过的菌株，也能抑制。相比之下，如果计算机软件要消灭某种病毒，通常需要了解这种病毒的情况。类似人体免疫系统的计算机免疫系统程序就像用来检查发烧的体温计那样，不断地监视计算机的一举一动，当它发现与任何已知病毒不一致的古怪行为时，就可以引诱这种病毒感染诱饵程序。一旦捕获并对这种病毒进行分析后，程序就可以掌握病毒的形状和感染方式，并把这种病毒列入已知的怀疑对象的名单中，还可以通过网络传递这种病毒的识别标志。

通过以上的各种安全防范措施，人们已经能把办公自动化的安全级别提高一个档次。虽然没有一劳永逸的解决方案，但这些措施未尝不是降低风险，提高安全与保密性的良好策略。

1.8　本章习题

简答题

1. 什么是办公自动化？它包括哪些层次？
2. 办公自动化的未来发展将体现哪些特点？
3. 一个完整的办公信息系统应该具有哪些功能？
4. 为什么必须加强办公信息系统安全和保密管理？常用的对策措施有哪些？

第2章 办公自动化设备使用与维护

教学目的和要求：通过本节的学习，了解各类办公设备的历史和发展，了解其工作原理，能够合理选购设备，掌握正确的使用方法。

重点：打印机、复印机、扫描仪、传真机、一体化机等常用办公设备的使用和选购方法。

难点：打印机、复印机、扫描仪、传真机的故障排除及维护。

2.1 打印机

打印机是计算机系统重要的文字和图形输出设备，使用打印机可以将需要的文字或图形从计算机中输出，显示在各种纸样上。它是电子计算机系统的最基本的硬输出形式，是独立于系统本身而存在的。相对电子计算机的历史（1946 年），打印机及印刷技术的历史要悠久得多。据有关资料介绍，世界上第一台真正意义上的带活动机械的打印机是 John Gutenberg 在 1463 年首先发明的，他用这台打印机打印了第一本圣经。

至今 500 多年过去了，与打印机相关的打印机技术已经日新月异，打印机作为电子计算机系统的一种主要外围输出设备，从 20 世纪五六十年代开始蓬勃发展。

功能越来越完善是打印机发展史中贯彻始终的精神。旧式打印机只能输出字符和简单的图形，而现在的多功能打印机处理图形的功能大大增强，而且可以输出各种真彩色灰度模拟的精美图像；打印机的面板功能越来越强，使用户能更方便地使用打印机；各类打印机任选件，如字库卡、内存扩充板和单页纸走纸器等纷纷涌现，进一步配备了更为齐全的功能。

打印机厂家除了采用新技术、提高产品质量和完善产品功能外，还有一个重要动向就是不断推出各类打印软件，使用户得到了比打印机裸机更为方便的使用环境。这些应用软件使用不同的软件平台，如 DOS，Windows，Unix，Novell//Etware 和 X - Windows 等，极大地丰富了打印机的自身功能。

2.1.1 打印机的分类与特性

打印机的种类很多，按照不同的划分方式可以有不同的分类。比如按打印方式可分为击打式打印机和非击打式打印机；按颜色可分为黑白打印机和彩色打印机；根据打印原理，又可以分为针式打印机、喷墨打印机、激光打印机、喷蜡打印机和热升华打印机等。点阵式打印机和激光打印机则属于现在比较普及的类型。

1. 点阵打印机

(1) 概　述

点阵打印机由于性能价格比较高,因而被广泛应用于日常生活中。按照问世的时间分有两种类型:9 针点阵打印机和 24 针点阵打印机。最早问世的是 9 针式的打印机。它比较耐用而且价格便宜,文本和图形都可以打印。但是由于打印的质量不很理想,目前已被淘汰。现在使用较多的是 24 针的点阵打印机。

点阵打印机由打印头、色带和走纸弹簧组成,如图 2-1 所示。在打印头上纵向排列了若干数目的打印针(例如 24 针的)。打印头自左至右逐列移动,打印针按照字符(或图形)纵向点阵规则打击纸带,于是打印出了所需要的字符(或图形)。点阵打印机一般使用折叠式打印纸,纸的两端有定位孔,以便打印机的传送装置可以方便地传送纸张。折叠式打印纸每页之间留有刻痕,可以方便撕开。

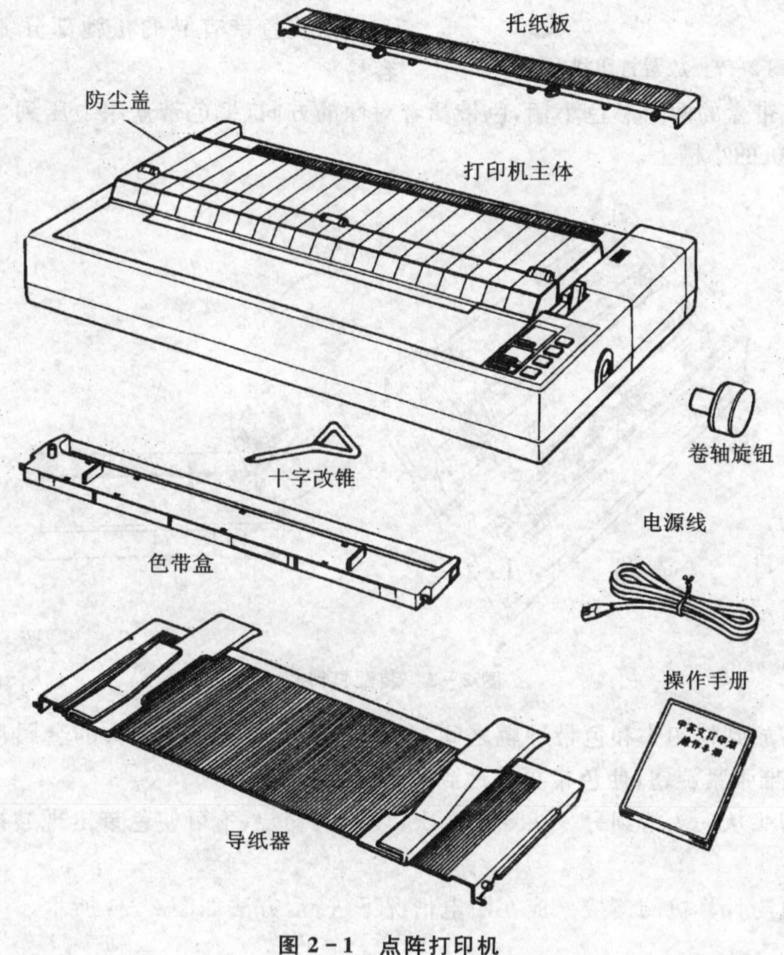

图 2-1　点阵打印机

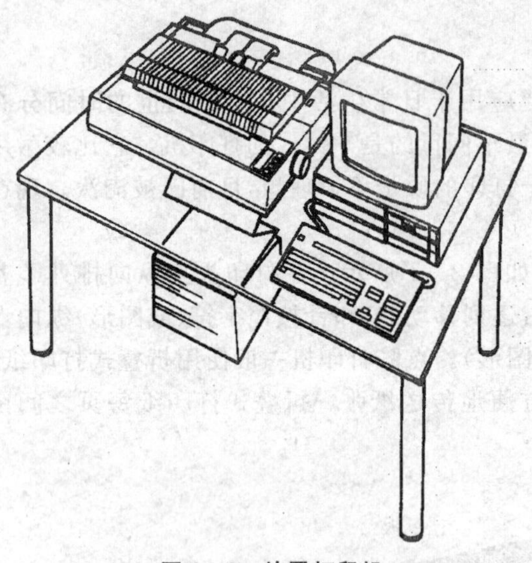

图 2-2　放置打印机

点阵打印机的优点就是价格便宜，各种耗材（色带）容易买到，且价格较低，这也是点阵打印机受到欢迎的一个原因。另外，它对纸张的要求很低，各种打印纸基本上都可以用于打印；而且，可以连续走纸，适合打印连续的表格等文件。当然其缺点就是噪声大，速度慢，打印的精度低，不太适合图形之类的打印。

（2）针式打印机的安装

① 按图 2-2 所示正确放置打印机。

② 确认打印机同电源断开，拿去防尘盖。

③ 将打印头滑动到打印机中部。朝箭头方向旋转旋钮使色带张紧，如图 2-3 所示。这一步骤使色带有皱的松弛部分绷紧，使装配更容易。

④ 拿着色带盒的两个黑色小柄，色带朝着对面的方向，把色带盒用力压到位，使黑色塑料小钩挂到打印机的小槽上。

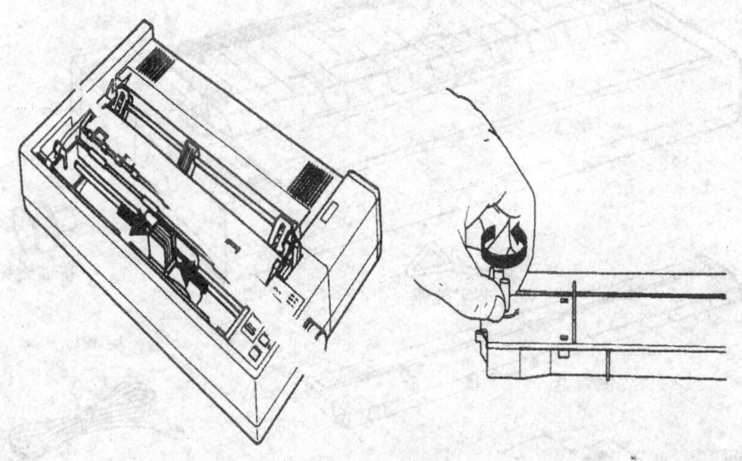

图 2-3　装配打印机

⑤ 把色带放到打印头和色带导轨之间，色带应正好被卡在打印头的金属片内，同时向箭头方向旋转色带张紧旋钮，使色带更好地到位。

⑥ 把打印头从一头滑到另一头反复几次，以检验安装，不可使色带出现皱褶或扭转，否则应及时调整。

⑦ 打印机与计算机的连接。应在断电情况下进行，方法如图 2-4 所示。

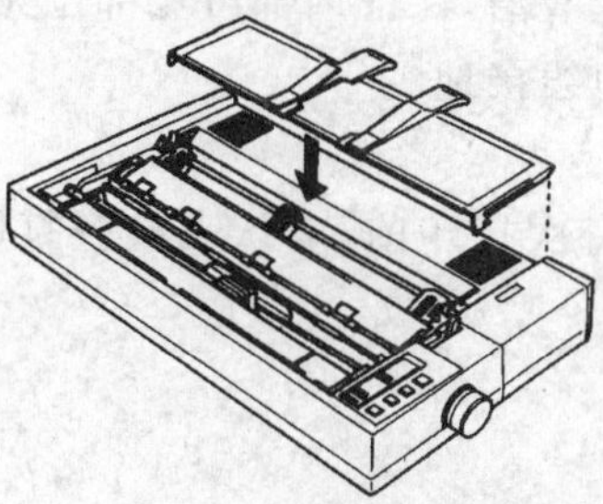

步骤1 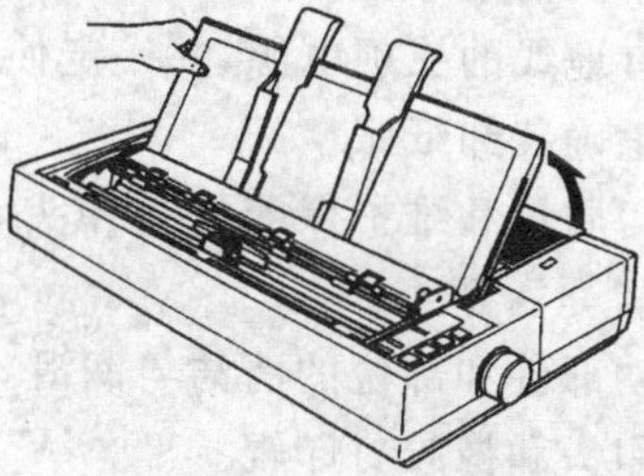　　步骤2

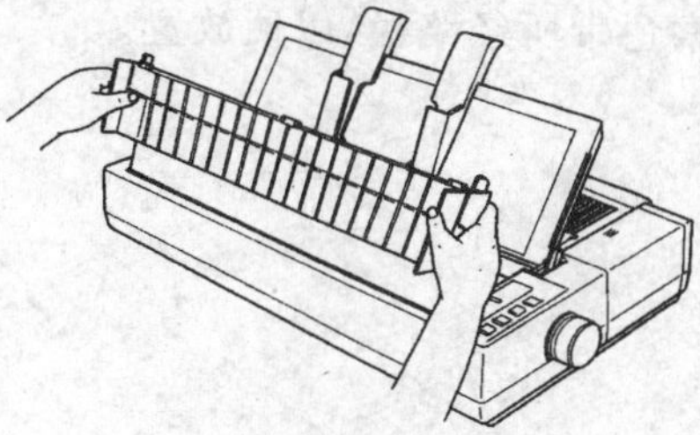

步骤3 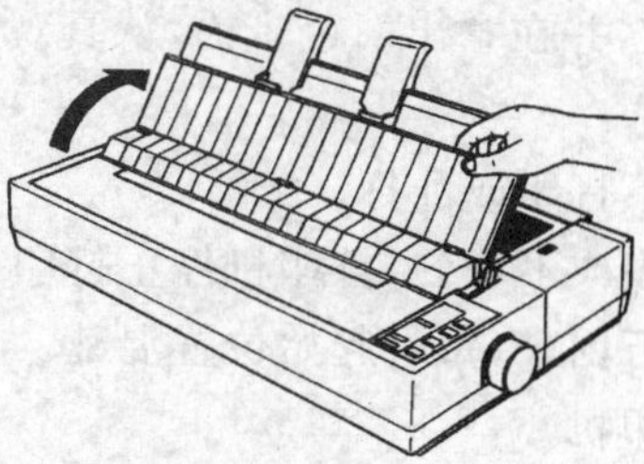　　步骤4

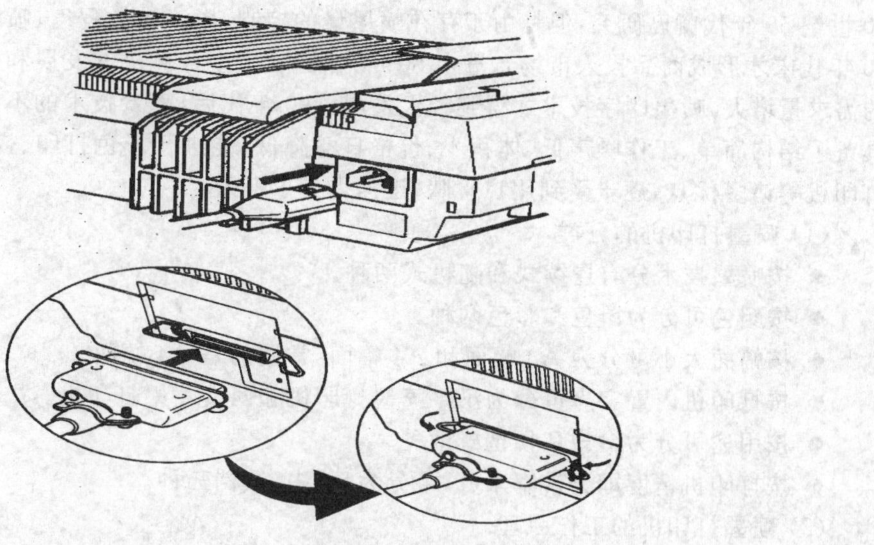

图 2-4　打印机与计算机的连接

(3) 针式打印机的维护和故障排除

1) 维　护

① 使用前应认真阅读操作手册，正确设置开关，正确使用操作面板。

② 打印机应工作在干净、无尘、无酸碱腐蚀的环境中，避免日光直晒、过潮和过热。

③ 经常进行打印机清洁维护，保持打印机外观清洁，保证内部可见部位无纸屑、尘迹。

④ 务必使用含有地线的三项电源，并一定使地线接地。

⑤ 按操作规程正确装卸纸张。

⑥ 为了保证打印质量和维护保养好打印头，每次打印前，应认真检查打印色带位置是否正确，纸厚调整杆位置是否适当。

⑦ 保持机械运动部件和部位的清洁与润滑。

⑧ 经常清洁打印头和橡胶打印辊。

⑨ 色带盒中的色带若需更换，请小心进行。在打开色带盒的过程中，切勿掰断卡扣塑料片和定位塑料柱，并在拿出旧色带前，认真观察色带所经路径，以便放置。

2）故障现象

① 打印机不打印或乱打。

② 打印模糊或不均匀，打印机停止打印。

③ 字车运行困难，每行起始位置混乱。

2. 喷墨打印机

喷墨打印机是一种把墨水喷到纸张上形成点阵字符或图像的打印机。这种印字技术早在20世纪50年代就已研究，但是由于存在喷墨量的控制、墨滴扩散程度、喷嘴堵塞等问题，直到60年代末才形成商品投入市场。进入80年代，随着微型计算机的发展和普及，市场对打印机的需求量增大，喷墨印字技术才得到较大发展。90年代后，随着技术的不断改进，喷墨打印机具备了结构简单、工作噪声低、体积小、价格日益降低、能进行彩色打印、打印质量接近于激光打印机等诸多优点，逐步受到用户青睐，迅速得到了普及。

(1) 喷墨打印机的分类

- 按喷墨技术分有连续式和随机式两种。
- 按颜色可分为单色和彩色两种。
- 按幅面大小可分为A3幅面和A4幅面，常用的是A4幅面。
- 按打印机内置字库可分为汉字喷墨打印机和西文喷墨打印机。
- 按用途可分为台式和便携式两种。
- 按打印机精度即分辨率来分，可分为高、中、低档三种。

(2) 喷墨打印机的工作原理

向纸上喷射细小的墨水滴（墨滴的密度可以达到每平方英寸90 000个点），并且每个墨滴的定位都比较精确，打印的质量几乎可以和激光打印机相媲美。除了打印头由一边到另一边移动的轻微声音以外，喷墨打印机工作时非常安静。打印的时候，打印纸放在打印机内部的托盘内，一次一张地自动输入到打印机内部接受打印。喷墨打印机大多使用插入式墨盒，墨盒中装的墨水就是打印的主要材料。一盒墨水的使用时间一般和打印的频率、打印的质量和打印的内容等都有关。当墨水用完之后，有的墨盒加上墨水可以再次使用；有的不能，只要换一个

墨盒就可以了。

(3) 喷墨打印机的优缺点

1) 主要优点

① 具有高分辨率,可高达 1 200 dpi,甚至更高。

② 工作噪声较低。

③ 印字机构的可动部件少,可靠性高。

④ 打印速度较快。

⑤ 运行功耗低。

⑥ 容易实现质量较高的彩色打印。

⑦ 打印头无磨损或很少出现磨损现象。

⑧ 设备体积小,占用空间较小。

2) 主要缺点

① 喷墨印字技术同其他非击打式印字技术一样,不具备拷贝能力。

② 打印质量与打印速度、墨质、纸张关系密切。

③ 耗材(主要指墨盒)成本高。

喷墨打印机的优点是价格适中,价格比激光打印机便宜,现在已经降到了许多消费者可以接受的程度了。而且喷墨打印机的打印质量远胜于针式打印机,接近激光打印机,打印速度快,工作时噪声小。其缺点是耗材(墨水盒)费用较高,对纸张也有一定要求,最好用专用的喷墨打印纸;而且喷墨口不易保养,易堵塞,须细心使用。

3. 激光打印机

激光打印机是利用电子成像技术进行打印的,多用于需要高质量的打印中。它利用激光束在硒鼓上扫描图像,按照点阵组字的原理,通过电路的控制,激光束有选择地使硒鼓感光,构成负电荷阴影。当鼓面经过带正电的墨粉时,感光部分就吸附上墨粉并将墨粉转印到纸上,纸上的墨粉经过加热融化,渗入纸张中,形成永久性的字符或图形,如图 2-5 所示。

图 2-5　激光打印机

激光打印机的输出效果非常好,远远超过了点阵打字机的质量,与印刷质量不相上下。它的应用场合也自然广泛得多,可以打印各种类型大小的文本以及清晰的各类图像。计算机的各类打印输出可用于书籍、杂志、报表、文档等。

激光打印机的优点是打印效果好,几乎达到了印刷品的效果。另外打印速度快,没有什么噪声,可以给人一个安静的环境。

它的缺点就是价格稍贵,耗材也贵,使用碳粉盒,一盒可以打印 3 000～5 000 页。更换碳

粉或硒鼓，花费都不小；而且，对纸张要求也高，要用专门的激光打印纸。所以激光打印机比较适合注重打印质量，对价格能够承受的场合。

4. 热感应式打印机

热感应式打印机是通过加热色带或特殊纸的方法来实现打印的；根据工作原理不同，分为热敏式、热传印式、热升华式和染料扩散式等类型。

热升华式打印机主要用于彩色打印。其色带上涂的固体彩色墨具有升华性质。在打印头对色带加热后，其彩色油墨由固态直接升华为气态，落在纸上形成记录。为了防止打印层脱落，打印后在记录纸上覆盖一层透明的聚酯薄膜，所以打印效果非常好，图片细腻，输出的质量近乎彩色照片。但是它的打印速度慢，而且打印机的耗材价格昂贵，因此多用于专业或有特殊需要的用户。

5. 染料扩散式彩色打印机

染料扩散式彩色打印机的打印原理是加热固态的油墨，使油墨熔化成液体，扩散到纸的纤维中，达到永不退色的效果。这种打印机使用 3 色或 4 色的色带调色，可以生成精确均匀的色素，随着温度的提高，色素的浓度越浓，打印的效果也越好；但是价格贵，打印慢，比较适合于对照片质量要求较高的设计或者美工领域。

2.1.2 打印机的主要性能指标

选购打印机时选择的面很广，品牌也多，但是有几个主要的性能指标可以供人们考虑。

- 打印平均速度——指在有回车换行的连续打印情况下，单位时间内所能打印的字符数。在串行打印中，打印速度通常以字/s 计算；并行打印的速度则以行/s 计算。
- 字符种类——指打印机能打印出多少个不同的种类，当然现在的打印机基本上很少存在有些字体不能打印的情况。
- 打印位数——指一行最多的打印字数。
- 字符尺寸——指能打印出的字符宽度与高度，用 mm 来表示。
- 行间距——指相邻两行的中心距离。
- 字间距——指相邻两字符的中心距离。
- 回车时间——指从行终到行头所需的时间。
- 换行时间——指从当前字符换到下一行所需的时间。

2.1.3 打印机的使用与维护

目前使用较为广泛的打印机就是喷墨打印机。现以喷墨打印机为例来说明打印机的使用与维护过程中需要注意的一些问题。

由于喷墨打印机的特殊工作方式，在使用中需要注意下列一些问题：

① 首先要注意的是喷墨打印机的墨水。适合打印机的墨水一般为液态或固态墨，因为液

态墨或者固态墨需要让电阻丝产生热量加热或融化才能实现打印，劣质的墨水汽化或者液化产生的热量与电阻丝产生的热量数量不一定相符，这样打印出来的效果肯定不好。此外，要注意墨水的正确使用。墨水一般有一个有效期，在包装上注明。从墨盒中取出的墨水应该立即装在打印机上，放久了的墨水会影响打印的质量。即使没有使用完，墨水也最好在半年内更换一次，因为使用过期的墨水不仅影响打印质量，还会对打印机有所损坏。墨盒不要随便拆卸，不要随便打开墨盒，这样容易损坏打印头，影响打印质量。

② 需要定期清洗打印头。如果长期不清洗，打印头很容易阻塞，这样打印出来的文字或者图像就会模糊不清，色彩也会不真实。不同打印机的打印头的清洗方式一般不相同，清洗前可以仔细阅读操作手册。

③ 要选择较好的打印纸，最好是专用的喷墨打印纸。因为喷墨打印机对纸张的要求比较严格，如果打印纸质量太差，不但影响打印质量，还会损坏打印头，影响打印头的寿命。所以要选择高质量的打印纸。此外，打印纸的保存也要注意，不要露天放置，这样容易受潮。一般可放置在塑料袋中，防高温，避免阳光直射。打印纸必须与打印模式相匹配，比如 360 dpi 的纸不要在 720 dpi 模式下打印，这样打印也会损伤打印头的寿命。装纸过程要注意正反面，只有正面的打印效果才比较好。

④ 在搬运的过程中要注意锁住打印头。有些喷墨打印头有自动锁定功能，当在设定的时间内没有接收到信息就会自动锁定；也可以按住 PAUSE 锁住打印头。这样可以保护打印头，延长使用寿命。

⑤ 此外对打印机使用环境的温度和湿度予以控制，电源也要避免和大功率的用电设备连接在一起，不要把打印机放在阳光能直射到的地方。

2.1.4　常规打印模式

打印机的常规打印模式主要有三类：

(1) 单机打印模式

单机打印模式，顾名思义，就是一台计算机上装一台打印机，并且不能供给其他计算机使用。这样的打印模式非常浪费资源，因为每台机器上都必须配备一台打印机，并且打印内容无法共享，因此，已经不常用了。

(2) 共享打印模式

共享打印模式则大大提高了打印机的利用率。它是将一台打印机安装在某一台计算机上，并将这台计算机作为服务器，通过网络共享，供局域网网络上的其他计算机使用。这种模式比较适合打印量比较少的场合，在大多数小型办公网络中得到了广泛的应用。

(3) 网络打印模式

网络打印模式和共享打印模式比较类似，它是将一台带有打印服务器的网络打印机通过网络联到局域网，设定网络打印机的 IP 地址，使此打印机成为网络上不依赖于其他计算机的独立节点。然后在其他计算机上安装打印机的驱动程序,这样同一个网络中的计算机都可以使用这台网络打印机了。网络打印模式的打印速度较高,比较适合在大中型办公网络中使用。

2.2 复印机

自从1938年美国人发明了静电复印机以来,经过几十年的发展,复印机已经成为当代信息社会的重要支柱和媒介。

当今,世界复印机的市场趋于稳定和成熟化,从发展趋势来看,可以发现主要是朝着小型化、多功能化、数字化和智能化的方向发展。下面介绍复印机的分类和原理。

2.2.1 复印机的分类

复印机是人们都很熟悉的现代办公设备之一。它主要用来复印大量的文件、书刊、材料等稿件;同时它还被应用于大幅面的工程图纸的复印,以及一些特殊场合的使用。

复印机如果按照用途可以大致分为办公应用、工程应用、彩色应用以及特殊应用等四类。

办公用复印机主要有普通纸复印机、涂层纸复印机和介质涂层纸复印机。普通纸复印机多采用间接式静电复印法。涂层纸复印机采用的方法可以采用的复印方式较多,主要有直接式静电复印法、重氮复印法、接触式热敏复印法、双光谱方式热敏复印法、干式银盐照相法、染料转移银盐照相法和扩散银盐照相法等。而介质涂层纸复印机的复印方式使用的多是静电转移法。

工程图纸复印机分为普通纸复印机和涂层纸复印机两类。前者使用的也是间接式静电复印法,后者使用的是重氮复印法。

全彩复印机主要按照复印面积的大小分为普通幅面和大幅面两类。普通幅面最大的纸面为A3,多采用间接式静电复印法。大幅面的复印机可以复印的纸面可以复印到A1的纸,采用的方式一般是喷墨复印。

特殊用途的复印机包含的种类较多。例如采用静电复印法的微缩阅读复印机,采用热敏复印法的袖珍复印机,采用静电复印法的卡片、图片复印机,还有数字式的计算机输出复印机等。

现在最常见的多是采用静电复印方式复印的机器。静电复印过程是指由光对充电的光电材料的作用直接或者间接产生复印品的过程。

静电复印过程与一般的摄影过程基本类似。它通过对文件原稿的曝光,在感光材料上形成像,然后经过显影、转印等步骤,来产生原稿的复印件。在术语上,就把静电复印方法称为静电照相技术,或者称为电摄影术。但是与照相摄影不同,这个过程不是一种化学过程,从本质上来说,它属于一种光电过程。它所产生的潜像是一个由静电荷组成的静电像,

其显影和转印也是基于静电吸引的原理。另外，它使用的感光材料是一种特殊的光敏半导体，称为光电导绝缘体，简称光导体。用它制成的静电复印感光鼓或者感光板，可以反复曝光成像，次数可达数万次。

用静电照相法来产生复印件的过程通常包括以下几个步骤：

① 充电　就是使静电复印感光板的表面均匀地带上一层静电荷，这个过程也称为“敏化”，就是使感光板产生“敏感性”；

② 曝光　通过曝光，感光板表面就形成了由静电荷组成的静电潜像；

③ 显影　即用带电的墨粉使潜像变成可以显现的墨粉图像；

④ 转印　就是将感光板上已经显影的墨粉图像转移到复印纸上；

⑤ 定影　用加热或其他定影方法使墨粉图像固定在纸上；

⑥ 清洁　是指对感光板的参与墨粉进行彻底清除，为下次的复印使用做好准备。因为感光板是循环使用的。

2.2.2　复印机的基本组成

由于目前市面上的大多数复印机都属于静电复印机，所以就以静电复印机来说明复印机的基本组成，如图 2-6 所示。

1. 复印机结构

(1) 外部结构

复印机的外部结构如图 2-6 所示。

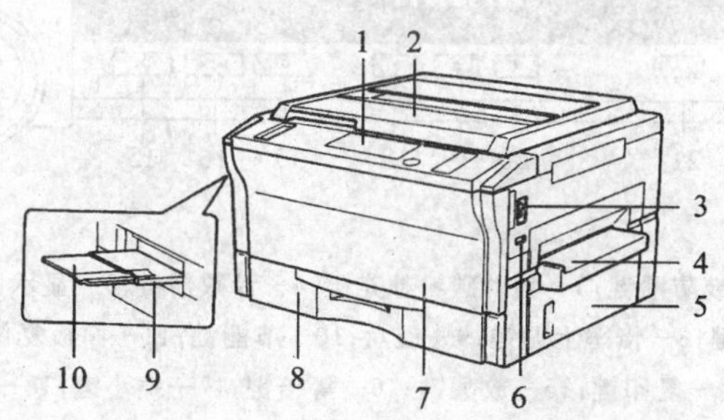

1—操作面板；2—原稿盖；3—电源开关；4—手送盘；5—右侧门；6—总计数器；7—前门；8—纸盒；9—副本盘；10—副本盘伸长板

图 2-6　复印机外部结构

(2) 内部结构

复印机的内部结构如图 2-7 所示。

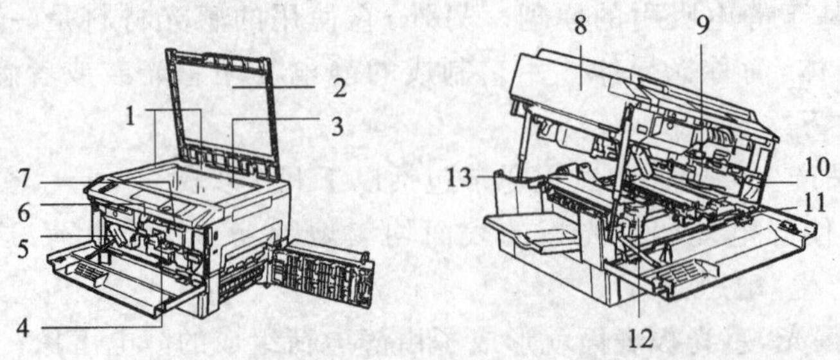

1—原稿尺寸标尺；2—原稿盖；3—稿台玻璃；4—充电组件清洁杆(上/下)；5—释放锁杆；
6—碳粉瓶；7—碳粉瓶支架；8—复印机上半部；9—成像组件；10—成像组件释放杆；
11—防潮开关；12—定影组件手柄；13—定影组件

图 2-7　复印机内部结构

(3) 操作面板

复印机的操作面板如图 2-8 所示。

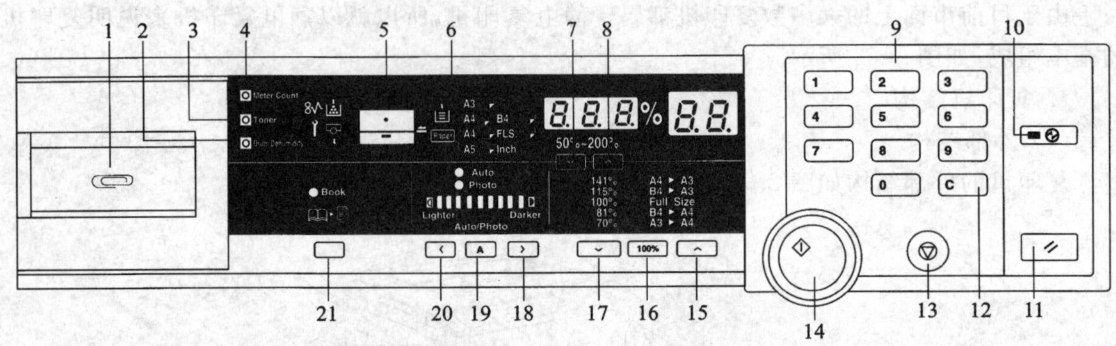

1—回形针盘；2—鼓防潮键；3—辅助碳粉补充键；4—计数器键；5—显示面板；6—纸张选择键；
7—倍率下调键；8—倍率上调键；9—键盘；10—节能键；11—面板复位键；12—清除键；
13—停止键；14—复印键；15—放大键；16—等倍键；17—缩小键；18—曝光加深控制键；
19—自动曝光模式键；20—曝光变浅控制键；21—书本复印模式键

图 2-8　复印机操作面板

2. 复印机基本组成

静电复印机主要就是运用光学、机械和电控等技术并且利用静电复印原理来实现复印功能。静电复印系统是整个机器的核心部件，它由光导体、充电、显影、转印、分离、清洁等装置组成。

(1) 光导体装置

光导体装置多做成圆筒状。由于形状类似于鼓，由此称为光导鼓。根据光导材料不同，可

称为硒鼓、有机光导鼓和硫化镉鼓等。对光导鼓的要求一般有以下三点：① 装卸方便、牢固；② 安装后径向与轴向跳动小；③ 安装的重复精度高。

（2）电极装置

在静电复印系统中，通常有 4 个电极装置，即充电电极、转印电极、分离电极以及消电电极。有的机器还装有预转印电极。尽管各类电极的功能、参数不同，但基本结构类似。电极离开光导鼓表面一定的距离，电极与高压电源连接，这样可以在复印运转时电极产生放电，使光电鼓表面充放电。

对电极装置的基本要求是：在规定时间内使光导体或者介质均匀充放电，密度适当；应有一定量的调整范围，可以消除或者弥补对复印质量的影响；质量过硬，安全可靠，装卸方便。

（3）显影装置

现在的静电复印机无论双组分或者单组分显影方法，均采用磁刷显影。它一般由显影仓和加粉两部分组成。

对显影装置的基本要求是：保证对光导鼓能够连续供给适量的显影剂；保证显影剂均匀地与光导鼓接触；保证色粉的消耗和补充达到平衡；显影仓内摩擦带电特性，应与所用的色粉和显影剂相适应；装卸方便，色粉补充容易，显影剂更换方便；密封性好，防止机内的污染。

（4）清洁装置

目前台式静电复印机均采用刮板清洁并同时进行消电电极来进行辅助清洁。

对装置的基本要求有下面几点：清洁元件对光导体的损伤要小，毕竟光导体是需要循环使用的；密封性好，防止色粉飞扬，污染环境；装置要拆卸方便，便于更换；经久耐用，安全可靠。

2.2.3　复印机的使用

尽管复印机在企业用户中的普及率很高，但要正确使用复印机，须注意以下几点。

（1）保持稳定电压

市面上大多数复印机的工作电压都是标准的市电，也就是 220 V，如果工作电压不稳定或者达不到规定的额定电压，就很容易对复印机造成损坏。连接到复印机上的电源插座，最好不要再连接其他设备，以免其他设备带电插拔时，会对复印机造成电流冲击，损坏复印机内部的工作电路。此外，与复印机相连的插座必须是三相的，而且电源线一定不能折、不能压；在关闭复印机时，必须先关掉复印机操作面板上的电源，然后再将电源线拔出。

（2）使用优质墨粉

复印机使用的墨粉，主要成分是碳。在复印即将完成的时候，墨粉会经 200 ℃左右的高温熔化到纸张纤维中，而其中的树脂成分将被氧化成一种刺激性气体，这种气体其实就是人们常提到的臭氧。一般来说，正宗的墨粉中是没有致癌物质的，而如果不小心选用了劣质墨粉，其中会或多或少地存在一些对身体有害的物质。而且劣质墨粉将会直接影响复印效果，导致复印件上底色加重，文稿色迹深浅不一。更为重要的是，劣质墨粉还会对复印机内部的硒鼓造成持续磨损。若复印机定影辊上沾有墨粉,往往还会在复印机内部生成粉尘,这些粉尘一旦落在复印机的工作电路板上,很容易出现短路现象,从而损坏复印机。所以使用的墨粉最好是质量可靠的产品。

(3) 及时添加墨粉

复印机的墨粉一旦用完,一般会在操作面板上出现相应的提示,提示人们该换墨了。如不及时为复印机进行换墨,可能会对日后的复印效果造成影响,甚至会损坏复印机内部的碳粉盒,或者是光导鼓。

(4) 使用连续复印

复印机每次工作之前,都要花费很长的时间来预热,一旦预热好后,就能持续工作了。如果要复印多份相同材料,最好先将复印机工作模式设置为"连续复印"状态,并根据复印份数的多少,设置好连续复印的页数,以后直接执行操作面板上的"复印"命令,复印机就能自动地将所有份数自动记录下来,这样不但提高了工作效率,而且还节省了操作时间。

(5) 使用优质复印纸

复印纸的好坏,直接影响着最后的复印效果,因此选好纸张也是使用复印机过程中很重要的一个环节。在挑选复印纸之前,可以先测试一下该纸能否在自己的复印机中取得好的复印效果;若效果不错,可以多买一些。此外,还有一点需要注意的是,选用的复印纸,必须与复印机当前使用的墨粉相兼容;如果不兼容,可能会影响复印效果。

2.2.4 复印机的选购

复印机的选购也需要本着实用、好用的原则来选择。

首先就是自己的日常工作量。一个大型的复印机,自然速度快,工作效率高,但成本也高。一个小型的复印机虽然价格便宜,但工作的速度和复印的效果都比不上大型的复印机。所以选择复印机首先需要以自己的需求来选择,不要造成投资的浪费,也不必因为了节约而使工作效率下降。

除了工作量的需求,还有功能的需要。若工作中常需要复印一些双面文件,或需要复印大量成册文件等,则需要选择双面机或含送稿器、分页器等特殊功能的机器,需要灵活地选择。

市场占有率也是一个选择的因素。由于目前绝大部分办公设备均是国外品牌,而在中国地区使用,最好是选择在中国市场销量大、市场占有率大、在国际市场亦名列前茅的品牌机型。这样才能保证设备性能价格比最优,零配件、耗材供应及时,价格相对便宜,维修容易等。

工作模式也可以左右人们的选择。工作模式是指购置办公设备想要或希望能完成哪些工作,或是单位的办公操作模式。如果只是为了能复印一些文件或收发一些传真,则购买模拟信号的、传统的复印机或传真机即可。而若单位是局域网操作环境,或是有远程终端信息共享,或是经常与互联网互通资讯,则需要购买最新科技的办公复合机数码复印/传真/打印机。而

数码机的传真、打印及网络打印均是可任意选购的。数字化办公设备是新时代办公的主流与方向。

最后就是选择销售店：复印机、传真机等办公设备是光、机、电一体化的高科技产物，与一般的家用电器有很大区别。其复杂性、故障率、专业性均很高。这样，办公机器的使用过程中，其售后服务的能力与技术水平的高低都非常重要。而且并非每一个销售单位的实体规模都能达到生产厂家的认可，也并非每一个销售单位的技术人员都能接受生产厂家的培训或达到厂家的技术操作标准，因此，只有选择正规大型的或是厂家认定的专营店购买设备，才能保证机器有真正保障的售后服务，提供真正的质量保证。更重要的是避免不小心购买到翻新机或水货机。

2.2.5　复印机的维护与保养

使用复印机，除了应按照规范的步骤操作外，日常的维护与保养也需要注意。科学的保养可以有效延长复印机的使用寿命，也能带来更好的复印质量。

首先，需要使复印机工作在干净、灰尘较少的环境中。同时不要让复印机接触到水，水除了容易让复印机表面生锈外，更重要的是损坏内部的精密部件，影响复印质量。另外不要让一些小的硬物落入复印机内部，例如硬币、图钉等，一旦掉进去，很容易损坏到电路板，或者卡住机械设备。

此外在插拔电源线缆或者排除卡纸等故障时，都需要先切断电源，再进行操作。如果带电操作，不仅容易损坏内部的电路设备，缩短使用寿命，更容易造成触电事故。

在清理复印机时，不要使用酒精等有机溶剂，最好使用软布等柔软的物体来清除复印机表面或者内部的灰尘、碎纸屑、污迹。另外不要使用类似卫生纸一类的纸制产品，否则很容易将纸屑留在复印机的内部。

此外，使用复印机时需要注意保管好硒鼓。在复印机中，硒鼓是比较昂贵的耗材，也容易损坏。如果想降低维护成本，最好就是小心保管好硒鼓。在从硒鼓中拿出碳粉盒时，特别需要注意。由于硒鼓对太阳光非常敏感，必须把它放到阴暗的地方，避免强阳光的照射。另外为了避免弄脏硒鼓，还必须将其放在一个干净、平整的地方，不能直接用手去触摸硒鼓。因为手上的油脂很容易留在硒鼓的表面，从而影响到复印的质量。如果在取出硒鼓时，发现复印机内部有很多粉尘，必须及时清理，再做其他的工作。

2.2.6　复印机一般故障的排除

在故障排除过程中，首要条件就是能准确识别故障。对于没有经验的人员，只要由浅入深地注意总结、积累经验，常见的故障排除并不是什么难事。

下面介绍简单的识别故障的方法。

(1) 自诊法和模拟法

自诊是现代复印机特有的一种功能，是复印机中的计算机对复印机工作状态的判断和识别。它能用代码显示的方法提示或者标志故障发生的内容。这种方法具有诊断准确、迅速、操作方便的特点。虽然有些故障难以用这种方法找出来，但是由于这种方法简单易学，故适用于最基本的故障判断。模拟法也是复印机自身特有的功能，在计算机的控制下，使机器上的某一部件单独运行。操作时通过控制键盘，输入各种操作程序正常工作。当指定的部件没有按照预定的程序运转或者运转出了问题，就能得知该部件的故障情况了。采用这种方法检查故障也是有限的，前提是计算机及其控制程序工作正常，且被模拟操作的部件是预先设置的一项功能；对那些没有设置模拟程序控制的部件是无法实现模拟操作的。

(2) 查表法

查表是指查询故障表。在各类机型资料中常有故障表，它是将多种故障经过总结归纳在一起，同时对照故障现象、图像质量得知故障部件和原因及正确的处理方法。在维修中常不具备相应机型的资料，但由于复印机原理的相似性，可以参考其他机型的故障原因。当然，同一故障原因，不同的机型相应的修复方法不全相同。当对复印机的故障识别有了初步的知识和识别手段后，就能判断一些简单的故障，确定故障大概的方位。如果维修时还有其他正常的同型号机器，就可以采用代换法来识别机器的故障。

(3) 代换法

代换法是将可能产生故障的部件拆卸下来，然后使用同型号的正常部件来换上，比较代换前后工作状态，最后分析得到是否此部件被损坏了。代换法是一种快速、实用的识别故障方法。不论对于新手还是经验丰富的维修人员，都不失为一个有效的方法。代换配件时，需要注意一些问题：代换的配件一定要是能正常工作的，而且先确定电路是否短路或者损坏过，否则替换上去的配件也可能损坏；代换机械运动部件时，应先确定被代换的配件安装是否正确，卸下后有无损伤等，如果发现异常，这时不可将代换件装上试行；代换前先关闭电源，除去静电，注意各种接线是否正确，安装是否正确，确认无误后才能通电试行。以上各种诊断法比较适用于普通的故障识别，特点是方便、简单、易学、实用，学起来很快能够掌握。

2.3 扫描仪

什么是扫描仪？在计算机的输入设备中，人们用得最多的大概就是键盘和鼠标，它们能实现各种输入。但是当人们希望在版面中加入一些图片或者照片时，这些工具就爱莫能助了。而实现这种功能的最好工具就是扫描仪，如图 2-9 所示。

扫描仪是一种精密的集光学、机械、电子于一身的高科技产品，是现代办公、多媒体技术等应用中的一种功能极强的输入设备。扫描仪的突出优点就是能最大限度地保留原稿的风貌，这是键盘鼠标所不能办到的。因此扫描仪在目前的计算机领域被广泛应用。除了平常的桌面排版外，许多文件和传真都用到了扫描仪，大大提高了工作效率。

扫描仪的工作原理并不复杂，主要由光电传感器、机电同步机构、数据传输电路三部分组成。光电传感器部分是扫描仪的核心部分，由光源、光电接收器、放大器、数/模转换器等构成。光源照射到被扫描的图片上后，光电接收器把图片上各个部分的亮度和色彩信号转变成电信号，这时的电信号还比较弱，需要用放大器放大。由于扫描的电信号还是模拟的信号，而计算机只能识别数字信号，故需要经过数/模转换器的转换，才能将模拟信号变成计算机能够处理的数字信号。

图 2－9　扫描仪

2.3.1　扫描仪的分类及功能

人们常见的扫描仪按使用范围来说，大致可以分为两种：一种专门负责扫描图像，称为图像扫描仪，其作用就像彩色打印机一样，可以很精确地保持原来的信息；另外一种扫描仪称为光学扫描仪，专门用于扫描一些代表数字的光学码。比如商场、超市里面的专门扫描条形码的机器，还有现在在考试中普遍应用的“铅笔答题卡”，就是用这种扫描仪进行扫描后输入到计算机中进行分析评分的。

若按色彩方式分，可以将扫描仪分为彩色和单色扫描仪两种。单色扫描仪又可以分为黑白扫描仪和灰度扫描仪两类。一般的灰度扫描仪可以兼容黑白扫描仪的工作模式。如果按照扫描方式分还可以分为反射式和透射式扫描仪。透射式扫描仪主要用于扫描胶片或者半透明的物体。而一般反射式扫描仪加上一个透明胶片适配器 TMA 就可以变成透射式扫描仪。按照扫描原理不同，可将扫描仪分为以 CCD（电耦合器）为核心的平板式扫描仪、手持式扫描仪和以光电倍增管为核心的滚筒式扫描仪。按照扫描图纸幅面的大小不同，可以将其分为小幅面的手持式扫描仪、中等幅面的台式扫描仪和大幅面的工程扫描仪。

但是不论按照哪一种分类方法，扫描仪的功能都大同小异。从它的定义中可以看到，扫描仪主要就是用来捕捉图像（照片、文本、图片等），并将其转化为计算机可以显示、编辑、存储和输出的数字化输入设备，可以算是继键盘鼠标后的计算机的第三代输入设备。如今它已经应用到各类图像处理、出版、印刷、广告设计、艺术制作、网络图片、多媒体制作、图文数据库、图文工程和工程图纸输入等专业领域。随着多媒体技术的成熟，扫描仪已经从办公自动化领域逐渐进入了家庭。

2.3.2　扫描仪的性能指标

扫描仪的性能指标有很多，在自带的操作手册中也多有记载。归纳下来，其主要的性能参数包括：分辨率、灰度层次、扫描速度及扫描幅面。

1. 分辨率

分辨率表示了扫描仪对图像细节的表现能力。或者说，分辨率是对原稿细节的分辨能力。这是扫描仪的关键指标。扫描仪分辨率的单位是 dpi，就是每平方英寸上有多少个点（dot per inch）。目前的商用机分辨率一般为 300 dpi 和 600 dpi，在高端应用中 2 000 dpi 也比较常见。理论上来说，扫描仪的分辨率越高越好，因为高的分辨率可以更细致地复原出图像的细微部分。如果分辨率比较低，即使原稿清晰，也很难再现图片细致入微的原样。当然，扫描仪的精度提高后，其扫描速度会大大降低，而生成的文件大小则会成倍增长。因此选择扫描仪时应该根据实际需要而定。

2. 灰度层次

灰度层次是指表示图像的亮度层次的范围。灰度级数越多，说明扫描仪生成的图像的亮度范围越大，图像的层次感也越强。没有灰度的图像显得呆板僵化。如果用 1 bit 表示一个像素，则它只有黑白两色；如果用 2 bit 表示一个像素，它就有 4 种灰度。同理，10 bit 可以达到 1 024 种的灰度层次。灰度技术可以使图像色彩丰富、形象逼真，缺点就是存储容量大，打印时间长。

3. 扫描速度

扫描速度的表示方法一般有两种：一种是用扫描标准 A4 幅面图片所用的时间来表示；另一种是用扫描仪完成一行扫描所需要的时间来表示。当透镜把从待扫描的图像上反射的光线传送到 CCD 上后，CCD 输出模拟信号，但是计算机只能接受数字信号，因而也需要一个转换过程，而这种模/数转换的过程，最需要时间，也是影响扫描仪速度的关键因素。不同的厂家通过不同的处理方法来减少这个时间，提高扫描速度。一般都是通过软件的方法实现这种效果，虽然扫描速度提高不很明显，但是成本低，比较经济。另外一种提高扫描速度的方法是采用硬件来实现数据的编码。它将一个专门负责编码运算的中央处理器（CPU）电路置于扫描仪内部，通过它来编码，然后直接传给计算机。这种方法比起用软件来实现要快得多，可以节省很多时间。

4. 扫描幅面

扫描仪的幅面大多是 A4 幅面的，还有一部分是 A4 加长或 A3 幅面的，专业用户用后两者的较多。由于一般的应用下，扫描对象多是相片、图片和普通的文档，而文档的幅面大小一般为 A4 的，所以 A4 和 A4 加长型的扫描仪已经可以满足大部分要求。如果待扫描的图形太大，可以把待扫描图形分割成几块，再用拼接的方法来实现扫描。A3 幅面的扫描仪由于造价较高，目前多用于专业的领域。

5. 彩色位数

在自然界中，色彩是千变万化的，但在计算机和纸张上只能用模拟的方法来尽可能地表示各种颜色，使它能够与自然界的颜色趋近一致。目前市面上扫描仪的位数从 24 位到 36 位甚至更高的位数都有，它们也代表了扫描仪能识别彩色的能力。位数越高的扫描仪，彩色的还原效果越好，但价格也越贵。对于普通的应用，24 位或者 30 位的扫描仪基本上能够满足办公需

要,因为用以扫描的原始图片的质量一般不是很高,即使提高了扫描仪的色彩扫描位数,实际得出的效果也不很明显。但是对于美术工作者来说,更高的扫描位数自然是需要的。

2.3.3 扫描仪的选购

通过对扫描仪性能指标的描述,可以把选购扫描仪的用户分为商用和家用两种。简单地说就是,商用产品需要面对不同的行业需求,需要增强某些特定的功能,当然,成本也会相应地增加;而家用的产品主要面对普通家庭用户,要求实用性和高性能价格比。

商业应用的面比较广,普通的办公应用、出版印刷业和美术广告设计都要用到。

在办公应用上,大多是使用扫描仪完成普通图表或者文本文件的扫描,然后输入计算机。这是扫描仪的基本功能,而对扫描效果、扫描速度没有特殊的要求,所以选购的时候需要注意的就是扫描仪操作的简单性和售后服务的完整性。在出版业上的应用,主要要求扫描速度高。从行业的特点来看,大批量的生产要求扫描质量达到一定的水平,能够满足图形、图片的输入工作,所以选购的时候不妨选择扫描速度快、质量稳定的扫描仪。美术广告设计对扫描仪的高要求在一定程度上促进了扫描仪的发展。在这种应用中,有大量精美的原始图片需要输入到计算机中,因此对扫描质量,尤其是扫描的色彩、细节的真实还原和再现有着较高的要求。由于广告美术设计来自各行各业,因此会用到一些特殊的扫描仪,例如大幅面的扫描仪、透射扫描仪、实物扫描仪等,因此除了要选择色彩位数高、灰度级大的扫描仪,还要考虑到自己行业的专业应用。扫描仪在家庭中的最大用途是扫描生活照片,在计算机中制作自己的电子相册,并进行一些简单的图像处理,因此,需要选择大小适度,色彩和灰度都比较出色的扫描仪。

2.3.4 扫描仪的使用

正确扫描才能得到满意的数字图像,但是很多时候得不到满意的结果,其原因无外乎客观和主观原因。客观原因可能是因为原稿的质量有缺陷,这些缺陷一般是人力无法解决的。主观原因则可能是操作不熟练、程序不熟、方法不当。所以正确使用是很关键的。

下面以图像的扫描为例来说明扫描是如何进行的。先打开扫描仪的电源开关,接着打开计算机的电源开关,待计算机启动完毕和到某一预热结束。这里有一点需要注意,在扫描之前最好让扫描仪预热几分钟,因为刚开机的时候,光源稳定性不好,色温也还没有达到规定的要求,扫描出的图像可能饱和度不足。打开应用程序,选择扫描仪的驱动程序。一般来说,这一步计算机自动做了,所以不用管它。打开扫描仪上盖,放置待扫描的文件或者图片。放置稿件时正面朝向玻璃并注意方向。原稿的顶端应置于扫描头静止时所处的位置,否则扫描结束后要多加一项"旋转图像"的操作。在驱动程序的界面中设置各种选项,包括选择扫描对象的类型、选择扫描模式、选择分辨率和选择页面尺寸。选择预览后,扫描仪将把低分辨率下的扫描稿件呈现于预览的窗口中。

以上就是大多数扫描仪的使用方法。每一种扫描仪都有其自带的软件,可以调整或设置扫描后的图片，作进一步的处理。当然有些扫描仪有不同的使用方法，可以参阅其操作手册。

2.3.5 扫描仪的维护

扫描仪是一种精密的设备，也是一种娇气的设备。正因为它的实用性，使人们对它的维护比较忽视。为了保证扫描仪的扫描质量和使用寿命，日常维护也就相对显得重要了。只要应用了正确的扫描技巧和注意到以下的维护事项，就能有效地保护好扫描仪。

(1) 保持工作环境的清洁

因为扫描仪工作的时候，光从灯管发出的光线要经过玻璃反射板以及若干个反光镜片才能到达 CCD 接收器，其中任何地方落上灰尘或其他的微小杂质都会影响或改变反射光线的强弱，从而影响扫描仪扫描的效果。因此，工作环境的清洁是确保图像扫描质量的前提，也是保护好扫描仪外观的基本要求。

(2) 做好开机前的准备

一般刚开机的时候由于光源的稳定性不好，而且光源的色温也没有达到扫描仪正常工作时的所需色温，此时扫描仪输出的图像往往饱和度不足，从而使扫描仪的扫描效果大打折扣。因此，同许多机器想要发挥其最好的功能一样，需要预热几分钟再开始扫描操作，时间长短可参考各种不同的机器操作手册而定。

扫描仪光电设备中的部件设计得非常精致，光学镜头或者反射镜头的位置是否准确，对扫描效果和质量有着显著的影响。所以在使用过程中不要轻易拆卸这些装置，同时要尽量避免对扫描仪的碰撞或者在非水平状态下使用，否则容易使光学器件损坏。另外，当扫描质量出现问题或者扫描仪出现故障的时候，不要自己拆装，最好送到制造厂家指定的修理点去维修，或者到规范的维修站去维修。

在搬动扫描仪的时候，要看看扫描仪有无安全锁，如果有，记住一定要锁上，否则很容易使光学部件移位，从而损坏扫描仪；如果没有，一般就不用管这一步了。

(3) 温度的控制

在冬天或者温度较低的房间里，第一次打开扫描仪往往会出现开机指示灯不亮的情况。此时扫描仪内部的灯管是亮的，扫描仪也在准备工作，但是由于温度的原因，灯管处于保护状态。这种情况通常需要预热，在使用前要通电加热一段时间，再启动扫描仪工作。

(4) 注意扫描仪的清洁工作

扫描仪中的光学器件如果弄脏了肯定会影响到扫描的效果。由于环境的原因，不可避免地要接触到灰尘，所以定期的清洁工作很有必要。

扫描仪的镜面属于首要需要清洁的玻璃制品，由于镜面容易划伤，也会受到各种污染(比如稿件或者手的玷污)，所以应该尽量避免硬物接触镜面。同时要经常保持扫描仪镜面处于洁净状态，避免用手直接接触。如果镜面有污渍或者灰尘，可以用软布蘸清水擦拭。擦拭完后要注意用干的软布或无尘纸将其擦干。扫描仪外部的清洁相对来说要简单一些，应尽量在无尘

的环境或者灰尘比较少的环境下使用。每次使用完毕后，最好用防尘罩把扫描仪遮盖起来，防止更多灰尘的进入；长时间不使用时，要定期进行清理。清理时，可以先用柔软的细布擦去外壳的灰尘，然后再用蘸些洗涤剂的湿布擦拭，待干净后用清水擦洗一遍，然后擦干即可。但不要用酒精、乙醚等有机溶剂，因为一些有机颜料等可以溶于这些溶剂，从而损坏扫描仪的表面，影响美观，缩短扫描仪的寿命。

2.3.6　扫描仪常见故障的排除

下面介绍常见的故障及其解决方法，如果自己难以排除，还是建议到专业的维修处去进行修理。

(1) 计算机找不到扫描仪

这是最常见的故障。一般使用如下的流程来排除故障。

先用观察法看看扫描仪的电源及线路接口是否已经连接好，确认是否先开启扫描仪的电源，然后才启动计算机。如果上一步的答案为否定的，可以按 Windows“设备管理器”的“刷新”按钮，查看扫描仪是否有自检，绿色指示灯是否稳定地亮着。假若答案肯定，则可排除扫描仪本身故障的可能性。如果扫描仪的指示灯不停地闪烁，表明扫描仪状态不正常。这时候可以再重新安装最新的扫描仪驱动程序。同时，还应检查 Windows“设备管理器”中扫描仪是否与其他设备冲突(如 IRQ 或 I/O 地址)，若有冲突就要进行更改。

这类故障一般不是很复杂，细心地检查一遍一般都能解决。

(2) 扫描后的图像有墨点或模糊不清

这种情形发生的原因很有可能是因为扫描仪的玻璃面板或掀盖不清洁所致，所以先观察一下扫描仪的平板玻璃是否脏了。如果是，可以按照前文所提供的清洁方式来清洁和保养，以保持扫描仪玻璃面板及掀盖的清洁。如果不是玻璃的问题，则先检查扫描仪使用的分辨率是多少，如 300 dpi 的扫描仪扫1 200 dpi以上的影像会比较模糊。因为 300 dpi 的扫描仪扫 1 200 dpi相当于将一点放至 4 倍大。另外，可检查显示器设置是否为 16 bit 色或以上。如果是扫描一些印刷品，有一定的网纹造成的模糊是可以理解的，处理方法可以用扫描仪本身自带的软件，也可以用 Photoshop 等图像软件加以处理。

(3) 扫描仪没有准备就绪

当打开扫描仪电源后，常常发现 Ready(准备)灯不亮。此时可先检查扫描仪内部灯管。若发现内部灯管是亮的，则可能与室温有关，这时可以让扫描仪通电一段时间进行预热，问题即可迎刃而解。若此时扫描仪仍然不能工作，则先关闭扫描仪，断开扫描仪与计算机之间的连线，将 SCSI ID 的值设置成 7，大约 1 min 后再把扫描仪打开。在冬季气温较低时，最好在使用前先预热几分钟，这样就可避免开机后 Ready 灯不亮的现象。

(4) 扫描输出的图像色彩不够艳丽

这种情况多属于软件的设置问题，比如显示器的亮度、对比度和 Gamma 值等。这些因素

对色彩显示的亮度、表现力都有影响，需要适当调整。还有就是扫描仪在使用前应该进行色彩校正，否则就极可能使扫描的图像失真。此外还可以对扫描仪驱动程序对话框中的亮度、对比度选项进行具体调节。

总之，扫描仪的问题通常出自扫描效果，这往往也是软件故障之一，不同的扫描仪对这些软件故障有不同的解决办法，可以利用相关软件进行修正。而硬件故障方面主要是接口、线路问题，只要连接好线路，设置好端口，用最新的驱动程序，这些问题应该是容易解决的。

2.4 传真机

从1843年英国人首次提出了通过线路将图像从一端传到另一端的基本概念，到第一部用线路传输的传真机的问世，再到1863年法国巴黎一家公司正式开通了公共传真业务，传真技术一直在不断地发展中。

此后的近一个世纪，传真技术发展缓慢。直到20世纪70年代，传真传输标准的制定使传真技术的应用领域扩大了。到了80年代，尤其是80年代后期，传真机迅速发展，应用日益广泛，已成为90年代最重要的通信工具之一。

传真机的工作原理并不复杂。它兼具扫描仪和打印机的功能。

在发送端，传真机的光学系统对文件进行扫描，并通过电路的转换把其转化为数字信号，这些数字信号再被转换成音频信号，便可以实现与另一端的传真机进行远程通信。在接收端，传真机接收音频信号，再将它们恢复成数字信号，经过转换，将结果打印在特制的感热纸上。其感热打印技术与计算机用感热打印机的原理相同。传真机如图2-10所示。

图2-10　传真机

2.4.1 传真机的用途及分类

在讲传真机的用途之前，首先了解一下传真文件的概念。

传真文件是通过电话线路每次传输一个点的像点集合。传真文件(包括电文)和其他任何图像文件一样，每一字符在表现上都是点的集合。传真文件不一定都是真正写在纸上的内容。如果用户用于个人计算机，就可以安装上一块"传真调制解调器"卡，它也能够直接传送传真文件而无须在纸上扫描出来。由于传真文件从一端传送到另一端非常方便、迅速，而且价格也比较合理，因此，传真机迅速成为办公自动化设备的必需品。机关、团体、企业、公司、医院、学校甚至个人都广泛使用传真设备。

传真机的使用简单，将待传送的稿件放入传真机的原稿托盘下，按下按钮，便可以在世界上其他的地方迅速得到传真副本。接收传真机一般无人值守，甚至有的传真机在接收文件的同时，允许操作人员同时进行向外的传真。使用一般的电话线路便可以连接和发送传真。所有的传真操作(包括拨号、传送稿件以及远端接收传真完成后的挂机操作)都是自动的。

按照国际电话咨询委员会(CCITT)对传真机的分类，传真机主要有以下几类。

① 一类机：是指采用双边带调制，对传输信号无任何频带压缩措施，适于在电话电路上以 4 线/mm 的扫描密度在 6 min 内传输一页 ISO A4 幅面文件的设备。有关标准为 CCITT T.2。

② 二类机：是指采用频带压缩技术，在 4 线/mm 的扫描密度下，使一页 ISO A4 幅面的文件经话路传输的时间大约为 3 min 的设备，频带压缩方法可以用编码和(或)残余边带的方式，但不采用减少多余度的文件信号处理。有关标准为 CCITT T.3。

③ 三类机：是指在调制处理前采取措施减少报文信号中信号冗余度，并能在 1 min 左右的时间经电话电路传输一页 ISO A4 幅面的典型打字文件设备。有关标准为 CCITT T.4。

④ 四类机：是指对发送前的报文采取减少信息冗余度措施的主要用于公用数据网(PDN)的设备，此类设备适用于公用数据网的通信规程，并保证文件的无差错接收，经适当的调制处理，也可用在公用电话交换网上。有关标准为 CCITT T.6。

现在一般使用的是三类机和四类机。目前三类机(G3)仍是传真通信中的主要机种。三类机的主要特点有：

① 话路上传送一页 A4 幅面文件，约需 1 min；

② 操作简单，传输多种文字、图像、照片等；

③ 即时记录、存储，提高消息传输的实时性，易于实现通信的自动化；

④ 可靠性强，个别信号的差错不会造成整个传真的差错。

虽然三类传真机传输的是数字信号，但是它要将数字信号通过调制解调器转换成模拟信号，利用公共电话交换网传输。公共电话交换网虽然比较便宜，但也存在着传输信道参数变化大、干扰大、接续时间长和利用率不高等缺点。

由此，四类传真机应运而生。四类传真机是传真机技术发展的新一代产品，它支持并兼容三类传真机的通信功能，经过适当的调制处理也可用在公用电话交换网上。其特点有：

① 传输速度高，功能强，接收质量好；

② 完全数字化，可以和数字网连接，还可加上 Modem 后在公用电话交换网中使用；

③ 分辨率比三类传真机高，效果好；

④ 编码方式为三类传真机编码的改进型，增强了可靠性。

当然按照另外的标准，可以有另外的分类。例如按照工作原理，可以分为热敏纸传真机、热转印传真机、激光式普通纸传真机和喷墨式传真机等四类。

热敏纸传真机是通过热敏打印头将打印介质上的热敏材料熔化变色，生成所需的文字和图形。热转印技术从热敏技术发展而来，通过加热转印色带，使涂敷于色带上的墨转印到纸上形成图像。激光式普通纸传真机是利用碳粉附着在纸上而成像的一种传真机，其工作原理主要是利用机体内控制激光束的硒鼓，凭借控制激光束的开启和关闭，从而在硒鼓产生带电荷的图像区，此时传真机内部的碳粉会受到电荷的吸引而附着在纸上，然后形成文字或图像、图形。喷墨式传真机的工作原理与点矩阵式列印相似，是由步进电动机带动喷墨头左右移动，把从喷墨头中喷出的墨水依序喷布在普通纸上完成列印的工作。

2.4.2 传真机的使用

由于三类传真机的使用较为广泛，操作也简单，容易上手，所以就以三类传真机的使用为例介绍传真机的使用方法。

1. 操作控制

一般三类机的操作控制有以下两方面的内容：一是设置在机器表面的操作面板，另外就是设置在机身内部的微动开关控制。实际操作外部的操作面板可以通过设置在操作面板上的各类功能按键、开关以及显示器件来实现。按键与开关的工作状态，由指示灯或者发光管来显示。一般来说，只要仔细阅读操作说明书，操作上不会有困难。机内的微动开关控制主要通过设置在机器内部电路中的手动开关来实现。由于三类机的功能多，工作方式及工作状态也很多，其中有些方式和状态是不需要经常变动的，所以常将这些操作开关设置在机器内部，不需要也不希望随意调整。尽管这些开关的位置安排和按键功能的设置都有所差异，但是总体来说能将这些开关分为两类：一类是手动微动开关，它们通常设置在主机控制电路中，用以设置通信状态和传递信息的状态；另一类手动微动开关一般设置在调制解调电路中，主要用来调整传真机的发送电平和接收时的线路均衡。这些内容也在操作说明书上注明了，用户一般不用管它。

2. 操作步骤

(1) 传真准备

将用户的电话线路连接在传真机的面板上标有“线路”(LINE)的接线端子上，将电话连接

在标有“电话”(TEL)的接线端子上。这样，基本的连线就接好了。如果进行传真通信，必须将传真-电话开关置于传真，然后根据通信线路的质量选择传输率：传输信道质量好时，采用 9 600 bit/s，并采用自动纠错功能，这样既可以保证传输质量，又可以缩小传输时间；传输信道质量较差时，就需要降低传输速率，可选择 4 800 bit/s 或者 2 400 bit/s，这时的纠错能力就看情况而定。如果线路质量非常差，就不要采用纠错功能了。

(2) 试运行

为了检查大部分的电路和机械功能，常采用复印(COPY)方式，特别是当用户只有一台传真机的时候，复印的功能尤为重要。如果复印的文件图像正常，则表明机器的各种性能也基本正常；反之，就说明机器出了故障，需要进行修理。

(3) 实施发送

在检查过扫描仪确认可以使用时，就可以开始准备发送了。

1) 在图文前不通话时

先检查“准备好”指示灯或显示器是否亮着，然后放置好发送的稿件原图样张，设置好扫描线密度和灰度，再摘取话机，拨打对方电话号码，并监听对方的回答。最后按下“启动”键，这时发送指示灯会亮或者液晶显示屏上显示正在发送的信号，表明机器开始发送文件。挂上话机，等待发送文件结束并收取对方记录报告，根据记录报告上的差错情况，再进行重发，直到全部无误为止。

2) 在图文前需要通话时

首先要观察“准备好”指示灯是否亮着，或者液晶显示屏是否准备好。然后放置文稿，摘取话机，拨打对方电话号码等待对方应答。通话结束后，将“传真/电话”置于“传真”位置，按“启动”键开始发送文件。最后需要收取检查对方记录报告，当发现有错误时，应该立即重发，直到全部正确为止。在这种传送工程中，如果双方都不挂机，待传真结束后，可以继续通话。

需要注意的事项如下：

如果按下“停止”(STOP)键时，发送会马上停止，这时停止在发送机内的原稿，不能用手强制抽出，只能打开自动进稿系统的盖板来取出，否则很容易损坏稿件。有些机器按下“停止”键后，原件可以自动退出。在发送期间，不可强行取出原稿，否则会损坏机器和原稿。当原稿出现阻塞时，要首先按“停止”键，然后采取相应的措施排除故障。如果能听到对方的回铃声，而听不到机器的应答信号，需要等待对方操作人员的电话回音，因为对方可能是采取自动应答的方式，或遇到机器没有加上电源或者需要更换记录纸等问题。

(4) 接收方式

1) 自动接收

只有具有自动接收功能的三类机才能按照此流程操作。在接收前需要检查接收机内是否有记录纸，是否通纸流畅，各类显示灯或者液晶显示屏是否能正常工作。只有当接收机处于“准备好”的状态时才能开始接收。在电话铃响时，“接收”(RECEIVE)液晶显示或指示灯亮，表示接收开始；接收结束时，机器会自动输出复印稿，“接收”液晶显示器或者指示灯会熄灭。

2）**发方通话**

在收到对方呼叫时，电话振铃一次，同时“接收”指示灯或者液晶显示器会亮起。如果收发通话时，需要先摘取电话机，按下“停止”（STOP）键，“接收”指示灯熄灭，开始通话。通话结束后，按照发方的要求，按“启动”键，“接收”指示灯或液晶显示器亮，接收文件开始。接收完成后，挂上话机即可。

接收方式操作的注意事项如下：

当接收传真机处于无人值守的状态时，接收可以由发方控制自动进行接收，无需接收人员进行操作，从而实现无人值守；当无电源或者记录纸被卡住时，传真机不能正常工作，收方需要电告发方，说明本地的机器正在进行故障处理；当记录纸放置不正确或者无显示时，需要电告对方重发；当出现记录卡纸时，先按下“停止”键停机，然后再采取措施排除故障；当接收的复印件出现垂直黑线时，多是由于对方扫描设备出现杂物，需要进行清理。

（5）轮询方式

轮询方式是允许发方在已经放置好文件原稿及按下“轮询”键的情况下，由收方控制发方自动发送原稿的过程。

1）**发方操作**

设置预约轮回密码；放置发送原稿；选择工作状态，如“标准”、“精细”、“超精细”等；按下“轮询”键，指示灯将亮起来。

2）**收方操作**

设置与发方同样的密码；拨打发方电话号码；收听发方机器应答信号后，按下“轮询”键，接收指示灯亮，开始接收。

（6）通话请求方式

通话请求方式是用在发送、接收期间或其后的通话。主要分为以下几个方面。

1）**原稿发送后，发方呼叫收方的操作**

进行发送操作，机器启动；按“通话请求”键，对应的指示灯亮，通话模式开启；发送结束后，收方操作人员拿起电话机，按“停止”键，此时发方听到机内蜂鸣器响声；收方操作员摘取电话机，按“停止”键，此时“等待”指示灯亮；当“等待”指示灯灭后，便可通话。

2）**发送期间，发方操作人员呼叫对方的操作**

进行发送操作，机器启动；按通话请求键，相应指示灯亮，通话请求模式设置完毕；按“停止”键，等待指示灯亮；当通话请求模式设置后，而且也按下“停止”键，在原稿发送接收后，收方可以听到机内蜂鸣声；收方操作人员摘取话机，按“停止”键，此时发方机器内蜂鸣器响；发方操作人员摘下话机，按“停止”键；双方进行通话；通话结束，挂上话机。

3）**通话结束时，收方呼叫发方的操作**

按“通话请求”键，此时“接收”指示灯仍亮，“通话请求”指示灯也亮；接收结束后，发方听到

蜂鸣器响时，按“停止”键；收方听到蜂鸣器响时，摘取话机，再按“停止”键，“等待”指示灯亮；“等待指示灯”熄灭，便可进行通话；通话结束，挂上话机。

4）*接收期间，收方呼叫发方的操作*

按“通话请求”键，相应的指示灯亮；收方操作人员听到蜂鸣音，摘取话机，按“停止”键；“等待”指示灯熄灭后，进行通话；通话结束，挂上话机。

（7）其他方式

一般三类机的大部分操作不外乎以上这些，但是还有一些不常用的操作方式，比如邮递信息的设置（在机器中存储字符、时间信息、地址码等）；监控方式（检查机器的主振频率、存储器的内容等）以及更换记录纸辊等，可以根据机器的使用说明来进行操作。

2.4.3　传真机的选购

目前市面上的传真机种类繁多，品牌各异，价格起伏较大，质量良莠不齐，如何选择一款真正能满足自己需要，价格又合理的传真机还是有点麻烦。通常根据用户的业务量、使用场合、使用的要求、价格预算等综合考虑，按照需要选择合适的类别。先确定好选择便携机、台式机，还是激光传真机、喷墨传真机，然后根据具体的操作需要，选择好合适的型号。下面根据各类不同用户的不同需要，给出了一些选购的建议。

（1）家庭及业务量小的单位

对于这类用户，以选择小巧的便携传真机为主。其原因在于：这类便携式传真机虽然是小型机，但是一般三类机的功能都具备，例如发送、接收、复印、打印通信管理报告、键盘拨打电话及缩位拨号键等功能；还有一些便携机具备发送标记、自动切纸以及电话录音等辅助功能，使用起来非常方便；便携机一般体积都比较小巧，可以有效节省办公空间，对于办公环境不充裕的用户比较实用；这类小型便携机价格一般比台式大型机要便宜许多，相对来说，更有性价比，一般的用户都能承受。由此可见，选用便携机能以较少的价格买到体积小巧、功能完备的传真机，对于此类的用户，确实比较合适。

（2）业务量较大的大中型企业、事业单位

这类用户的业务量较大，事务繁多，应该尽量以节省工作时间、提高工作效率为基本点来选择传真机。所以，选择中档的台式传真机比较合适，因为其功能比较丰富，传输的效果和能力都比便携机有一定的提高。例如清晰度可以达到超精细，传送速度可以大幅度的提高，具有更多的缩位拨号键，大容量的存储器可以用于存储和管理传真的接收，以及具备一定的自动化功能控制，使用户使用起来更为方便。台式机的各类功能集成度一般分布在不同的电路板上，集成度不如便携式的传真机高，这样维修起来比较简单，维修成本也比较低。

（3）要求较高的专业技术部门

这类用户例如新闻、通信、银行、气象等专业部门，应该尽量选择高档台式传真机，如激光传真机等。它除了具备普通台式传真机的功能外，还具有一些其他的特殊功能，例如可以使用普通复印纸进行接收和复印，有效增强图像处理能力，并且拥有更大的存储能力。此外，购买这类高档的传真机，可以拥有较好的售后服务，一旦出现问题，可以得到及时解决，这才是真正吸引此类客户购买它的主要原因。

2.4.4 传真机的维护与保养

传真机是一类比较娇贵的设备，所以平时的维护与保养就需要使用者注意了。

为了保证传真机始终处于良好的工作状态，首先需要注意传真机的保养问题：平时使用时，不要随意移动它。因为传真机内部的许多部件都是很精密的，一些不经意的碰撞很有可能损坏内部的某些器件，或者缩短其使用寿命。保持放置的平衡也是一个保养它的好方法。不用的时候最好用布套罩住传真机，防止外面的灰尘进入内部。

由于人们工作的环境不可能实现无尘环境，所以传真机不可避免地要落上许多灰尘。这就需要定期清理它。清理的注意事项一般有以下几点。

① 外壳的清理：首先可用湿布蘸上清洁剂清洗表面的污渍，然后使用清水擦去残留的水渍，再用干布擦干即可。但是清洁剂不可用酒精等有机液体，它们很容易溶解机器表面的油漆等保护层，影响美观，也缩短了使用寿命。

② 反光镜的清理：一般用吹气毛刷清除掉灰尘即可。

③ 输纸辊的清理：用细毛刷清除掉纸屑、碎片等沾着物。

④ 荧光灯的清理：用软布擦掉表面的灰尘。若灯管两端严重发黑，则表明需要考虑更换了。

⑤ 机械传动部分的清理：适量地加一些润滑剂，使其运转良好。

⑥ 压纸辊的清理：用干布擦去表面的灰尘等杂物，不要用酒精等有机溶剂。

⑦ 传感器、微动开关的检查：检查是否动作灵活、接触良好。

⑧ 切纸刀的清洁：清除纸屑、杂物即可。

⑨ 内部的清洁：清除纸屑、纸条、杂物。

感热头的清洁：用脱脂棉蘸酒精擦去污垢，不要用镊子等硬物，并且要在断电的时候操作。

最后需要注意一下主机的接地状况，如果接地，一定要接触良好；否则，可以不接。

2.4.5 传真机一般故障的排除

如果传真机不能正常工作，那么，就需要进行故障排除了。当然，如果是传真机自己的质量问题，最好还是送到厂家或者专业的维修点去进行修理。但一些小故障只要经过正确的处理，还是可以解决的。

准确判断是排除故障的前提。判断错误就轻易动手修理，往往会使无故障变成有故障，使小故障变成大故障，致使整台机器难以修复。因此，判断故障问题是发生在本机还是对方，是

线路问题还是操作问题，是硬件问题还是软件问题都需要仔细地判断，多方面、多角度地比较才能找到问题的症结所在。为了防止和减少人为的故障和损坏，对机器的故障，要抱着宁可信其有，不可信其无，宁可信其小，不可信其大的态度，千万不可轻易下结论。

对机器故障的检查可以使用以下这个流程：

当通信失败时，再次通信一次。如果再次通信成功，那么是线路的瞬时故障，可以暂且不予理睬。如果上一步的结果是依然不能通信，可以更换一下线路，或者重新插拔一次线路连接，或者对端口再试一次，如果可以通信，那么可以判断本机正常，只是线路或者对端故障，可以自己解决。如果上一步的结果是仍然不能通信，那么可以检查一下使用的条件以及操作是否得当，如果使用操作都正确，那么大体上可以确定是本机的故障了。如果上一步的原因是由于自己的操作不当或者使用条件不对，那么可以改进后再看看能否正常工作。如果结果依然如故，不能进行通信，那么可以基本断定是本机的故障。如果此时可以正常工作，那么就以现在的操作为准，故障排除。

当然如果按照以上的流程来进行，判断了是本机故障，也不要立即就认定是某个地方的故障，并动手修理，而是要先检查保护器件、连线、电路板等可拆卸部件是否安装有误，或者连接松动，检测传感器、切纸机等有无移位或者卡死。只有对这些故障易发的部位检查无误后，才能对电路板等其他部件进行检查。

对于故障的处理，要按部就班地进行。

① 掌握故障现象：是否有烟，有味，有电火花等，了解故障产生的全过程。如果机器还处于可操作状态，还可以进行本机动态与静态检测，或者进行收、发通信检查。

② 分析故障来源：通过对故障现象进行观察和对本机测试或对测试结果的分析，判断故障发生在收端、发端或者在外线。

③ 查找故障原因：根据故障现象和其发生的部位，判断是机械方面的还是电气方面的原因，如果本端复制不正常，还可以借助随机附带的诊断码表来判断它在通信中是否正常。

④ 进行故障排除：确定了故障发生的部位，找到了其产生的原因，便可以对出现的故障进行相应的处理，对症下药。

⑤ 排除故障后的测试：故障排除或检修完后，可以进行硬复制或者双方进行互通试验。如果工作正常，则表面故障已经排除。

⑥ 作一个故障分析报告：把故障现象、产生原因、排除的方法和最后的测试等记载下来，以供以后排除故障时参考。

当传真机有某些部分不能正常工作时，可以使用以上的检查流程来找到问题的症结。大多数情况下都不是机械故障，常常是由于故障的部位灰尘过多、电话电缆线有毛病，或者电话线路安装不正确以及记录纸本身的质量问题造成的。

1. 电话线路问题

在怀疑传真机有任何问题之前，都需要首先检查电话线路是否连接好了。不接收和发送

不出去时的传真机本身可能没有问题，很有可能就是电话线路没有连接好。先检查拨号音调，如果传真机有电话，可拿起电话听拨号音。大多数的传真机总是保持接收状态，插头总是插入插座内的。如果听到拨号音，那么说明传真线路是没有问题的。

如果没有听到拨号音，有可能是下列问题：

传真机没有插入电话线插口。这时检查传真机与电话引出端之间的电话线，确保标准电缆线已可靠地插入到两端的插座内。

电缆有故障。可以取下这段线，将此线插入一个正常的电话机中（只要此电话机工作正常，可以拨打出去或者可以接收进来即可）再听拨号音。若没有拨号音说明传真机和引出端之间的电缆线是坏的，需要更换一根。电话电缆线的故障有持久性的，也有间歇性的。持久性的故障比较容易查找，因为这种故障不会改变。而间歇性故障时有时无，取决于各种环境，例如电缆中的一根引线断了，就可能造成这种情况。如果电缆的绝缘层出现问题，致使引线出现短路的问题，那么可能与电缆放置的位置有关。将电缆恰好弯曲到某一程度时，故障就可能突然出现，传真机与外部失去了联系。检查方法是：当检查电话线缆时，用手人为地扭转和弯曲电缆，直到发现线缆故障所在地。还可以晃动插进插座中的插头，如果插座之间的连接不牢靠，电路也容易发生这类问题。

引出端故障。检查引出端最好采用通用的电话测试仪表。如果没有备用电话，也可以使用电话线路测试仪。一部好电话和电话测试仪都需要一个标准插座。但是当要测试办公室或者家中连接盒的内部和外部时，还需要配一个简单的扬声器，只需将扬声器跨接在电话线上即可。扬声器仅仅测试拨号音调，与电话线路操作无关。电话话音输入端呈低阻抗，使电话线路误以为电话手机已经接通，应发出拨号音；如果没有拨号音，问题可能出在引出端。如果有必要，拆下引出端，仔细查看，有无导线松脱和相碰现象。

电路开路或者短路。如果电路开路，导线应该接触而没有连接上，则电话线之一与连接的一端已经松脱，重新连接好即可。如果电路短路，两导线不该连在一起的而接触上了，可能是两根临近的导线相碰了，指示电话线路发生故障，只需把相碰的导线分开隔离好。但是也有些开路或者短路现象不是那么明显，难以找到。如果怕麻烦，可以考虑更换电缆。

属于电话公司的问题。虽然现在的电话失效情况很少见，但对于不同的城区，在电话的高峰期间，电话公司安装的电话还是可能出现失效状况的，这种现象并不奇怪。失效是暂时的，工作以外的时间，电话线路的使用率就没有这么高，又可以使用了。出现拨号音表明电话公司允许向外通话，没有拨号音表明线路忙，或者没有足够的拨号提供给用户，这个问题就需要由电话公司解决。对每一种可能的电话线路问题都要予以重视。

2. 线路噪声问题

正是由于听见了拨号音，电话线路就不能继续接收传真文件；否则过大的音频电流会损坏电路，使传真机不能顺利地发送和接收传真文件。消除线路的噪声问题十分困难。一条声音质量很好的线路可能会无缘无故地受到损坏，从而阻止了正常的传真通信。可以通过鉴别线

路噪声，判断严重干扰传真机工作的噪声属于哪一种，比如各类电路损坏产生的噪声（回声、淹没干扰等），但是具体的原因难以说明。为了监听线路噪声，需要用一个高质量的电话。从托架上拿起电话，按下拨号盘上的一位数字，可以听到与电话公司之间电话线路上的噪声；在雷雨期间，这种噪声更为明显。潮湿、光照和风吹都会干扰电话线路，造成严重的线路损坏。电话能够接收沿着电话线路任何方向产生的噪声干扰。为了进行噪声测试，可以拨一个远地的传真机号码，然后就可以分辨来自各种类型的不明干扰故障了。如果怀疑线路中存在噪声和其他故障，都要与电话公司取得联系并要求他们进行测试。这种测试很简单，应该能很快地得出详细的情况。

3. 电池报废

大多数传真机用电池给存储器电路供电，以保持存储器中参数的设置，这些参数包括当前的时间和日期、传真机识别码、发送和接收日志，以及操作模式方式和电话号码等。如果电池失效，这些存储的内容都会消失，需要对传真机重新编程。当更换电池时，取下旧电池换上新电池只需要很短的几分钟，在这期间，传真机内部的电路会存储一定量的电能来保持存储器内的存储信息，直到新电池装上并开始供电为止。有些传真机在更换电池的时候需要将传真机接通电源，用来保持存储器内部的内容，直到换上新电池。当电池漏电时，漏出的液体会弄脏电池槽，这类电池需要立即报废。电池更换后，必须立即检查存储器中的信息是否受到影响。许多传真机在更换电池后，都会自动打印传真机存储器中当前设置的参数，便于用户进行校对。

4. 传真纸的问题

传真机除了电话线路问题外，故障大多来自记录纸，这类问题妨碍了传真机的正常使用（纸张卡住或者在机内被撕破）。许多传真机都有指示（灯或者液晶显示）用以提示纸张出现问题，但也不是所有的问题都能通过机器来发现；也可以用眼睛来检查显而易见的各类问题，然后重新调整纸张，逐步排除问题。热敏传真机对光、湿度和热都很敏感，这三种因素任何一种或者三种同时存在，都会影响打印的质量。对需要存放的传真纸，最好用塑料袋装起来，放在无阳光直射，干燥、阴凉的地方；存放期限不易过久，一年左右即可。如果送出的纸全是空白纸，没有任何内容，可能把纸放反了，因为纸必须插进机器，以便涂层的一侧能够面向打印头，这时需要拿出来，重新按照正确的方式放置。

2.4.6　利用计算机进行传真通信

过去的有线传真都是由专门的传真机来完成的，而现在计算机已经开始具有这一功能。计算机的传真功能由一块特制的传真卡借助软件来完成。比如通常使用的 PC 卡，是插入微型计算机扩展槽里的一块具有传真功能的插件板，又称微机传真板，是集传真技术、通信技术和计算机技术于一体的接口部件，适用于各类计算机。

带有传真卡的计算机能够与远地的传真机或带有传真卡的计算机进行传真通信。把传真卡插入计算机的扩展槽,连接到电话线上,就可利用电话网方便地接收和发送传真信息。也可利用计算机局域网开通计算机间的传真业务。在传真卡上设有两个插座,用于连接电话线路和电话机。为扩大传真卡的功能,一些传真卡设有更多的插座,如扫描器插座、自动加电装置的接口,甚至带有一个话音信箱,用于自动录音和应答。发送传真时,既能利用人工电话拨号,也能利用软件控制自动拨号。接收传真时,铃流检测器检测到对方来的振铃信号向 CPU 发出中断请求,使 PC 立即转入处理传真通信。传真卡是借助软件来完成传真功能的。这些功能包括传真文件的发送、接收、管理,非传真格式与传真格式之间的相互转换等。传真软件包括通信程序和处理程序。采用模块化结构可使这些支持软件简明清晰,便于阅读和调试。通信程序由发送模块、接收模块和系统呼叫模块构成。

处理程序由显示模块、编/译码模块、文件转换模块、图文编辑模块、通信管理模块构成。带有传真卡的 PC 具有传真机的通信功能和很强的存储、处理功能。传真卡只有借助合适的传真软件才能发挥出这些功能,一般购买传真卡时都有附带的软件,省去了再去购买一次软件的麻烦和花费。

2.5 多功能一体机

打印机、扫描仪、复印机和传真机这些名词对于商业办公用户来说再熟悉不过了,而继这些传统的办公设备之后,数字化风潮的来临改变了传统的办公方式,使得许多传统的办公设备被淘汰,于是一种称为“多功能一体机”的办公设备应运而生。很多人对此并不熟悉。甚至应该说“多功能一体机”作为一个新名词才刚刚进入大多数人的头脑中。其实对于很多用户来说,多功能一体机就是一个办公设备,人们像原来使用那些打印机、复印机、传真机一样地使用着它,根本没有兴趣去关心它叫什么。

那么究竟什么是多功能一体机呢?一般的理解就是能实现打印、扫描、复印、传真等各种功能的一个组合体,实质上它是把普通纸传真、复印机、计算机扫描仪、计算机打印、网页打印、收发电子邮件、PC 传真等功能合为一体的办公终端产品。

事实上,关于多功能一体机的定义一直未有定论,但目前普遍认可的说法是“同时具备打印、传真、复印、扫描当中三种以上功能的办公设备”。从中不难发现,其实它就是一个整合了以前几种办公设备用途的一种新型办公设备。也正是类似于多功能一体机的这个新“物种”的出现,才架起了 OA(Office Application)领域与 IT(Information Technology)领域的一个桥梁,使 OA 与 IT 之间的差别日益模糊起来。

2.5.1 多功能一体机的特点

在搭建办公环境上,一方面,可以选择分立式的打印机、复印机、传真机与扫描仪来组建系统;另一方面就是考虑集成化更高的多功能一体机,如图 2-11 所示。

随着数字化技术的进步，高整合无疑是面向未来的发展方向，因此选择多功能一体机为核心来搭建这样一个办公环境也更有利于面向数字化未来的发展方向。此外，多功能一体机与分立式的设备相比，还具有以下优点。

（1）节约空间

多功能一体机的最大优势就是占用空间小，多数多功能一体机产品的体积与相同性能的单台打印机的体积相仿，有的略大些，它占用桌面的面积与单台打印机基本相同，而采用分离式的设备则需要比它多出 2～3 倍的桌面空间，对于办公空间紧张的小型公司和家庭 SOHO(Small Office Home Office)用户来说，可以节约大量的办公空间无疑是最大的优点。

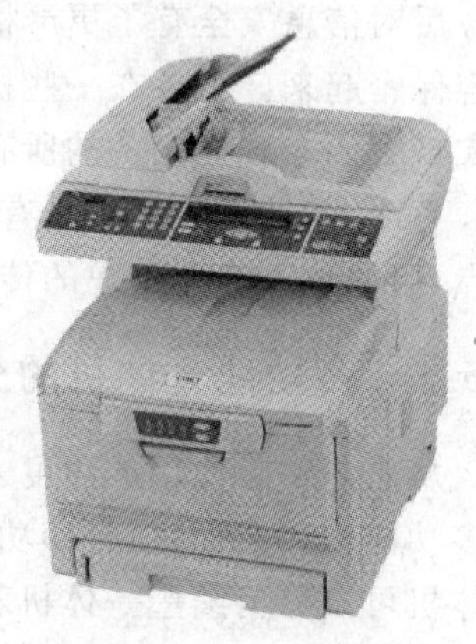

图 2-11　多功能一体机

（2）功能多样

与单一功能的独立型设备相比，多功能一体机至少要多出了一项以上的功能，有的甚至多出了三四项功能，这些功能有些是使用分离设备无法实现的。对于小型商业用户和家庭用户来说，能利用单一设备满足自己尽可能多的办公需求，无疑是最大的幸事。这也是多功能一体机产品被认定将最终统治 SOHO 桌面办公领域的一个重要原因。

（3）操作简便

多功能一体机的所有功能都集成在单一的设备里，因此可以共享数据传输线缆、电话线和电源线等办公资源，因此在连接上更简单方便，也能更让办公环境显得整齐。另一方面，如果安装多个分离式设备，那么也需要逐一来安装多个设备的驱动程序，有时可能还会出现 PC 资源冲突等问题；而使用多功能一体机这些问题就将不复存在，无论是硬件连接还是软件安装都非常方便，可以一次到位。此外，目前大多数多功能一体机都可以脱离计算机而单独使用诸如复印、传真等功能，并且有些可以通过 PC 实现远端操作，非常方便。因此，在安装与使用两方面，多功能一体机都较分离式设备更有优势。

（4）价格便宜

价格便宜是相对于实现同样多的功能来购买分离式产品而言的，选购几种分离设备的开销一定比一台多功能一体机要高，有的甚至能达到 2～3 倍的价格，并且随着以喷墨打印引擎为核心的多功能一体机的日渐流行，以及激光打印引擎机种价格的降低，多功能一体机的价格正在不断下降，使之对中低端用户来说更有接受能力。

（5）安全保证

多功能一体机集成了办公中所需要运用的众多功能，可以自己组成一个独立的办公环境，因此它能够在一个相对封闭的环境中完成打印、传真、复印和扫描等一系列工作，可以更好地保护一些机密性商业文件内容的扩散。特别是对一些重要商业组织和政府机关，在实施电子

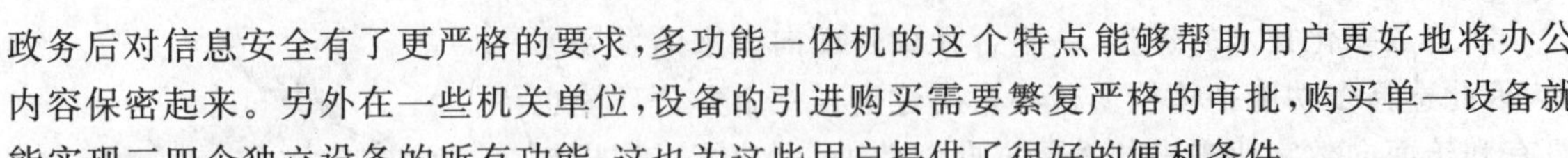

政务后对信息安全有了更严格的要求,多功能一体机的这个特点能够帮助用户更好地将办公内容保密起来。另外在一些机关单位,设备的引进购买需要繁复严格的审批,购买单一设备就能实现三四个独立设备的所有功能,这也为这些用户提供了很好的便利条件。

总之,多功能一体机具有购置成本低、占用空间小、能提高工作效率和增强信息保密性等优点,可以改变商业用户的传统的办公环境,受到越来越多 SOHO 用户的青睐。

2.5.2 多功能一体机的分类

从用户实际应用的角度来看,打印是使用多功能一体机时最经常要用到的一个功能;而对于多功能一体机而言,打印功能也一直都是一体机的核心功能。因此从输出方式上看,多功能一体机可以分为喷墨一体机和激光一体机。

(1) 喷墨一体机

喷墨一体机采用的是喷墨打印输出,整机体积相对轻盈,能够实现彩色打印,初期购买成本较低。但从总体角度看,喷墨打印存在打印速度慢、文字打印效果较差、打印质量依赖打印介质和单页成本高等问题。不过,随着技术不断进步,目前很多采用高端喷墨引擎的一体机产品在文本打印品质方面已经与激光一体机的品质非常接近了,其中还有不少型号的一体机还提供了存储卡插槽以及彩色照片打印能力,并且可以看到,不少一体机的 4 色打印效果都已经令人非常满意了。对于为数众多的个人和家庭用户来说,这些增强的特性无疑使喷墨一体机的应用领域进一步加大。

(2) 激光一体机

激光一体机具有以下特点:打印速度快,其打印速度通常可以达到 16 页/min 以上,文本打印效果出色,打印负荷量大,性能可靠并且打印成本低廉等。这些有别于喷墨一体机的特性,赢得了不少企业用户的信赖。但作为一种多功能的办公设备,激光一体机的购买成本相对较高,是个不小的投入。不过随着惠普、佳能、联想等公司的技术提高和大力推动,现在的激光一体机的成本已经得到降低,也必然会到一个合适的价位。

综合起来看,激光一体机就是以激光打印机的打印引擎为核心,具有优秀的输出质量和专业的输出速度,这部分产品在初期的多功能一体机市场中占据了主导地位;而喷墨一体机则是以喷墨打印机的打印引擎为核心的一体机,它在色彩处理与产品价格等方面存在着优势。喷墨一体机越来越被各厂商所重视,产品数量和种类也在日渐超过激光一体机,正在向着一体机的高端市场挺进。激光一体机以其高效的输出速度和优秀的文本输出质量,在中高端市场的一体机市场中占据主流地位,而喷墨一体机凭借彩色处理能力和价格优势也占据着相当的份额。

2.5.3 多功能一体机的使用及维护

多功能一体机购买回来后,人们都希望它能够用得时间更长一些,出的故障更少一点,而且花费在维修和耗材上的费用应该更少一点。当然上面的要求并不是什么奢望,只要在操作

使用一体机的过程中，掌握正确的方法，养成良好的习惯，就能很轻松地做到。为了能有效地帮助使用好多功能一体机，需要注意以下事项。

（1）使用连续打印

与普通打印机不一样的是，一体机在每次启动时，都需要进行重新预热，如果长期频繁启动一体机，就很容易影响一体机内部光学器件的寿命。为了避免这种频繁启动现象，应该尽可能地集中作业，把需要复印的材料都集中起来，使用多功能一体机的连续复印功能，来进行批量化操作。这样不但可以很好地保护一体机的寿命，还能提高复印的速度。除非特别紧急，一般不主张随用随复印，而应该是连续复印，以确保一体机高效工作。

（2）预先放置纸张

摆放好纸张应该包括使用优质打印纸或者传真纸以及把纸张正确放置在导纸盒中，因为在一体机处于连续工作状态时，最有可能影响效率的就是复印纸张出现问题。一旦纸张在传送过程中出现什么异常，例如一体机不进纸、多页进纸或者卡纸，不但影响一体机的正常工作，严重时还能损坏一体机内部的纸张传送装置。为了避免复印纸张传送出问题，首先应该确保使用高质量的复印纸；其次要求复印纸摆放要正确，平整放置在送纸器内，不要放得太满，并且将导轨调整到适应纸宽。

（3）使用节省模式

与激光打印机的使用非常相似的是，一体机在工作过程中也需要消耗大量的纸张，特别是昂贵的墨粉开支更是阻碍了多功能一体机迅速普及。为此新型的一体机都增加了“节省工作模式”功能，使用该功能能有效地降低耗材开支，所以在使用一体机之前，首先应该对一体机进行合适的设置，让一体机工作在节省工作模式状态下。

（4）保护感光鼓

在多功能一体机中，感光鼓可以算得上是一种较昂贵的耗材了。感光鼓对一体机最终的输出效果有很大的影响，要想得到理想的输出效果，感光鼓的小心呵护是必需的。由于感光鼓对工作环境的要求较高，如果长时间受太阳光直射，可能就会影响最终的打印效果，甚至还会影响碳粉盒的使用寿命。因此，在一体机需要更换墨粉或者检查故障需要拿出碳粉盒时，一定要避免感光鼓放在阳光下直接照射，也不能在室内灯光下放置超过 10 min；另外还需要将碳粉盒放在一个干净、平滑的表面上，而且要避免用手触摸感光鼓，因为人手指上的油脂往往会永久地破坏它的表面并会直接影响输出效果。

（5）定期清理

可以把一体机看作是把传真、打印、扫描、复印等功能模块固化在一个整机之内的特殊办公设备。除了要按照处理传真机、打印机、扫描仪以及复印机的清理要求来维护一体机外，还应该特别注意保护一体机的光学成像部分。因为一体机的光学成像部分设计最为精密，光学镜头或反射镜头的位置稍有变动就会影响 CCD 成像的质量，甚至可能使 CCD 接收不到图像信号，而且一体机在进行复印工作时，光从灯管发出后到 CCD 接收期间要经过玻璃板以及若干个反光镜片及镜头，其中任何一部分落上灰尘或其他微小杂质都会改变反射光线的强弱，从而影响复印的效果。因此，工作环境的清洁以及光学成像部分的保护是确保文件复印质量的重要前提。

2.5.4 多功能一体机的选购

由于每类一体机都具有不同的应用导向和技术特点，因此用户在选购多功能一体机时一定要分析自己在实际应用中的需求，有侧重点地考察产品，合理地选择最适合这些应用的产品，最大限度地发挥出产品的功能优势。如果用户的应用需求是全方位，那么全能型的产品一定是最佳的选择。

(1) 打印主导型一体机

对于打印主导型的产品，还可以称其为多功能打印机，这类产品的打印功能是所有功能中最为突出的，主要表现为打印质量高，输出速度快，并且具有很好的纸张处理能力，如较大的进/出纸容量，较大的打印负荷量等。通常对于这类产品，打印性能是衡量它们的重要指标。

(2) 复印主导型一体机

对于复印作为主要功能的产品，从功能上来说，除了需要提供基本的复印功能之外，还应当具有连续复印、缩放尺寸调整、纸张板式设定等复印机上经常用到的功能；并且这些操作全部都可以脱离 PC，在一体机的控制面板上独立完成。

(3) 传真主导型一体机

这类主要用于传真的机型应当具有完善的控制面板，包括电话号码速拨按键、显示屏、数字键盘等。这类一体机还应当带有相当容量的内存，能够在无纸的情况下连续接收、存储多份传真稿，并且可以在没有和 PC 连接的情况下正常工作。

(4) 照片主导型一体机

这类产品是基于 6 色喷墨一体机的产品，其显著特征是配有多功能读卡器，可以进行数码照片直接打印，具有平板扫描设备，配备彩色液晶显示屏以进行照片检索和预览，提供基本的照片处理功能。它还应具有和同级照片打印机相当的输出能力。

(5) 全功能型一体机

全功能型一体机的特点在于它的功能配置齐全，打印、复印、传真和扫描缺一不可，这类产品应当配有传真调制解调器，提供平板式扫描单元，配备 ADF 自动送稿器，且需要具备全部各主导型产品的特性。此外，在全能型一体机的各个功能上的实际性能应当比较均衡。

2.6 一体化速印机

虽然复印机、打印机等设备在办公中已经基本普及，但是还有一类产品也在这个领域得到了迅速的发展。它就是一体化速印机。

一体化速印机是指通过数字扫描、热敏制版成像的方式进行工作，从而实现高清晰的印刷质量且印刷速度在 100 张/min 以上的印刷设备。同时它还具有对原稿缩放印刷、拼接印刷、自动分纸控制等多种功能，绝大多数的机型还具有支持计算机打印且直接输出的功能。

从外形上看，一体化速印机和复印机非常相似，尤其是在制版时，同样也是将原稿放在玻璃稿台上。而在功能上它与复印机也有许多相似之处。但是一体化速印机的工作原理和复印机有着本质差别。一体化速印机的印刷首先需要通过光学和热敏制版的原理，把需要印刷的内容制成在印板上（在日常的应用中许多用户把这种印板叫做蜡纸，当然它和传统的钢板蜡纸是有很大区别的），然后再通过印板进行印刷，而在完成印刷后，这张印板也就报废了，无法反复使用。而复印机的印刷则主要是通过光学和半导体感光成像的原理来进行复印的，在复印结束之后，通过放电等手段可以消除感光板上的印象，从而可以反复使用。一体化速印机的主要特点就是突出在“速”上，它的印刷速度可以达到 100 张/min 以上，有的甚至可以更高，而复印机是很难达到这种速度的。因此，它的这个特点使它在学校、机关等需要迅速印刷的场合得到了广泛的应用。

2.6.1　一体化速印机的使用

一体化速印机的使用要用规范的操作方法，具体的操作流程在操作手册上一般都有所介绍。这里只谈谈大概的使用方法：首先打开电源开关，当电源接通后，控制面板上的电源指示灯一般会有提示。然后可以开始设置相关的选项，例如印刷模式、处理模式等；也可以设置复位键，恢复初始设置。打开放纸的托盘，加载原稿，处理模式会自动从“印刷”切换到“制版”模式。待原稿被扫描后，机器会制作出一张蜡纸板，并自动出一张样张，以供检查印刷质量、印刷位置以及印刷浓度。如果参数不需要更改，就可以键入打印数量开始打印了。

其他的细节视各种不同的机器有所不同，可以参考操作手册。

2.6.2　一体化速印机的维护与保养

由于一体化速印机是一种精度较高的机电一体化设备，内部有许多光学器件，还有许多机械的传动装置，所以使用过程中，除了严格按照操作规范执行外，平时还要注意对设备进行维护和保养。

清理热敏印头：每更换两卷蜡纸后，须提起原稿台，打开蜡纸装载单元，用软布轻轻擦拭热敏打印头。由于热敏打印头非常脆弱，因此清洁时需要避免硬物撞击，一般用软布蘸少许酒精擦拭效果会比较好。

清理扫描器玻璃：可先用软布擦掉表面的灰尘，然后用蘸有清洁剂的软布擦拭掉表面的污垢，再用清水擦拭，最后用干布擦干。扫描区的玻璃非常脆弱，需要避免硬物的撞击。

清理压力辊：如果压力辊被弄脏，脏迹可能污染印刷文件的背面，可用一块用酒精润湿的软布擦拭压力辊。

最后就是需要做好保持清洁的工作。使用的环境应尽量通风,不要放在灰尘太多的地方,避免阳光直射,长期不用需要用防尘罩包住,防止更多灰尘进入。

2.6.3 一体化速印机常见故障的排除

(1) 机器不能启动

首先检查电源线是否插好,机器上的插座有无松动,另外还要检查是否断电。如果都不是,可能就需要专业人员来修理了。

(2) 印刷样张无图像

先检查原稿放置位置是否正确,确保原稿面朝下放置;再检查蜡纸放置是否正确,确认蜡纸卷下面打开。

(3) 原稿背景出现在印刷样张上

如果使用的是彩页或者报纸一类的鲜明背景作为原稿,背景就会出现在印刷样张上。按"扫描对比度调整"键,使对比度变淡,然后放置原稿,重新制版,根据样张效果作调整,直至故障消除。

(4) 印刷局部空白或者不清楚

一是扫描器的玻璃被脏物弄模糊了,清洁扫描器的玻璃即可;二是可能有异物粘在滚筒丝网上面,去掉异物就能解决。

(5) 印刷图像模糊不清

如果机器长久未使用,则滚筒表面的油墨会干掉,致使印刷图像模糊。可重复打印几次样张,直到出现清楚的图像。为了避免长期不用造成图像不清,操作前可以设置成"自动拌墨"。如果扫描对比度原始设置比较低,也会有这种情况发生。只需要调高对比度就可以了。还有一种温度原因,如果室温过低(15 ℃以下)或者油墨放置的地方过冷,油墨会流动不畅。只要在操作前,对房间或者油墨升温,就可以解决此问题。

(6) 其他故障

还有一些小故障,例如纸张粘在滚筒表面,多是由于纸张的原因,还有纸张背面被油墨污染,一般是由于压力辊被油墨污染导致的,需要清洁滚筒、压力辊等。另外,各个机器特有的故障解决方法,可以在说明书上找到。

2.7 存储设备

2.7.1 刻录光盘与刻录机

1. 刻录光盘

在计算机的存储设备中,除了硬盘,用得最为广泛的就算是光盘了。光盘存储器记录密度

高，存储容量大，采用非接触方式读/写信息，信息可以长期保存，而且其技术还在不断发展和成熟，因此它在计算机外存储设备中占有相当重要的地位。

自 20 世纪 70 年代初期光存储技术诞生以来，在几十年的时间里，光盘技术不断飞速发展，并且随着应用领域不断分化，分成了固定型光盘、追忆型光盘和可改写型光盘三种类型。

① 固定型光盘，又称只读型光盘。它需要把信息预先制作到光盘上，用户不能修改其中的内容，而只能通过设备读出盘中已经存在的信息，现在广泛使用的 CD－ROM，DVD－ROM 等都属于此类。

② 追忆型光盘，又称一次式光盘。它可以由用户将所需的信息写入光盘，但写完后不能修改和删除，只能读出，即只能一次写入。它可为用户备份资料、存储信息时使用。现在市面上的刻录光盘大多属于这一类，价格也降到了普通消费者比较能接受的程度了。

③ 可改写型光盘，也称可擦写光盘，用户可以自己写入信息，也可以读出其中的信息，可以多次写入，多次读出，就像硬盘、软盘一样使用。它虽然使用方便，但是由于其特殊的制造原理和成本，使得这种光盘还未能广泛使用。

上述的几类光盘，存储和读出的原理都是类似的，都依赖于激光技术。由于激光的高聚光性，能够把它变成可控制的激光束，利用激光束可以在光盘上写入或者读取数据。

与存储信息密切相关的，就是其中的追忆型光盘，大家叫得更多的是刻录光盘。对刻录光盘，把数据写入到光盘上的方法是将聚焦的激光照射在光盘表面的存储介质上，对被照的微小区域进行加热，烧出微米级的凹坑，利用这种凹坑的边缘来代表二进制的信号，平坦的代表 0，凹下去的代表 1。这样就可以存储转换过的二进制信息了。

把数据从光盘上读出的方法是：用另外一种低频率的激光照射到光盘表面，利用光的反射性，凹坑上反射的信息与无凹坑处反射的信息不相同，经过光电传感器检测和转化，再经过电路处理，就还原成了二进制的 0，1 信号了。

刻录光盘有许多优点，它的存储容量大，有很高的可靠性，不容易损坏，价格便宜，保存时间长。

刻录光盘的主要缺点是读出速度慢，平均访问时间是 250 ms，比起硬盘的 20 ms 要慢得多。

2. 刻录光盘的选购

现在市面上的刻录盘越来越多，看着花花绿绿五颜六色的刻录光盘产品，常让人有一种无从下手的感觉。对此，需要注意以下几点：

(1) 选择适合自己的染料类别

刻录光盘的基础科技是建立在化学染料上的，染料的好坏对数据储存的可靠性与时间有很大影响。

空白光盘人们大多根据颜色称之为“绿盘”、“蓝盘”、“黄金盘”、“白金盘”等，名称很多。目前最常见的是钛菁染料的“白金盘”，价格便宜，品质又有保障。这里先介绍各种光盘的染料种

类，大体上了解影响光盘质量的一个重要因素，有利于对刻录光盘的选购。

1）Cyanine（绿盘）

最早的刻录光盘可能是太阳诱电（Taiyo Yuden）研究所发明的Cyanine种类的CD－R。

Cyanine中文一般译作“花菁染料”，太阳诱电研究并最早以此材料生产出CD－R盘片，所以当时大多数的CD－R刻录机是参考花菁的特性设计和测试的，并且光盘橘皮书标准也以此为依据制定。

Cyanine染料原始材质非常怕强光，是属于感光性材料，因此在制造CD－R时必须加入适当的铁金属以降低对光的感应能力，一旦完成CD－R刻录盘的制作后，只有刻录机的高功率激光才能改变它的性质。

用Cyanine材质做成的CD－R光盘有着翡翠绿的颜色（Cyanine其实是青蓝色，因为与黄金反射层合并组合而成为绿色：蓝＋黄＝绿色），因此俗称“绿盘”。现在绿盘已经很罕见了，因为已经被后来更高级的技术所取代了。

2）Phthalocyanine（白金盘、黄金盘）

Phthalocyanine钛菁染料的CD－R刻录盘呈现很淡的黄色，这是因为这种有机染料自身是接近透明的浅黄色。

比起Cyanine来，Phthalocyanine材质有更好的抗光性，能延长存放资料的时间，据称可超过100年以上。Phthalocyanine材质的CD－R刻录盘与Cyanine一样，也是利用高功率激光改变有机染料层（溶化而质变）做成凹坑（pits）来记录数据。这种盘片后来搭配低价银材质作为反射层，极大地降低了刻录盘的成本，已经成为目前市场的主流产品。

白金盘与黄金盘其实是一种染料，不过因为反射层是银，看上去颜色浅就称为“白金盘”；如果反射层是黄金，则盘片看上去是金色，就称为“黄金盘”。

3）Azo（蓝盘）

三菱化学公司（Mitsubishi Chemical）利用自己发明的偶氮Azo染料，使新的金属化Azo有机染料与银质材料作为反射层，显现的颜色就是深蓝色，这就是“蓝盘”名称的由来。

与太阳诱电研究所的Cyanine材质CD－R一样，初期的Azo材质只能使用在单倍速或是双倍速的CD－R刻录机上，其后虽然有所突破，却始终无法稳定地用在40×，48×或者52×这样的高倍速刻录机上，一般都是在16×以下刻录。不过由于深蓝色的特性，YAMAHA公司的F1系列刻录机可以在光盘上刻上图案，比较特别。但可惜的是YAMAHA公司因为经营的原因，已经彻底退出CD－R/RW市场了。

由此可以看出，若不是有特殊用途，还是选择Phthalocyanine钛菁染料的“白金盘”比较实用。它支持高速刻录，关键是价格便宜，容易买到，品质又可靠。

(2) 了解光盘结构，明确选购标准

别看手上的光盘是一片整体，没有可以拆卸的部分，实际上光盘也是由很多层组成的，每一层都有自己重要的作用，缺一不可。每一层都有专门的作用，有专门的工艺，马虎不得。因

此，按照目前市场的发展格局来看，品牌刻录光盘产品将势必成为市场消费的主流力量。特别对于零售客户而言，品牌盘片比起杂牌盘片来，每片只贵几毛钱，但是得到的品质却有很大差别。其原因是因为生产控制过程的不同，名牌产品在厂房、设备的投入上非常正规，有效保障了品质的优良。品牌光盘一般采用优质 PC 材料，以确保盘片良好的光学性能和机械性能。透光率佳，光学读/写头的激光可以顺利到达记录层读/写。而均匀的结构可以确保盘片在高速旋转下保持良好的平衡状态，保护刻录机的电动机轴承。即使在高温、高湿的环境之下，高张力的特性也可以确保盘片不易变形。这不只保护了储存的资料，也可以保护刻录机的激光读/写头与电动机轴承。

总而言之，购买刻录光盘要注意以下两点：

① 选用品牌较响、口碑较好的刻录光盘，如柯达、惠普、明基等。一般说来，这些品牌都有相应的专卖店，在那里购买的产品，质量和服务会有保证。而且，这类产品在包装盒和盘片上均明确标注了刻录、复写速度，无须自己多费心验证。

② 观察法。正面观察：看盘片是什么材料的，看盘片表面是否光洁无划痕，盘片最外围和最内侧的镀膜是否完整无缺；反面观察：将盘片对着太阳或日光灯等光源，看镀膜是否均匀且无针孔状小坑；侧面观察：看清盘片的两面是否都有透明的保护层。

3. 刻录机的选购

(1) 刻录速度

标志光盘刻录机性能好坏的主要指标，就包括数据的读取传输率和数据的写入速度。理论上来说，速度越快性能越好，但由于技术上面的关系，速度上依然有所限制。因而对于速度，人们总是不断追求更高更快，刻录机也不例外，最初是 1 倍速、2 倍速，现在的刻录机已经达到了 52 倍速甚至更快；1 倍速刻录机的数据传输速度为 150 KB/s，40 倍速已经可以达到 6 MB/s。一张 700 多兆的光盘，2～3 min 即可刻录完成，确实速度惊人！

下面介绍刻录机的速度表示法。

在刻录机的指标中一般会有多个速度表示，例如：48×24×48×刻录机，这一指标就表示这款刻录机具有 48 倍速的写入速度、24 倍速的 CDRW 复写速度以及 48 倍速的读取速度。写入速度一般与 CD-R 相关，即刻盘的速度；复写速度一般与 CD-RW 相关，是指将 CD-RW 作为大容量磁盘使用的速度；而读取速度就是指将刻录机作为光驱时读取数据的速度，一般称多少倍速的刻录机通常是指它的写入速度。

但是不要认为购买了多少倍速的刻录机，就能以多高的速度刻录光盘。实际上刻录速度除了受刻录机影响外，刻录底盘的质量也非常关键。一些低档次的 CD-R 盘片，都不能支持过高的刻录速度，在用户强行使用高速刻录的时候，稍有问题就会导致刻录失败，致使刻录底盘报废。

现在市面上的刻录底盘很多，不同厂商、不同型号品质参差不齐。为了刻录出品质好的光盘，刻录机就必须适应不同的光盘底盘。因此，许多主流光存储厂商，不断去取得各种品牌的盘片，调整其刻录参数并将之记在刻录机内存中。同时，如果某些品牌刻录底盘的参数没有记录在内存中，一些主流厂商生产的刻录机都有实时的最佳化功率调整功能(Running OPC)，从而保证刻录质量。

(2) 刻录机读盘方式

目前光盘驱动器采用的读盘方式主要有四种：CLV(恒定线速度)、CAV(恒定角速度)、P-CAV(局部恒定角速度)和Z-CLV(区域恒定线速度)。

CLV的特点是单位时间读取盘片内圈和外圈时的数据流量相同。由于光盘的外圈比内圈周长要长得多，因此当驱动器工作时主轴电动机就必须不断地改变转速，读内圈数据时转速高，读外圈数据时转速低，以保证相同的数据读取率。但采用CLV技术的光驱有个致命缺点，就是光驱在工作中由于控制电动机频繁改变转速导致光驱的使用寿命大幅度缩短。

针对CLV这个缺点，厂商开发出了CAV技术，使光驱的主轴电动机转速保持恒定不变，读取内圈数据时数据流量较低，读取外圈数据时数据流量较高。这种方式的缺点是光驱的读盘速度不恒定。

P-CAV则将以上两种方式的优点结合起来，在读取内圈数据时采用CLV方式，读取外圈数据时采用CAV方式。

而目前比较先进的刻录机主要采用Z-CLV。采用这种技术的刻录机工作时，将一张刻录盘由内到外分成数个区域，刻录时以区域为单位逐步提升速度，而在同一个区域内的刻录速度是不变的，这样可以在刻录机保证稳定的前提下再将速度提升到更高的阶段，从而避免电动机转速过高带来的不稳定因素。

(3) 刻录机避振设计

也许许多用户都有被嗡嗡乱响的光驱吵得坐卧不安的经历，但是光存储产品的避振设计，却是很多消费者在选购时容易忽略的因素。可以说，目前市场上能见到的光存储产品的避振设计原理各异，效果差别明显，主要有以下几类：

悬浮承载减振机构FDS(Floating Damper Suspension)。它将小机芯与承载系统相结合，并尽量使用金属组件以增加质量，依照牛顿定律$F=ma$，加速度(即振动)与质量成反比，则降低了机芯与外壳间的振动。这种避振设计虽然外盖振动低，但是小机芯与光学头上振动大，且质量大。

双悬浮式悬挂减振机构DFS(Double Floating Suspension)。它把机芯、承载系统、外壳皆用避振橡皮连接起来，以降低振动的传导。其优点是容易设计、外盖振动不大；但也存在小机芯上振动大，伺服系统难设计等缺陷，是很典型的高倍速光驱的设计。

目前最领先的当属集振器减振机构VAS(Vibration Absorber System)。它利用传导共振的原理，将机芯上的振动导引到内部独立的集振器，使得此振动不被传导出来，并配以适当的避振器，无论在高低速下皆有极佳的避振效果；而VAS系统是一个经过特殊设计的集振器，能吸引固定转速下的振动，孤立式设计，以此最大限度地降低刻录与读取时的振动和噪声。

(4) 刻录机接口

目前市面上较为常见的刻录机多采用 SCSI,IDE 和 USB 三种接口。

其中,SCSI 接口刻录机对 CPU 的占用率较低,对主机性能依赖性较少,但是价格偏高,而且需要购买专门的 SCSI 接口控制卡,使用起来不太方便,目前已经渐渐淡出市场。IDE 接口规格的刻录机是目前的主流设计,它的接口规格与标准 IDE 接口硬盘、光驱完全一样,制造技术十分成熟,成本也较低,而且安装,使用简单,受到广大用户的好评,是目前内置式刻录机最常见的一种接口方式。USB 接口目前主要应用于外置式刻录机,使用简单,便于携带,在 Windows 操作系统下即插即用。

如果没有特殊需要,一般可以购买 IDE 接口的刻录机,不光价格便宜,而且性能也不差,虽然有对 CPU 的系统占用高的缺点,但目前 CPU 的性能都十分强大,足以应付 IDE 接口刻录机的需要。如果要购买外置式刻录机,一定要认准 USB 2.0 接口。USB 1.0 或 USB 1.1 接口的刻录机已经成为过时产品,不推荐购买。

(5) 放置方式和进盘方式

光盘刻录机从外形上可以分为外置式和内置式两种。在相同的系统配置下,采用内置式的刻录机不仅价格较低,也节约空间,多采用 IDE 的接口。内置式刻录机如图 2-12 所示。

图 2-12　内置式刻录机

外置式产品则容易携带,散热性、密封性较好。同时外置产品拥有独立的电源,在稳定性上要优于内置的刻录机。所以如果追求性能,则外置式刻录机是较好的选择。如果追求性价比，则内置式的比较合适。在进盘方式方面有两种，分别为托盘式和吸入式。托盘式的刻录机利用刻录机的托盘进出仓，盘片的放置和取出都比较方便，市面上以这种产品为多。吸盘式的则靠刻录机内部作用，把碟片吸入。这种盘片的密闭和可靠性较好，不易进灰，能有效保护刻录机的磁头，延长寿命。所以为了长远使用着想，可以选择吸盘式的刻录机。

(6) 缓存容量

缓存的大小是衡量光盘刻录机性能的重要指标之一。刻录机刻录时必须先写入数据，刻录软件再从缓存区调用要刻录的数据，在刻录的同时，后续的数据再写入缓存中，以保持要写入数据良好的组织和连续运输。如果后续数据没有及时写入缓存区，传输的中断则将导致刻录失败。因而缓存的容量越大，刻录的成功率越高。所以建议选择市面上缓存容量较大的产品。

(7) 产品价格与售后服务

近年来，刻录机的价格一路下滑，由于总抱着“买涨不买跌”的想法，许多消费者一直在持币观望。其实现在主流的刻录机价格，已经进入了普通用户可以承受的范围，而且 IT 产品价格下滑是普遍的趋势，“时间就是金钱”，等或不等都要付出代价的。但是，由于技术和成本的原因，目前内置式刻录机与外置式刻录机的价格还是有相当大的差距的。

如果产品在性能、价格相差不大的情况下，就应看售后服务了。现在一般刻录机都能提供三个月包换、一年保修的服务承诺。综合来看，选择一个好的品牌的确比较有保障。

2.7.2 移动硬盘

1. 移动硬盘介绍

移动硬盘顾名思义是以硬盘为存储介质，强调便携性的存储产品。

目前市场上绝大多数的移动硬盘都是以标准硬盘为基础的。因为采用硬盘为存储介质，移动硬盘在数据的读/写模式与标准 IDE 硬盘是相同的。移动硬盘多采用 USB，IEEE 1394 等传输速度较快的接口，可以较高的速度与系统进行数据传输。

移动硬盘能迅速风靡起来，肯定有它独到的优点。

(1) 容量大

移动硬盘可以提供相当大的存储容量，是一种性价比较高的移动存储产品。目前大容量“闪盘”价格，还无法被用户所接受，而移动硬盘能在用户可以接受的价格范围内，提供给用户较大的存储容量和不错的便携性。

(2) 速度优势

移动硬盘大多采用 USB，IEEE 1394 接口，能提供较高的数据传输速度。不过移动硬盘的数据传输速度还在一定程度上受到接口速度的限制，尤其在 USB 1.1 接口规范的产品上，在传输较大数据量时，将考验用户的耐心。而 USB 2.0 和 IEEE 1394 接口就相对好很多。

(3) 使用方便

现在的 PC 基本都配备了 USB 接口功能，主板通常可以提供 2～8 个 USB 接口，一些显示器也会提供 USB 转接器，USB 接口已成为 PC 中的必备接口。USB 设备在大多数版本的 Windows 操作系统中，都可以不需要安装驱动程序，具有真正的即插即用特性，使用起来灵活方便。

(4) 可靠性提升

数据安全一直是移动存储用户最为关心的问题，也是人们衡量该类产品性能好坏的一个重要标准。移动硬盘以高速、大容量、轻巧便捷等优点赢得许多用户的青睐，而更大的优点还在于其存储数据的安全可靠性。这类硬盘与笔记本式计算机硬盘的结构类似，多采用硅氧盘片，可以有效地保证存储信息的可靠性。

(5) 兼容性优势

移动硬盘对于 U 盘来说，在容量上有着压倒性的优势，当然兼容性上也是如同 U 盘一样出色。一台计算机可能没有 DVD 光驱，但是绝对不会没有 USB 接口。移动硬盘如图 2－13 所示。

图 2－13　移动硬盘

2. 移动硬盘盒

目前市面上的移动硬盘盒有两种：一种是支持笔记本式计算机硬盘的 2.5 英寸的硬盘盒，一种是支持普通 3.5 英寸硬盘的硬盘盒。不过目前大多硬盘盒都只支持 2.5 英寸的笔记本式计算机硬盘，这正是其便携性的要求。目前常见的移动硬盘盒按外置接口来分有三种类型：并行接口、USB 接口和 IEEE 1394 接口。它们的内置接口大都为 IDE 接口，可配合 IDE 接口的硬盘使用。并行接口的硬盘盒是最早出现的硬盘盒，是通过计算机的并行接口与计算机连接。其特点是转输速度比较快，价格便宜；缺点是安装使用不方便，需要独立的开关电源。USB 接口的移动硬盘盒是目前的主流，其最大优点是使用方便，支持热插拔和即插即用。

不过选择此类移动硬盘盒有一点需要注意。目前的 USB 有两种标准：一种是 USB 1.1 接口，其传输速率只有 12 Mbit/s；一种是 USB 2.0 接口，其传输速率高达 480 Mbit/s。USB 1.1 接口的传输速率可以满足一般的资料交换的需要，目前主板上的 USB 接口都支持 USB 1.1。另一种就是 USB 2.0。USB 2.0 的优势在于传输速度有很大提高，所以在信息交换量大时，还是选择后者比较合适。IEEE 1394 接口又称 Frie wire 接口(中文俗称“火线”)，从这个俗称就可以知道其特点：数据传输率高，其传输速率有 100 Mbit/s，200 Mbit/s，400 Mbit/s 等多种传输格式，这也是以后流行的趋势。其缺点是必须配备额外的界面接口卡(不过目前新款的笔记本式计算机及计算机主板都提供了 IEEE 1394 接口)、外接电源，价格贵。

移动硬盘盒的用料一般都为人所忽略。目前硬盘的转速与以前相比有所提高，而随之也带来了散热问题，如果所选择的硬盘盒散热不佳，将对硬盘的稳定运行带来很大的影响。目前正规厂商的移动硬盘盒大都采用铝材，有的甚至是铝镁合金，虽然这种产品价格高一些，但良好的散热措施，将能让移动硬盘更加稳定地工作。

总之，硬盘可算是计算机配件中最娇贵的部分，对于作为移动数据库的移动硬盘来说，如果不慎落地或受到其他碰撞往往会导致数据丢失，严重的会产生物理坏道，甚至导致硬盘彻底损坏，所以选择移动硬盘盒不能只过分追求价格和外观，不能只注重轻、薄、低价路线，要留意其总体的性能价格比才对。移动硬盘盒如图 2-14 所示。

图 2-14　移动硬盘盒

3. 移动硬盘的选购

移动硬盘的选购只要注意以下事项，应该能够买到合适的产品。

(1) 速　度

通常 2.5 英寸品牌移动硬盘的读/写速度由硬盘、读/写控制芯片、USB 接口类型三种关键因素决定。目前主流 2.5 英寸品牌移动硬盘的读取速度为 15～25 MB/s，写入速度为 8～

15 MB/s。2.5 英寸笔记本式计算机硬盘根据速度快慢分为 4 200 转和 5 400 转两种类型。此外为了加快硬盘的读/写速度，不少硬盘厂商将硬盘的读/写缓存从 2 MB 加大到了 8 MB。目前市面上较为常见的 2.5 英寸笔记本式计算机硬盘同一转速的速度差异相对来说不是太明显，在选购品牌移动硬盘时不必对里面的硬盘型号过多计较。

(2) 供　电

如果计算机的前置 USB 接口没有提供足够的电源，那么移动硬盘就可能不会被计算机正确地识别。在这种情况下，就需要对移动硬盘进行独立供电，因此大部分移动硬盘都设计了相应的电流插口用以解决这个问题。

(3) 做　工

市面上有不少所谓的品牌移动硬盘其实是由经销商自己组装的，这种品牌移动硬盘的品质是无法得到保证的，做工粗糙，是不能放心购买和使用的。需要购买正规厂家生产的移动硬盘，这些硬盘经过大厂的制作，也经过了严格的质量考验，不论是做工，还是设计，都不是那些市面上组装硬盘所能比的。这样的移动硬盘质量一般都有保证。

(4) 售　后

购买品牌的移动硬盘还有一个好处就是能够得到放心的质量保证。另外，购买了品牌的硬盘，一般都有免费赠送的杀毒软件、个人信息管理软件、一键备份软件、加密软件等。这些软件也很有用，能让硬盘发挥更好的效能。

2.7.3　小容量快速闪存设备——闪盘

闪盘迅速普及到了存储应用的方方面面。

闪盘，也称闪存盘，学名称做便携存储器(USB Flash Disk)。它是采用 USB 接口和闪存(Flash Memory)技术结合的便于携带且外观精美时尚的移动存储器。USB 全称是 Universal Serial Bus(通用串行总线)，是由 CONPAQ，DEC，IBM 等公司为简化 PC 与外围设备互连而共同研制开发的一种免费的标准化连接器。它支持各种 PC 与外围设备之间的连接，也可实现多媒体数字集成。闪存盘是以 Flash Memory 为介质，所以具有可多次擦写、速度快而且防磁、防振、防潮的优点。闪存盘一般包括闪存(flash memory)、控制芯片和外壳。

USB 接口以其即插即用的方便性和相对与传统外围设备接口的较高速度，迅速得到了普及。现在已成为 PC 必备。其标准分为 USB 1.1 和 USB 2.0 两种。USB 1.1 的数据传输速率又分为两种：1.5 Mbit/s(支持低速设备，如键盘、鼠标、显示器、调制解调器等)和12 Mbit/s(支持全速设备，如光驱、硬盘等)。而 USB 2.0 就暴增到 480 Mbit/s。USB 2.0 可以向下兼容 USB 1.1 的传输速度。把这些传输速率换成常用的 KB 单位，就是 USB 1.1 为 192 KB/s、1 536 KB/s，USB 2.0 为 61 440 KB/s。

闪盘采用流行的 USB 接口，体积只有大拇指大小，即插即用，实现在不同计算机之间进行文件交流，存储容量从 16 MB～2 GB 不等，满足不同的需求。闪盘产品都是通过整合闪存芯

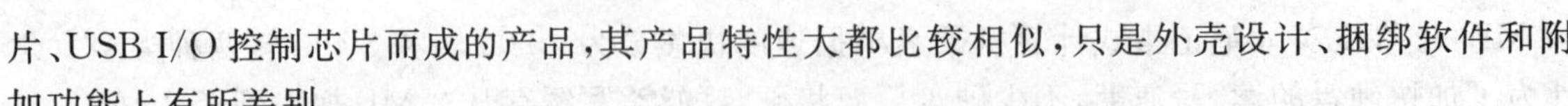

片、USB I/O 控制芯片而成的产品，其产品特性大都比较相似，只是外壳设计、捆绑软件和附加功能上有所差别。

用户最为关注的就是什么样的闪盘适合自己。其实最重要的就是容量和速度的问题。容量越大，存储的信息就越多，但是价格越贵。所以在购买以前需要估计一下自己的需要。比如自己已经有了计算机，那么闪盘就是作为一个中转的设备，容量可以小一点。当闪盘内的信息已经装满了，就可以传到计算机上以节省空间。如果当做存储信息的设备，那么一个大容量的闪盘就很有必要了。读/写速度是人们选择闪盘的另一个判断标准。一般的小容量的闪盘，用 USB 1.1 就可以了，毕竟整个文件传输的等待时间不会很长。但是对于大容量的闪盘，USB 1.1 和 USB 2.0 的传输就有很大的差别，所以这种情况就最好购买 USB 2.0 的闪盘。

2.7.4 磁盘驱动器(大容量软驱)

软磁盘(floppy disk)简称软盘，是一种广泛使用的廉价存储介质。其基本原理是利用外加磁场对磁表面的磁介质进行磁化，产生两种方向相反的磁单元，用以表示 0 和 1。软磁盘一般是由聚酯材料盘片上涂一层容易磁化并且具有一定矫正力的磁薄膜制成的。

制成的盘片封装在保护外套中，这些外套主要起保护内部盘片的作用。外壳上开有几个窗孔，有驱动轮孔、磁头读/写槽、定时孔和写保护口等。

软盘的使用比较简单，直接插到软盘驱动器中就可以使用了。当需要写入数据时，需要打开软盘盒上的写保护，否则只能读取，不能写入数据。

虽然软盘价格便宜，容易买到，但是一样需要注意日常的使用。软盘上的数据比盘片本身的价值多得多，需要爱护。尽管随着科技的进步，已经出现了可以用水清洗的软盘，但是现在市场上的绝大多数软盘还是怕水的，平时的使用不要弄脏。不要用手触摸盘片，不要把软盘放在高温、潮湿、强磁或者振动的环境中，不要用硬笔在封套上写字，标签要写好了再贴上去。写保护口的使用要轻，不要损坏了。总之，要细心地对待软盘，让它更好地为人们服务。

2.7.5 磁光盘

磁光盘 MO(Magnetic Optical)是传统的磁盘技术与现代的光学技术相结合的产物。它在 20 世纪 80 年代初研制开发，从 1989 年开始投入使用，到现在技术已经发展得比较成熟。

MO 驱动器采用光磁结合的方式来实现数据的重复写入，MO 盘片大小类似三寸软盘，可重复读/写 1 000 万次以上。同时 MO 盘片还带有保护壳，因此 MO 在多方面的性能上都要强于 CD-R/RW。另外，操作 MO 驱动器可以像操作一个普通的硬盘那样随时存取，软件甚至可以直接在 MO 上运行。虽然目前 MO 的速度还比不上硬盘，但是使用效果已经令人相当满意了，而且磁光盘的价格也不算太贵，保存寿命也延长至 50 年以上，因而获得了“永久性”光盘之赞誉。

MO 的接口类型是影响传输速率的主要因素，现阶段主要有如下几种。

- SCSI 接口：这是最早的 MO 接口形式，使用最普遍，支持的操作系统平台最多，使用环境相对较广泛。
- ATAPI 接口：直接和计算机 IDE 口相接，安装和使用都很方便，特别适合 PC 内置使用，数据传输速率不亚于 SCSI 接口。
- USB 接口：一种较新型的 MO 接口，支持热插拔功能，用于支持 USB 功能的主机和系统上，发展潜力较大；而且现在的 PC 和苹果 Mac 机都带有 USB 接口，所以都能使用此接口的 MO 磁光盘机。
- IEEE 1394 接口：新型 MO 接口类型，接口数据传输速度很快，支持热插拔。
- 并口：直接和计算机的并口连接，可同时连接打印机和并口 MO，传输速率相对较慢。

缓存是 MO 磁光盘机电路板上的一块存储芯片，是 MO 磁光盘机与外部总线交换数据的场所。其原理和功能与硬盘上的缓存非常相似。与硬盘不同的是，由于 MO 磁光盘机的数据传输速率比硬盘低得多，其与外部总线之间的速度差距更加巨大，所以 MO 磁光盘机对缓存的需求和依赖比硬盘更大。大容量的高速缓存能够大幅度地提高数据命中率，从而提高 MO 磁光盘机的整体性能。

2.8　常用辅助办公设备

2.8.1　数码相机

数码相机以其全数字化和非胶片化的特殊功能代表了摄像技术的新潮流。随着光学、电子和计算机技术的发展，数码相机也随之发生了新的变化。一是数码相机的分辨率大大提高。例如现在普通的家用数码相机都基本具备了 300 万像素的分辨率，专业的数码相机的清晰度已高达 2 000 多万像素。二是表现在图像色彩的记录能力上。目前市场上的数码相机，绝大多数都具备 24 bit 以上的记录能力；对专业的数码相机来说，36 bit 已成基准。

先来了解一下数码相机的分类。数码相机的图形传感器是实现光电转换的核心器件，它也基本上决定了数码相机的功能和档次。由此，数码相机可以分为以下几种。

1. 面阵 CCD 数码相机

面阵 CCD 是平面阵列 CCD 或阵列 CCD 的简称。面阵数码相机使用的 CCD 感光区为一矩形平面。由于 CCD 形成了一个矩形平面，捕捉影像时一次曝光即可完成。像胶卷一样，通过曝光记录影像，拍摄速度快，对拍摄点的对象、光线以及闪光灯拍摄没有任何要求。因此，这种相机又称为实时相机。正是由于它对环境的要求低，对操作的简单化，所以现在绝大多数的数码相机多属于这一类。它对拍摄动态或者静态物体都很适合。当然在这类相机中，由于 CCD 传感器容易产生噪声，在使用 CCD 数码相机拍摄物体时，曝光时间越长，越容易出现噪声。为了获得最佳的输出效果，在摄像时可以使用 Despeckling 或降低噪声滤镜来降低噪声。

2. 线阵 CCD 数码相机

线阵 CCD 是线性阵列 CCD 的简称。线阵 CCD 数码相机又称为往复扫描型数码相机或者扫描式数码相机。与面阵数码相机不同，扫描式数码相机的工作原理与常见的平板扫描仪类似，CCD 传感器扫描整个图像获得一幅数码图像。普通的相机和面阵数码相机都是在一个曝光的瞬间记录了整个画面，而扫描式相机则是一条线一条线地记录整个画面，因而拍摄的时间较慢，不适合快速拍照。但扫描式数码相机的特殊成像方式带来了许多使用上的特点。首先，普通数码相机都是在拍摄画面时将数据传输到存储介质中。而扫描式数码相机，由于数据量大得多，在拍摄时需由计算机来控制，在拍摄的同时将数据传输到计算机的存储设备中。其次，虽然对每个像素点来说，其曝光时间与传统相机相似，都是几十分之一秒，但这种数码相机特殊的成像方式使其实际的曝光时间不是几十分之一秒，而是十几分钟。相机的快门速度、光圈大小、分辨率、成像的图形质量都会影响到拍摄的曝光时间。所以这种相机几乎无法来拍摄动态的物体。它多用于摄影棚里的静态拍摄，或者野外的静态物体的拍摄；也不能进行闪光摄影，而且只能使用无闪烁的灯具照明。这些都是扫描式数码相机局限性的一面。但是它接口简单，能产生高清晰度的图像，拍摄的质量非常好，胜于面阵 CCD 数码相机。

3. CMOS 数码相机

CMOS 图像传感器的突出优点就是耗电少。其耗电量大约为 CCD 传感器的十分之一，其次 CMOS 的成像器件的成本都比较低。目前 CMOS 图像传感器在分辨率和色彩还原上都不如 CCD 传感器。它生成图像时有噪声，准确捕捉动态图像的能力还不强，尚难以得到与 CCD 传感器相同的图像质量。另外 CMOS 数码相机在图像的清晰度和拍摄速度方面还有一些问题，尚需进一步解决。但随着科技的快速发展，CMOS 技术也会越来越成熟，由于成本的原因，相信它会占领大部分的低端市场，而只有中端和高端的数码相机产品依旧会使用 CCD 器件。

从上面的介绍来看，数码相机与传统的相机还是有很大的差别。数码相机在性能指标上虽然借助了传统相机的概念，但由于数码相机与传统相机在构造上的不同，也带来了许多自有的性能参数。其中，影响数码相机成像质量的主要性能指标主要有以下几种。

(1) 分辨率

分辨率是指数码相机中光敏元件的数目。数码相机所拍摄的分辨率像素取决于相机内部的 CCD 芯片上光敏元件的数目。自然，数码相机中的 CCD 器件中的晶体管数目越多，分辨率也就越高，拍摄的质量也越好，其价格也会越贵。数码相机的分辨率还直接反映在能够打印出的相片的大小上。分辨率越高，在同样的输出量下能打印的图片的尺寸也越大。对同类数码相机而言，分辨率越高，档次越高，所产生的图像所占用的存储空间也越大。

(2) 彩色深度

彩色深度又称彩色位数。数码相机的彩色深度反映了数码相机能正确记录色彩的多少。彩色位数越高，就越能更加真实地还原图像的色彩细节。现在的数码相机的彩色深度基本上

都能达到 24 位真彩色，32 位真彩色的数码相机也不是什么罕见的物品了。

(3) 光学镜头

对传统照相机，镜头的质量一直是影响成像质量的关键因素。对数码相机也不例外。

数码相机的 CCD 器件面积要远小于胶片面积，要实现小面积的优质的成像质量，只要很小尺寸的透镜就够了。透镜的物理尺寸越小，研制就越困难。光的物理特性也决定了小的透镜难以通畅地透过光线。因此，小透镜不仅设计难度大，而且对组装的精确度要求也非常高。虽然数码相机的 CCD 器件分辨率有限，但是由于数码相机的 CCD 器件的成像面积很小，因此要求镜头能够保证一定的成像质量。另一方面，CCD 器件对红外线比较敏感，因此数码相机的镜头增加特殊的渡层或外加滤镜也可提高成像的质量。

(4) 光圈快门

和传统的相机一样，数码相机的光圈与快门速度在拍摄时也相当重要。因为光圈与快门一起配合控制进入数码相机的光线量，它将影响到数码相机能否在各种光线条件下都可以得到高质量的图片。可见，光圈与快门是控制摄影过程中光线量的控制器。光圈控制着多大的空间，快门控制着有多长时间的光线能从这个空间里进入镜头。同时，快门的速度也直接影响了动态拍摄的效果，光圈范围则影响到拍摄图像的景深。

(5) 白平衡

白平衡控制是通过数码调节，使拍摄到的图片上的彩色和人眼所见到的自然景色相一致甚至完全相同。简而言之，白平衡就是无论在什么环境的光线下，仍然把“白”定义为“白”的一种功能。这就像人们平时在昏暗的光线下或者在其他非正常的光线下，看到的颜色和在正常光线下的颜色不同。对于这样的情况，如果能够调整白平衡，则数码相机所拍摄的照片就能够正确地以“白”为基色来还原其他的颜色。由于 CCD 传感器本身没有这种调节功能，因此有必要对所成的图片进行一定的修正。这种修正就是白平衡。所以带有白平衡的数码相机能够给人更丰富的图片效果。

(6) 感光度

数码相机与普通相机很大的不同点就在于它接受光线信号的 CCD 成像器件。这种成像器件对曝光有着一定的要求，自然也就有了感光度高低的问题。数码相机的 CCD 感光度一般都转化为了传统相机的感光度，这就有了数码相机的“相当感光度”的说法。对于数码相机来说，感光度是单一的，加上 CCD 的感光器件感光范围很小，将感光度设置得高低对拍摄效果自然有着很大的影响。

另外在购买数码相机的过程中，除了关注它本身的性能参数外，还要关注一下它所能支持的存储卡的类别。常见的存储卡有 CF 卡和 SM 卡，现在也有了 SD 卡和 MMC 卡。它们都具有容量大、存储速度快的特点，已被大多数数码相机所支持。

2.8.2 投影仪

投影仪与幻灯机原理基本相同，但结构不同。幻灯机把要显示的幻灯片，由光源通过光学器件直射到屏幕上；投影仪把水平放置的投影片，由光源通过光学器件射向平面镜，再由平面镜反射到屏幕上。光源有溴钨灯和镝灯两种。聚光镜多采用有机玻璃螺纹透镜。在光源和聚光镜之间增加一个新月镜，可以加强光线的会聚，增强亮度。平面镜能把光线方向改变90°，变垂直照射为水平照射。投影仪一般使用6～8英寸的透明投影片，也可以直接在透明投影片上书写、绘图或演示投影教具。

选择投影仪时有几个参数需要注意。

(1) 灯泡类型

灯泡类型主要有溴钨灯和镝灯两种。溴钨灯是一种具有高发光强度的白炽灯，由于采用溴钨循环体系，使其能始终保持很高的光通量，其显色性好，能够忠实再现原稿色彩。镝灯属高强度气体放电灯，是金属卤化物灯的一种，它光效高，显色性好，亮度高。镝灯有球形、管形、椭球形等多种形状，可满足不同用途的需要，使用时需相应的镇流器和触发器。

(2) 透　镜

镜头由几片透镜组成。透镜有塑胶(plastic)透镜和玻璃(glass)透镜两种，玻璃透镜比塑胶透镜贵。通常摄像头用的镜头构造有：1P，2P，1G1P，1G2P，2G2P，4G等，透镜越多，成本越高。因此一个品质好的摄像头应该是采用玻璃镜头的，其成像效果要比塑胶镜头好。镜头对成像质量也有极大影响，好的镜头使图像更加清晰、细腻。一般投影仪的镜头都是变焦镜头，针对市场的不同，变焦倍数从4倍到16倍或更高。

所以选购投影仪的时候可以根据机器的具体性能和参数并结合自己的需求来选择。

2.8.3 碎纸机

顾名思义，碎纸机的主要作用就是碎纸。它是由一组旋转的刀刃、纸梳和驱动电动机组成的。纸张从相互咬合的刀刃中间送入，被分割成很多的细小纸片，以达到保密的目的。

根据碎纸刀的组成方式，现有的碎纸方式有：碎状、粒状、段状、沫状、条状、丝状等。市面上有些碎纸机可选择两种或两种以上的碎纸方式。不同的碎纸方式适用于不同的场合，如果是一般性的办公场合则选择段状、粒状、丝状、条状的就可以了。但如果是用到一些对保密要求比较高的场合就一定要用沫状的。

选购时需要注意碎纸机的以下几个参数。

(1) 碎纸能力

碎纸能力是指碎纸机一次能处理的纸张最大数目及纸张厚度。一般碎纸效果越好则其碎纸能力要相对大些，如某碎纸机上标称碎纸能力为A4，70 g，7～9张，就说明该碎纸机一次能处理切碎克重为70 g/m^2 的A4幅面的纸7～9张。普通办公室选用A4，70 g/m^2，3～4张的

就可以满足日常工作需要，如果是大型办公室则要根据需要选择合适幅面和较快速度的碎纸机。

(2) 碎纸宽度

碎纸宽度就是碎纸机所要切碎的纸张在没有进入碎纸机之前的最大宽度，也就是指碎纸机所能容许的纸张的宽度。通常要切碎的纸张要与切口垂直输入，否则整行文字有可能完整保留，资料尽露；另外如果入纸口太细，纸张便会折在一起，降低每次所碎张数，且容易引起纸塞，降低工作效率。所以选择碎纸机时一定要注意碎纸宽度的选择。普通办公室一般只要能进入 A4 纸(大约 190 mm)即可，所以 220 mm 宽度就足够用了。

(3) 碎纸速度

碎纸速度也就是碎纸机的处理能力，一般用每分钟能处理废纸的总长度来度量，如 3 m/min，表示每分钟可处理的纸张在没有切碎之前的总长度。当然也有用 cm 表示的，实际上是一样的。

(4) 碎纸箱容积

碎纸箱容积是指盛放切碎后废纸的箱体体积。碎纸机生成的碎片存放于下列容器中的一种：低端的碎纸机一般放置于废纸篓的上方，这样切割完的碎片就简单地放置在废纸篓里；稍微贵一些的产品则自带废纸篓(碎纸箱)。大多数办公用碎纸机一般都是封闭的带轮子的柜子，能够方便地在办公室里移动，这种碎纸机就牵涉到了碎纸箱容积的选择。普通办公室和家用碎纸机出于实际需要和占地大小考虑可选择较小容量的碎纸箱，大小在 4～10 L 之间为宜；中型办公室以 10～30 L 为最佳，大型办公室可选用 50 L 以上的碎纸箱。最后，还有一些碎纸机带有一个能挂上塑料袋的架子，只要准备能挂在架子上的塑料袋即可。

2.8.4　不间断电源

不间断电源(UPS)主要是起到保持电压稳定和充当短时间的电源作用，如图 2-15 所示。

计算机电源是通过把交流电转换成直流电给计算机供电的。由于计算机对电源要求要连续供电并且不能低于 170 V 或者高于 260 V，特别是在计算机读/写磁盘上的数据和格式化磁盘时，一定要求保持电源的不间断和稳定，否则很容易损坏盘片或者损坏磁头，更可能使整个硬盘报废。另外当录入数据的时候，如果忘记了存盘，一旦断电，所有录入的数据就会全部丢失，前功尽弃。如果电源不稳定或者突然断电，对主机板、各种板卡、显示器，还有打印机、复印机这些外部设备都有影响，严重时会造成损坏。

而使用 UPS 就可以解决以上这些问题。当电路断电时，UPS 可以充当短时间的电源，使计算机能继续运行，让用户有时间做好数据的保护；通过 UPS 可以使电压得到一个稳定的值；通过 UPS 可以抗击外界对电源的噪声和脉冲干扰。所以说 UPS 不但可以保护计算机主机，也可以更好地保护数据，延长机器的使用寿命。

UPS 的使用需要注意以下注意事项：不论用户什么时候使用 UPS，都要将蜂鸣器的开关

图 2-15　UPS 设备

打开(放置在 ON 位置)。当 UPS 的电源偶然被打开时,会听到蜂鸣器的叫声。这时提醒用户将 UPS 关掉,否则会造成 UPS 过度放电,可能使电池失效。UPS 正常工作时,电源指示灯亮,一旦外部电源断电或者电源低于 170 V,就转变为 UPS 供电,此时蜂鸣器和红灯分别每隔几秒鸣叫或者闪烁。随着时间的延长、电量的消耗,鸣叫和闪烁加快,此时用户应尽快保存信息,开始关机。不要频繁启动和关断 UPS,这样很容易造成电源的损坏。正确的操作是待 UPS 关掉至少 6 s 后再开启。由于 UPS 的蓄电能力很小,在完全放电后,应该停止使用,并尽快充电。UPS 长期不用时,也应该定期给电池充放电。这个时间段一般为 2 个月。需要定期测量并换掉低效的蓄电块。如果一个正常工作的 UPS 出现负载能力变差的情况,应首先检查各电池块的电压是否一致,如不一致,需要将低于 1 V 的电池块换掉,否则会降低整个 UPS 设备的效能。

UPS 的故障很大一部分都是由于不正常使用电池造成的。只要正确使用 UPS 设备,一般都能够使用很久。例如现在广泛使用的密闭式铅酸蓄电池 UPS 设备,如果使用得当,一般可以使用 3～5 年。

2.8.5　办公会议设备简介

办公会议设备除了一些日常的会议用品(会议桌、椅、台布、台裙、盖杯、开水、茶叶、烟灰缸、小毛巾、火柴、纸、笔、横幅、鲜花等绿色植物、会议牌)外,主要的办公设备包括麦克风、幻灯机、电视机、录像机、投影仪等。

麦克风:主要作用就是扩大音量,高级一些的甚至带了录音设备。

幻灯机:用来演示文件、照片、幻灯片、商品、零部件三维图片等。

电视机：主要用以播放一些视频文件和音频文件。

录像机：记录会议的过程。

投影仪：多用于展示或者投影计算机上的多媒体文件。

2.8.6　移动办公设备介绍

移动办公设备最主要的就是笔记本式计算机或者 PDA，现在的智能手机也能算是一种移动办公设备了。

笔记本式计算机的主要作用就是一个功能强大的事务处理器。它可以存储、处理、输出信息，起到移动办公设备不可替代的作用。

PDA 的主要功能除了信息处理以外，现在已经集休闲、娱乐、办公、商务助理等于一体了。

智能手机是一类比较新的科技产品，除了基本的电话功能以外，它也能实现许多 PDA 甚至计算机才能完成的工作，现在已经备受移动办公者的青睐了。

2.9　本章习题

1. 选择题

① 刻录光盘（即追忆型光盘）按照染料分类，________不属于其中。

A. 黄金盘　　B. 红盘

C. 绿盘　　D. 蓝盘

② 笔记本式计算机硬盘的尺寸大小为________英寸。

A. 1.5　　B. 2.5

C. 3.5　　D. 5.5

③ 下面几种打印机中，________是击打式打印机。

A. 针式打印机　　B. 喷墨打印机

C. 激光打印机　　D. 热升华打印机

④ 以下是复印机工作时的一些流程，哪一个不是必需的________。

A. 充电　　B. 转印

C. 预热　　D. 定影

⑤ 下面的办公设备中，只有________不是计算机的输入设备。

A. 键盘　　B. 扫描仪

C. 鼠标　　D. 投影仪

⑥ 至少需要集成打印、传真、复印和扫描________种以上功能的设备才算是多功能一体机。

A. 2　　B. 3

C. 1　　D. 4

⑦ 图形传感器是数码相机的核心设备，下面哪一种不属于数码相机的图像传感器________。

A. 面阵 CCD　　B. 线阵 CCD

C. LCD　　D. CMOS

2. 填空题

① 刻录机的三种常见的接口中，(　　)可以即插即用。

② USB 2.0 的传输速度为(　　)Mbit/s。

③ 闪存盘的存储介质是(　　)。

④ 传真机利用电话线路传输数据，它传输的是(　　)信号。

⑤ 计算机也能够传真，它是利用(　　)实现传真的。

⑥ 为了避免频繁启动缩短一体机的寿命，可以使用一体机的(　　)功能。

⑦ 一体化速印机比复印机先进的地方主要在于(　　)。

3. 简答题

① 什么是软盘，其存储原理是什么？

② 喷墨打印机的使用中需要注意什么？

③ 静电复印机的使用需要注意什么？

④ 扫描仪需要怎样维护？

⑤ 传真机出了故障，首先需要检查哪一点？

⑥ 什么是一体化速印机？

⑦ 投影仪与幻灯机的区别主要在哪里？

⑧ UPS 的作用是什么？

第 3 章　Windows XP 操作系统

教学目的和要求：通过本章的学习，使学生了解 Windows XP 系统的基本操作，掌握 Windows XP 系统新的特点，以及文件和文件夹的基本知识，并能够设置 Windows XP 的相关选择项。

重点：

◇ 使用 Windows 的文件和文件夹管理；

◇ Windows XP 的系统设置。

难点：

◇ “控制面板”的使用。

3.1　Windows XP 基本操作

Windows XP 操作系统是微软公司最新推出的新一代的操作系统，它集成了早期各种版本的优点，改进了系统程序和系统工具，增强了多媒体功能和多种特效，例如：加入了新的网络单元和安全技术，界面更为人性化，提供了多媒体播放器等实用的工具软件。正是由于高度集成的功能，使 Windows XP 操作系统具有比以往 Windows 家族更高的安全性及简便的操作技能，因此它在家用操作系统的使用领域已经取得了飞跃的发展，拥有了绝大部分的使用者，所以这里先来介绍 Windows XP 的基本操作。

3.1.1　初识 Windows XP

Windows XP 的意为“体验”(XP 是 experience 的缩写)，是微软公司(Microsoft)到目前为止投入了最多研发费用和人力资源的产品。它也将取代针对个人消费者的 Windows Me 和针对企业的 Windows 2000。

Windows XP 一共有三个版本，分别是家庭版、专业用户版和服务器版。人们日常使用的主要就是其中的家庭版和专业用户版，如图 3－1 所示。

Windows XP 在界面上、风格上以及功能上都和 Windows NT 系列的桌面操作系统具有一致性。它是一种真正面向对象的操作系统。尽管 Windows XP 中强化了多媒体功能和网络功能，但是在使用本地资源和网络资源时人们不会感到很大的不适应。当然如果暂时想继续使用 Windows 98 的界面，依然可以返回到老界面，因为 Windows XP 在界面上是新旧共存的。从 Windows 98 或者 Windows 2000 操作系统转到 Windows XP 操作系统也不会有什么困难。

图 3-1 Windows XP 的桌面

Windows XP 中，最重要的技术和功能改进包括以下几个方面。

(1) 更好的兼容性和安全性

Windows XP 改进了由于 Windows 2000 Professional 系统和 Windows Me 系统与 Windows 9X 系统存在的兼容性问题，提供了更多的设备驱动程序和系统组件，提升了系统的兼容性和安全性，使用起来更为简单、放心。

(2) .NET 构想

.NET 是微软公司一个全新的构想，旨在帮助用户超越互不联网的软件、服务和设备，以获得完整、互联的全新的体验，使单一的计算机平台扩展到一个囊括了其他计算机、服务器、智能设备和 Web 服务的综合平台。这样就把一台计算机扩展到了众多计算机联网的组合中，让一个用户从单一的计算机应用者的身份，变到可以统筹使用所有设备的管理员。

(3) 强大的多媒体功能

Windows XP 增强了计算机结合网络和多媒体的能力。用户可以通过 Windows XP 把各类办公设备(例如扫描仪、打印机、复印机、传真机)和多媒体设备(例如数码相机、幻灯机和投影仪)等连到计算机上，并完美地结合起来。Windows XP 内部集成的 Windows Media Player (见图 3-2)具有强大的多媒体功能，可以用来聆听 CD，MP3 歌曲，观看 DVD 影片，收听来自世界各地的广播电台，创建自己的播放列表，完美地体验数字化影音。

(4) 自动更新

为了减轻系统管理中发布、安装补丁程序和系统更新的负担，在 Windows XP 中加入了自动更新的特性，如图 3-3 所示。系统可以从 Windows 网站上下载更新的程序和补丁，有效地

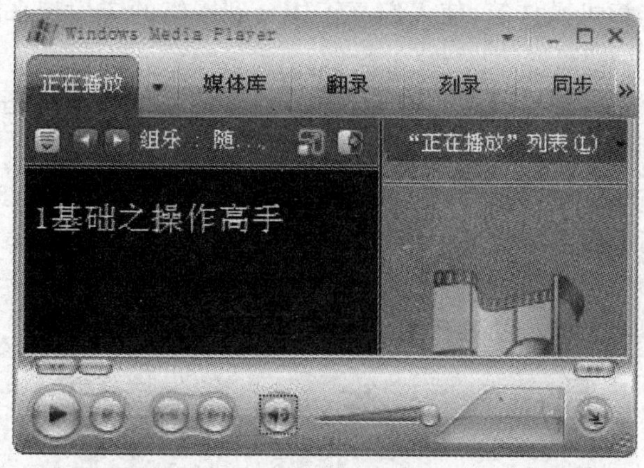

图 3-2　Windows Media Player

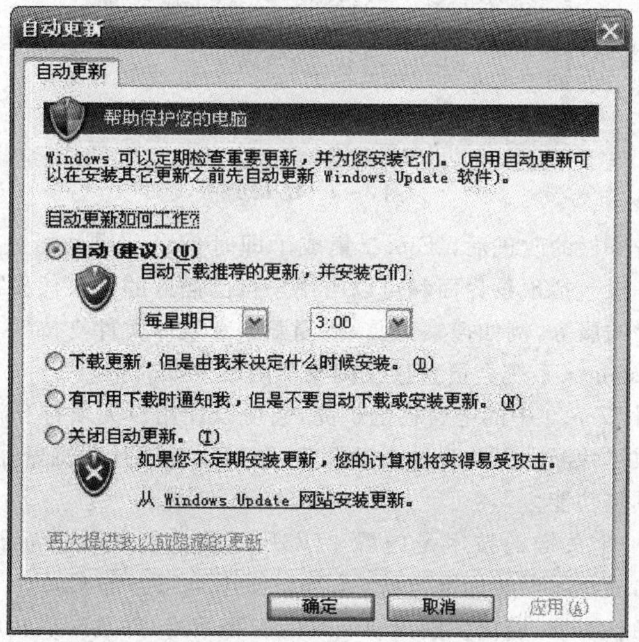

图 3-3　自动更新

提升系统的安全性和稳定性。计算机管理员可以自己选择网络上的服务，自定义使用的机制和时间，更好地管理自己的计算机。当然如果不想用到这个功能，可以手动关闭掉。

(5) 更好的网络功能

Windows XP 的通信系统可以不间断地传递网络信息，例如视频会议、在线协作、程序文件的共享以及远程的计算机操作等，使人们真正体会到网络的应用带来的便捷。

(6) 策略功能

Windows XP 包括组件策略所需的安全模板，以保证系统安全的适当级别。用户可以从模板中的低、中、高三种安全级别中自定义特定的安全级别，以适用自己特定的安全需要。

(7) IE 6.0(Internet Explorer 6.0)

Windows XP 内部集成了浏览器 IE 6.0，如图 3-4 所示。IE 6.0 对 IE 5.0 作了重大的改进，主要有改进了对“帧”的补偿，改进了对 CSS 的支持，增加了具有生成可恢复和自定义的 DHTML 组件安全的功能，可以在 HTML 文件中划定可编辑的区域。

图 3-4　IE 6.0

对上代浏览器任务栏的改进后，IE 6.0 集成了即时信息和媒体播放功能，以及图片尺寸字典调整功能。任务栏包括预设界面和可以由用户自己插入的个人任务栏。用户可以通过任务栏连接到互联网上的服务，例如搜索工具、新闻服务和媒体文件支持等。集成的即时信息组件可以让 MSN Messenger 系统会员直接在浏览器内收发即时信息。

媒体任务栏是对 IE 5.0 中的电台栏的扩充，它可以让用户无须打开新窗口就可以选择或者播放互联网上的媒体片断。图片尺寸自动调整，还可以使图片与浏览器窗口相互对应，简化了用户使用手动的调整功能。

IE 6.0 的另外一个关键的技术是内置了 P3P 适应功能和改进后的 Cookie 管理工具。P3P 是网站显示自己隐私习惯的标准方法，尤其在使用第三方的 Cookie 有关的行为时，浏览器可以获得网站的隐私习惯，以便识别出该网站的隐私策略，并且采取相应的措施管理来自该网站的 Cookie。

3.1.2　鼠标和键盘的使用

鼠标和键盘是现代计算机的两类重要的标准输入设备，在日常工作中起到了关键的作用。特别对于图形界面的操作系统，鼠标的作用更是重要，使用鼠标可以使操作更加直观和便捷，能有效地提高工作效率。键盘则是计算机主要的输入设备，可以对 Windows XP 操作系统的

许多部件，如菜单、对话框和窗口进行操作。另外使用快捷键可以显著加快操作速度。下面首先介绍如何使用鼠标迅捷地进行 Windows XP 的操作。

Windows XP 操作系统最大的特点就是具有良好的用户界面，而使用鼠标正好可以使用户方便地实现各种操作。

在通常情况下，鼠标的形状是一个箭头，但在一些情况下，鼠标的形状会发生变化。图 3-5是常见的鼠标工作及设置情况。

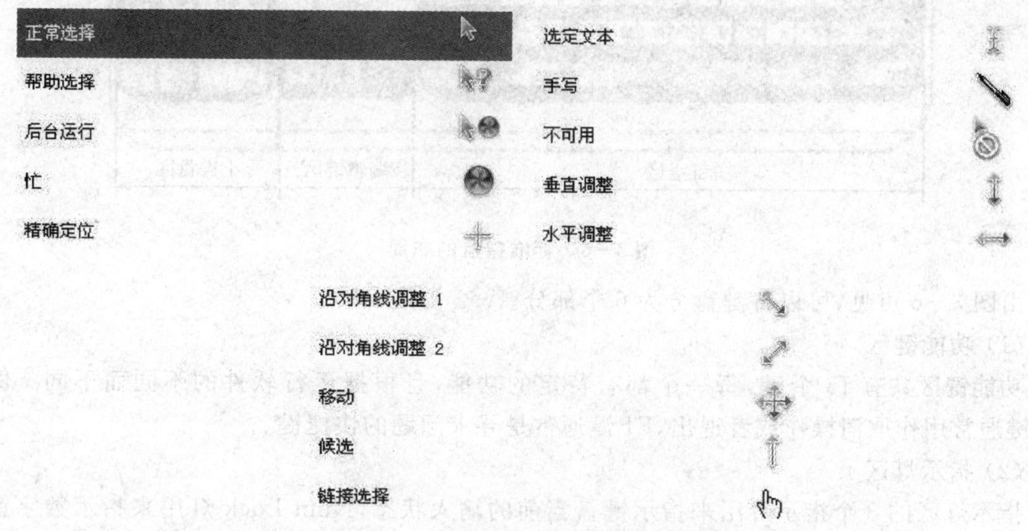

图 3-5 鼠标工作的各类标志

鼠标的参数可以通过改变鼠标的属性来设置，以适合自己的工作方式，具体可在“控制面板”中双击“鼠标”，打开属性，开始修改。

键盘的作用主要是输入各类资料或者下达各种命令。当屏幕上有闪烁的光标时，就可以用键盘进行输入。例如可以用键盘输入英文字母、汉字、数字和各类符号等。命令操作指用键盘实现对计算机的操作控制，完成某个功能。虽然多数时候使用鼠标来对计算机进行操作相对而言要容易一些，但是使用键盘也有它的优点。利用键盘，可以实现对 Windows XP 操作系统的许多快捷操作，并且可以通过特定的键或者几个键的组合来表示一个命令，这些键就称为快捷键。

键盘的命令操作基本上都是几个键的组合，例如按＜Alt＋F4＞键就可以关闭当前的活动窗口，按＜Alt＋Tab＞键可以实现窗口的切换等。熟练掌握这些快捷键，可以有效提高计算机的操作速度，避免在鼠标和键盘之间直接的频繁切换。

目前大量使用的键盘多为 101 键键盘和 104 键键盘，比较古老的 83 键的键盘已经被淘汰了。现在使用的键盘一般如图 3-6 所示。

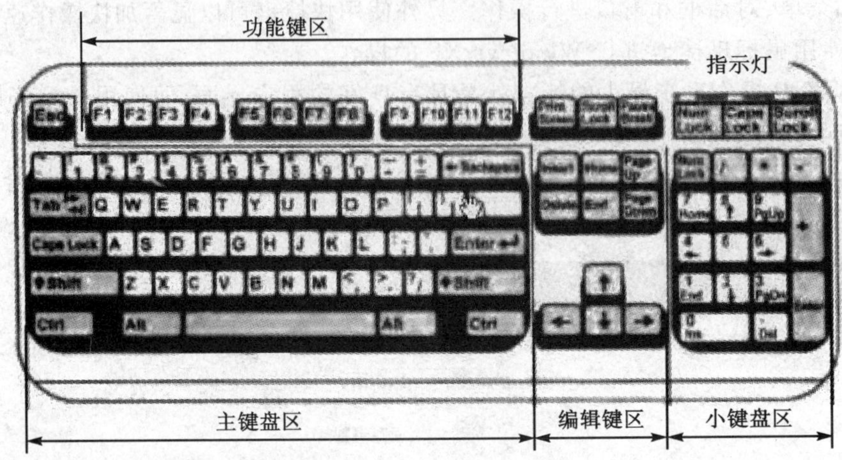

图 3-6　标准键盘的布局

由图 3-6 可见，可以将键盘分为 6 个部分。

(1) 功能键区

功能键区共有 13 个键，每一个都有特定的功能，且根据运行软件的不同而不同。例如 Esc 键通常用作取消操作或者退出，F1 键通常是寻求问题的快捷键。

(2) 指示灯区

指示灯区的 3 个指示灯用来指示键盘当前的输入状态，Num Lock 灯用来指示数字键盘是否被锁定到数字输入状态，Caps Lock 灯用来指示打字键盘是否锁定到大写的输入状态，最后一个 Scroll Lock 灯用来指示当前的屏幕是否处于锁定卷动状态。

(3) 主键盘区

主键盘区是整个键盘上使用最频繁的地方，其中包含了一些特殊的键。

Caps Lock：又称为大小写锁定键，只对字母键起作用。默认的情况下，键盘上的键为小写状态，按一下，字母就变为大写输入，再按一下又变为小写输入。当处于大写状态下时，对应的 Caps Lock 指示灯会变亮；当变为小写时，自动地熄灭。

＜Shift＞键：同时按下键盘上的 Shift 键和字母键，如果字母本来处于小写状态，就会变为大写的输入状态；如果处于大写的状态，则变为小写的输入状态。如果同时按下的是 Shift 和某一个数字键，则输出对应的上档符号。例如同时按下＜Shift＋2＞，对应的输出则为＜2＞键的上档符号“@”。

＜Tab＞键：此键又称为跳格键，当按下此键后，光标会移动一定的字符数。一般情况下，按一次＜Tab＞键光标会移动 2 个字符。

＜Enter＞键：此键也称回车键，在输入的时候用来换行。此外，它也可以用来表示单击“确定”按钮，表示同意或者肯定的意思。

空格键：一般位于键盘的最下一排的中间，其作用就是输入空格，在输入的状态下，按下此键，只有光标的移位，看不到任何符号出现。

＜BackSpace＞键：用来删除光标的最后一个字符，例如输入单词 computer 输成了 computers，那么就可以使用＜BackSpace＞键，这样最后的一个字母 s 就被删除了。

＜Ctrl＞键和＜Alt＞键：这两个键一般都需要与其他键一同使用时才能起到作用，并称之为快捷键。例如使用＜Ctrl＋C＞表示复制所选择的内容，＜Ctrl＋V＞表示粘贴所复制的内容。

Windows 键：就是键盘上下面一行画了一个 Windows 标志的那个键，一般在＜Ctrl＞和＜Alt＞键之间，按下它后系统弹出“开始”菜单。实际上，Windows 键也可以和其他的键一起组成快捷键，例如使用 Windows 键和＜R＞键，将弹出 Run 命令行。

标点符号键：一部分标点符号键是在数字键的上档键，位于主键盘的第一行；另一部分在字母键 M，K，L 和 P 的右下边。每一个键都对应键盘上标志的符号。

另外在键盘上，＜Shift＞键、＜Ctrl＞键和＜Alt＞键都有两个，但是功能是一样的，只是方便打字和输入。

（4）编辑键盘区

编辑文本时通常需要用到编辑键盘区，其中带箭头的 6 个键用来移动光标的位置。

＜Insert＞键：用来切换插入和改写状态。

＜Delete＞键：删除光标右边的第一个字符。

＜Home＞键：将光标移到行首。

＜End＞键：将光标移到行尾。

＜Page Up＞键：翻到前一页。

＜Page Down＞键：翻到后一页。

（5）小键盘区

这个区包括了数字键、编辑键和运算符。其中＜Num Lock＞键的功能是用来管理数字键的输入。和＜Caps Lock＞的操作相似，按一下就亮了，可以数字输入，当灯熄灭的时候，就不能数字输入了。副键盘上也有＜Enter＞键。四则运算符号＋，－，*，/等符号，其功能与主键盘上的功能完全一样。

（6）特殊键区

除了以上介绍的一些内容外，在键盘上还有一些功能键区用来完成特殊的功能。比如按下＜Print Screen＞键可以将屏幕画面复制到剪贴板中，＜Scroll Lock＞键用来锁定屏幕卷动，按下后对应的指示灯就会亮。＜Pause＞键用来暂停运行的程序，例如在计算机启动的时候就可以暂停启动画面。

3.1.3 “开始”菜单介绍

用鼠标左键单击桌面任务栏左边的“开始”按钮，或者按下 Windows 键，就会弹出“开始”

菜单。

“开始”菜单是主菜单，包含了“用户名”、“Internet Explorer”、“电子邮件”、“我的文档”、“图片收藏”、“我的音乐”、“我的电脑”、“控制面板”“打印机和传真”、“帮助和支持”、“搜索”与“运行”等各个二级菜单。最下面一行还有“注销”、“关闭计算机”等常用的选项图标；此外还有最近使用频繁的应用程序的图标，例如“记事本”，“Word”等，这个区域可以设置更多的常用应用程序的图标。选择“所有程序”后，会弹出另一个菜单，包括所有的应用程序。“开始”菜单如图 3－7 所示。

图 3－7　Windows“开始”菜单和所有程序展开图

下面来看看一些主要的选项。

① 所有程序：通过所有程序的展开后的图符，可以选择执行一个应用程序。Windows XP 的应用程序一般都会在二级菜单上建立程序或者程序组，程序组可以再打开，一直展开到最低层的应用程序。如果想删除最近频繁使用的应用程序图标，可以通过“任务栏属性”→“开始”菜单→“自定义”→“清除”，来删除最近使用频繁的应用程序图标。如果想删除程序，需要通过控制面板的“添加或者删除程序”来进行删除。如果只是删除应用程序的图符，则可以在“开始”菜单中右击想删除的图标，对应的快捷方式就会从这里被删除。如图 3－8 所示。

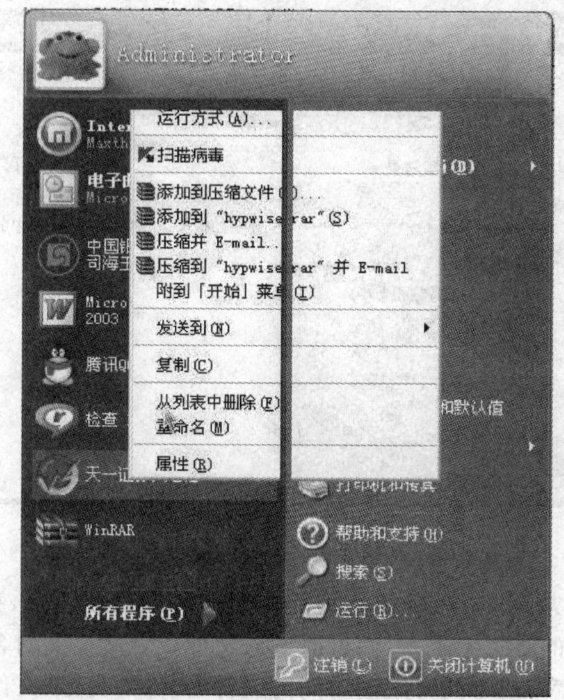

图 3-8 删除快捷方式

② 我的文档：在“我的文档”中包括两个特殊的个人文件夹，分别是“图片收藏”和“我的音乐”。它可以设置被访问权，让它只被管理员访问或者所有人都可以访问。

Windows 为计算机的每一个用户都创建了个人文件夹。如果计算机有多个使用者，就会自动为每一个使用者都创建一个个人文件夹。例如如果 Ibook 和 ThinkPad 共同使用一台计算机，则这台计算机中就有两个个人文件夹：“Ibook 的文档”、“Ibook 的音乐”、“Ibook 的图片”；还有“ThinkPad 的文档”、“ThinkPad 的音乐”、“ThinkPad 的图片”。当 ThinkPad 登录计算机时，他的个人文件夹会显示为“我的文档”、“我的音乐”、“图片收藏”，此时 Ibook 的个人文件夹则显示为“Ibook 的文档”、“Ibook 的图片”、“Ibook 的音乐”，用以区分不同的使用者。

Windows 还有一个“共享文档”，它主要的作用就是提供给其他用户共享。同样的，其内部也有两个文件夹：“共享图片”和“共享音乐”。

使用时，可以通过打开“开始”→“所有程序”→“连接到”→“显示所有连接”去访问“共享文档”、“共享音乐”、“共享图片”。当然打开“我的电脑”，在左边的任务栏中也有“共享文档”的图标，也可以访问。

③ 搜索：“搜索”选项不仅可以查找本地计算机上的文件，也可以查找网络上的计算机，如图 3-9 所示。

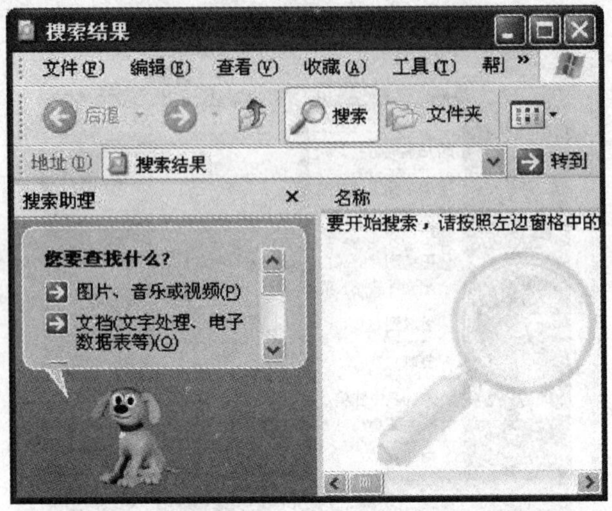

图 3-9 搜索功能

搜索文件或者文件夹：这个命令的作用是按照人们提供的要求，找到计算机中符合条件的文件或文件夹。查找的方式不限，人们可以输入文件或者文件夹的名称，也可以只输入需要查找的信息所包含的文字，或者同时限制访问的盘符、文件的类型、文件修改的时间、文件的大小，甚至是否被隐藏了等。多种查找方式可以同时使用，如图 3-10 所示。

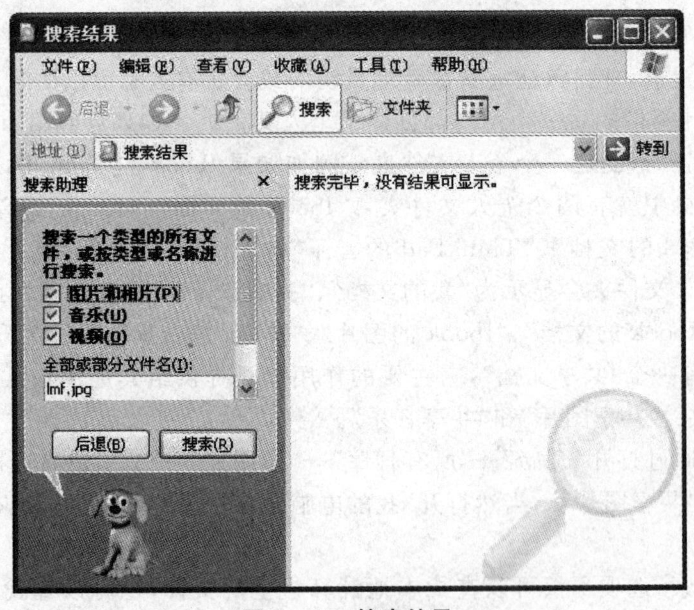

图 3-10 搜索结果

在“所有文件或文件夹”的查找结果列表中，能够进行打开、剪切、复制、粘贴、删除、创建和重命名等各类操作。通过“查找”命令搜索所需的文件，通常能取到事半功倍的效果，提高效率。

④ 帮助和支持：“开始”中的“帮助和支持”选项提供了 Windows XP 的所有帮助功能。在 Windows XP 的各个系统窗口中也可以看到“帮助”菜单或者“?”按钮，或者通过 F1 键来寻求立即帮助。在这里，人们求助于系统帮助，获取到需要帮助的相关信息。在“帮助和支持”的对话框中，可以从列表中找到相应的主题；也可以使用“搜索”中的单词搜索功能来找到相关问题，如图 3 - 11 所示。

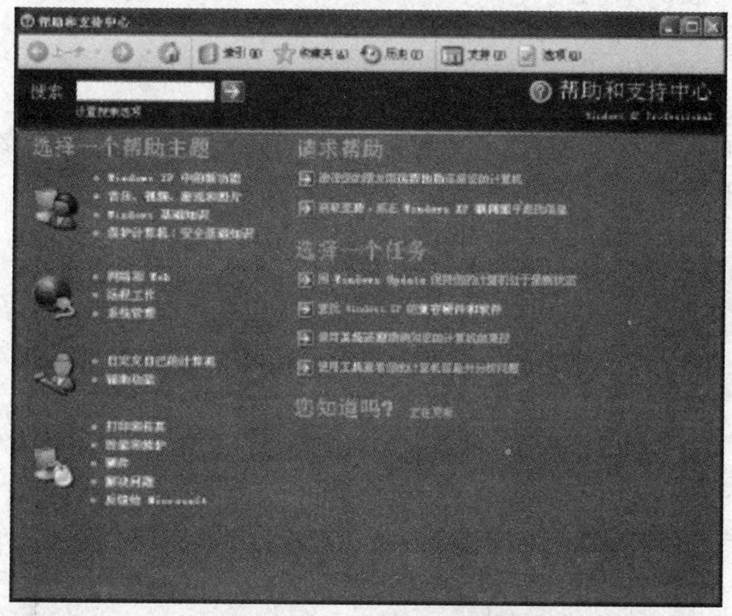

图 3 - 11　帮助和支持中心

通过“请求帮助”，可以使用远程协助功能邀请朋友帮助解决问题，或者在网络上查找相关的解决方法。在使用计算机的过程中，只要碰到了问题，首先在这里寻求帮助不失为一个好习惯，基本上都能得到解决。

⑤ 运行：“运行”选项可以让人们输入想要运行的文件的路径或者程序名称。系统会根据输入的信息来运行相应的任务。例如如果想进入注册表编辑器，只需在这里输入 regedit 就可以了，如图 3 - 12 所示。

⑥ 关机与注销：如果需要设置待机、关闭、重新启动计算机，或者需要注销，就可以使用这个选项，如图 3 - 13 所示。

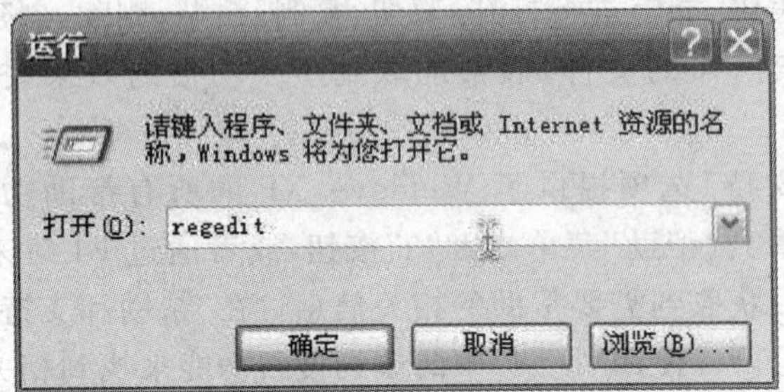

图 3-12　运　行

图 3-13　关闭与注销

3.1.4　Windows XP 的窗口

窗口是桌面的框架，用来显示文件或者程序的内容。它一般由三个部分组成：标题栏、工具栏和工作区。图 3-14 为窗口的例子。

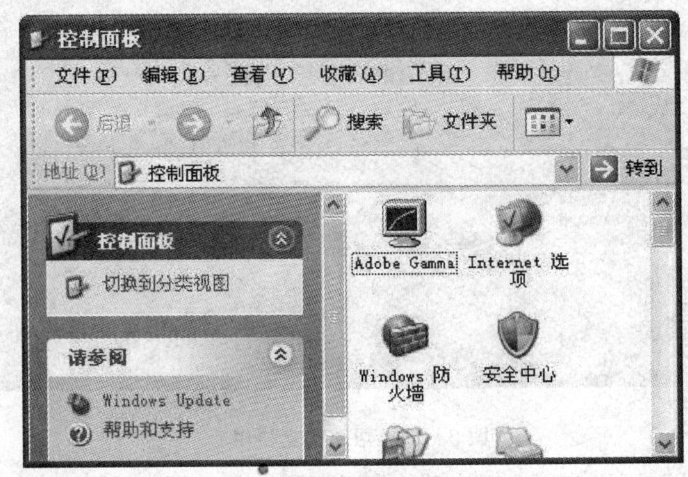

图 3-14　窗口的例子

窗口顶端是标题栏（见图 3-15），每个窗口的标题都显示在标题栏中。通过鼠标拖动标题栏，可以把该窗口放到桌面上的任何地方。

图 3-15　标题栏

标题栏的右边一般都有三个选择框，分别是"最小化"、"最大化"、"关闭"的选择按钮。单击"最小化"按钮，将收缩窗口，并且使窗口减小为任务栏上的按钮。单击"最大化"按钮，该窗

口将充满桌面；再次单击，可以恢复到原始大小。单击“关闭”按钮，则退出当前的应用程序，并关闭此窗口。

窗口的下面一部分一般则是工具栏，如图 3－16 所示。

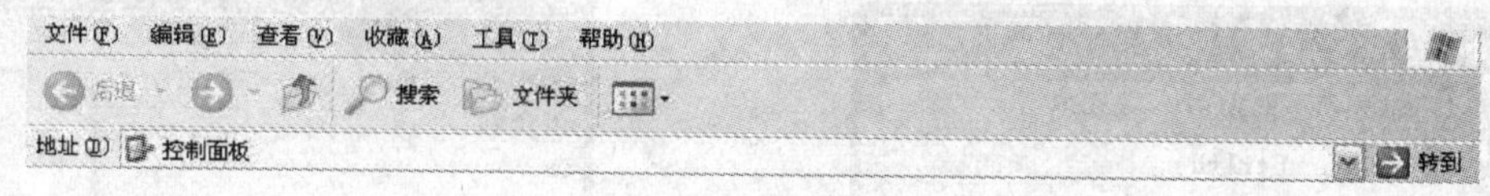

图 3－16　工具栏

在工具栏中，可以使用各种命令和工具。当找到了所需的命令时，只需单击它，就可以执行了。工具栏中的选项通常都是一级菜单，要找到所需的命令，只需单击它，就会弹出下一级的菜单，直到找到所需的命令为止。

工具栏下面的就是工作区，有时也称做客户区。在这里可以创建自己的文件，完成需要的工作。如果文件的内容在窗口中的位置不当，可以使用窗口侧部和(或)底部的滚动条，拖动滚动条到合适的位置，也可单击滚动条上下的或左右的箭头来移动滚动条，使文件的内容显示在合适的地方。

如果需要改变窗口的大小，除了使用“最大化”、“最小化”外，比较精确的处理方法是使用鼠标，单击窗口的边缘，将边界拖动到想要的大小。

3.1.5　使用“记事本”输入文章

“记事本”是一个基本的文本编辑器，它可以用于编辑简单的文档或者创建网页。如果需要创建和编辑带格式的文件，一般需要使用“写字板”。图 3－17 是“记事本”的窗口界面。

打开“记事本”的方法很多，最直接的方法就是在桌面上右击，选择“新建”，展开菜单后选择“文本文档”，一个“记事本”就创建完成了。另外一种简单的方法是使用“开始”菜单，选择“所有程序”→“附件”→“记事本”，这样也能创建一个“记事本”程序。

创建“记事本”的时候既可以当时就为“记事本”取一个名字，也可以在文件创建完成后重命名此文件。具体的操作是：单击文件，在展开的菜单中选择“重命名”即可。

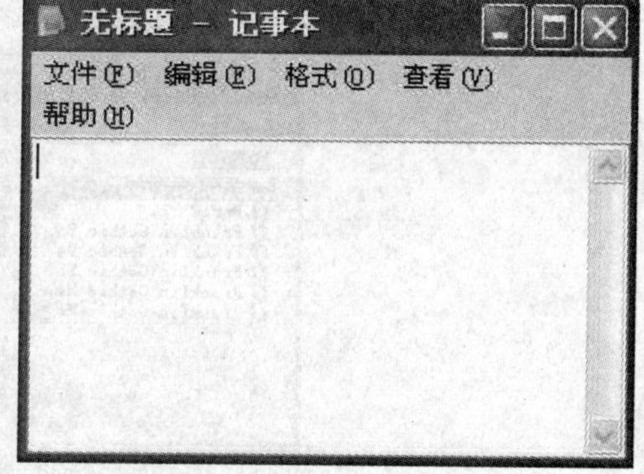

图 3－17　“记事本”的窗口界面

首先用以上的任一种方法创建一个空白的“记事本”文档，单击“文件”按钮，选择“新建”，或者使用快捷键＜Ctrl＋N＞(每个选项的后面的字符组合是该操作的快捷键)。输入完成后，可以选择“文件”菜单下的“保存”或者“另存为”

按钮，选择保存的路径，输入需要保存的名字即可，如图 3－18 所示。

“编辑栏”是用于文字的编辑，如图 3－19 所示。

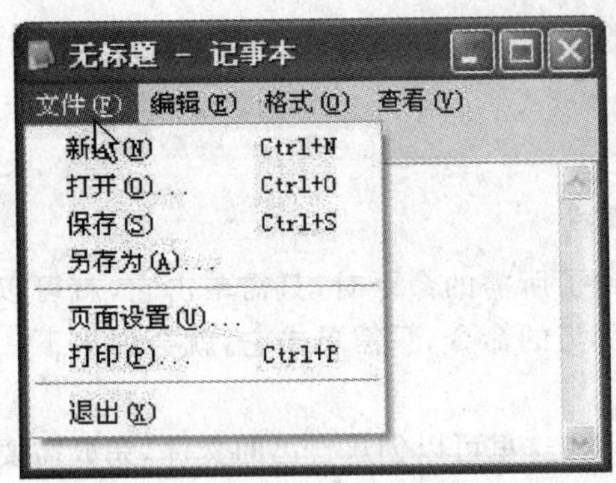

图 3－18　新建文本文档

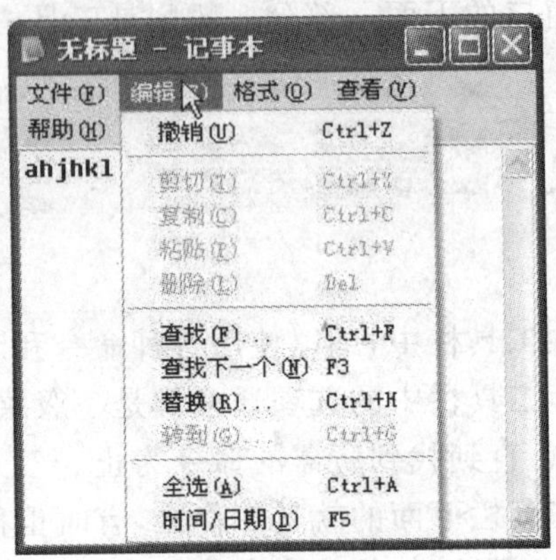

图 3－19　文件编辑

其常用操作：① 要剪切文本以便可以将它移动到其他位置。首先选定文本，然后单击“编辑”菜单上的“剪切”。② 要复制文本以便可以将它粘贴到其他位置。首先选定文本，然后单击“编辑”菜单上的“复制”。③ 要粘贴剪切或复制的文本。首先将光标置于要粘贴文本的位置，然后单击“编辑”菜单上的“粘贴”。④ 要删除文字。首先选定它，然后单击“编辑”菜单上的“删除”命令。

“格式”栏中有两个选择项：“自动换行”和“字体”。“自动换行”可以看见一行的所有文字，但它不影响打印时的文字显示格式。“字体”选项可以选择“字体”、“字形”和“大小”，如图 3－20 所示。

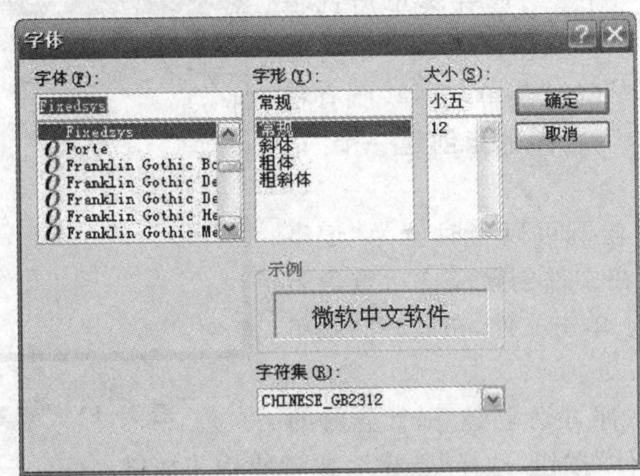

图 3－20　字体选择

在文本编辑的过程中，有问题都可以单击“帮助”，调出帮助文件。记事本帮助文件如图 3－21 所示。

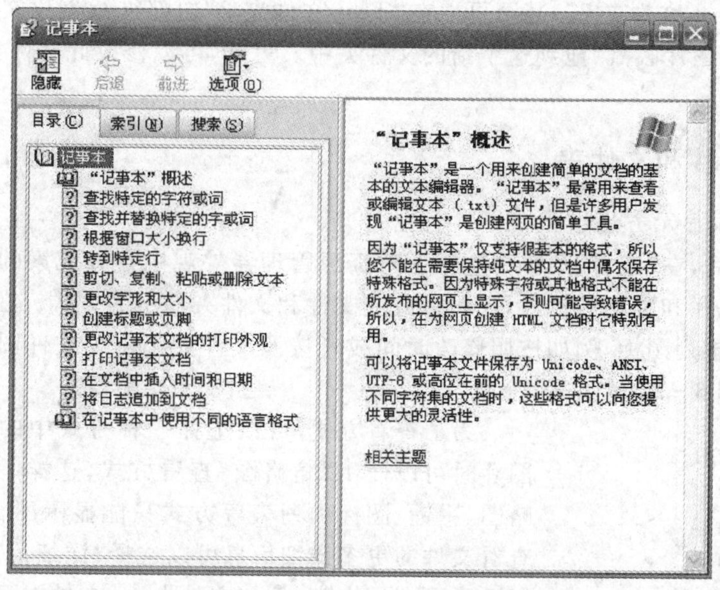

图 3－21　记事本帮助文件

3.2　Windows XP 文件管理

大多数的 Windows 任务通过文件和文件夹工作。就像在档案柜中使用牛皮纸资料夹整理信息一样，Windows 使用文件夹为计算机上的文件提供存储系统。

3.2.1　认识文件和文件夹

文件，按照 Windows 的定义，是指一个完整的有名称的信息集合。例如，程序、程序所使用的一组数据，或者用户创建的文档。文件是基本单位，它可以让计算机区分不同的信息组。它是一种信息集合，用户可以创建、删除、使用、更改或者发送到某输出设备（例如打字机或电子邮件）。文件夹就是在图形界面下文件或者程序的容器。在显示上，用一个文件夹的图像来表示。它是计算机磁盘组织文件或者程序的一种手段。文件夹的图标一般如图 3－22 所示。

图 3－22　文件夹图标

文件夹可以包含多种不同类型的文件，例如文档、音乐、图片、视频和程序。可以将其他位置上的文件（例如，其他文件夹、计算机或者 Internet 上的文件）复制或移动到所创建的文件夹中。也可以在文件夹中再创建文件夹。

例如可以在桌面上创建一个文件夹，例如“Test 文件夹 1”，双击打开此文件夹后，可以继续在里面创建“Test 文件夹 2”，甚至可以在“Test 文件夹 2”内部继续创建文件夹。也可以把“我的文档”中的“图片收藏”拖到这个新的文件夹中。另外，可以修改此文件夹中的内容，例如删除等操作。

3.2.2　浏览文件和文件夹

(1) 文件目录显示方法

文件夹打开后，在“查看”菜单中包括了对资源管理器外观中各种元素的设定。除了可以定制工具栏、状态栏和浏览器栏外，还可以改变文件和文件夹显示的方式。在窗口中可以按照文件的各类属性排列图标，例如按照修改时间或者按照文件大小排列文件图标。查看文件的方法有 5 种，如图 3－23 所示。

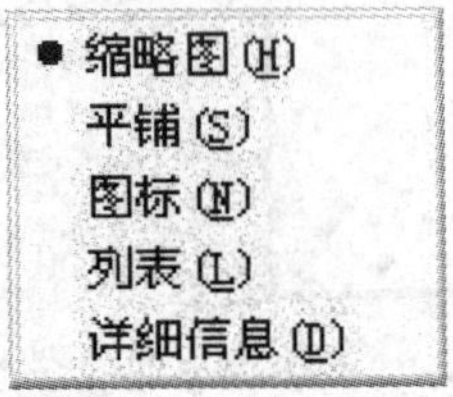

● 缩略图(H)
平铺(S)
图标(N)
列表(L)
详细信息(D)

图 3－23　文件夹查看方式

为了查看方便，可以选择 5 种方式中的一种。例如查看图片时可以使用“缩略图”查看方式，这样一目了然。使用缩略图、平铺、图标和列表等方式只能显示图标和文件名，需要查看文件的更多详细信息可以选择“详细信息”。这种方式可以显示更多的内容，例如文件大小、文件类型、修改时间等，如图 3－24 所示。

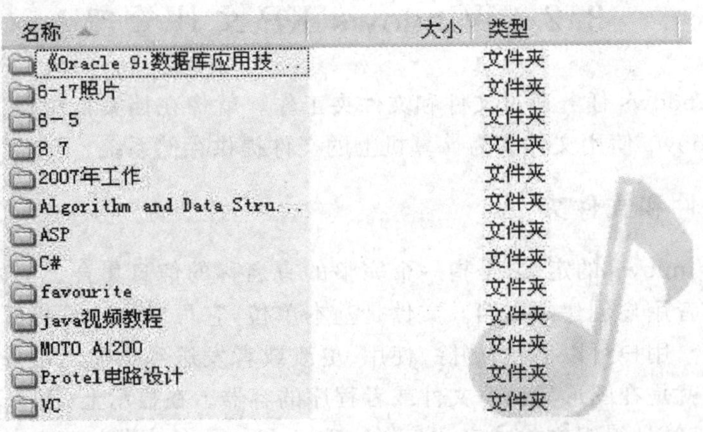

图 3－24　文件的详细查看方式

(2) 文件的图标排列方式

按照“名称”排列就是文件按照文件的英文字母排列，系统默认从 a 到 z 的字母表排列。

按照“大小”排列就是文件按照其占用磁盘空间的大小排列，系统默认的由小到大。

按照“类型”排列就是相同的文件扩展名的文件排列在一起，扩展名排列的方式系统默认的顺序是从 a 到 z 的排列。

按照“修改时间”排列就是文件按照建立日期排列，系统默认的是由早及近的方式，例如在 2004 年 5 月 1 日的文件就会排列在 2005 年 10 月 1 日之前，如图 3 - 25 所示。

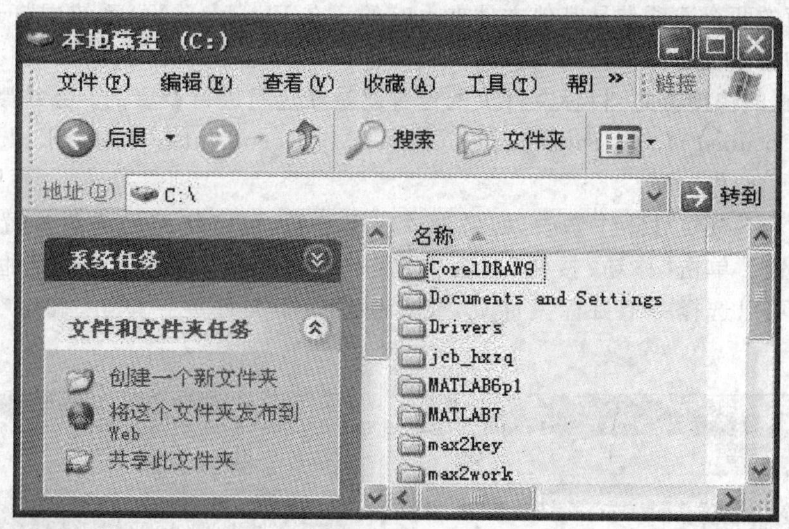

图 3 - 25 文件按照修改时间排列

3.2.3 文件属性

在 Windows XP 操作系统中，当用户把鼠标移动到文件或者文件夹的图标上时，会自动显示一些关于此文件或者文件夹的信息，这些文字根据不同的图标和内容，显示出来的信息也会有差别。由图 3 - 26 中可以看出，在“我的音乐”中，包含了其他的音乐和音频文件，大小为 4.60 KB，内部包含了 My Playlists 文件夹和“示例音乐”文件夹。在图片 001 的文字提示框中可以看到文件的类型是 JPEG 图像，尺寸为 320 mm×240 mm，大小为 6.80 KB。

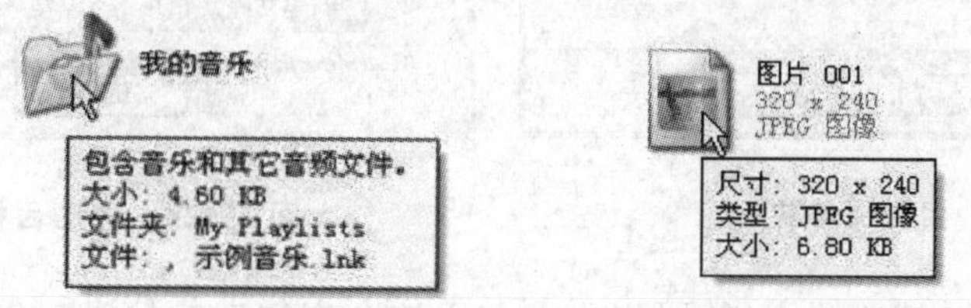

图 3 - 26 文件夹和文件属性

“文件”的快捷菜单是对文件操作的重要工具之一，可以在文件或者文件夹的属性快捷方式列表中对其进行设置或者修改。对于不同的文件或者文件夹，属性列表中的内容不尽相同。以“我的文档”文件夹为例，其属性如图 3－27 所示。

在“目标文件夹”、“常规”、“共享”这个三个选项卡中，“目标文件夹”属性是这个文件夹的特有属性，后面的两个选项卡是其他文件夹也有的。在 Windows XP 系统中打开或者保存文档时，浏览器的初始状态都是指向“我的文档”文件夹中。这是因为“我的文档”文件夹是指向目标文件夹位置的快捷方式，目标文件夹的位置就是在这里进行设置的。系统默认的情况下，此路径为 C:\Documents and Settings\ThinkPad\My Documents。其中 ThinkPad 是计算机用户的名字。

一般情况下不需要对此作修改，如果为了使用方便，可以将路径进行设置，使它指向其他文件夹的位置。单击“移动”按钮，就会弹出一个“选择一个目标”的对话框，如图 3－28 所示。在这里可以选择一个目标文件夹，或者新建一个文件夹。单击“确定”，目标文件夹的更改就完成了。

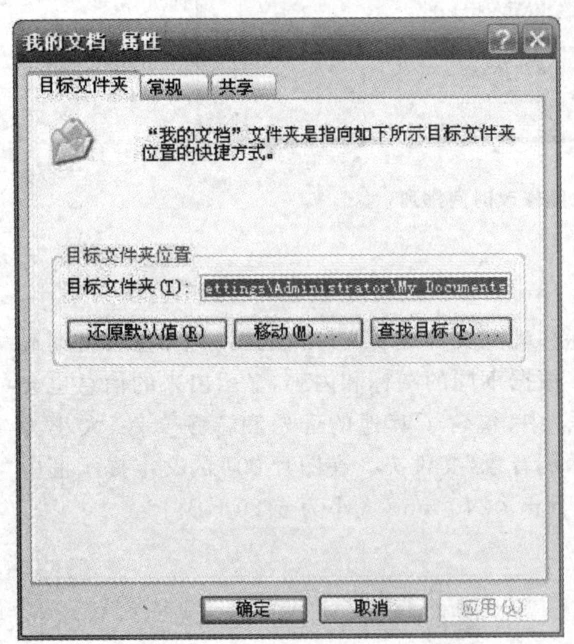

图 3－27　目标文件夹

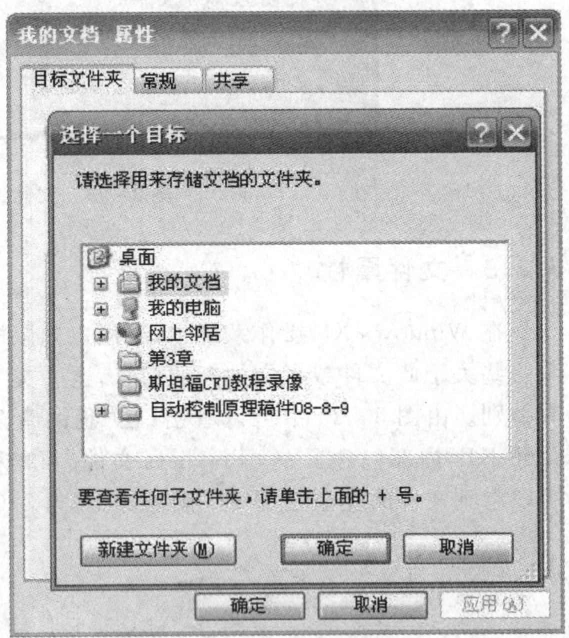

图 3－28　移动目标文件夹位置

在属性列表的“常规”选项卡中，可以看到关于这个文件夹的信息。例如存放的文件位置、所占存储空间的大小、包含的文件和文件夹的数目，以及文件夹的创建时间。在属性中，可以看到有“只读”和“隐藏”两个选项卡，如图 3－29 所示。

而实际上文件的属性一般有四个，分别为

只读：只能读取和运行，不能作修改；

隐藏：在默认状况下不可显示；

存档：作为档案文件保存；

系统：作为系统文件保存。

在常规选项卡中的“属性”框中，文件属性前面有复选框。复选框被选中则表示这个属性是当前文件夹已经具有的，未被选中则表示不具有这个属性。直接用鼠标单击即可更改属性的参数。

在“共享”选项卡中可以将文件夹设置为本地共享或者网络共享，如图 3－30 所示。

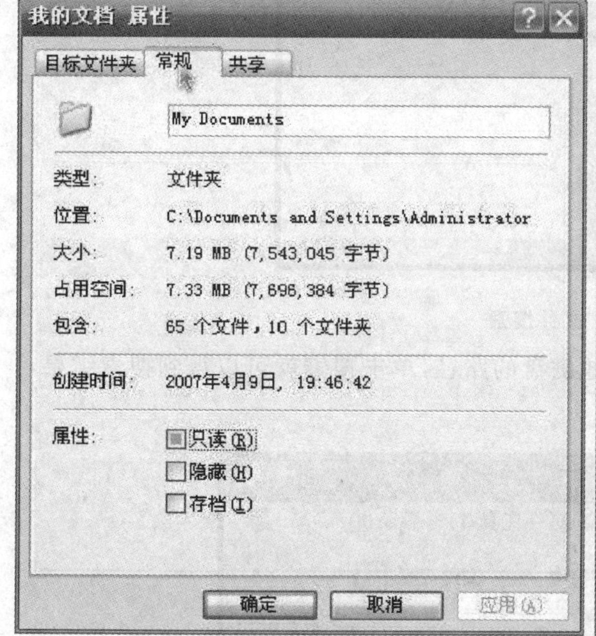

图 3－29 常规属性

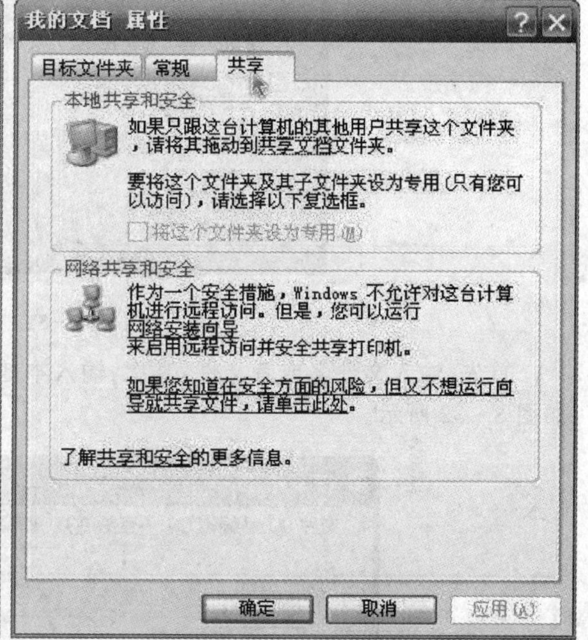

图 3－30 共享属性

在这里将文件夹设为本地共享，这台计算机的其他用户就可以见到这个文件夹。设为网络共享，则同一个局域网上的计算机用户也可以使用这个文件夹。

3.2.4 搜索文件

Windows XP 系统提供了一个很强的搜索功能，它可以帮助人们轻松快捷地找到需要的文档、图片、音乐或者视频文件，甚至是网络上的对象。灵活运用搜索功能，可以使我们的工作事半功倍。

单击“开始”菜单中的“搜索”命令，将弹出“搜索结果”的窗口，如图 3－10 所示。

根据需要查找内容的类型，在窗口左边的“搜索助理”单击相应的选项，例如单击“所有文件和文件夹”后，就会出现如图 3－31 所示的窗口。

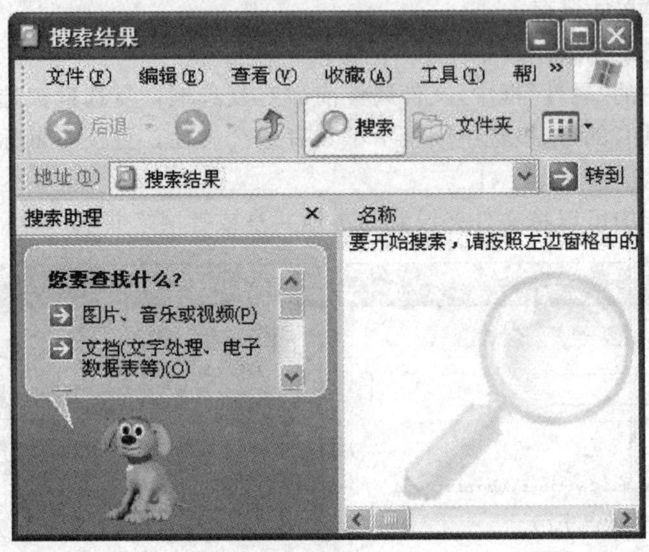

图 3－31　文件搜索

首先，输入文件名或者文件，其次，输入本地磁盘的路径，单击搜索就可以得到搜索结果，如图 3－32 所示。

图 3－32　文件搜索结果

在模糊搜索中，可以使用通配符“＊”和“?”来帮助搜索。“＊”可以代替文件名中任意长的一个字符串，不论是几个字符或者多长的字符串，都可以代替。例如搜索 a＊z，则它可以匹配 abcz，abcdefhz 等各种文件。使用“?”可以代替一个单个的字符，不论它是什么字符，都可以代替。例如使用“a? z”可以匹配 a1z，aBz 等文件。

此外还可以使用“改变首选项”，单击后界面将询问想怎么使用“搜索助理”，在这里可以设置适合自己的搜索界面和选项，如图 3-33 所示。

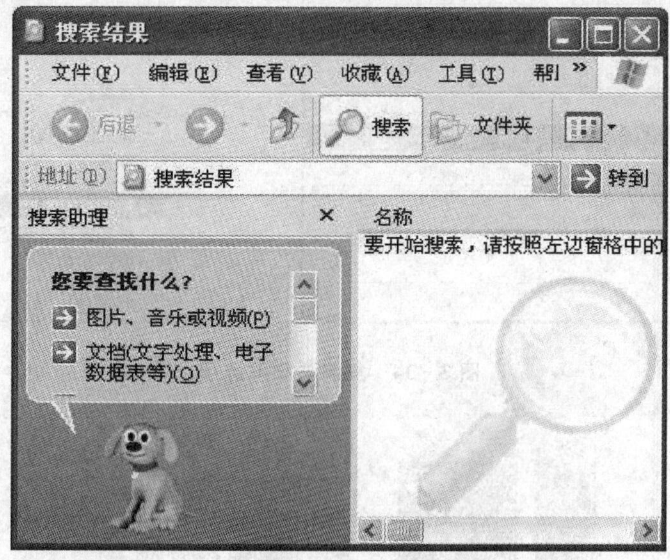

图 3-33　改变首选项

3.2.5　管理文件和文件夹

文件管理在 Windows XP 操作系统中起到一个很重要的作用，因为在计算机中，程序的处理和操作首先需要管理文件和文件夹。

在这里先学习文件的复制和移动。复制文件和文件夹的目的就是保留原有的文件和文件夹，并在新的位置放置其复制品。用户在文件管理的过程中，想要完成文件或者文件夹的复制或移动，首先必须找到该文件夹。然后右击需要复制的文件或者文件夹，在弹出的菜单中，选择“复制”命令；然后选择需要粘贴的地方，右键选择“粘贴”选项，所复制的文件或者文件夹就粘贴到了所指定的地方。“复制”与“粘贴”的操作如图 3-34 所示。

另外还有一种方法也可以复制文件或者文件夹：先选定文件或者文件夹，再按住<Ctrl>键，通过鼠标将所选文件拖动到新的文件夹中，这时的鼠标指针带有复制标记“＋”号，如图 3-35 所示。

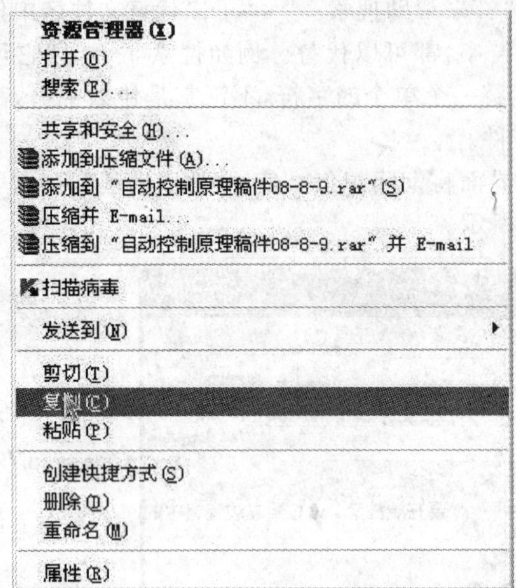

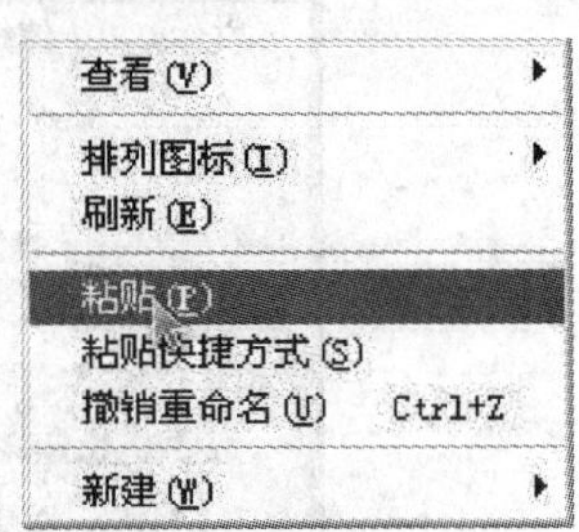

图 3-34 复制与粘贴选项

图 3-35 Ctrl 复制

文件管理除了文件的复制与粘贴外，还有文件的移动。它与文件的复制、粘贴不同的是，复制、粘贴的源文件依然存在，只是复制了一个源文件的副本并且存放在另一个地方。而文件的转移是把源文件从一个目录转移到另一个目录，最后的结果没有源文件的副本。

最简单的一种方法是使用“剪切”和“复制”命令。选定待转移的文件或文件夹，右击，弹出对话框，选择“剪切”；然后找到并打开待接收此文件的文件夹，右击后选择“粘贴”，文件就从一个地方转移到了另一个地方，操作如图 3-36 所示。

另外一种文件转移的方法如下：将待转移的文件或文件夹选定，按住<Shift>键，拖动到新的位置即可。这时鼠标图示没有复制标记“+”号，如图 3-37 所示。

另外文件的管理还包括为文件创建快捷方式。文件的快捷方式就是把经常要用到的文件或者文件夹放到桌面上。使用快捷方式可以不必每次都打开资源管理器，可以直接在桌面上打开它。

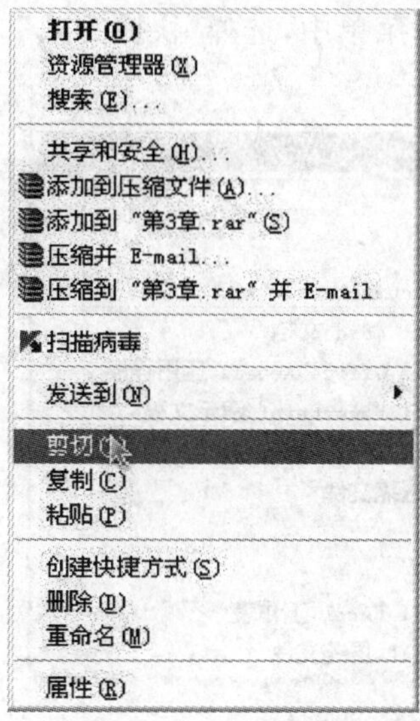

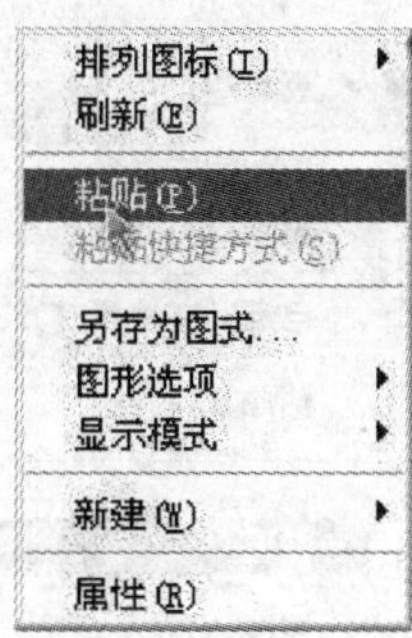

图 3－36　剪切与粘贴

创建快捷方式的方法比较简单，首先选中要为其创建快捷方式的文件或者文件夹，然后右击将其拖到桌面上，这时会弹出一个菜单，选择"在当前位置创建快捷方式"即可。

另外一种创建快捷方式的方法是选定需要创建快捷方式的文件，然后右击，在弹出的选项中选择"发送到"，再选择"桌面快捷方式"即可，如图 3－38 所示。

图 3－37　文件 Shift 移动

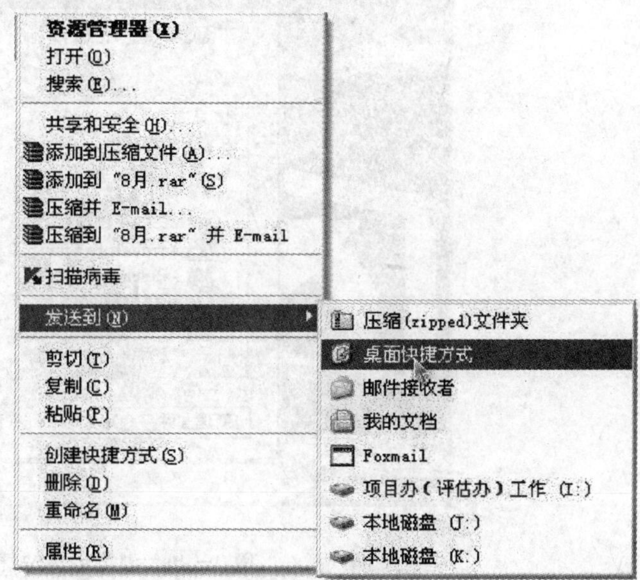

图 3－38　发送到桌面的快捷方式

此外，在桌面右击，选择“新建”，在展开的选择菜单中，选择“快捷方式”，如图 3－39 所示。

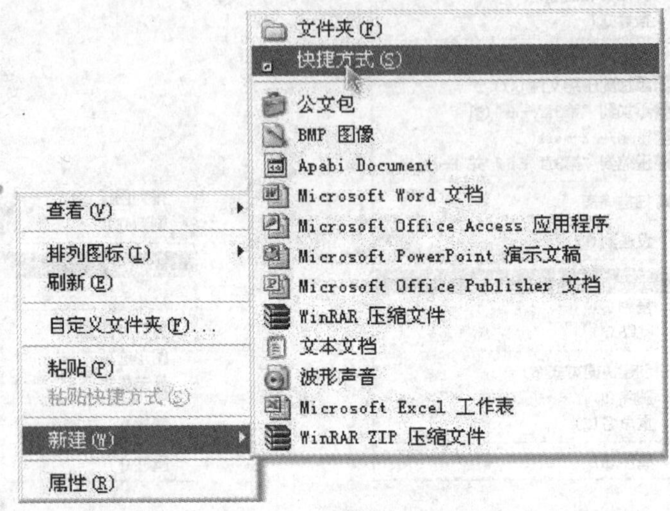

图 3－39　桌面建立快捷方式

选择“快捷方式”后，会弹出一个“创建快捷方式”的对话框，提示键入项目的位置，可以手动输入，或者选择“浏览”，选定需要创建快捷方式的文件或者文件夹，如图 3－40 所示。

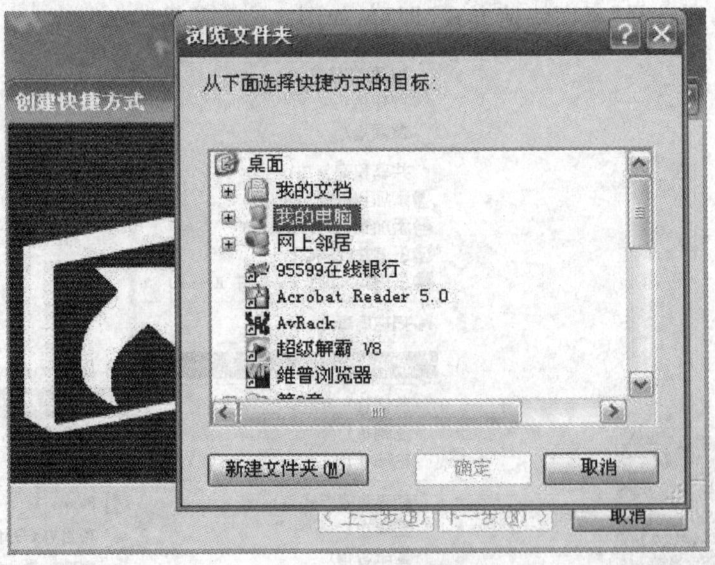

图 3－40　浏览创建快捷方式

如果删除了桌面上的“快捷方式”，源文件并不会被删除，它依然在原来的位置上。

3.2.6　使用“回收站”

“回收站”提供了删除文件或者文件夹的安全网络。从硬盘删除的文件或者文件夹，Windows系统自动将该项目放到“回收站”中，“回收站”中也就出现了删除文件。但是从软盘或者网络驱动器中删除的文件或文件夹将被永久删除，并且不能被发送到“回收站”。

“回收站”中的项目将一直保留，除非决定清空回收站，才永久地将它们删除。回收站中的项目依然占用硬盘空间，并且可以被恢复到原来的位置。

Windows 为每一个分区创建一个“回收站”，但是看起来像只有一个。如果硬盘已经分了不同的区，或者有多个硬盘，则可以为每个“回收站”指定不同的大小。

删除文件或者文件夹后，删除的内容被自动转移到“回收站”中。删除操作最简单的一种方法就是右击需要删除的文件或者文件夹，然后在弹出的菜单中选择“删除”，如图 3-41 所示。

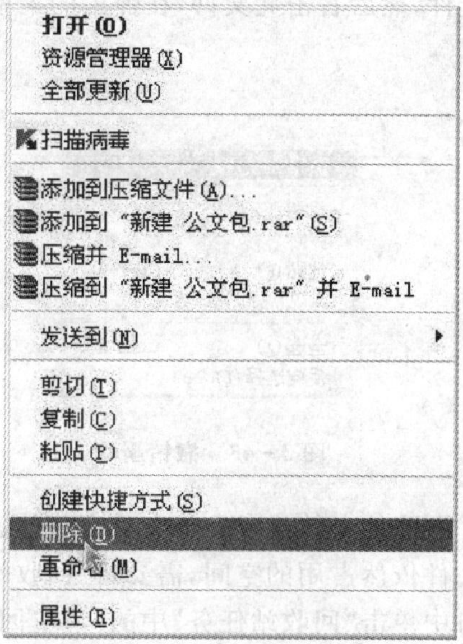

图 3-41　右击删除操作

这时单击“删除”，会弹出一个对话框，如果单击“是”，文件被删除并且被移到“回收站”中。如果不想删除此文件或文件夹，单击“否”即可，如图 3-42 所示。

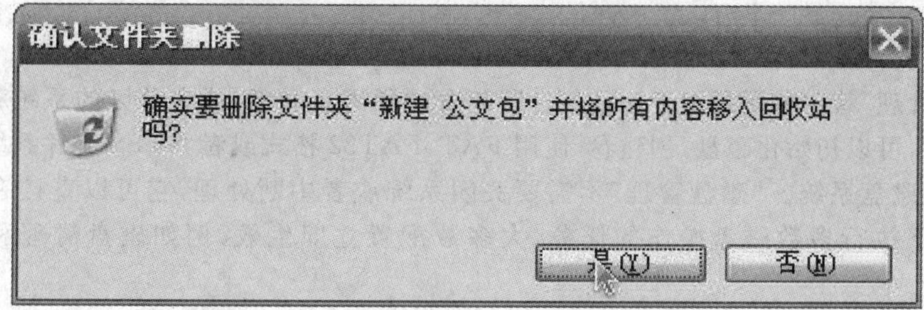

图 3-42　删除文件确认

也可以用鼠标左键选定待删除的文件或文件夹，然后按下<Delete>键，这时也会有一个“确认文件夹删除”的对话框，如图 3-42 所示，其他操作与鼠标右键删除相同。

另外一种删除文件或者文件夹的方法是直接拖放到回收站中去，这时没有“确认文件夹删除”的对话框。如果错误地进行了“删除”操作，则可以选择工具栏上的“编辑”选项，单击“撤销删除”，即可返回上一步未删除前的操作，如图 3－43 所示。

如果删除了文件或文件夹，或者希望恢复已经删除的文件，可以到“回收站”中找到被删除的文件，然后右击此文件，在弹出的菜单中选择“还原”即可，如图 3－44 所示。

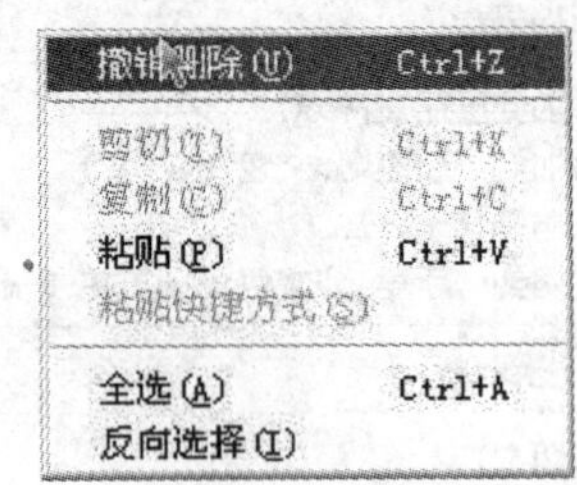

图 3－43 撤销删除

图 3－44 还原操作

删除的文件或者文件夹其实依然占用着硬盘上的存储空间，如果希望释放被这些删除掉的文件依然占用的空间，需要将“回收站”也清空。清空“回收站”的操作方法是：在“回收站”窗口中单击“回收站任务”中的“清空回收站”命令，也可以选择单个的文件并进行删除。这样便释放了这些文件所占用的磁盘空间。同时这些文件和文件夹已经被永久地从硬盘中删除，永远从计算机中消失了，没有办法再来恢复它。

如果不希望被删除的文件经过“回收站”而直接被删除，可以在执行删除操作的时候按下 Shift 键，这样被删除的文件将直接从计算机中清除。

3.2.7 磁盘管理

“磁盘管理”管理单元是用于管理各自所包含的硬磁盘和卷，或者分区的系统程序。利用“磁盘管理”，可以初始化磁盘，创建卷，使用 FAT，FAT32 格式或者 NTFS 文件系统来格式化卷以及创建磁盘系统。“磁盘管理”不需要关闭系统或者中断处理，它可以直接在 Windows XP 的系统下执行多数磁盘操作的任务，大多数配置立即生效，例如磁盘清理和格式化硬盘等。

要打开“磁盘管理”，需要先打开“计算机管理”，先单击“开始”，然后单击“控制面板”，如图 3－45 所示。

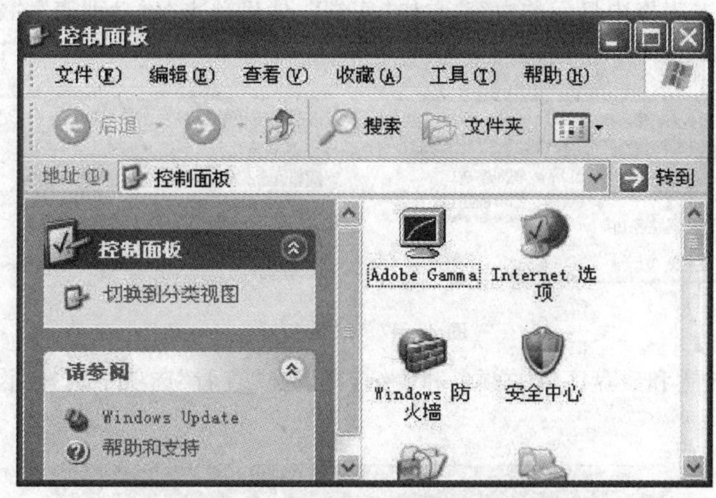

图 3-45　管理工具

双击“管理工具”，打开“计算机管理”，展开控制台树中的“磁盘管理”，如图 3-46 所示。

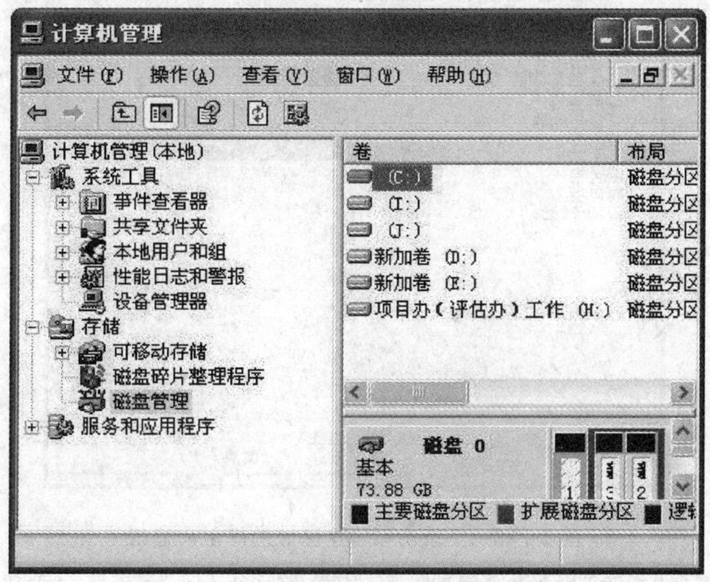

图 3-46　磁盘管理

配置“磁盘管理”窗口：先打开“计算机管理”窗口，再单击“查看”选项，然后执行以下的某一操作：

要设置上方窗口表格中显示的内容，单击“顶端”，然后单击“磁盘列表”、“卷列表”、“图形

视图”。要设置下方表格中显示的内容，单击“底端”，然后单击“磁盘列表”、“卷列表”、“图形视图”或者“隐藏”，如图 3－47 所示。

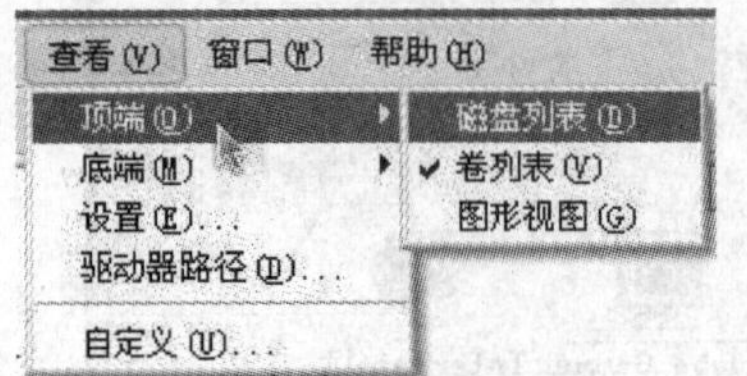

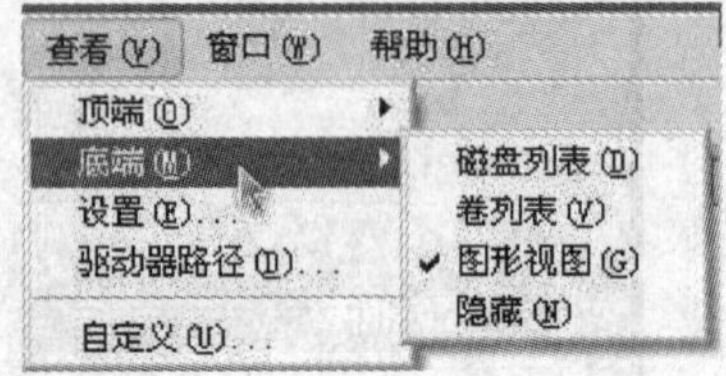

图 3－47　磁盘和卷

如果需要更改卷和磁盘区域的颜色和墙纸，可以在“查看”选项中选择“设置”，如图 3－48 所示。

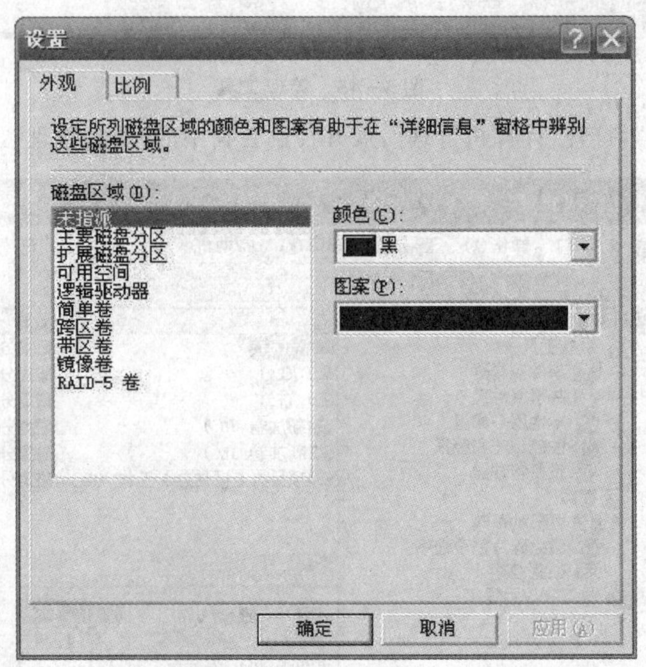

图 3－48　更改卷和磁盘区域的颜色和墙纸

此外还可以通过“查看”中的“设置”选项，来更改磁盘大小的显示方式和区域显示的方式。管理磁盘包含的内容很多，有“初始化新磁盘”、“删除新磁盘”、“查看磁盘属性”、“更新磁盘信息”、“重新激活丢失或脱机的动态磁盘”、“将基本磁盘转化为动态磁盘”、“将动态磁盘转化为基本磁盘”、“管理远程计算机上的磁盘”以及“删除丢失的动态磁盘”等。在磁盘管理的步骤中，有什么疑难问题，都可以使用“磁盘管理”中的“帮助”选项，如图 3－49 所示。

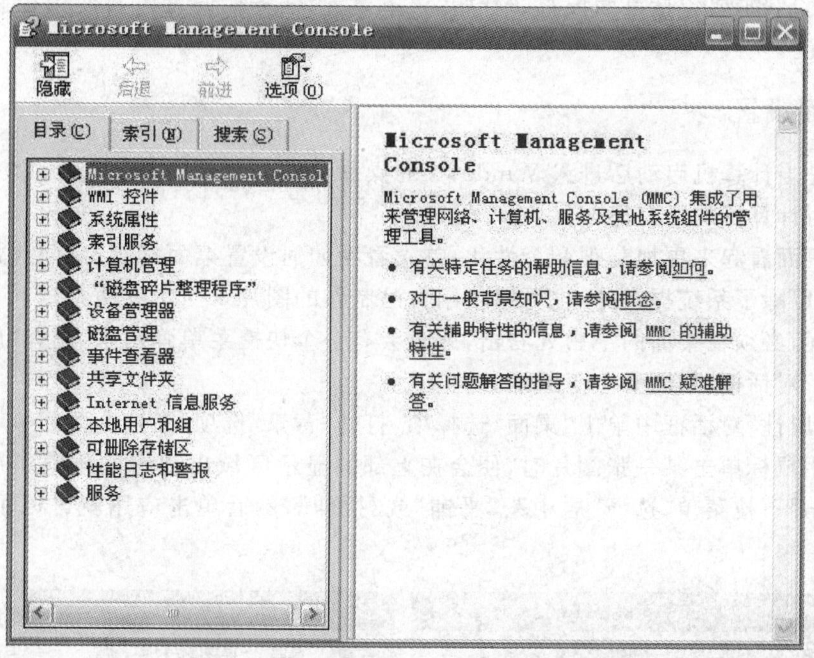

图 3-49　磁盘管理帮助主题

或者求助于“帮助和支持中心”，那里会有比较详细的操作指导，如图 3-50 所示。

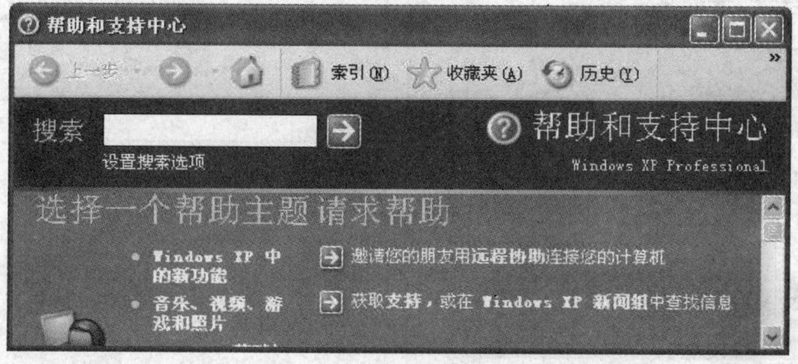

图 3-50　“磁盘管理”概述

3.3　Windows XP 系统设置

当用户对 Windows XP 系统有了大概的了解后，接下来将学习如何进行一些 Windows

XP 系统设置。它主要包括桌面设置、“开始”菜单设置、任务栏设置以及使用控制面板进行系统的其他设置。

3.3.1 桌面设置

桌面就是当计算机启动后进入 Windows 的操作界面，它好比办公使用的桌面一样，可以在这里完成对计算机的所有操作。

为了使桌面看起来更加美观和个性化，首先看看如何设置桌面背景，桌面背景实际上就是一幅图案，所以除了系统提供的，也可以使用自己制作的图片来当做桌面背景。其次要想更改桌面背景图案，必须在桌面的空白处右击，此时会有一个快捷菜单弹出来，选择“属性”选项，打开“显示属性”对话框，如图 3-51 所示。

在“显示属性”对话框中单击“桌面”选择项，打开“背景”选项，在这个列表中有许多图片可供选择。当用鼠标单击某一张图片时，便会在上部的显示区域出现它的预览。在“位置”选择项上，可以打开下拉菜单，选择“居中”、“平铺”或“拉伸”，然后单击应用就可以了，如图 3-52 所示。

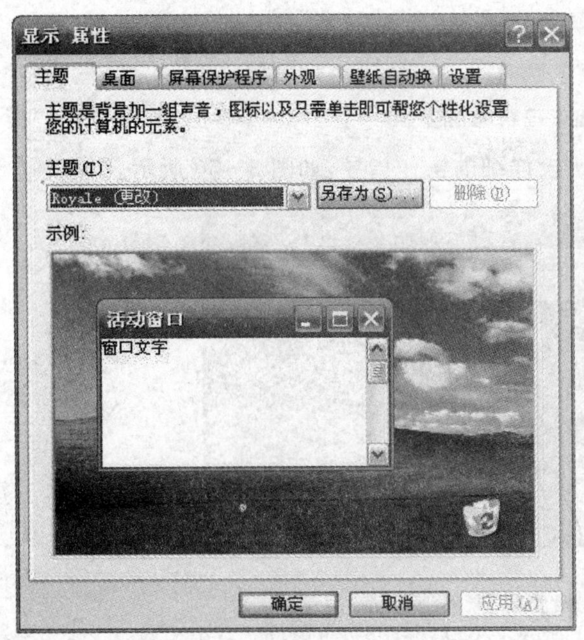

图 3-51 显示属性

图 3-52 定义桌面背景

在“背景”中如果没有自己喜欢的图片，可以单击“浏览”，打开文件夹，选择保存在其他文件夹中自己喜欢的图片作为背景。

设置“屏幕保护程序”可以对计算机的显示器起到一定的保护作用，因为高亮度的图像长时间停留在屏幕的某一位置对显示器是十分有害的。要设置“屏幕保护程序”，其操作还是先打开“显示属性”对话框，然后单击“屏幕保护程序”选项卡标签，打开“屏幕保护程序”选项卡，如图 3-53 所示。

图 3-53 设置屏幕保护程序

用鼠标选择其中的一个，单击应用就可以了。

除了可以为桌面设置桌面背景和屏幕保护程序外，还可以利用“显示属性”对话框中的“外观”选项卡来设置窗口和按钮、图标、字体大小以及消息框等的样式和颜色，这样会使 Windows XP 更具有自己的特色，如图 3-54 所示。

另外一个重要的关于桌面的设置就是设置显示器的颜色和分辨率。为了使屏幕上的图形更加好看，就必须设置显示器的颜色。此外设置显示器的分辨率，可以使屏幕上显示更多的内容。要设置这两个选项，同样需要先打开“显示属性”对话框，然后单击“设置”选项标签，打开设置选项卡，在“颜色质量”下拉菜单中选择色彩选项，在“屏幕分辨率”选项框中拖动滑块可以设置分辨率，如图 3-55 所示。

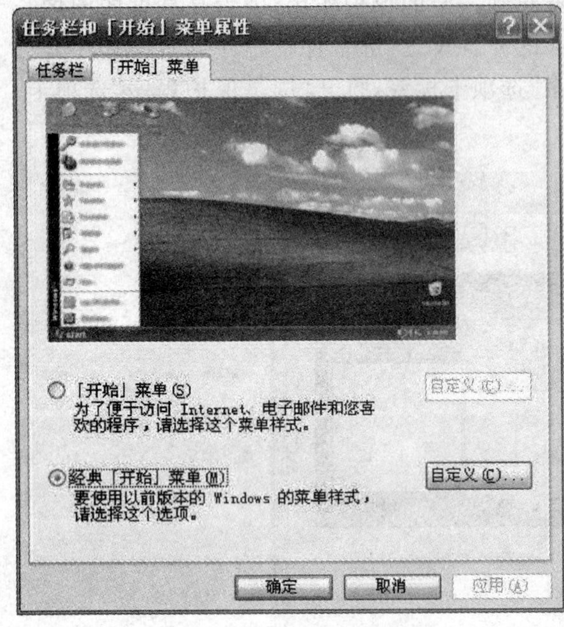

图 3-54 桌面外观设置

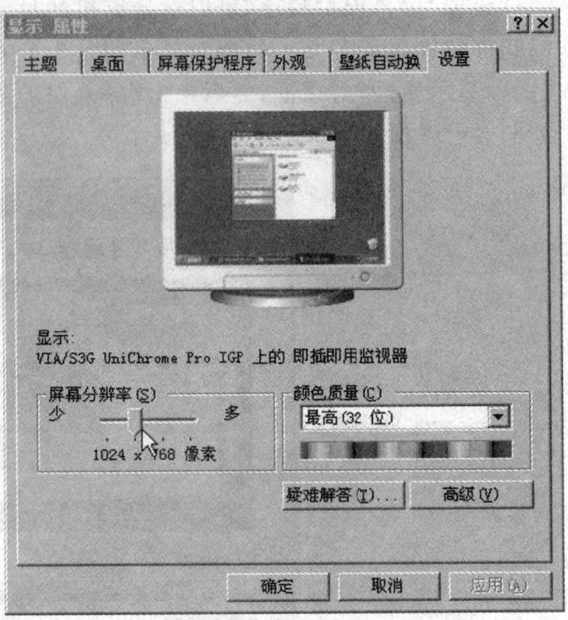

图 3-55 显示属性设置

3.3.2 “开始”菜单设置

“开始”菜单是 Windows XP 桌面中最重要的部分，它可以提供启动 Windows XP 所有应用程序和系统提供的工具。“开始”菜单的使用在 3.1.3 节中已经学习过了，现在来学习怎样设置一个个性化的“开始”菜单。

在“开始”菜单的空白区域右击，可以打开“属性”设置选项，在这里可以选择 Windows XP 风格的“开始”菜单，也可以选择以前风格的经典 Windows 菜单，如图 3-56 所示。

如果想作进一步的设置，可以单击“自定义”按钮，进入高级设置的窗口，如图 3-57 所示。

在“常规”选项卡中可以设置程序图标的大小，可以在程序的“快捷方式”中设置需要在菜单上显示的程序数目等。

打开“高级”选项卡，如图 3-58 所示。

在这里，可以设置“开始”菜单的一些高级属性，例如“突出显示新安装的程序”。还可以设置“开始”菜单的项目，例如是否“启用拖放”，是否显示“收藏夹菜单”，是否显示“搜索”菜单，是否显示“网络连接”，是否显示“系统管理工具”等许多项目。还可以设置显示“最近使用的文档”，也可以清除列表。设置完毕后，单击“确定”即可生效。

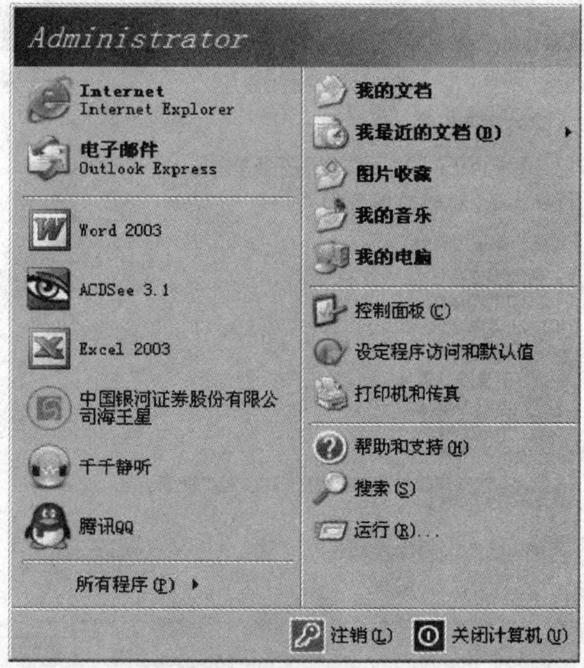

图 3-56　“开始”菜单设置

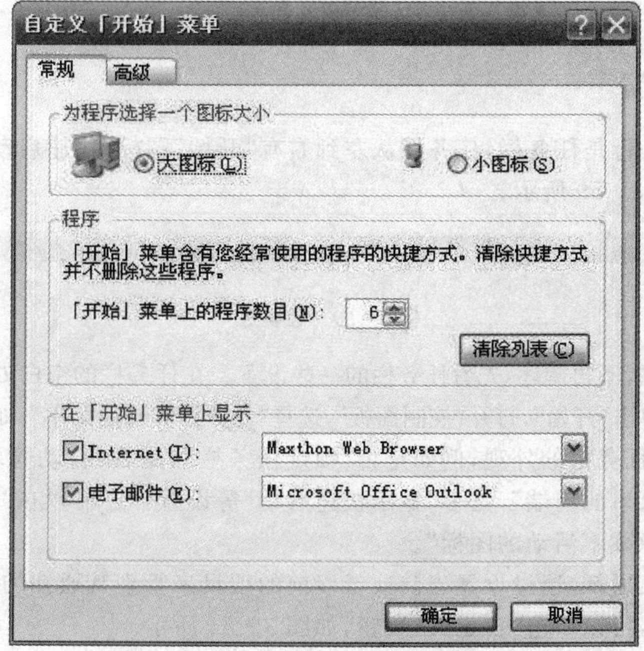

图 3-57　自定义开始菜单

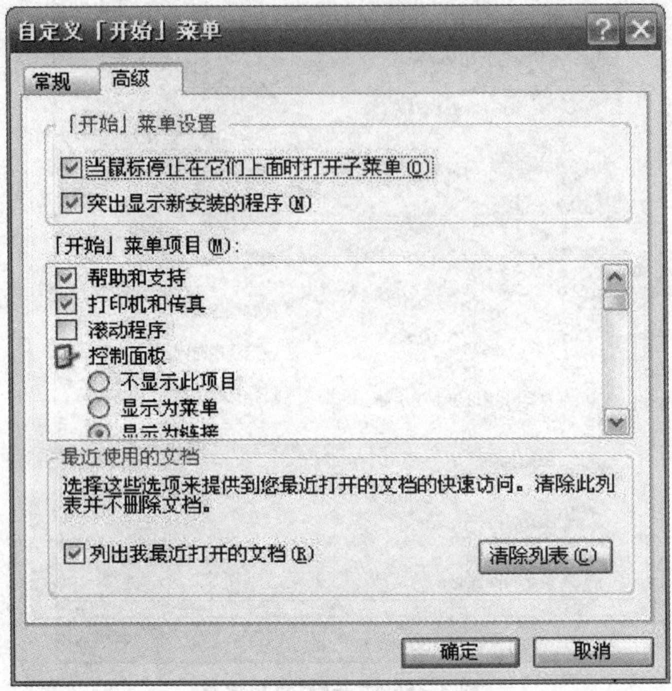

图 3-58　开始菜单高级选项

3.3.3　任务栏设置

在屏幕最下面一行是任务栏，任务栏从左到右有“开始”图标、快速启动栏、任务显示栏、工具栏和状态栏，如图 3-59 所示。

图 3-59　任务栏

“开始”按钮的设置不再阐述，先看任务栏的一些设置。在任务栏的空白处右击，可以打开任务栏的属性设置；或者单击“开始”，打开“控制面板”，选择“任务栏和开始菜单”，如图 3-60 所示。

可见，可以设置任务栏的外观，例如是否“锁定任务栏”，是否“自动隐藏任务栏”，是否“将任务栏保持在其他窗口的前端”，是否“显示快速启动”等设置。还可以在“通知区域”设置是否“显示时钟”，是否“隐藏不活动的图标”。

如果希望自定义通知，通过设置当前或者以前的项目来管理其通知的行为，隐藏不活动的图标，或者显示图标，可以单击“自定义”按钮，如图 3-61 所示。

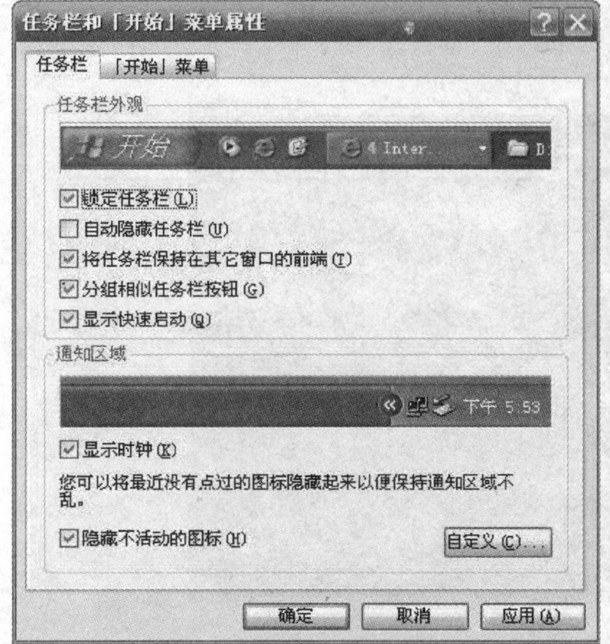

图 3-60 任务栏属性设置

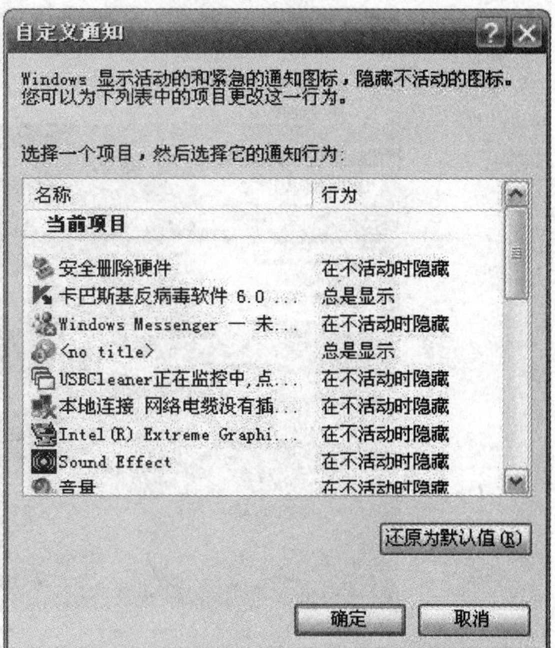

图 3-61 自定义通知

3.3.4 使用“控制面板”

“控制面板”提供了对计算机进行设置的丰富的工具，通过“控制面板”可以设置许多应用程序的外观和行为，让计算机更好地为我们服务。

进入“控制面板”有不同的方法，最简单的一种，就是通过“开始”菜单来进入。单击“开始”，然后在展开菜单中单击“控制面板”，就进入了“控制面板”的界面。如果计算机初始设置的“开始”菜单是经典显示方式，则打开“开始”后，单击“设置”，在展开的菜单中也可以单击“控制面板”选项来进入。首次打开“控制面板”时，可以看到“控制面板”中最常用的项目，并且都按照分类进行组织，如图 3-62 所示。

在左边的选项列中，可以通过单击“切换到经典视图”选项来进入经典视图模式，如图 3-63 所示。

在经典模式中，将分别显示所有项，各种控制选项都一目了然，所以下面以这种模式来学习“控制面板”中几种比较常用选项的使用。

① Internet 选项：通过此选项，可以设置关于浏览器的各种选项，如图 3-64 所示。

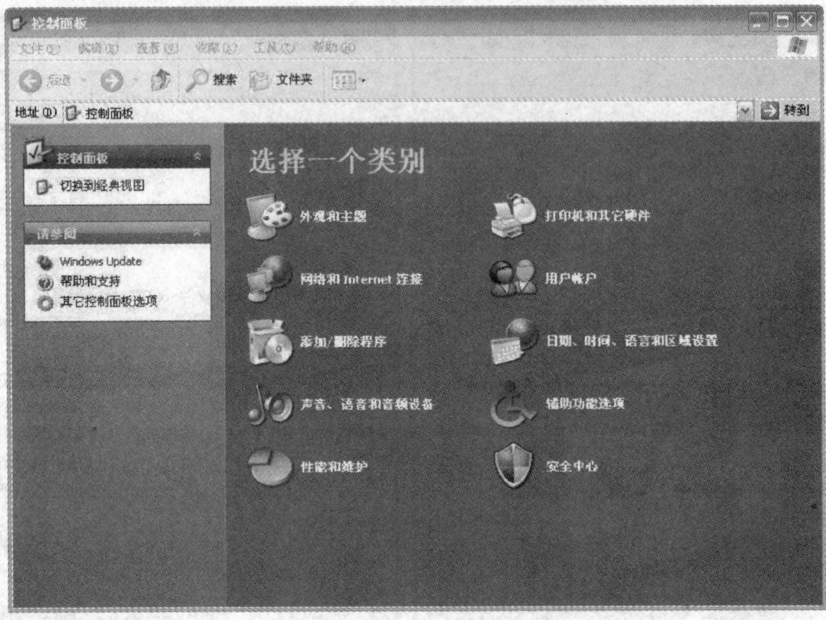

图 3－62　控制面板

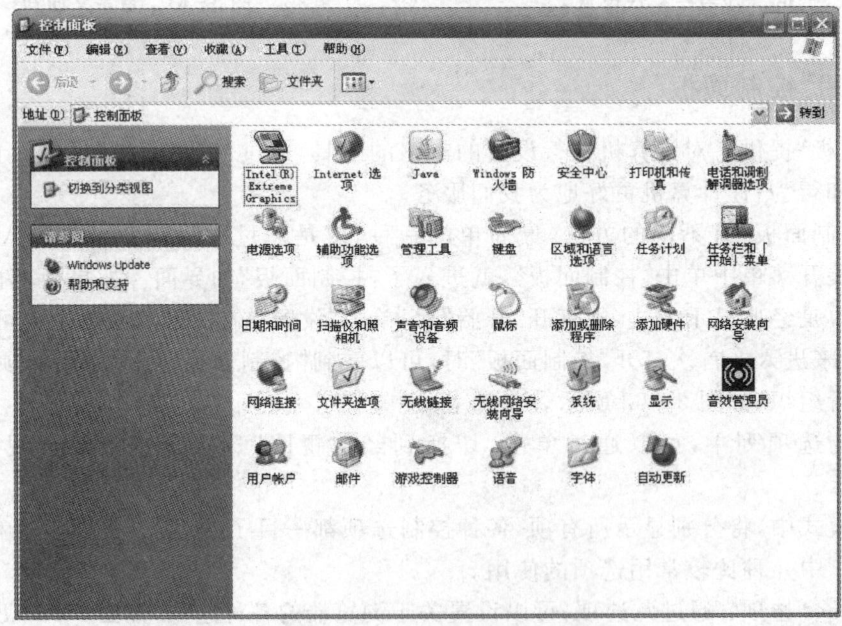

图 3－63　经典视图的控制面板

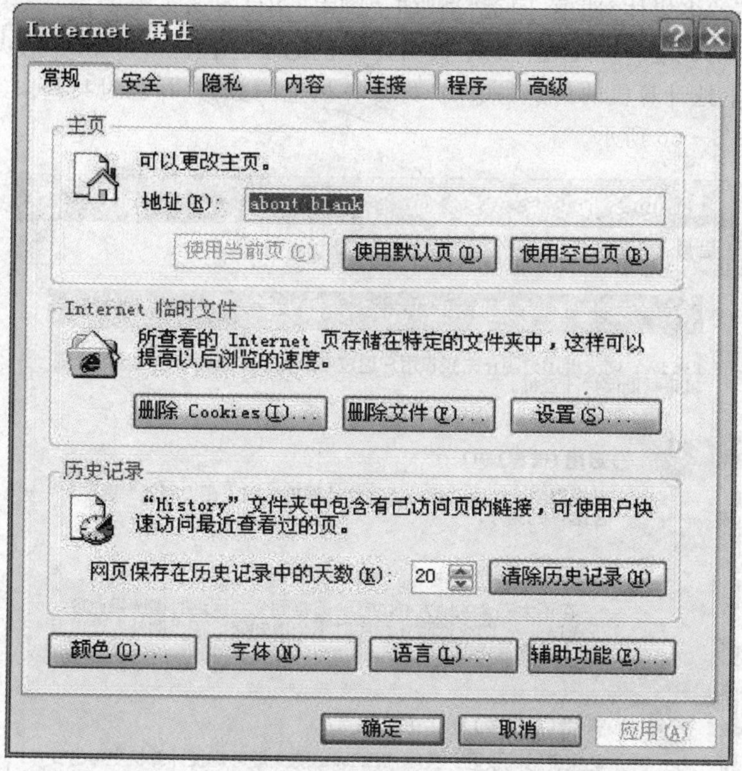

图 3-64　Internet 选项

在“常规”选项卡中，在“主页”选项中，可以更改浏览器的主页；在“Internet 临时文件”中，可以设定临时文件的存储位置，以及网页的 Cookies 的相关管理；在“历史记录”中，可以设置历史文件的访问记录以及保留的时间；此外，还有文字颜色、字体以及语言和辅助功能。

在“安全”选项卡中，可以设置 Web 站点的安全限制。也可以在这里定义 Internet 区域的安全级别。

在“隐私”选项卡中，可以设置“弹出窗口阻止程序”，以及为 Internet 区域选择一个隐私级别，这样可以限制或者阻止第三方的 Cookie。

在“内容”选项卡中，可以通过设置“个人信息”来管理“自动完成”功能，这样可以在输入常用文本的时候节约时间。

在“连接”选项卡中，可以删除或者添加拨号网络设置，另外在“局域网设置”中，可以设置“代理服务器”来访问某些受到限制的网页。

在“程序”选项卡中，可以设置电子邮件、新闻组、HTML 编辑器以及管理加载项。

在“高级”选项卡中，通过设置，可以管理浏览 Web 网页，例如“HTTP 设置”、“安全”选

项、“地址栏搜索”、“多媒体”选项、网页“浏览”、“脚本”调试等诸多设置。

② Windows 防火墙：防火墙有助于提高计算机的安全性。Windows 防火墙将通过限制其他用户发送到本地计算机的信息，来保护好计算机上的数据，并且对某些未经验证的程序提供防御作用，如图 3-65 所示。

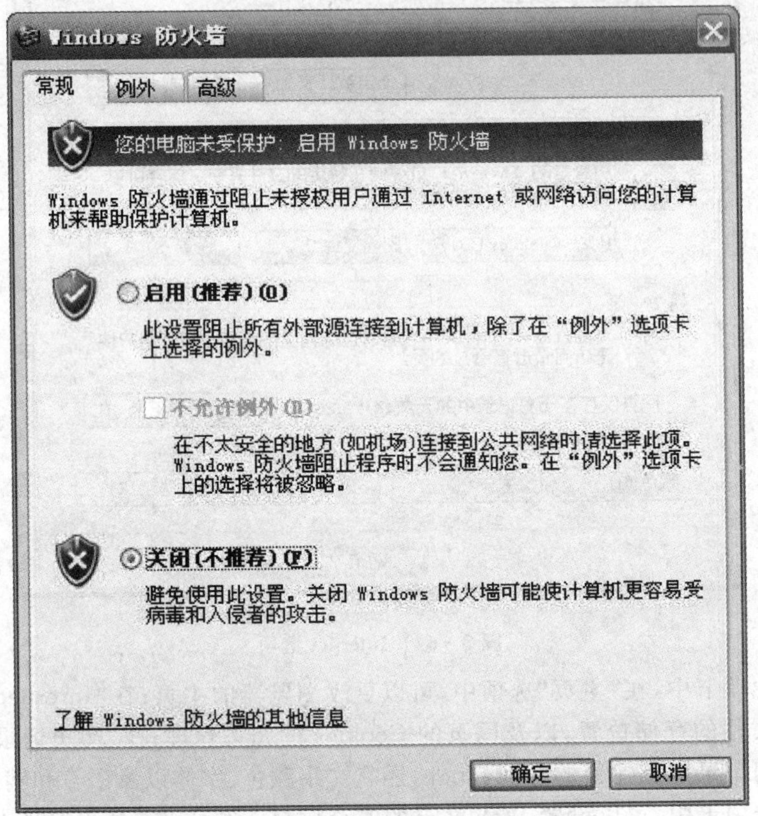

图 3-65　Windows 防火墙

③ 安全中心：Windows 安全中心通过检查“防火墙”、“病毒防护软件”和“自动更新”三个安全因素，如果出现问题，安全中心将向用户发送警报，并提供建议来更好地保护计算机，如图 3-66 所示。

④ 电源选项：通过设置“电源选项”，可以降低计算机设备以及整个系统的耗电量，如图 3-67 所示。

可以通过在一段时间内关闭显示器或者硬盘来节电，也可以设置计算机在空闲的时间处于“休眠状态”来使用低电量。在“休眠状态”下，各种设备，例如显示器和硬盘都将关闭以使用更少的电量。需要重新启用计算机时，它将快速启动到待机前的状态，对于节约用电很有帮助。

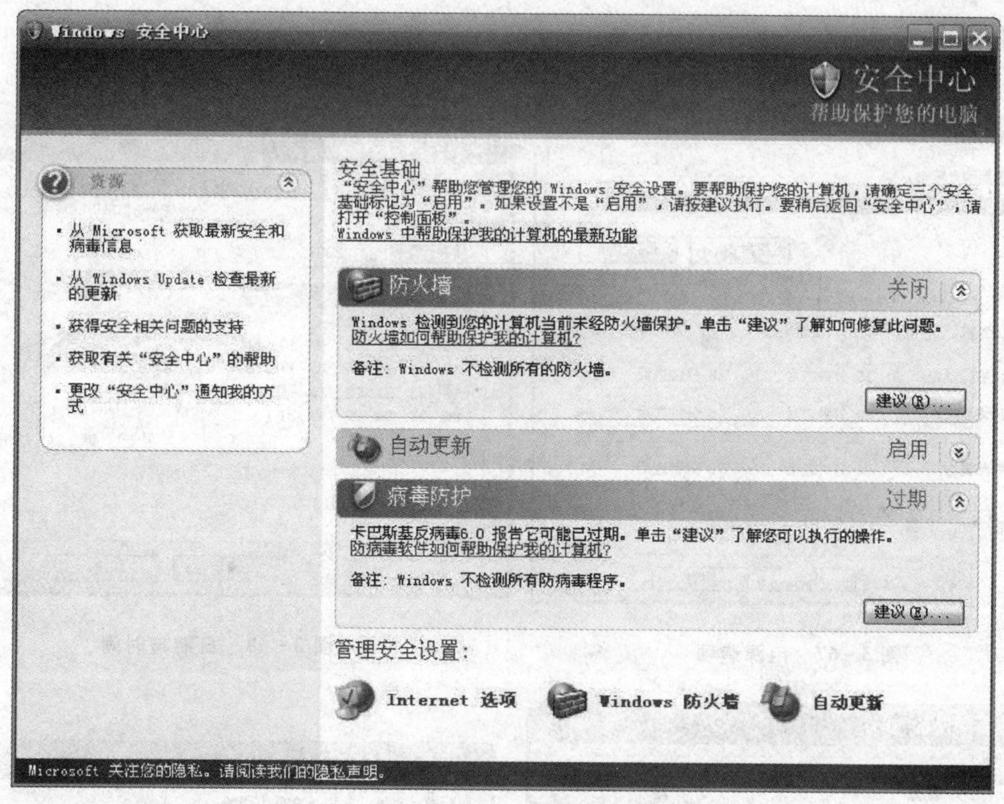

图 3-66　安全中心

⑤ 日期与时间：通过这里可以重新设置计算机的日期与时间、时区，甚至可以保证在联网状态下自动与 Internet 时间服务器同步，如图 3-68 所示。

⑥ 声音和音频设备：通过这里的相关设置，可以将"声音和音频设备"进行管理，使它适合自己的听觉，如图 3-69 所示。

在"音量"选项卡里，可以设置系统声音的大小，也可以设置音量图标是否放入任务栏。另外可以设置扬声器的相关选项，进而管理音频解码率等高级操作。

⑦ 鼠标：鼠标是使用最简单的输入设备，它的设置合适，能有效提高工作效率，如图 3-70 所示。

在"鼠标键"选项卡中，可以设置鼠标键的主次按键，也可以设置双击文件的速度。

在"指针"选项卡中，可以选择自己喜欢的指针方案，也可以自定义鼠标指针。

在"指针选项"的选项卡中，可以设置指针移动速度的快慢和指针的精度，并且可以设置指针是否在打字时显示，以及自动将指针移动到对话框中的默认按钮处。

在"轮"选项中，可以设置滚轮滚动后文字滚动的行数或者是否滚动一个屏幕。

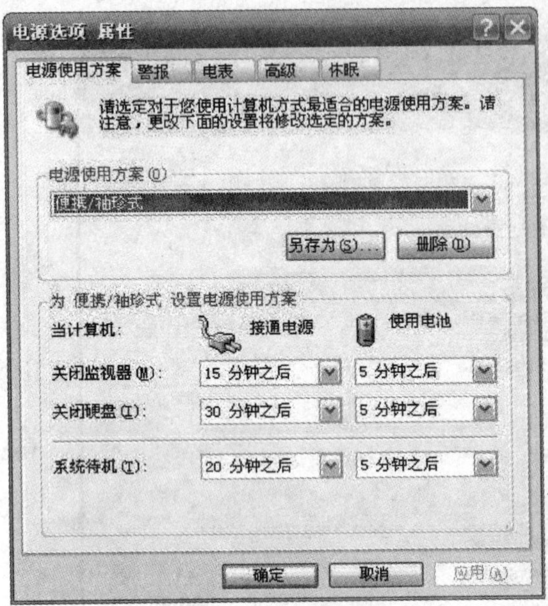

图 3－67　电源选项

图 3－68　日期与时间

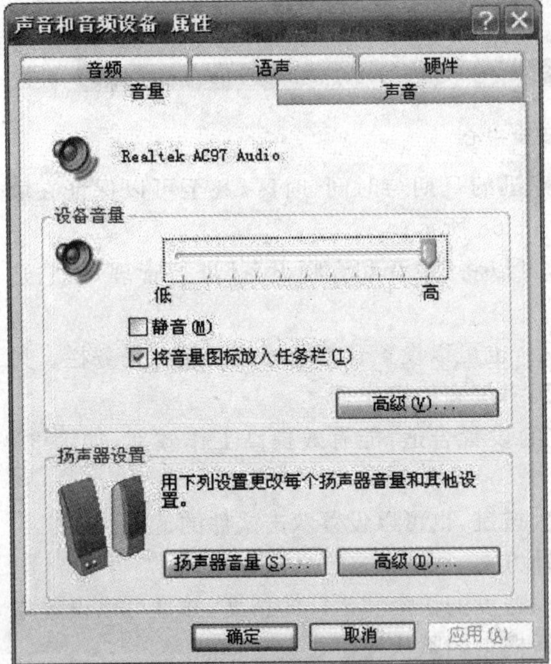

图 3－69　声音和音频设备

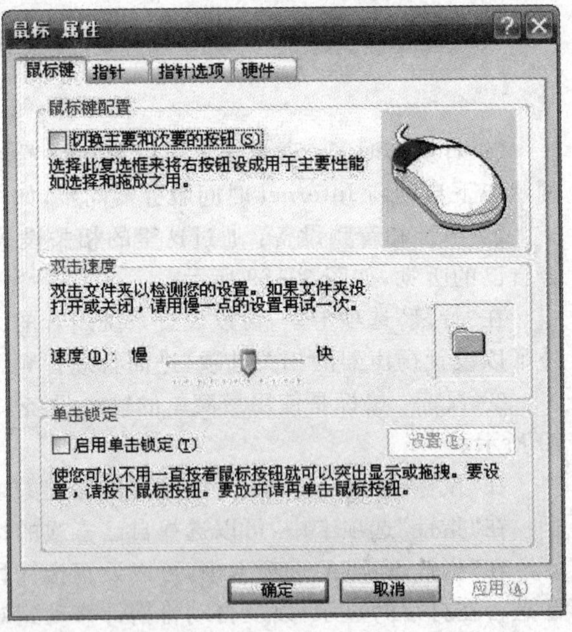

图 3－70　鼠标属性

⑧ 添加或删除程序：在桌面上，只能删除程序对应的快捷方式；而需要完全将安装的程序从电脑上删除，就需要使用到“添加或删除程序”，如图 3－71 所示。

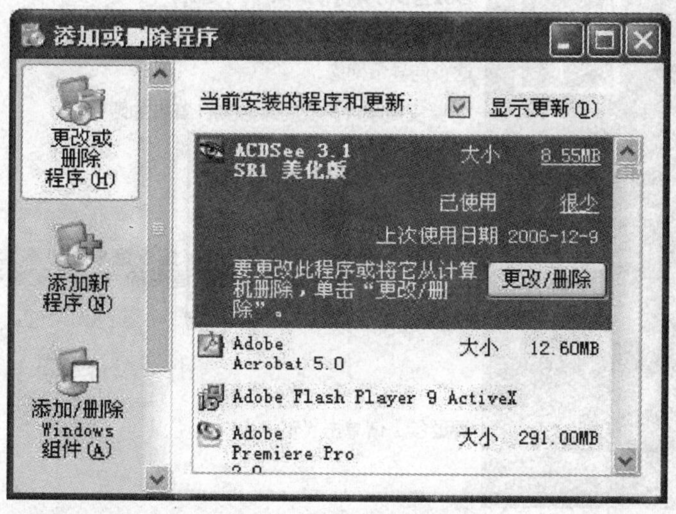

图 3－71 添加或删除程序

在列表中，显示了当前安装的程序，如果想要删除，只需点击程序后面的“更改/删除”选项。例如想删除“Web 发布向导”程序，点击“更改/删除”后，就会出现一个对话框，如图 3－72 所示。

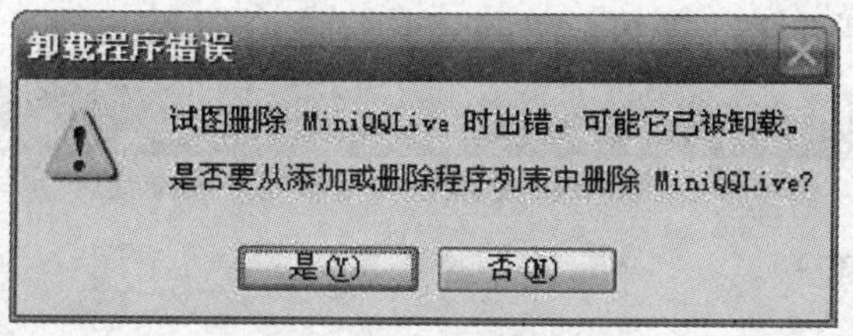

图 3－72 删除 Web 发布向导

此外，在这里可以“添加新程序”、“添加/删除 Windows 组件”以及“设定程序访问和默认值”。只要按照提示操作就可以了。

⑨ 添加硬件：如果计算机需要安装新的硬件，就需要使用“添加硬件”。点击“添加硬件”后，就会出现一个“安装向导”，如图 3－73 所示。然后按照提示操作即可安装上新硬件。

⑩ 网络连接：通过“网络连接”，可以为计算机与 Internet、网络或者另一台计算机之间提供连接能力。这样就随时可以访问网络资源和功能，而不论实际位置在哪里了。打开“网络连接”后如图 3－74 所示。

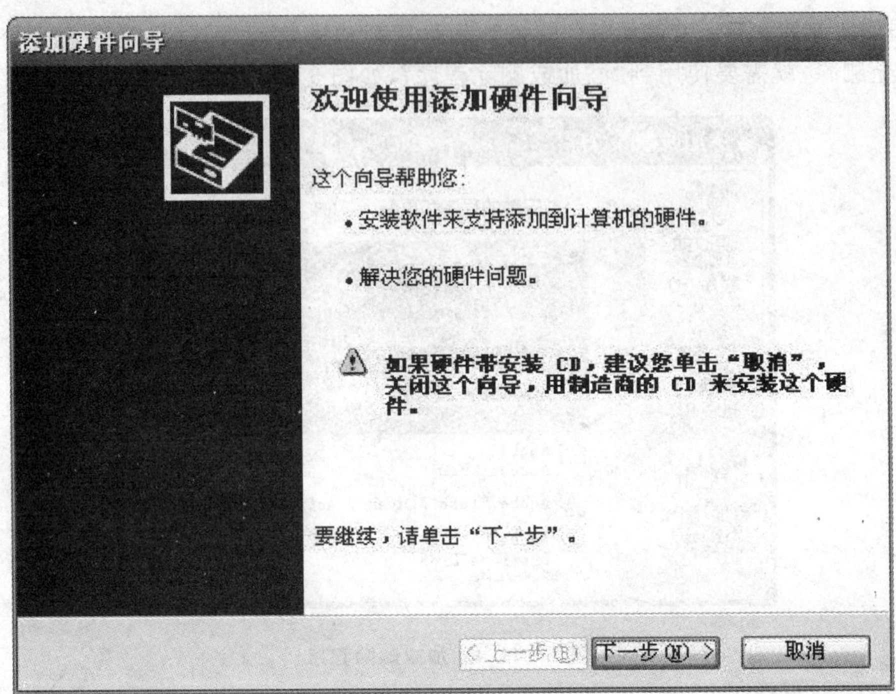

图 3-73　添加硬件向导

通过“网络任务”，可以“创建一个新的连接”，可以“设置家庭或小型办公网络”，还可以“更改 Windows 防火墙设置”。

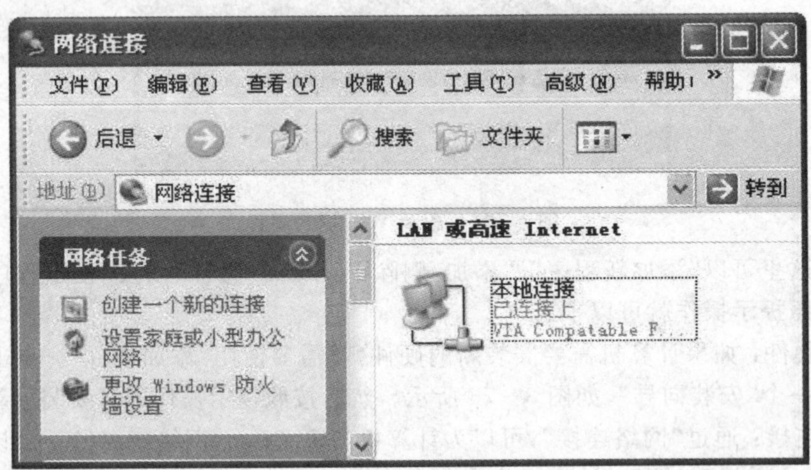

图 3-74　网络连接

3.4　本章习题

1. 选择题

① 下面哪一个不属于 Windows XP 的版本________。

A. 家庭版　　B. 专业用户版

C. 服务器版　　D. 个人版

② ________组合快捷键可以关闭当前的活动窗口。

A. ＜Alt＋F1＞　　B. ＜Alt＋F2＞

C. ＜Alt＋F3＞　　D. ＜Alt＋F4＞

③ 在运行对话框中，输入________将进入注册表编辑器。

A. regedit　　B. cmd

C. msconfig　　D. config

④ 文件查看的几种方式中，下面哪一个不属于其中？________

A. 缩略图　　B. 图标

C. 列表　　D. 类型

⑤ 复制文件可以按住________键来进行拖动。

A. ＜Tab＞　　B. ＜Shift＞

C. ＜Ctrl＞　　D. ＜Enter＞

⑥ 直接删除文件不经过回收站的快捷操作是________。

A. ＜Delete＞　　B. ＜Shift＋Delete＞

C. ＜Ctrl＋Delete＞　　D. ＜Enter＋Delete＞

⑦ 管理磁盘包含的内容很多，下面哪一个不属于其中？________

A. 初始化新磁盘　　B. 查看磁盘属性

C. 添加新磁盘　　D. 管理远程计算机上的磁盘

2. 填空题

①（　　）是微软公司一个全新的构想，旨在帮助用户超越互不联网的软件、服务和设备，以获得完整、互联的全新体验，使单一的计算机平台扩展到一个囊括了其他计算机、服务器、智能设备和 Web 服务的综合平台。

② 按下 Windows 键会弹出（　　）菜单。

③ 使用（　　）可以做到不必每次都打开资源管理器，而直接在桌面上打开它。

④（　　）中的项目依然占用硬盘空间，并且可以被恢复到原来的位置。

⑤ 在桌面“背景”中如果没有自己喜欢的图片，可以点击“（　　）”，打开文件夹，选择保存在其他文件夹中自己喜欢的图片作为桌面背景。

⑥ 在“开始”菜单属性的“(　　)”选项卡中可以设置程序的图标的大小，可以在程序的“快捷方式”中设置需要在菜单上显示的程序数目。

⑦ (　　)将通过限制其他用户发送到本地计算机的信息，来保护好计算机上的数据，并且对某些未经验证的程序提供防御作用。

⑧ Windows 安全中心通过检查(　　)三个安全因素来进行安全管理。

3. 简答题

① Windows XP 的窗口一般由哪几部分组成？

② 什么是文件？

③ 如何使用模糊搜索？

④ 如何清空回收站？

⑤ 如何管理电源选项？

⑥ 在“网络连接”中，可以做什么？通过“网络任务”，可以进行哪些设置？

第 4 章　文字处理——Word 2003

教学目的和要求：通过本章的学习，使学生了解、掌握 Office 办公软件之一 Word 2003 的使用方法。

重点：

◇ Word 文档格式编排；

◇ 如何在 Word 文档中对图文混编；

◇ 在 Word 中插入表格，设置表格样式；

◇ Word 的打印。

难点：

◇ Word 文档格式的编排以及表格的设计。

随着社会的发展，人们每天需要处理大量的信息。这个时候 Office 办公软件应运而生。现在学的 Word 2003 是 Office 办公软件中的一个部分。它的功能就是对文件、文字进行处理。它的特点就是操作简单、功能强大、应用灵活。

4.1　Word 基本操作

4.1.1　初识 Word 2003

Word 2003 是 Office 办公软件中十分重要的一个组成部分，它是一个具有强大的文字处理功能的软件，适合于各种书报、杂志、信函等文档的文字录入、编辑、排版，而且还具有对图像、表格等文件的处理能力。

所有的 Office 办公软件都具有相同风格的窗口。Word 2003 的窗口如图 4－1 所示，大体上可以分为标题栏、菜单栏、工具栏、工作区、滚动条和状态栏。

(1) 标题栏

标题栏位于软件最上方，显示了当前文档的标题。当用户打开一个文档时，在标题栏上将出现该文档的名称。

右上角的三个按钮分别是“最大化”、“最小化”和“关闭”按钮，点击相应按钮能对窗口的大小等进行控制。

(2) 菜单栏

菜单栏位于标题栏的下方，由 9 个不同功能的命令菜单组成。用鼠标点击不同的菜单可

以打开该项菜单对应的菜单项。同时也可以通过＜Alt＞键和菜单后面的字母来打开菜单。＜Alt＋H＞键打开帮助菜单如图 4－2 所示。

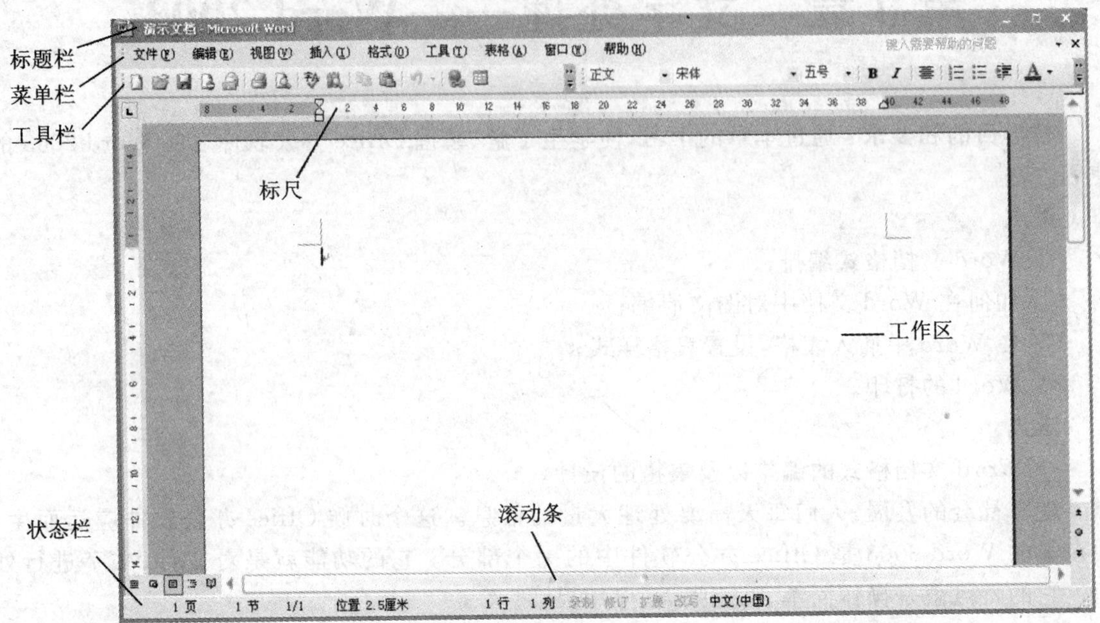

图 4－1　Word 2003 窗口

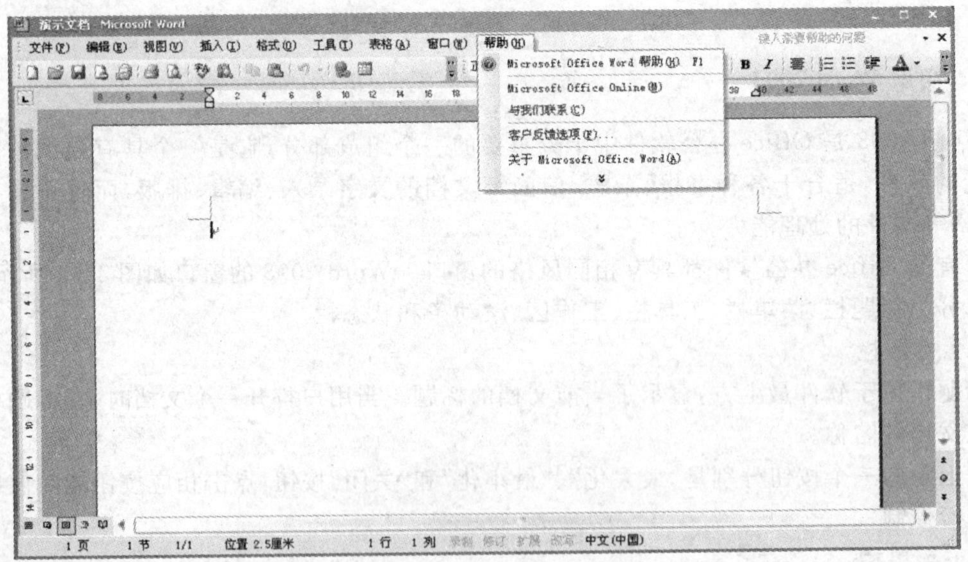

图 4－2　Word 2003 菜单栏

(3) 工具栏

工具栏位于菜单栏的下方,包含了 Word 2003 中经常使用的工具,用户可以通过点击相应的按钮执行相应的操作。

同时还可以通过“视图”中“工具栏”命令,在弹出的菜单中选择需要的工具,如图 4 - 3 所示。在选中状态下会在选项前面出现“√”标志。

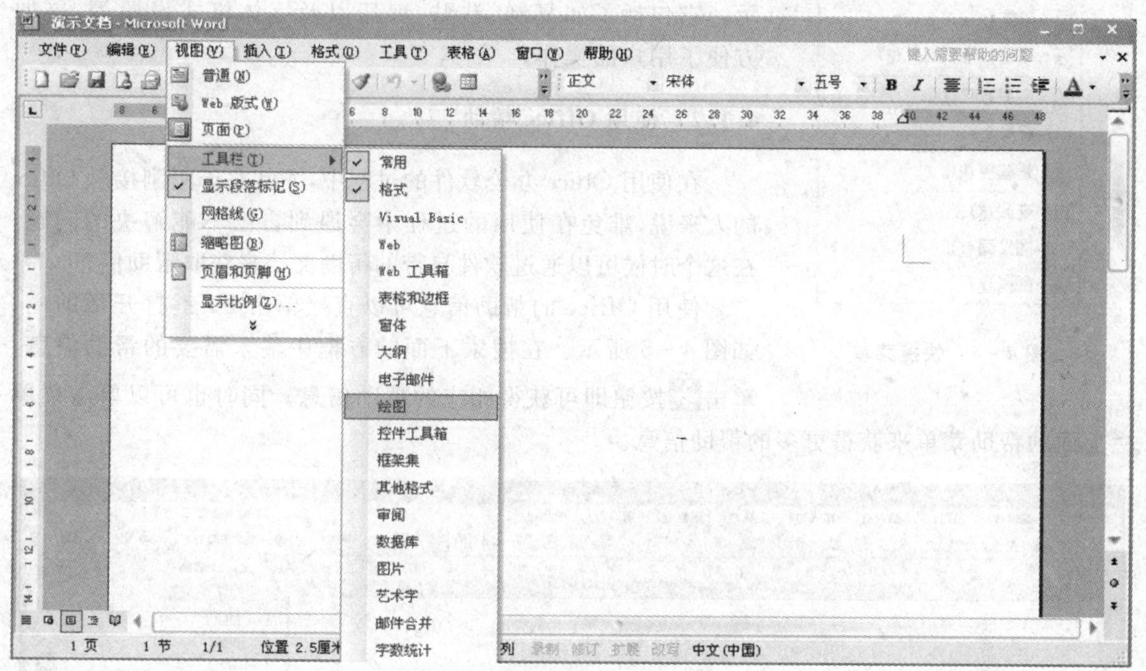

图 4 - 3　**Word 2003 工具栏**

(4) 标　尺

标尺可以分为水平标尺和垂直标尺,其主要用途在于可以通过它查看正文、图片以及表格的高度、宽度,还可以调节页边距,设定段落缩进等。

(5) 工作区

工作区是 Word 2003 进行文字输入、图片插入和表格的编辑操作的工作区域。它是用户的最主要的操作区域,在该区域中不断闪动的光标即当前的插入点。

(6) 滚动条

滚动条可以分为水平滚动条和垂直滚动条,利用滚动条可以实现上下滚动文档,浏览文档的全部内容。

(7) 状态栏

位于屏幕底部的部分就是状态栏，它显示了当前系统的工作状态信息，包括当前编辑的文档的总页数以及当前插入点所在的页数等信息。

同时，还可以单击鼠标右键，弹出的快捷菜单如图 4－4 所示。它包括了如复制、粘贴、剪切以及字体格式设置等，更加方便了用户的操作。

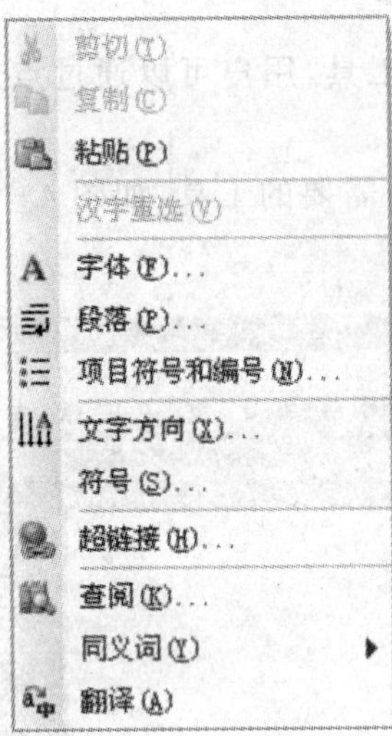

图 4－4　快捷菜单

4.1.2　使用 Office 帮助

在使用 Office 办公软件的过程中，尤其对于刚刚接触 Office 的人来说，难免在使用的过程中会遇到自己不能解决的问题。在这个时候可以通过软件自带的帮助文档来获取帮助信息。

使用 Office 的帮助信息可以直接单击 F1 键打开帮助栏，如图 4－5 所示。在搜索下面的方框中输入需要的帮助信息，单击按钮即可获得相应的帮助信息。同时也可以单击菜单栏上面的帮助菜单来获得更多的帮助信息。

图 4－5　Word 2003 帮助栏

4.1.3　新建 Word 文档

新建 Word 文档的方式为：

① 在桌面空闲位置，单击鼠标右键，在弹出的快捷方式中用鼠标左键单击选择 Microsoft Word 文档。

② 桌面上将出现一个新建 Microsoft Word 文档，双击打开。

4.1.4　输入与基本编辑

1. 光标定位

在 Word 的工作区域内，可以发现一个不断闪动的光标，该光标所在的位置就是当前插入点的位置。用户可以通过以下的几种方法来对光标进行定位。

(1) 键盘定位

使用键盘上的四向键进行定位：

→：右移一个字符。

←：左移一个字符。

↑：上移一行。

↓：下移一行。

<Home>：将光标移到一行的开头；<Ctrl＋Home>：将光标移动到文档开头。

<End>：将光标移到一行末尾；<Ctrl＋End>：将光标移动到文档结尾。

<PageUp>：将光标上移一屏；<Ctrl＋PageUp>：将光标移动到上页顶端。

<PageDown>：将光标下移一屏；<Ctrl＋PageDown>：将光标移动到下页顶端。

(2) 鼠标定位

用户在拉动滚动条或者使用鼠标滚轮浏览文档的过程中，插入点不会随窗口文字的移动而发生移动。而用户要想光标定位到某一位置只需要将鼠标的指针移动到需要插入信息的地方点击鼠标左键即可。

(3)“定位”命令

选择“编辑”菜单中的“查找”命令，将会弹出如图 4－6 所示的对话框，在对话框中点击“定位”按钮，用户可以根据自己的需要进行定位。

2. 文本选取

通常需要对一段文本进行编辑处理，在这之前，需要选中该段文本以确定编辑的对象，这就是文本的选取。选取方法包括：

① 将光标移动到选取的起始位置，按住鼠标左键，将鼠标拖动到所选取文本的结尾处，选中的文本将以高亮的形式显示。

② 将光标移动到选取文本的起始位置，按住<Shift>键，用鼠标左键单击文本结尾处，即

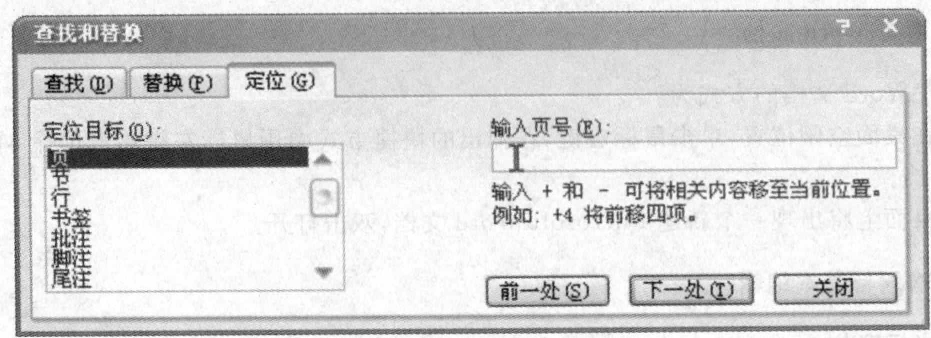

图 4-6 Word 2003"定位"对话框

可选中文本。

③ 使用<Ctrl+A>组合键,或者选择"编辑"菜单的"全选"命令,选取整篇文档。

3. 插入修改文本

(1) 插入文本

当需要在文档某处插入文本时,只需要将插入点选中到需要插入的位置输入文字即可。需要注意的是在状态栏上的"改写"为灰色的时候,插入点后面的文字不会被新输入的文字覆盖,但是当状态栏中"改写"为黑色时,插入点之后的文字将逐个被新输入的文字覆盖。用户可以使用键盘上的<Insert>键来对"改写"的状态进行切换。

(2) 修改文本

如果需要对文本进行修改,只需要先将目标文本选中,再输入正确的文字即可。

4.1.5 移动和复制

1. 移动(剪切)

在对文档进行编辑的过程中,会需要将一些文字从一个位置移动到另一个位置,这就需要进行文字的移动。比较常用的文字移动有两种。

(1) 鼠标移动

首先选中需要移动的目标文字(选中后将以高亮形式显示),用鼠标左键指向目标文字,接着按住鼠标左键将目标文字拖动到目标位置,松开鼠标左键完成文字移动。

(2) 剪切移动

① 选中需要移动的目标文字(选中后将以高亮形式显示)。

② 使用快捷键<Ctrl+X>,或者点击"编辑"菜单中的"剪切"命令来将目标文字复制到系统剪切板上(目标文字将消失)。

③ 将鼠标定位到目标位置,使用快捷键<Ctrl+V>,或者点击"编辑"菜单中的"粘贴"命令,目标文字将从剪切板移动到当前插入点位置。

2. 复　制

复制的方法基本类似于移动的方法，同样是鼠标和剪切板两种方法。

(1) 鼠标移动

首先选中需要移动的目标文字(选中后将以高亮形式显示)，用鼠标左键指向目标文字，接着按住鼠标左键同时按住<Ctrl>键将目标文字拖动到目标位置，松开鼠标左键完成文字复制。

(2) 剪切移动

① 选中需要移动的目标文字(选中后将以高亮形式显示)。

② 使用快捷键<Ctrl+C>，或者点击“编辑”菜单中的“复制”命令来将目标文字复制到系统剪切板上。

③ 将鼠标定位到目标位置，使用快捷键<Ctrl+V>，或者点击“编辑”菜单中的“粘贴”命令，目标文字将从剪切板粘贴到当前插入点位置。

4.1.6　查找和替换

1. 查　找

在 Word 2003 中添加了查找功能，通过该功能可以使用户方便地找到特定的部位。操作方法如下：

① 使用快捷键<Ctrl+F>或者点击“编辑”菜单中的“查找”选项，打开查找对话框，如图 4-7 所示。

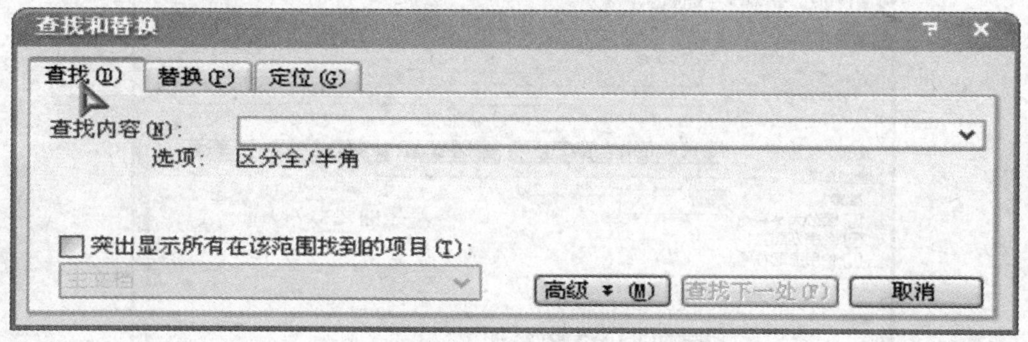

图 4-7　“查找”对话框

② 在“查找内容”后面的文本框中输入查找的内容，点击“查找下一处”按钮即可在文档中找到要查找的相关内容(以高亮显示)。

③ 对于一些特殊的查找要求，可以使用查找功能中的“高级”选项。在图 4-8 所示的对话框中选择相关的内容进行查找。

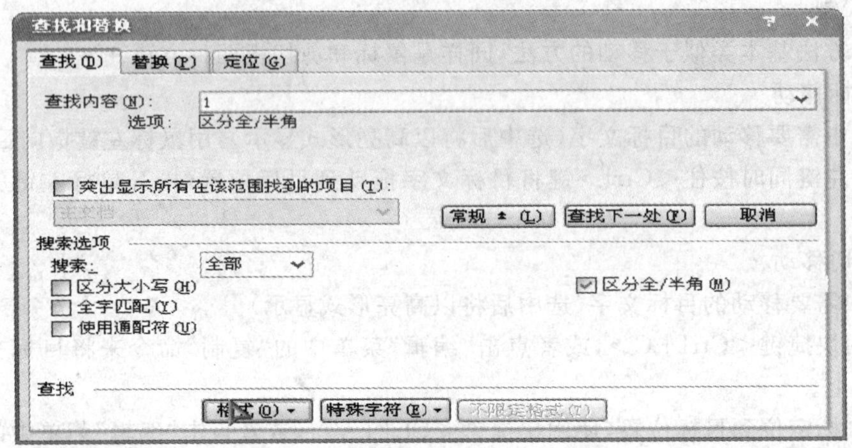

图 4-8　查找"高级选项"对话框

2. 替　换

在使用 Word 文档的过程中，可能有一些文字需要替换为其他的文字。可以使用替换功能快速地将目标文字替换为期望的文字。具体操作如下：

① 快捷键＜Ctrl＋F＞或者点击"编辑"菜单中的"查找"，打开"查找"对话框。

② 点击该对话框中的"替换"按钮，将会出现如图 4-9 所示的对话框。

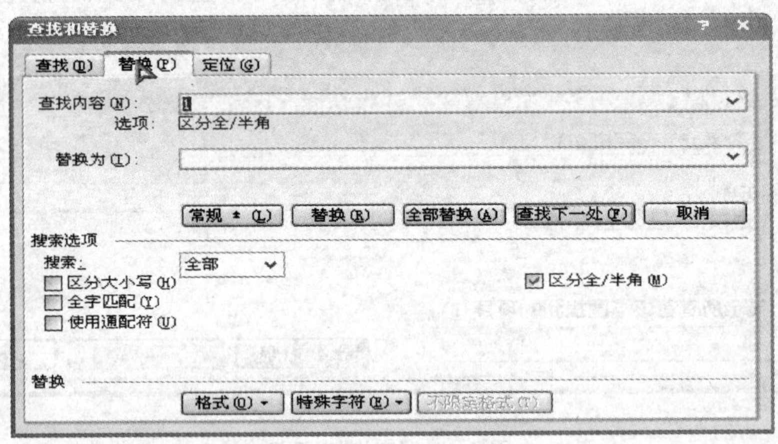

图 4-9　"替换"对话框

③ 在"查找内容"后面的文本框中输入需要查找的内容。

④ 在"替换为"后面的文本框中输入替换后的新内容。

⑤ 点击"替换"按钮将替换一处文字，点击"全部替换"将替换文档中所有有查找内容相同的文字。

4.1.7　保存文档

在完成对 Word 文档的编辑后，需要对文档进行保存，因为在保存前，文档是驻留在计算机内存中的，一旦计算机出现故障，将会丢失未保存的所有数据，所以及时保存工作成果是十分必要的。

1. 新建文档的保存

在完成对新建文档的编辑之后，用户第一次保存该文件，选择菜单栏中的“文件”，点击“另存为”按钮，将会弹出如图 4－10 所示的对话框。

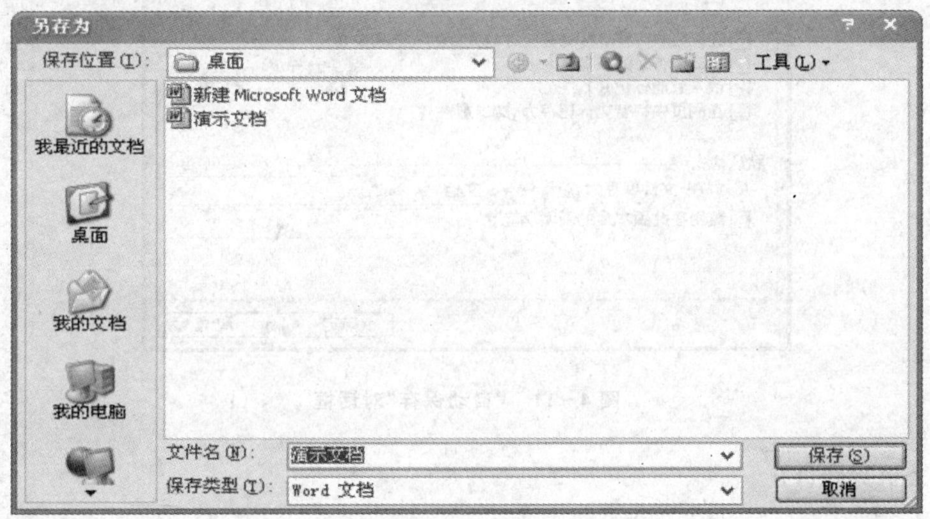

图 4－10　“另存为”对话框

“在保存位置”下拉列表框中，可以选择文件的保存位置（默认情况为“我的文档”），同时还可以在“文件名”后面的下拉列表框中输入文档的名称，在“保存类型”下拉列表框中选择保存文件的类型（默认情况下为 Word 文档），扩展名为.doc，最后点击“保存”按钮完成操作。

2. 已存在文档的保存

对于已经存在的文档，在对其进行修改后可以选择菜单栏“文件”中的“保存”按钮，将文件保存到其当前位置上。也可以使用快捷键＜Ctrl＋S＞来保存文件。

如果想将该文件保存在其他的地方，可以选择“文件”中的“另存为”，重新选择文件的保存位置。

3. 自动保存

在 Word 2003 中新添加了自动保存的功能，能够按照用户的需要自动保存在编辑中的文档，更好地防止了数据的丢失。

选择“工具”菜单中的“选项”命令，在弹出的对话框（见图 4－11）中点击“保存”按钮，在“自动保存时间间隔”后面设置自动保存的时间间隔。

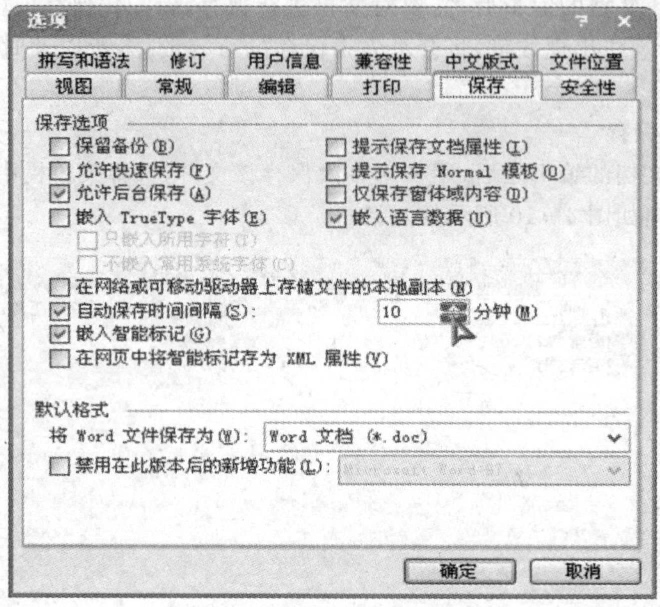

图 4－11 “自动保存”对话框

4.1.8 上机实践(1)

① 新建一个名为“实验”的 Word 文档，将其保存到“我的文档”。

② 将名为“实验”的 Word 文档打开，输入“这是我的实验文档。‘Hello Word!’”，保存文档。

③ 打开“实验”的 Word 文档，将该文档另存到桌面并将其名称改为“实验一”。

④ 将名称为“实验一”的 Word 文档打开，复制“Hello Word!”，粘贴到“这是我的实验文档。”之前，并将该文档的自动保存时间设置为 5 分钟。

4.2 格式编排

4.2.1 字符格式化

在编辑 Word 文档时，一些字符的字体、颜色、字号需要作特定的修改。这里介绍两种修改的方法，在修改文本之前，必须先选取要修改的文本。

1. 使用工具栏

① 在图 4－12 所示的下拉列表框中选择字体。

② 为“加粗”按钮，将选中的文字更改为粗体。

③ 为“倾斜”按钮，将选中的文字更改为斜体。

④ 为“下划线”按钮，在选中文字下面加下划线。

⑤ 为“字符边框”按钮，给选中的文字加上边框。

⑥ 为“字符底纹”按钮，给选中的文字加上底纹。

⑦ 为“字符缩放”按钮，对选中的文字进行缩放。

⑧ 为“字体颜色”按钮，改变选中字体的颜色，单击右边的黑色小三角设置字体颜色。

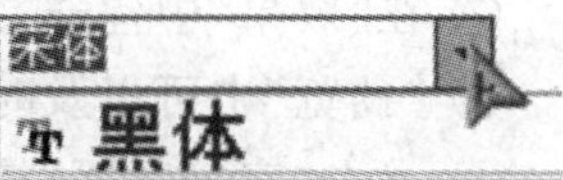

图 4－12　字体选择

2. 使用“格式”菜单

① 选择“格式”中的“字体”命令，弹出如图 4－13 所示的对话框，点击“字体”按钮。

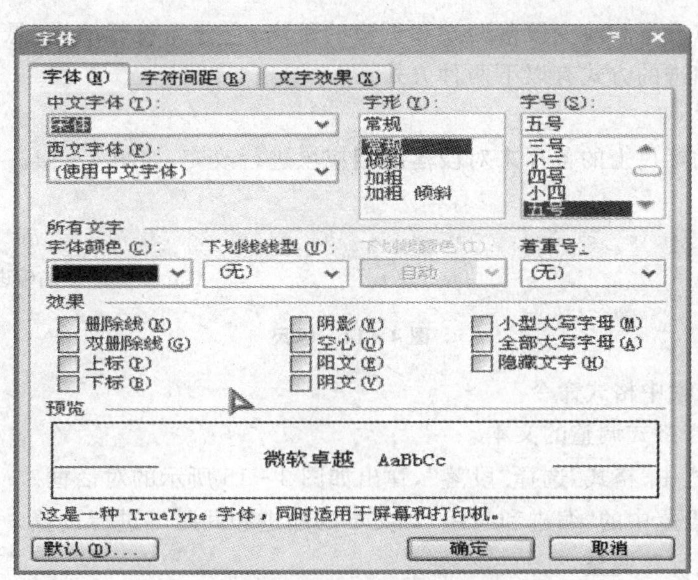

图 4－13　字体设置对话框

② 在“中文字体”、“西文字体”的下拉列表框中可以选择文档中文字的字体。

③ 在“字形”下拉列表框中，选择字形。

④ 在“字号”中选择字体大小。

⑤ 在“字体颜色”中选择字体的颜色。

⑥ 在“下划线类型”中选择是否给文字加下划线，以及下划线的样式、颜色。

⑦ 在“效果”中勾选文字的各种效果。

⑧ “预览”中可以及时看到对文字作出的改变。

⑨ 点击“字符间距”按钮，可以对字符的间距、缩放比例、位置等作出改变。

⑩ 点击“文字效果”按钮，可以设置出具有动态效果的文字。

4.2.2 段落格式化

1. 段落的对齐

① “两端对齐”按钮，将光标所在的段落首尾对齐。

② “居中对齐”按钮，将光标所在的段落设为居中对齐。

③ “右对齐”按钮，将光标所在的段落设为右对齐。

④ “分散对齐”按钮，将光标所在的段落文字均匀分布在页面上。

2. 段落缩进

段落缩进可以设置和改变段落两端和页边的距离，它分为首行缩进、悬挂缩进、左缩进和右缩进。对段落缩进的方式有以下两种方式。

(1) 使用标尺

可以通过拖动标尺上的各项来对段落的相应项进行改变，如图 4－14。

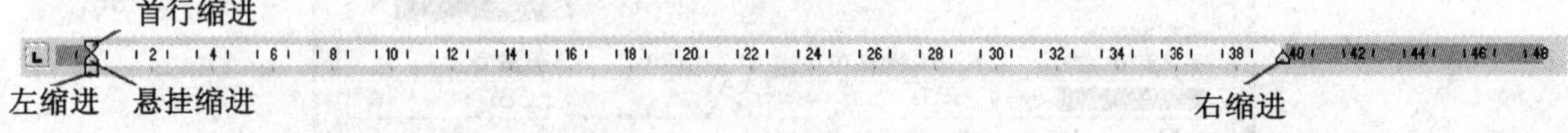

图 4－14 标尺

(2) 使用菜单栏中格式命令

① 选择要进行格式调整的文本。

② 点击菜单栏中“格式”选择“段落”，弹出如图 4－15 所示的对话框。

③ 点击段落设置中的“缩进和间距”对文本的缩进和间距等进行设置。

3. 段落间距、行距调整

段落间距是段与段之间的间隔距离，行距是段落中每一行之间的间隔距离。可以使用以下的方法来对段间距和行距进行调整。

(1) 行　距

选择“工具栏” 行距按钮，点击右边黑色小三角，选择行距大小(数字越大行距越大)。

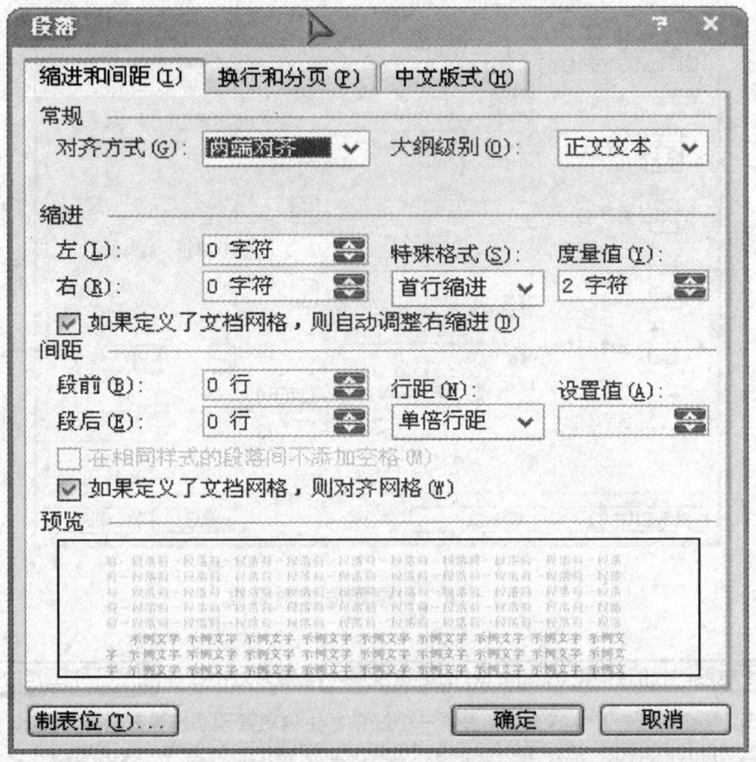

图 4－15　段落设置对话框

（2）间　距

打开段落设置对话框，在“间距”下面的几个下列表框中调整段落间距的大小。

4.2.3　边框和底纹

对文本中进行边框和底纹设置可以使文本重点内容显得更加突出，给人一目了然的感觉。操作如下：

① 选择要编辑的文字或段落。

② 点击“菜单栏”中的“格式”，在下拉列表中选择“边框和底纹”，将会弹出如图 4－16 所示的对话框。

③ 分别点击“边框”、“页面边框”、“底纹”等按钮即可以对边框的类型、线形、颜色、宽度、底纹颜色作出设置。同时也可以在“预览”中直观地看出对文本作出的改变。

下面给出边框底纹设置的一个实例，如图 4－17 所示。

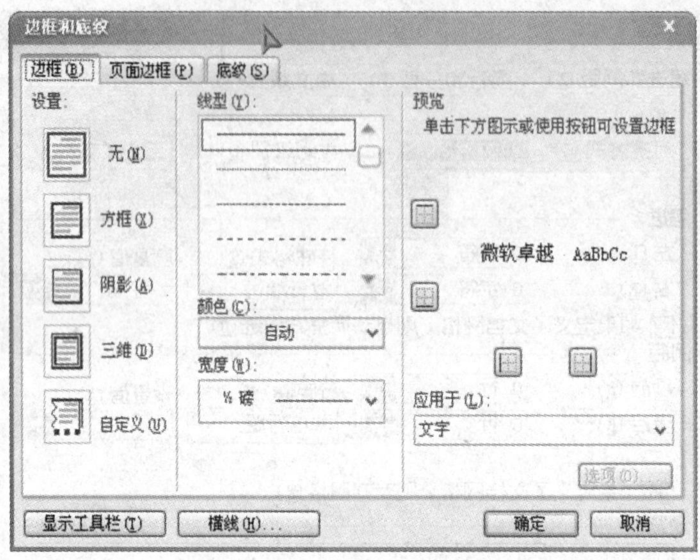

图 4－16　边框和底纹对话框

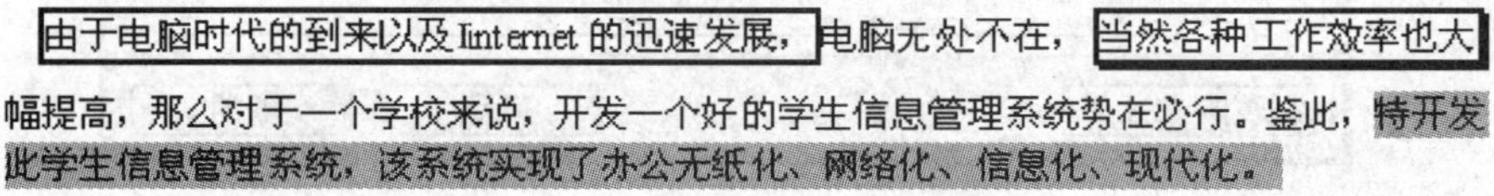

由于电脑时代的到来以及 Internet 的迅速发展，电脑无处不在，当然各种工作效率也大幅提高，那么对于一个学校来说，开发一个好的学生信息管理系统势在必行。鉴此，特开发此学生信息管理系统，该系统实现了办公无纸化、网络化、信息化、现代化。

图 4－17　边框底纹设置的一个实例

4.2.4　项目符号和编号

在编辑 Word 文档的过程中，有的文字需要以项目或条款的样式列出，这些项目条款如果在前面加上一些特殊符号，在阅读时能够给人以清晰、有条理的感觉。这些都可以通过项目符号和编号来实现。操作过程如下：

图 4－18　“项目符号和编号”对话框

① 选择“菜单栏”中的“格式”，在下拉菜单中选择“项目符号和编号”，弹出如图 4－18 所示的对话框。

② 同时也可以右键单击，通过快捷菜单中“项目符号和编号”命令来打开项目符号和编号对话框。

③ 在对话框中选择某种编号的类型，单击“确定”按钮完成设定。

4.2.5　格式的显示

1）打开“菜单栏”中“格式”菜单，单击“显示格式”。选择需要查看其格式的文字。

2）格式信息将显示在“显示格式”任务窗口中，如图 4－19 所示。

3）可以在“显示格式”中执行下列任意操作：

① 若要更改格式属性，可单击带有蓝色下划线的文字，然后在显示的对话框中作出所需更改。

② 若要确定格式源，例如格式是否来源于样式（样式：字体、字号和缩进等格式设置特性的组合，将这一组合作为集合加以命名和存储。应用样式时，将同时应用该样式中所有的格式设置指令），请选中“区分样式源”复选框。

③ 若要显示格式标记，例如段落标记（段落标记：按 Enter结束一个段落后，Microsoft Word 插入的非打印符号。段落标记存储应用于段落的格式设置）和制表符，请选中“显示所有格式标记”复选框。

④ 若要将所选文本格式设置为周围文本的格式，请选定该文本。在“所选文字”框中，单击箭头，然后单击“应用周围文本的格式”。

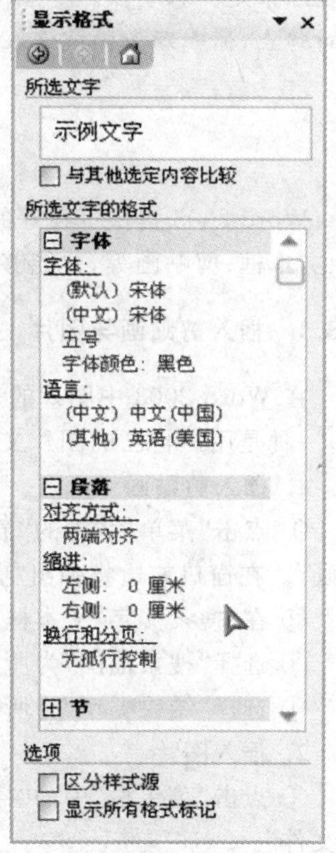

图 4－19　“显示格式”任务窗口

4.2.6　上机实践(2)

① 将下面这段文字第一和第二段落合并为一个段落。

② 将下面这段文字的标题设置为幼圆二号字，并带有闪烁背景的动态效果。

③ 对标题以下所有段落设置首行缩进 0.95 厘米，右缩进 0.5 厘米。

④ 对文字“世界大战”设置深蓝色底纹。

相对运动

相对运动是指物体相对其他物体的位置在变化的过程。像苹果从树上落下来，喷泉向空中射出，车辆在街上行驶这一类运动中，它们相对地面的位置在变化，它们就是在做相对运动。

如果物体相对另外一个物体的位置没有变化，我们就说它们相对静止。例如，一列正在原野上奔驰的火车里，人从这一节车厢走进另一节车厢去是很方便的，就像平时在家里，人从这一间房间走进另一间房间一样，尽管火车车厢相对铁轨在飞快地运动，但车厢与车厢之间是相对静止的。因此，相对运动与人们选取什么物体作参考系是有关的。

据说在第一次世界大战期间，一次，有一名飞行员看见飞机旁边有一只小虫，他用手去抓，

发现原来是一颗子弹。尽管飞机的速度和子弹的速度都很大，但当它们的速度相同时，彼此间相对静止，抓一颗子弹就像人们平时从桌上拿一粒花生米一样容易。

4.3　图文混排

Word 2003 提供了良好的图文混编功能，使用户能够在编辑文档的过程中方便地插入图片、文本框、剪贴画等，并能够对插入项进行编辑、裁剪、缩放等操作。

4.3.1　插入剪贴画与图片

在 Word 2003 中图片的来源分为两种，一种是在安装 Word 时存储在用户计算机中的图片；一种是用户自己的图片文件。下面介绍两种不同来源图片的插入方法。

1. 插入剪贴画

① 点击“菜单栏”中的“插入”，在下拉菜单中选择“图片”，在“图片”的下拉菜单中选择“剪贴画”。在窗口右边将弹出“剪贴画”子窗口，如图 4－20 所示。

② 在“搜索文字”文本框中输入要搜索的剪贴画主题。

③ 选择“搜索范围”为所有收藏集，将下拉列表框中所有选项勾选。

④ 选择“结果类型”为所有媒体文件类型。点击搜索。

2. 插入图片

① 点击“菜单栏”中的“插入”，在下拉菜单中选择“图片”，在“图片”的下拉菜单中选择“来自文件”。

② 在弹出的窗口（见图 4－21）中选择插入图片存放位置，选中需要插入的图片，单击“确定”按钮。

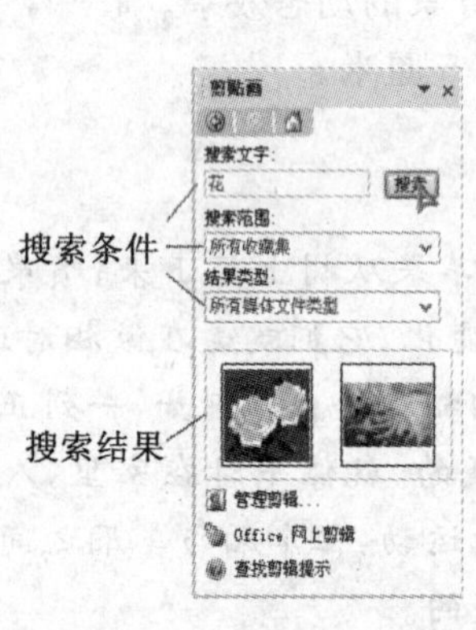

图 4－20　“剪贴画”子窗口

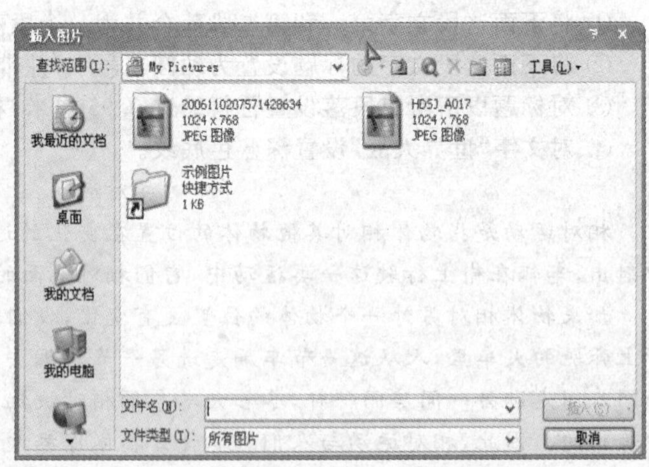

图 4－21　“插入图片”对话框

3. 编辑图片

在 Word 文档中插入图片后可以对图片进行进一步的编辑以达到用户需要。常用的图片编辑主要有：文字环绕方式、亮度、对比度等。

对图片进行编辑时可以使用两种方法。下面分别介绍这两种方法：

(1) 使用“图片”工具栏

在插入图片后，如果需要对图片进行修改，单击鼠标右键，在快捷菜单中选择“显示图片工具栏”，弹出如图 4 - 22 所示的工具栏，单击相应的按钮来完成对图片的相应修改。

图 4 - 22　“图片”工具栏

(2) 使用“设置图片格式”对话框

单击鼠标右键，在弹出的快捷菜单中选择“设置图片格式”，就会弹出如图 4 - 23 所示的对话框。

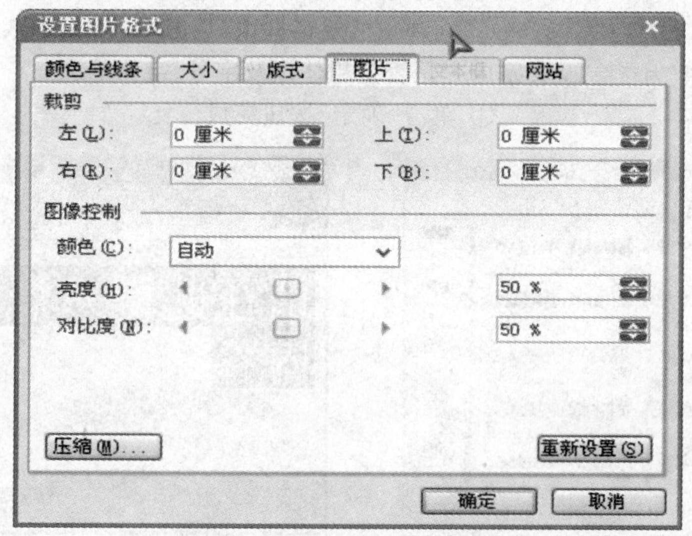

图 4 - 23　“设置图片格式”对话框

在“设置图片格式”对话框中，选择“图片”按钮，可以裁剪图片、调整颜色和对比度等。选择“颜色”按钮，可以调节图片的填充色。选择“大小”按钮，可以调节图片的大小。选择“版式”按钮，可以设置文字的环绕、对齐方式等。

4.3.2 插入图示

Word 2003 中，除了提供了一定数量的剪切画，同时也提供了一种图示功能来方便用户。它更能够简洁明了地表现出用户的想法。

点击菜单栏中的“插入”，在下拉菜单中选择“图示”功能，会打开“图示库”对话框(见图 4-24)，从中选择一种需要的图示即可。选择不同的图示后，可以通过图示工具对图示进行修改，并添加说明文字。

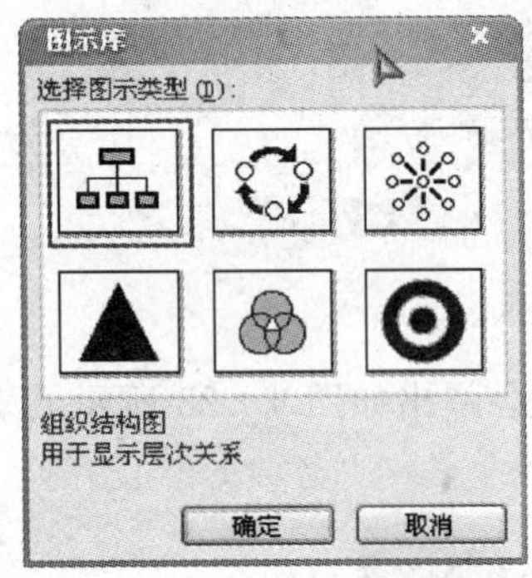

图 4-24 “图示库”对话框

4.3.3 插入艺术字

在 Word 文档中插入艺术字的方法如下：

① 选择菜单栏中的“插入”选项，在弹出的下拉菜单中选择“图片”，在“图片”的下拉菜单中选择“艺术字”，弹出如图 4-25 所示的对话框。

② 在如图 4-25 所示的对话框中选择一种合适的艺术字样式，单击“确定”按钮。

③ 在弹出的对话框中(见图 4-26)，输入文字内容，并选择文字内容是否为粗体以及字号、字体等。

④ 单击“确定”按钮完成。

图 4-25 “艺术字库”对话框

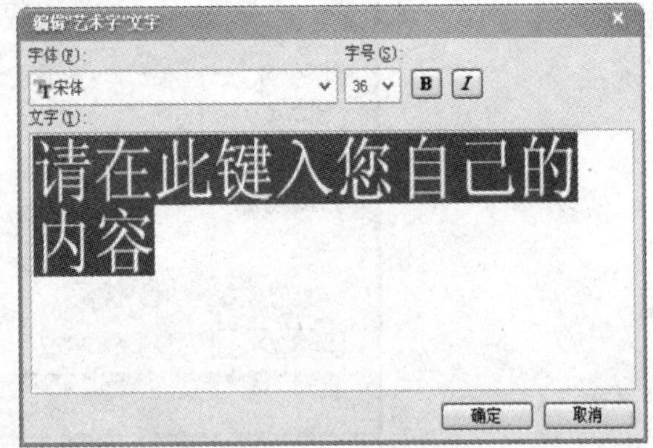

图 4-26 “编辑‘艺术字’文字”对话框

4.3.4 上机实践(3)

在明代陶宗仪写的《辍耕录》一书里，记载着一个有关寒号虫的故事。

从前，在五台山有一种奇特的鸟，叫寒号虫。寒号虫有四只脚，翅膀很小，飞不起来。夏天

是寒号虫最快活的日子，它那五彩缤纷的羽毛艳丽夺目，使百鸟惊羡不已。寒号虫得意洋洋，整天走来走去，到处找别的鸟儿比漂亮，一边走一边唱着："凤凰不如我，凤凰不如我！"日子一天天过去，落叶带来了秋天的讯息。

① 新建 Word 文档，文件名为"得过且过"，存储在"我的文档"文件下。

② 在该文件中输入上面两段文字。

③ 给上面一段文字加上标题，标题效果为

得过且过

④ 在该文档中插入剪切画。图片来源为 Word 自带图片。

⑤ 在该文档中插入图片，图片来源为图片收藏文件夹下、示例图片文件夹下的名为 Sunset的图片。

4.4 表　格

表格是 Word 中常用的一种信息表现形式，利用 Word 2003 可以方便地创建表格，并可以对表格的样式进行编辑、修改。

4.4.1　创建表格

在 Word 2003 中有三种方法创建表格。

1. 使用工具栏中"插入表格"按钮

① 将光标定位到需要插入表格的位置。

② 点击工具栏中 按钮，将会弹出一个简单的表格选取方式，如图 4－27 所示。

③ 按住鼠标左键，通过拖动鼠标来实现对表格行列数的设置。图 4－27 是一个 3×4 的表格，即 3 行 4 列的表格。松开鼠标，表格即创建完成。

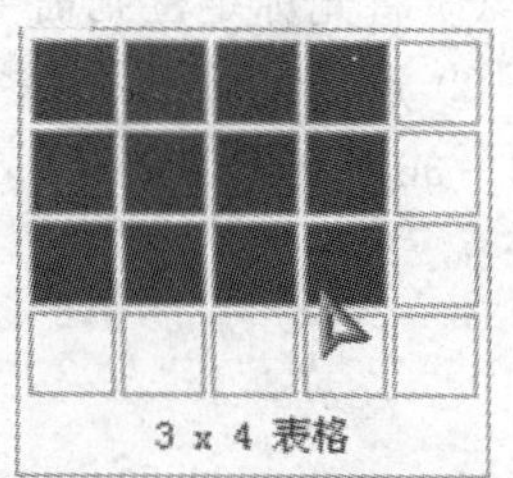

图 4－27　表格选取方式

2. 使用菜单栏插入表格

① 将光标定位到需要插入表格的位置。

② 点击菜单栏中"表格"，在下拉菜单中选择"插入"，再在下拉菜单中选择"表格"，弹出如图 4－28 所示的对话框。

③ 在对话框中选择要创建的表格行数、列数。

④ 在"自动调整"的几个选项中选择创建表格的属性。

⑤ 同时也可以点击“自动套用格式”来创建已经设定好样式的表格，如图 4－29 所示。在该对话框的“预览”浏览到所选择的表格样式。

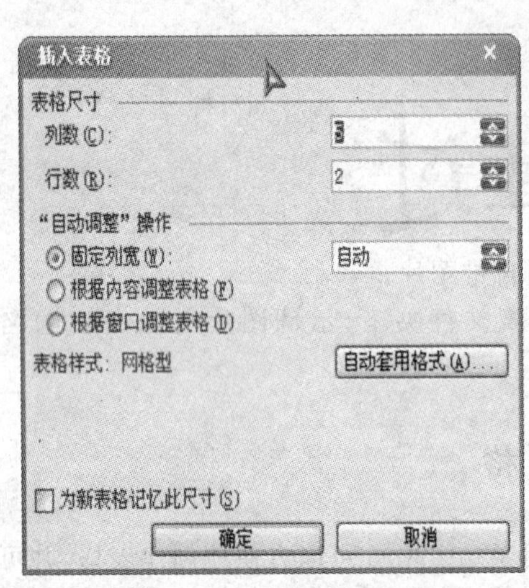

图 4－28 “插入表格”对话框

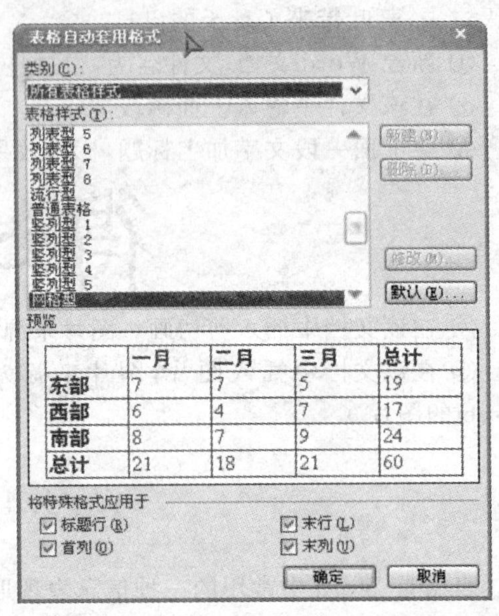

图 4－29 “表格自动套用格式”对话框

3. 手动绘制表格

这种表格创建方式能够绘制带有斜线或对角线的表格。

① 将光标定位到需要插入表格的位置。

② 点击菜单栏中的“表格”，在下拉菜单中选择绘制表格，弹出“表格和边框”对话框，如图 4－30 所示。

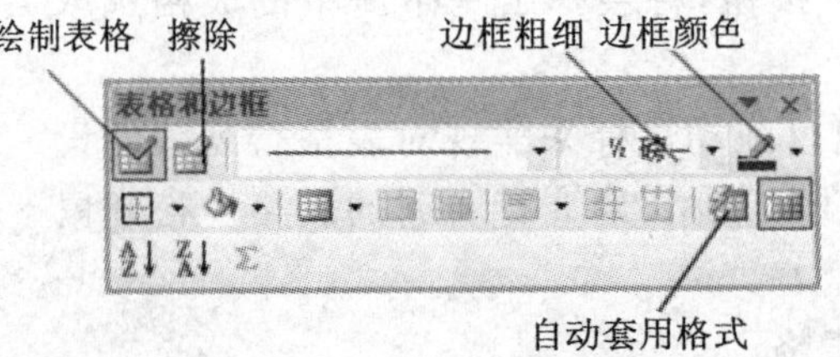

图 4－30 “表格和边框”对话框

③ 点击“绘制表格”按钮，鼠标指针变为画笔，拖动画笔完成表格的绘制。

④ 点击“擦除”按钮，鼠标指针变为橡皮擦，在需要擦除的地方拖动鼠标即可完成擦除操作。

⑤ 点击“边框颜色”按钮，设置表格边框的颜色。

4.4.2　编辑表格

1. 插入行和列

在表格创建完成后，可能需要增加表格的行或者列，具体操作如下：

① 将光标定位到某个单元格内。

② 点击菜单栏中的“表格”、“插入”，出现如图 4－31 所示的菜单。

③ 选择菜单中的相关项就可以在对应位置插入表格。如果想插入多行或列只需要重复上面的操作。

2. 删除行和列

① 将光标定位到某个单元格内。

② 点击菜单栏中的“表格”、“删除”，出现如图 4－32 所示的菜单。

③ 选择菜单中的相关项完成操作。

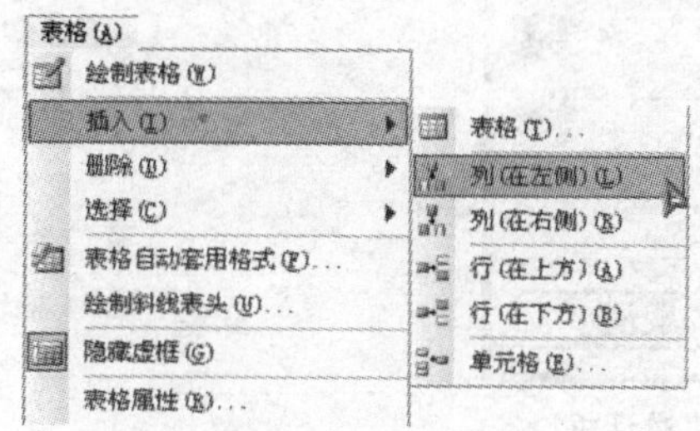

图 4－31　插入行和列

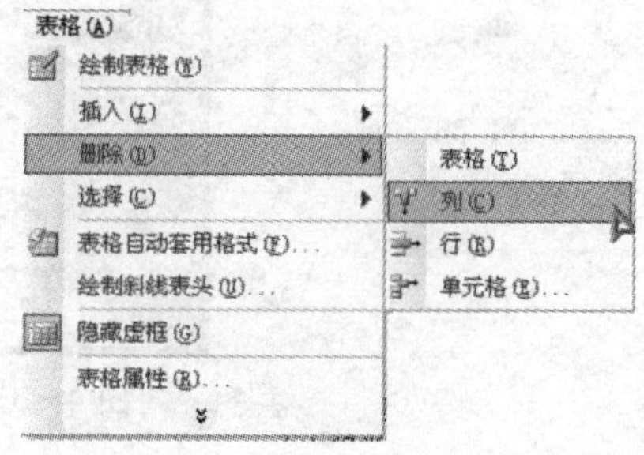

图 4－32　删除行和列

3. 插入和删除单元格

① 将光标定位到某个单元格内。

② 点击菜单栏中“表格”，在下拉菜单中选择“插入”、“单元格”，弹出如图 4－33 所示的对话框，选择插入方式，单击“确定”按钮，完成单元格的插入操作。

③ 点击菜单栏中“表格”，在下拉菜单中选择“删除”、“单元格”，弹出如图 4－34 所示的对话框，选择删除方式，单击“确定”按钮，完成单元格的删除操作。

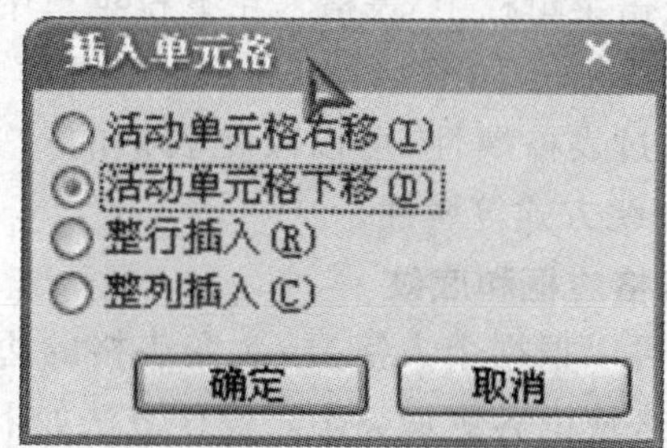

图 4－33　“插入单元格”对话框

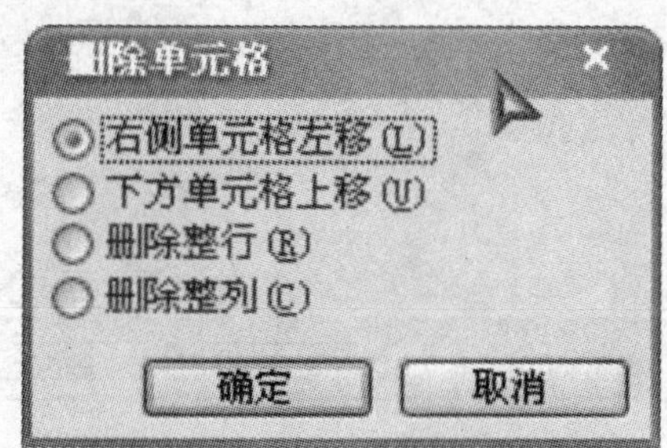

图 4－34　“删除单元格”对话框

4. 合并、拆分单元格

在对表格进行编辑的过程中需要对表格进行合并或拆分，具体操作如下。

(1) 合并单元格

① 选中要合并的单元格。

② 选择菜单栏中的“表格”，在下拉菜单中点击“合并单元格”即可。

(2) 拆分单元格

① 选中要拆分的单元格。

② 选择菜单栏中的“表格”，在下拉菜单中点击“拆分单元格”，弹出如图 4－35 所示的对话框。

③ 在对话框中选择要将该单元格拆分为几行、几列。单击“确定”按钮，完成操作。

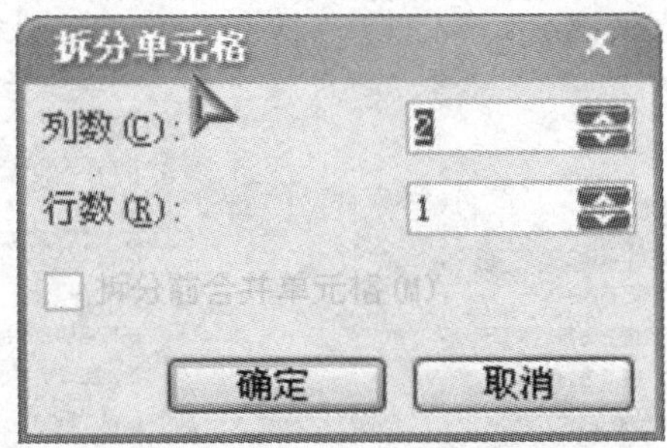

图 4－35 “拆分单元格”对话框

4.4.3 设置表格格式

在编辑表格的过程中，可能存在创建的表格不符合个人要求的情况，这时，可以通过设置表格属性来完成对表格的调整。

1. 修改表格属性

① 选中要编辑的表格。

② 点击菜单栏中“表格”，在下拉菜单中选择“表格属性”，弹出如图 4－36 所示的对话框。

③ 通过表格属性，可以改变表格的对齐、缩进、文字环绕方式等属性。

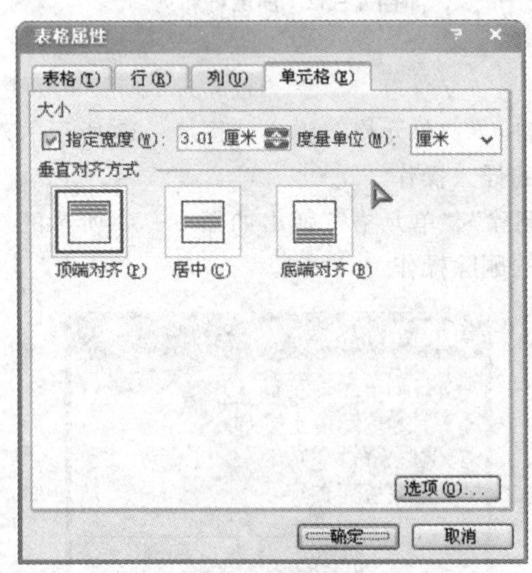

图 4－36 “表格属性”对话框

2. 表格边框和底纹

用户可以根据个人需要，改变表格的边框或底纹颜色来使内容更加突出。操作方法如下：

① 选中所要编辑的表格或单元格。

② 点击菜单栏中的“格式”，在下拉菜单中选择“边框和底纹”，弹出如图 4 - 37 所示的对话框。

③ 在“边框和底纹”对话框中设置表格的底纹和边框。

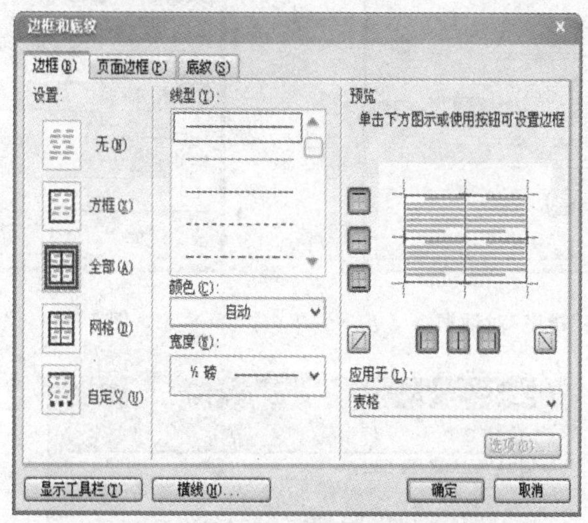

图 4 - 37　“边框和底纹”对话框

4.4.4　表格的排序和计算

在 Word 2003 中提供了对于表格的排序功能，使表格的使用更加方便、快捷。

1. 表格的排序

① 在完成表格的创建，以及输入表格内容后进行。

② 点击菜单栏中“表格”，在下拉菜单中选择“排序”，弹出如图 4 - 38 所示的对话框。

③ 在对话框中，在“主要关键字”中选择排序的基准列、排序方式等，单击“确定”按钮完成排序。

2. 表格计算

① 将光标定位到计算结果的单元格。

② 点击菜单栏中的“表格”，在下拉菜单中选择“公式”，弹出如图 4 - 39 所示的对话框。

③ 在“公式”对话框(见图 4 - 40)中的“公式”文本框中输入计算公式，也可以在“粘贴函数”下拉列表中选择数学公式，在“数字格式”下拉列表框中选择计算结果的格式，单击“确定”按钮完成计算。

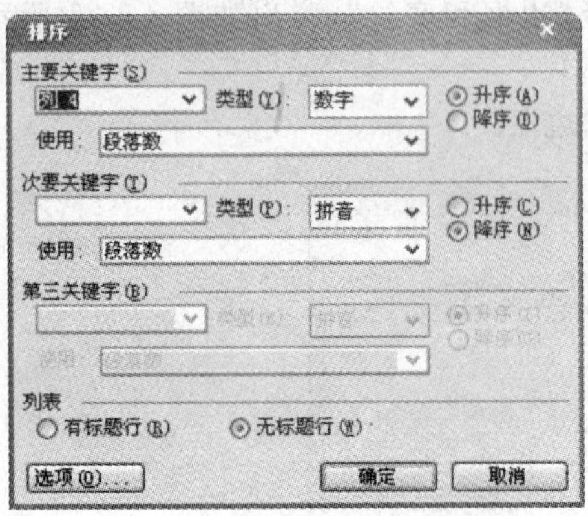

图 4-38　表格“排序”对话框

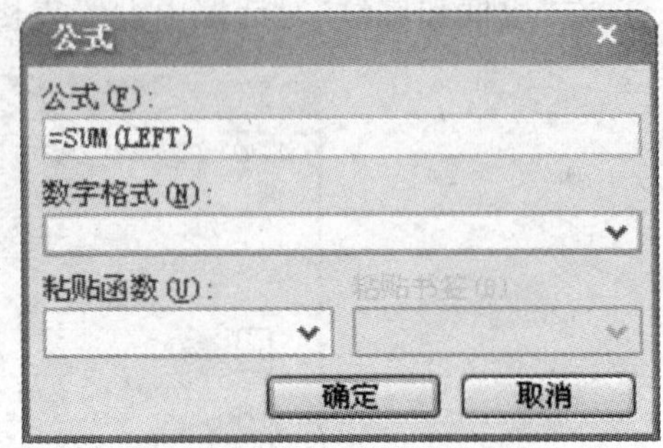

图 4-39　“公式”对话框

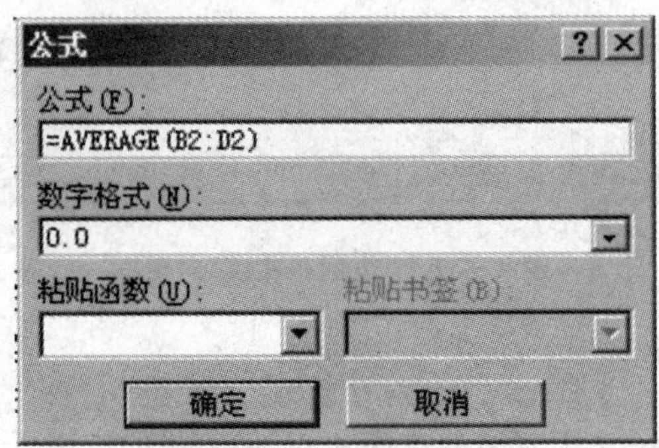

图 4-40　“公式”对话框

4.4.5　上机实践(4)

① 建立如表 4-1 所列的表格，并以 W3.doc 为文件名(保存类型为“Word 文档”)保存在当前文件夹或其他盘中。

表 4-1　成绩统计表

课　程 姓　名	数　学	英　语	计算机文化
张家鸣	67	76	76
汤沐化	77	65	77
杨梅华	66	77	66
吴华	68	77	88
万科	88	78	67
钱玲	88	90	99

② 在“计算机文化”的右边插入一列，列标题为“平均分”，并计算各人的平均分，保留 1 位小数；在表格的最后增加一行，行标题为“各科平均”，并计算各科的平均分，保留 1 位小数。

③ 按各人的平均分从高到低排序，然后将整个表格居中。

④ 将表格第 1 行的行高设置为 1 cm、最小值，该行文字为粗体、五号、水平、垂直居中；其余各行的设置为 0.6 cm、最小值，文字垂直靠下对齐；姓名水平居中，各科成绩及平均分靠右对齐。

⑤ 将表格的外框线设置为 2.25 磅的粗线，内框线 0.75 磅，按样张设置为双线；然后对最后一行和最右一列添加 20% 的底纹。

⑥ 在表格下面居中插入当前日期，格式为粗体、倾斜。

⑦ 试绘制如图 4-41 所示的课程表。

<table>
<tr><th colspan="7">课程表</th></tr>
<tr><th colspan="2">星　期
时　间</th><th>一</th><th>二</th><th>三</th><th>四</th><th>五</th></tr>
<tr><td rowspan="4">上
午</td><td>1</td><td rowspan="2">高数</td><td rowspan="2">英语</td><td rowspan="2">高数
（单）</td><td rowspan="2">体育</td><td rowspan="2">修养</td></tr>
<tr><td>2</td></tr>
<tr><td>3</td><td rowspan="2">制图</td><td rowspan="2">普化</td><td rowspan="2">制图
（双）</td><td rowspan="2">英语</td><td rowspan="2">高数</td></tr>
<tr><td>4</td></tr>
<tr><td rowspan="4">下
午</td><td>5</td><td rowspan="2">普化
实验</td><td rowspan="2">实习</td><td rowspan="2">班会</td><td rowspan="2">听力</td><td rowspan="2">普化
（单）</td></tr>
<tr><td>6</td></tr>
<tr><td>7</td><td rowspan="2"></td><td rowspan="2"></td><td rowspan="2">计算机
文化</td><td rowspan="2"></td><td rowspan="2"></td></tr>
<tr><td>8</td></tr>
</table>

图 4-41　课程表

样张如图 4-42 所示。

课　程 时　间	数　学	英　语	计算机文化	平均分
张家鸣	67	76	76	73.0
汤沐化	77	65	77	73.0
杨梅华	66	77	66	69.7
吴华	68	77	88	77.7
万科	88	78	67	77.7
钱玲	88	90	99	92.3
各课程平均	75.7	77.2	78.8	77.2

图 4-42　成绩表示例

4.5 打 印

在完成对 Word 文档的编辑后，如果需要打印文档，就需要对文档进行打印设置。Word 2003 中，可以方便地对打印格式进行调节。

4.5.1 分页和分节

1. 分 页

系统默认分页为自动分页，也可以根据需要进行人工分页。分页方法为：将光标定位到分页处，使用快捷键<Ctrl＋Enter>或点击菜单栏上的“插入”，在下拉菜单中选择“分隔符”，在弹出的对话框中（见图 4－43）完成分页操作。

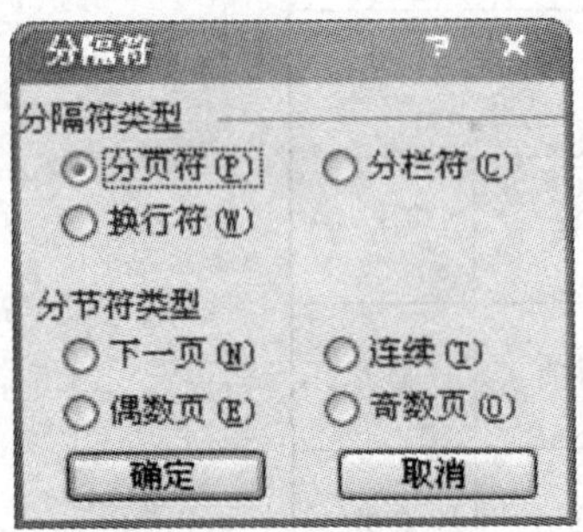

图 4－43 “分隔符”对话框

2. 分 节

分节可使不同的节采用不同的格式编排而不影响文档中其他节的格式。分节方法为：将光标定位到分节处，点击菜单栏上的“插入”，在下拉菜单中选择“分隔符”，在弹出的菜单中完成分节操作。

4.5.2 页面设置

1. 页面设置

在页面设置中可以调节包括页边距、纸张、纸张来源、版式、文档网格等标签。方法如下：

① 点击菜单栏中“文件”，在下拉菜单中选择“页面设置”，弹出如图 4－44 所示的对话框。

② 点击“页边距”按钮，设置上下页面边距，外侧、内侧页边距，纸张横、纵向。

③ 点击“纸张”按钮，设置纸张类型、大小。

④ 点击“版式”按钮，设置页眉、页脚样式。

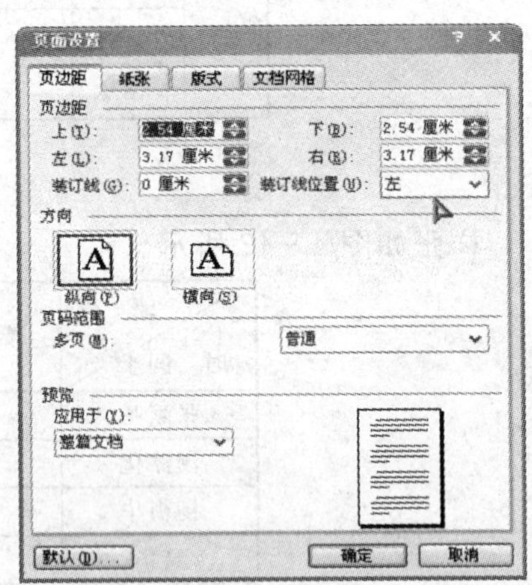

图 4－44 “页面设置”对话框

2. 插入页码

① 点击菜单栏中“插入”，在下拉菜单中选择“页码”，弹出如图 4－45 所示的对话框。

② 在“页码”对话框中完成对页码的具体设置。

3. 页眉、页脚设置

页眉、页脚是文档每页页面顶部和底部的区域，通过页眉、页脚设置，可以插入页码、日期、

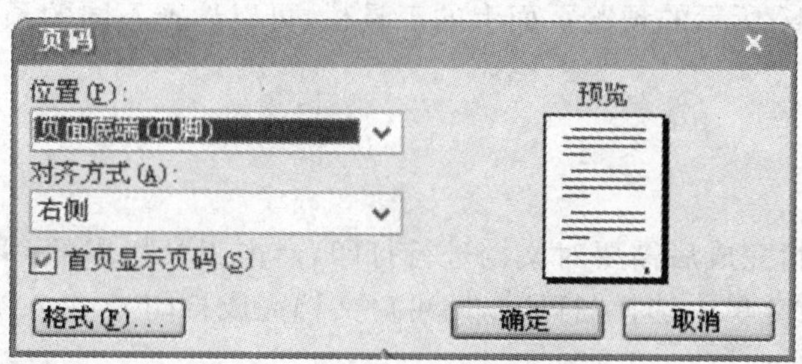

图 4-45　"页码"设置对话框

文档标题等信息,操作方法如下:

① 点击菜单栏中"视图",在下拉菜单中选择"页眉和页脚",弹出如图 4-46 所示的对话框。

② 点击对话框中的不同选项即可完成页眉、页脚的设置。

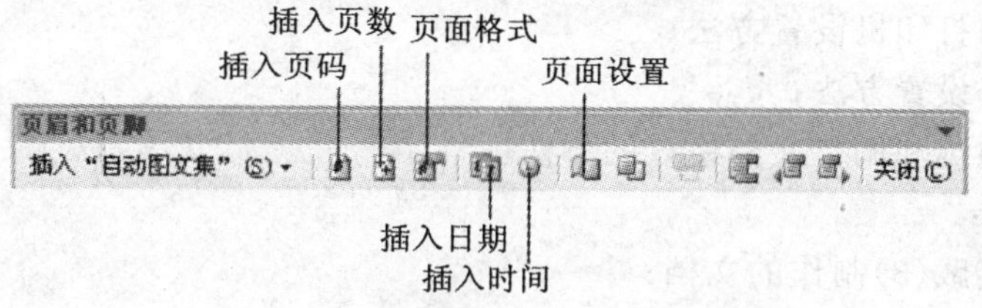

图 4-46　"页眉和页脚"设置对话框

4.5.3　打印预览

在对文档进行打印之前,应该先对文档进行预览,预览的文档效果和打印出的效果相同;如果在预览时发现文档没有达到理想的效果,可以对文档进行进一步的编辑。预览的操作过程如下:

① 点击工具栏中 按钮即可进入预览界面,如图 4-47 所示。

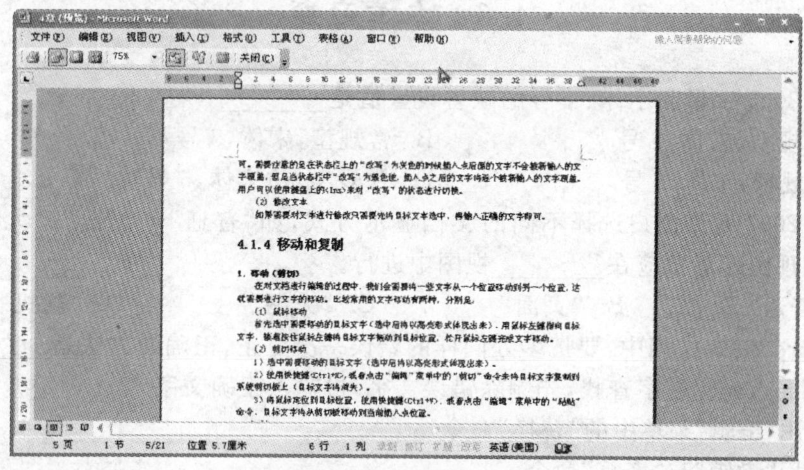

图 4-47　"预览"界面

② 点击如图 4－48 所示的预览页面上的工具栏，可以选择不同的预览方式。点击“关闭”回到编辑文档界面。

4.5.4 打印文档

用户在对文档编辑完成后需要对文档进行打印，点击工具栏中的 按钮，或者点击菜单栏中的“文件”，在下拉菜单中选择“打印”，即可对文档完成打印。

4.5.5 上机实践(5)

实践题目：打印 Word 文档。

目的要求如下：

1. 掌握页面设置的方法；
2. 掌握纸型和打印机设置方法；
3. 掌握分隔符设置方法；
4. 掌握打印预览和调整文档格式的方法。

具体步骤如下：

① 打开上机实践(3)制作的文档；

② 在“办公自动化发展历程”图片后添加一个分页符；

③ 设置页边距为：左右边距 3.17 cm，上下边距 2.54 cm；

④ 页面方向设置为纵向，纸型设置为 A4；

⑤ 打开打印预览模式，在预览模式下，微调图片位置；

⑥ 开始打印。

4.6 本章习题

① Word 2003 字形和字体、字号的缺省设置值是________。

A. 常规型，宋体，4 号　　B. 常规型，宋体，5 号

C. 常规型，宋体，6 号　　D. 常规型，仿宋体，5 号

② Word 2003 允许用户选择不同的文档显示方式，如“普通”，“页面”，“大纲”，“联机版式”等视图，处理图形对象应在________视图中进行。

A. “普通”　　B. “页面”　　C. “大纲”　　D. “联机版式”

③ 在 Word 2003 文档中，要把多处同样的错误一次更正，正确的方法是________。

A. 用插入光标逐字查找，先删除错误文字，再输入正确文字

B. 使用“编辑”菜单中的“替换”命令

C. 使用“撤销”与“恢复”命令

D. 使用“定位”命令

④ 单击绘图工具栏的“绘图”按钮，出现“绘图”下拉菜单。在该菜单中选择________命令，可使图形置于文字上方或下方。

A. “绘图”下拉菜单中的“组合”命令

B. “绘图”下拉菜单中的“叠放次序”命令

C. “绘图”下拉菜单中的“微移”命令

D. “绘图”下拉菜单中的“编辑顶点”命令

⑤ 能调整页面大小的命令在________。

A. “文件”菜单中“页面设置”命令中的“纸张大小”选项卡

B. “文件”菜单中“页面设置”命令中的“页边距”选项卡

C. 标尺

D. “文件”菜单中“页面设置”命令中的“版面”选项卡

⑥ 在 Word 2003 的编辑状态下，执行“文件”菜单中的“保存”作用时，________。

A. 将所有文档存盘

B. 只能将当前文档存储在原文件夹内

C. 可以将当前文档存储在已有文件夹任何位置

D. 先建立一个文件夹，再将文档存储在该文件夹中

⑦ 在 Word 2003 的编辑状态下快捷键<Ctrl+X>作用时________。

A. 复制　　B. 剪切　　C. 粘贴　　D. 关闭

⑧ 在 Word 2003 中，有的按钮或命令是暗淡的，这表示什么？________

A. 当前状态下不禁用　B. 系统故障　C. 当前状态下有特殊效果　D. 程序出了问题

⑨ 在 Word 2003 中，正确选中文本的方法时，________。

A. 鼠标指针放在目标处，按住鼠标左键拖动鼠标

B. 鼠标指针放在目标处，双击鼠标右键

C. 快捷键<Ctrl+→>

D. 快捷键<Ctrl+←>

⑩ 在 Word 的编辑状态下，文档中有一行被选择，当按下<Delete>键后，________。

A. 删除了插入点所在行　　B. 删除了被选择的一行

C. 删除了被选择行及其之后的内容　D. 删除了插入点及其前后的内容

⑪ 要将在 Windows 的其他软件环境中制作的图片复制到当前 Word 文档中，下列说法正确的是________。

A. 不能将其他软件中制作的图片复制到当前 Word 文档中

B. 可以通过剪贴板将其他软件中制作的图片复制到当前 Word 文档中

C. 先在屏幕上显示要复制的图片，打开 Word 文档时便可以将图片复制到文档中

D. 打开 Word 文档，然后直接在 Word 环境下显示要复制的图片

⑫ 下列菜单中，含有设定字体命令的是________。

A. 编辑　　B. 格式　　C. 工具　　D. 视图

⑬ 将文档中一部分文本内容复制到别处，先要进行的操作是________。

A. 粘贴　　B. 复制　　C. 选择　　D. 剪切

⑭ 若要将一些文本内容设置为黑体字，则先________。

A. 单击<B>按钮　　B. 单击<U>按钮　　C. 选择　　D. 单击<A>按钮

⑮ 关于 Word 的功能，下面说法中错误的是________。

A. Word 可以自动保存文件，间隔时间由用户设定

B. Word 在查找和替换字符串时，可以区分大小写，但目前不能区分全角半角

C. Word 可以正确编辑标准文本文件，但用 DOS 的 Type 命令不能正确显示 Word 文档的内容

D. 在 Word 中，能以不同的比例显示文档

⑯ 在中文 Word 下保存文件时，默认的文件名后缀是________。

A. def　　B. bat　　C. doc　　D. txt

⑰ 在 Word 中，要在编辑文件中插入一个自己画的 bmp 图形，正确的操作是________。

A. 在要插入图形的位置用鼠标直接画，然后双击使其定位

B. 在要插入图形的位置用 Word 提供的画图工具直接画图，然后双击使其定位

C. 先用画图软件生成. bmp 文件，再将该图形以对象方式嵌入文件

D. 先用画图软件生成. bmp 文件，再将该文件以相同文件名保存

⑱ 启动中文 Word 后，空白文档的名字为________。

A. 文档 1. DOC　　B. 新建文档. DOC　　C. 文档. DOC　　D. 我的文档. DOC

⑲ 在 Word 中，可在______中改变文档的字体大小。

A. 格式工具栏　　B. 常用工具栏　　C. 绘图工具栏　　D. 数据库工具栏

⑳ Word 具有查找一个特定文档的功能，这个功能包含在________。

A. 文件菜单中的“打开”对话框中

B. 文件菜单中的“另存为”对话框中

C. 编辑菜单中的“定位”对话框中

D. 编辑菜单中的“查找”对话框中

㉑ 在 Word 中，用工具条创建表格，步骤有：a. 用鼠标单击工具条中的表格按钮，然后拖动鼠标选择要求的行数列数；b. 把插入点置于想插入表格的地方；c. 当显示的格子达到要求的行列数，释放鼠标键；d. 拖动鼠标到插入点。正确的操作为________。

A. a. d. c.　　B. b. a. c.　　C. b. a. d.　　D. a. b. c. d.

㉒ 在 Word 中，要将 8 行 2 列的表格改为 8 行 4 列，应________。

A. 选择要插入列位置右边的一列，单击工具条上的表格按钮

B. 单击工具条上的表格按钮，拖动鼠标以选择 8 行 4 列

C. 选择要插入列位置左边的一列，单击工具条上的表格按钮

D. 选择要插入列位置右边已存在的 2 列，单击工具条的表格按钮

㉓ 在 Word 中，关于表格单元格，叙述不正确的是________。

A. 单元格可以包含多个段　　B. 单元格的内容能为图形

C. 同一行的单元格的格式相同　　D. 单元格可以被分隔

㉔ 在 Word 中，用鼠标拖动图形的控点实现 Word 文档中的图形裁剪，同时按住的键是________。

A. ＜Shift＞　　B. ＜Ctrl＞　　C. ＜Alt＞　　D. ＜F1＞

㉕ 在 Word 图形编辑器中，关于标注框，下列叙述错误的是________。

A. 标注框用于对插图进行解释

B. 标注框只包含文字

C. 标注框是一种特殊类型的文本框

D. 标注框可以置于任何对象的上一层次

㉖ 在 Word 中，关于页码叙述错误的是________。

A. 对文档设置页码时，可以对第一页不设置页码

B. 文档的不同节可以设置不同的页码

C. 删除某页的页码，将自动删除整篇文档的页码

D. 只有该文档为一节或节与节之间的连接没有断开时，C 才正确

第 5 章　Excel 2003 的应用

教学目的和要求：掌握在 Excel 2003 中输入数据、处理工作表、设置工作表格式的方法；掌握常用公式与函数的使用方法；掌握图表的制作；掌握数据的排序、筛选、分类汇总方法。

重点：

◇ Excel 2003 基本操作；

◇ 工作表编辑与格式化；

◇ 公式与函数的应用；

◇ 数据的排序、筛选、分类汇总；

◇ 图表的修改。

难点：

◇ 公式与函数函数的应用；

◇ 数据的排序、筛选、分类汇总方法。

中文版 Excel 2003 是微软公司继中文版 Excel 2002 之后推出的又一个优秀的表格制作软件。它是 Office 2003 套件中的一组组件，在数据处理方面，具有公式计算、函数计算、数据排序、筛选、汇总、生成图表等功能，被广泛应用于分析、统计等财务领域。中文版 Excel 2003 较之中文版 Excel 2002 有了很大的改进，同时增加了许多新功能。

5.1　Excel 2003 界面及基本操作

5.1.1　Excel 2003 界面介绍

安装 Office 2003 套件后，Windows“开始”菜单的“程序”中会增加一项 Microsoft Excel 命令选项，单击该命令选项，即可启动 Excel 2003。

图 5－1 是启动 Excel 2003 后的界面。

Excel 2003 主要由以下部分组成。

(1) 标题栏

在标题栏中显示程序的名称为 Microsoft Excel 和当前打开的电子表格文件的名称，如果被编辑的文件还没有取名或存盘，则用 Book1 表示。标题栏右端三个按钮的功能分别是窗口最小化、改变窗口大小和关闭窗口。

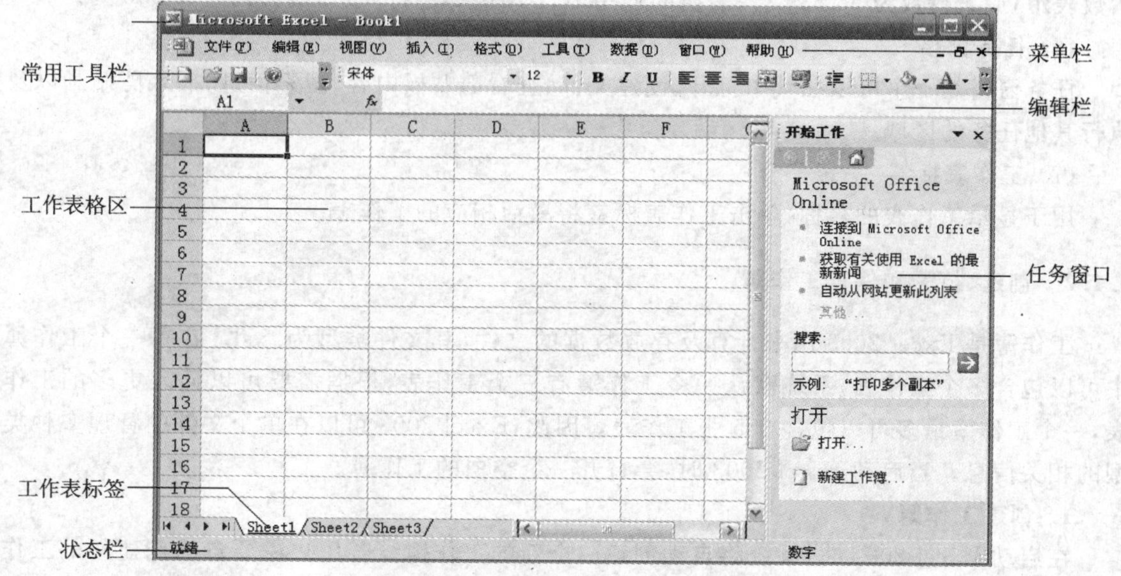

图 5-1　Excel 2003 工作界面

(2) 菜单栏

菜单栏位于标题栏的下面一行,菜单栏右端仍然有三个按钮。三个按钮的功能分别是使文件窗口最小化、改变窗口大小和关闭文件窗口。菜单栏中包括"文件"、"编辑"、"视图"、"插入"、"格式"、"工具"、"数据"、"窗口"和"帮助",这是一组下拉式菜单,包含了进行表格数据处理所需要的绝大部分功能和命令。用鼠标单击其中的一项菜单,则会打开该菜单项的下拉菜单,在下拉菜单中列出了与该项目有关的一组命令,如果该命令是黑色显示,表示该命令可用;如果该命令是灰色显示,表示目前该命令不可用;如果命令后面跟有省略号"……",表示执行该命令后会弹出一个对话框,需要进一步选择、输入信息或确认。

(3) 工具栏

工具栏位于菜单栏的下面一行,工具栏上形象直观地排列着一些常用的命令按钮。如果打开 Excel 2003 后面板上没有工具栏,需打开"视图"菜单,用鼠标指向"工具栏",在弹出的菜单中选中常用和格式两个选项(如选项前出现√),则常用和格式工具栏将出现在面板上。

(4) 编辑栏

编辑栏的左边显示的是当前活动单元格的名字或地址,右边是编辑框。编辑框是输入和编辑数据、公式的地方,按下"="按钮后开始输入计算公式或函数。如果直接在单元格中输入和编辑数据,则输入或编辑的内容会同时在编辑框中显示。编辑栏中的"√"按钮表示确认编辑框内输入的内容,"×"按钮表示取消编辑框中的内容。

(5) 工作表格区

工作表格区是用于编辑、查看数据的区域,是一个二维表格。表格的行数用 1,2,3…等自

然数表示，最大行数为 65 536 行；表格的列用 A,B,C…等字符表示，最大列数为 256 列。

(6) 任务窗格

任务窗格是一个可以在其中打开、创建文件、查看剪贴板内容、搜索信息、插入剪贴画以及执行其他任务的区域。

(7) 工作表标签

用于显示工作表的名称，单击工作表标签将激活相应的工作表。

5.1.2 创建、打开和保存工作簿

工作簿是 Excel 2003 用来计算及存放数据的文件，其文件类型为. xsl。在每一个工作簿中可以包含多个工作表，系统默认一个工作簿有三个工作表，根据需要可以插入更多的工作表，一个工作簿最多可以包含 255 张工作表。因此，Excel 2003 可以在单个文件中管理多种类型的相关信息。当启动 Excel 2003 时，会打开一个空白的工作簿。

1. 创建工作簿

在启动 Excel 2003 时，系统将自动创建一个新的工作簿。若用户需要自己创建新的工作簿，可以使用以下两种方法。

方法一：利用常用工具栏上的“新建”按钮创建一个新的工作簿。

方法二：使用模板创建工作簿，其具体操作如下：

① 单击任务窗格中的“新建工作簿”超级链接，在任务窗格中打开“新建工作簿”，在“新建”选项中单击空白工作簿，可直接创建一个空白的工作簿；或者是在“模板”选项中单击“本机上的模板”，打开“模板”对话框，如图 5-2 所示。

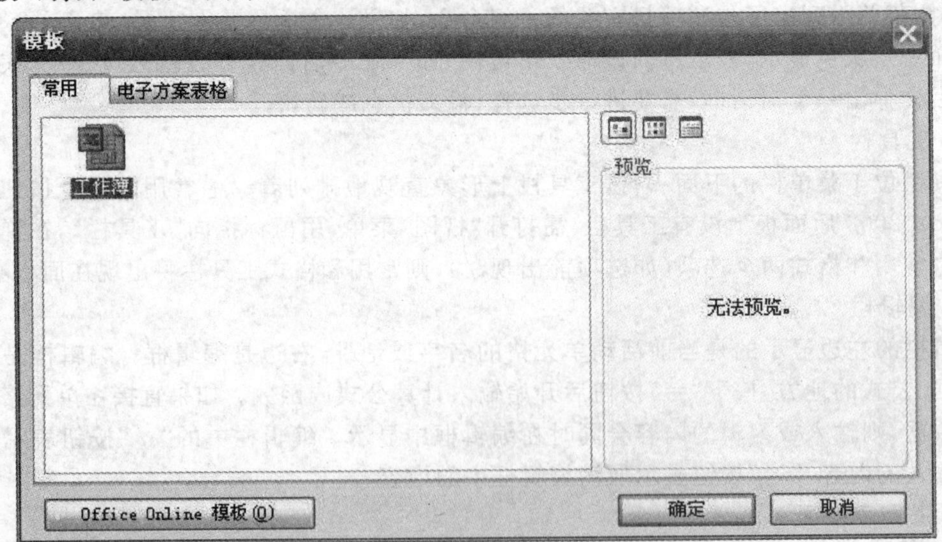

图 5-2 “模板”对话框中的“常用”选项卡

② 选中“工作簿”，单击“确定”按钮，如果要创建基于其他模板的工作簿，单击“模板”对话框中的“电子方案选项”，在显示的对话框中选择不同类型的电子方案表格模板。

2. 打开工作簿

若要对一篇工作簿进行编辑或是查看，首先要打开工作簿。打开工作簿文件的步骤如下所述。

① 使用“文件”菜单中的“打开”命令，或单击常用工作栏上的“打开”按钮，两种方法都可以打开“打开”文件对话框。

② 在“打开”对话框中的“查找范围”下拉列表中选中需要打开的文件夹，在下面的列表框中选中要打开的文件，也可以在“文件名”文本框中输入需要打开文件的路径。

③ 在选中要打开的文件后，单击“打开”按钮即可打开所选文件。

3. 保存工作簿

一个 Excel 文档编辑完成后，用户可以将其保存起来。保存工作簿的步骤如下：

① 单击工具栏上的“保存”按钮，或使用“文件”菜单中的“保存”命令，打开“另存为”对话框。

② 在“另存为”对话框中的“保存位置”后的下拉列表中，选择要保存文件的文件夹，在“文件名”文本框中输入要保存文件的文件名。

③ 设置完成后，单击“保存”按钮，即可将文件保存到所选的文件夹下面。

5.1.3　单元格数据的录入

单击工具表中的一个单元格，该单元格被选中，用黑框表示。此时可以在单元格中输入文字、数值、日期、时间、函数和公式，输入完成后按 Tab 键当前单元格右移一格，按回车键跳到下一行，按 Esc 键可以撤销当前输入的内容。在 Excel 2003 中，一个单元格中最多可以容纳 32 676 个字符，编辑栏可以显示全部字符，而单元格中最多可以显示 1 024 个字符。

1. 输入文字

输入的文字可以是数字、空格和非数字字符组合，系统默认文本数据的对齐方式为左对齐。如果需要在同一个单元格显示多行文字，执行“格式”菜单中的“单元格”命令，在“对齐”选项卡中选择“自动换行”，如图 5-3 所示。当输入的文本超过单元格右边界时自动换行。

如果需要在单元格中回车换行，应按＜Alt＋Enter＞组合键；如果输入的文本由数字组成，则应先输入单引号作为文字标志，再输入数字，如图 5-4 所示。图中的数字 11 前面加了单引号作为标志，系统识别为文本数据而非数值型数据；图中数字 12 前面没有加任何符号作为标记，系统识别为数值型数据。

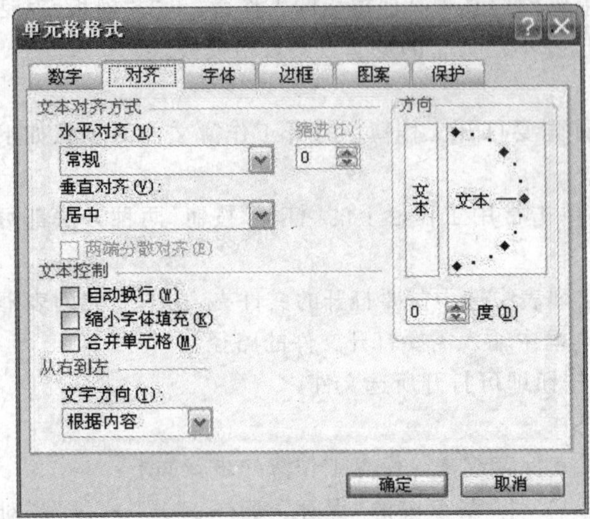

图 5－3 “单元格格式”对话框

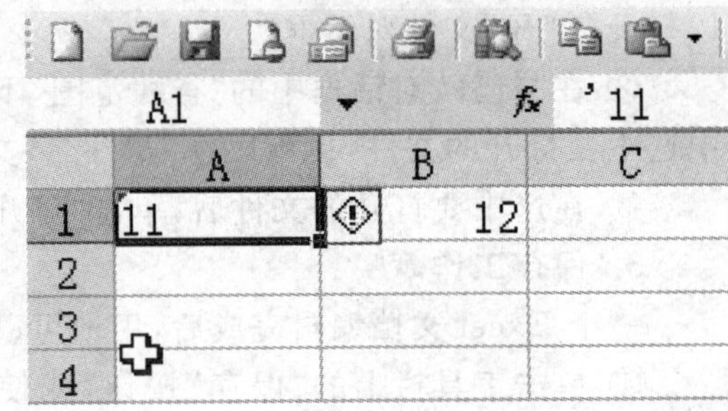

图 5－4 文本数据和数值型数据

2. 输入数值型数据

Excel 2003 在遇到以下符号时，将其看成是数值型数据：

0,1,2,…,9,＋,－,( ),/,￥,$,%,E,e。

在工作表中经常输入的数据形式有以下几种。

① 输入负数：在数字前加一个负号，或将数字括在括号内；如输入“－10”或“(10)”，最终在单元格中显示“－10”。

② 输入分数：如输入“2/3”，应先输入“0”及一个空格，再输入“2/3”。若不输入“0”，Excel 会把 2/3 当做日期 2 月 3 号处理。

③ 输入科学计数法：如 2 000 000 之类较长的数字，可以使用科学计数法表示，在 Excel 2003 中可以将其表示为 2E＋6 的形式。

④ 输入百分数：直接在数值的后面加上“%”。

⑤ 输入数字：单击选中该单元格，直接输入数字。

⑥ 若要向多个单元格输入相同的数字，可以先选取要输入数字的多个单元格，使用键盘输入数据后，按下＜Ctrl＋Enter＞快捷键，即可在所选中的多个单元格中输入相同的数据。

3. 输入日期型数据

Excel 2003 将日期和时间视为数字处理，提供了多种日期和时间显示格式，执行“格式”菜单中的“单元格”命令，在弹出的“单元格格式”对话框中选择“数字”选项卡，在“日期”栏和“时间”栏中可以选择日期和时间的显示格式，如图 5－5 所示。

日期按年、月、日的顺序输入，分隔符可以用“/”或“-”；时间按小时、分、秒的顺序输入，分

隔符可以用"："。如果按 12 小时制输入时间，则应在时间后留一空格，并键入 AM 或 PM 表示上午或下午。如果在同一单元格中输入日期和时间，则应在日期和时间之间用空格分离。

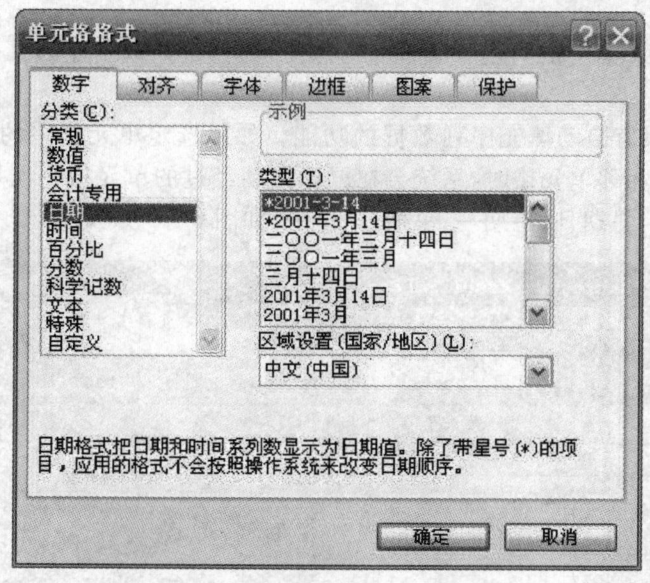

图 5-5　日期和时间的显示格式

4. 输入公式和函数

公式由一个或多个单元格的地址加上数据和数学符号组成。函数为预先设置好的一些较复杂的公式，在工作表中输入公式就可以对数据进行计算、分析。向所需的单元格中输入公式或函数的方法如下所述。

① 选取要在其中输入公式的单元格。

② 在单元格中输入一个等号"＝"。

③ 输入公式内容，可以进行求和、求平均数等计算。

④ 按＜Enter＞键或单击编辑栏中的"输入"符号✔。

5. 数据的自动填充

Excel 2003 提供了把一个单元格的数据复制到多个相邻单元格的功能，其方法有两种。

方法一：使用填充柄。

① 选定一个单元格。

② 用鼠标指向选定单元格右下角的填充柄，此时鼠标指针变成黑色十字形。

③ 当鼠标变成黑色十字形时，按住鼠标左键拖动到需要复制的相邻单元格。

④ 释放鼠标左键，完成复制。

方法二：使用填充命令。

① 首先用鼠标指向选定的单元格。

② 按住鼠标左键拖动并覆盖所有需要复制的相邻单元格，此时鼠标拖动过的区域变成黑色。

③ 执行“编辑”菜单中的“填充”命令，则选定单元格中的内容已复制到其他相邻单元格中。

Excel 2003 还具有自动填充序列数据的功能。如果选定单元格中的内容是一个序列数据，在拖动填充柄到相邻单元格时，系统会在鼠标拖动经过的单元格一次填上后续数据，如一月、二月、三月、……，星期日、星期一、星期二、……，如图 5－6 所示。

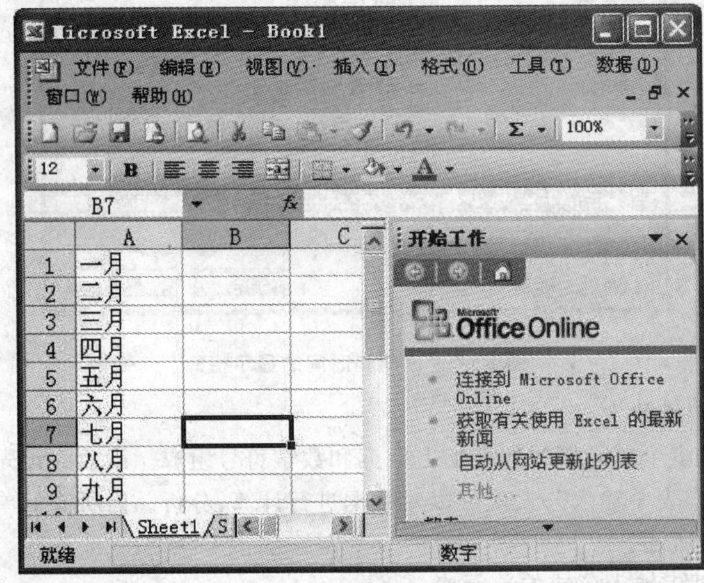

图 5－6　快速输入数据

填充数字、日期或其他序列的方法如下：

① 选取起始单元格，然后输入序列的初始值。

② 如果要让序列按给定的步长增长，需要再选定下一个单元格，并在其中输入序列的第二个数值。前两个单元格中数值的差值将决定该序列的增长步长。

③ 选取包含初始值的单元格(可以只有初始值)。

④ 用鼠标拖动填充柄经过需要填充的区域。

⑤ 若要按升序排列，可从上向下或从左到右拖动填充柄来填充相邻的单元格。

⑥ 若要按降序排列，可从下向上或从右到左拖动填充柄来填充相邻的单元格。

如果要人工指定序列的类型，可以按住鼠标右键拖动填充柄，在松开填充柄时，会弹出一个快捷菜单，如图 5－7 所示。若在弹出的快捷菜单中选择“以工作日填充”选项，则填充的内

容中没有“星期六”和“星期日”。

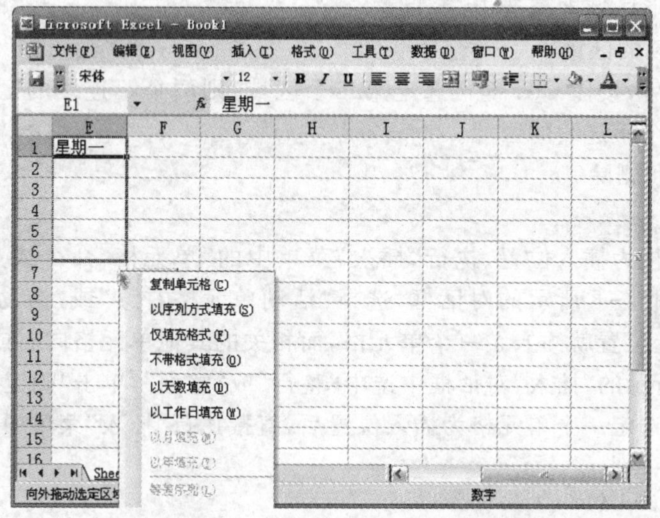

图 5－7　“以工作日填充”快捷菜单

若使用填充柄填充等差序列和等比序列，可以使用以下操作方法：

① 首先在两个或多个单元格中输入起始值，这些起始值之间的差或比将作为序列填充的依据。

② 选中包含起始值的多个单元格。

③ 按住鼠标右键，拖动选取的多个单元格填充柄。

④ 当释放鼠标时，弹出快捷菜单。从菜单上选择“等差数列”或“等比数列”，将按所选的选项填充相应序列的单元格。

5.1.4　单元格、行和列的基本操作

在编辑工作的过程中，经常需要插入、清除和删除单元格，有时也可以对整行或整列进行相同的操作。

1. 选定区域

(1) 选定整行、整列或全表

用鼠标单击行标即可选定整行；按住鼠标左键在行标上拖动，可以选定连续的若干行。用鼠标单击列标即可选定整列；按住鼠标在列标上拖动，可以选定连续的若干列。用鼠标单击工作表左上角的全选框即可选定全表。

(2) 选定矩形区域

方法一：用鼠标指向矩形区域四个角中某一个角的单元格，按住鼠标左键拖动鼠标到对角单元格后释放鼠标左键，该矩形区域即被选中。

方法二：用鼠标单击某一个单元格，按住 Shift 键再用鼠标单击另一个单元格，以这两个单元格为对角的矩形区域即被选中。

(3) 选择不连续的区域

选定一个区域后，按住 Ctrl 键再选定第二个区域，则两个不连续的区域被选定。用相同的方法可以选定多个不连续的区域。

2. 插入、清除和删除

(1) 插　入

选定一个单元格为插入位置，执行“插入”菜单中的“单元格”命令或点击鼠标右键，选择“插入”，将弹出如图 5-8 所示的对话框，选择“活动单元格右移”或“活动单元格下移”，单击“确定”按钮，在选定位置就插入了一个单元格，而相关的其他单元格向右或向下移动。

在如图 5-8 所示的“插入”对话框中选中“整行”或“整列”，单击“确定”按钮后在选定位置插入一行或一列。选定一个单元格为插入位置后，直接执行“插入”菜单中的“行”或“列”命令，也可以插入一行或一列。

(2) 删　除

选定需要删除的单元格区域，执行“编辑”菜单中的“删除”命令或直接点击右键选择“删除”，将弹出如图 5-9 所示的对话框。在“删除”对话框中选择“右侧单元格左移”或“下方单元格上移”，单击“确定”按钮就可以删除选定单元格。如果选中“整行”或“整列”，单击确定按钮后将删除选定单元格所在的行或列。

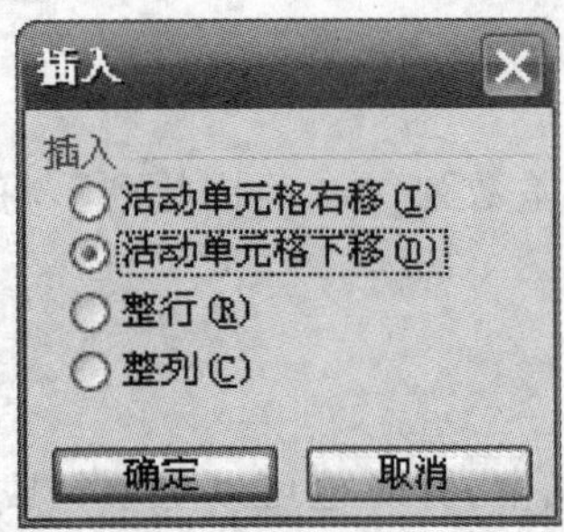

图 5-8 “插入”对话框

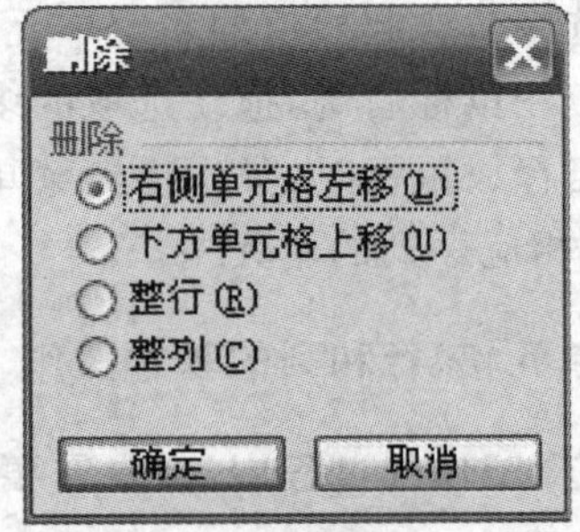

图 5-9 “删除”对话框

要删除整行或整列也可以先选定要删除的行或列，执行“编辑”菜单中的“删除”命令或直接单击右键选择“删除”命令即可删除整行或整列。

(3) 清　除

选定需要清除的单元格区域，用鼠标执行“编辑”菜单中的“清除”命令，弹出“清除”菜单，在“全部”、“格式”、“内容”、“批注”四个选项中选择执行需要清除的项目，即可完成操作。

3. 复制和移动

使用复制、剪切和粘贴命令。操作步骤如下：

① 选取要进行复制的单元格。

② 执行“编辑”菜单中的“复制”命令，或右击要复制的单元格，在弹出的菜单中选择“复制”选项。当选择“复制”选项后，被选中的单元格周围有动态的虚线框，如图 5－10 所示。

③ 选中要复制内容的目标单元格。

④ 执行“编辑”菜单中的“粘贴”命令，或右击目标单元格，在弹出的菜单中选择“粘贴”选项，即可完成单元格内容的复制。

图 5－10 单元格复制时状态

使用鼠标拖动选取的单元格外框，可以完成对整个单元格或单元格区域的复制和移动操作。操作步骤如下：

① 首先选定需要移动或复制的单元格或单元格区域。

② 将鼠标指向选定区域的外边框，当指针形状变成空心箭头时，按住鼠标拖动选取的区域到目标单元格或单元格区域左上角的单元格上。

③ 如果要在单元格间插入被移动或复制的单元格，可按住＜Shift＞键后再进行拖动，此时选取的单元格或单元格区域将被插入到目标位置上，而不是覆盖原有数据。

④ 如果要复制选取的单元格或单元格区域，可以按住＜Ctrl＞键的同时再拖动鼠标，在拖动时，鼠标光标上将带有“＋”号，表明进行的是复制操作。若希望复制并插入单元格，而不是覆盖单元格，应该在拖动鼠标时按下＜Shift＋Ctrl＞键。

⑤ 如果要将选定区域移动到其他工作表上，可以按住＜Alt＞键，然后拖动到目标工作表标签上。若要将选取的区域复制到其他工作表上，可以按住＜Alt＋Ctrl＞键，再拖动到目标工作标签上。

使用 Excel 2003 中的选择性粘贴命令，可以完成更多的粘贴操作。具体操作如下：

① 首先选取需要复制的单元格或单元格区域。

② 执行“编辑”菜单下面的“复制”命令（不能用“剪切”命令），将选取的区域复制到剪贴板上。

③ 选取粘贴区域的左上角单元格，然后执行“编辑”菜单下面的“选择性粘贴”命令，或者单击右键选择“选择性粘贴”，打开“选择性粘贴”对话框，如图 5－11 所示。

④ 在对话框中的“粘贴”选项组中，根据需要选择要粘贴的内容。

⑤ 在对话框中的“运算”选项组中，选择一种运算方式。

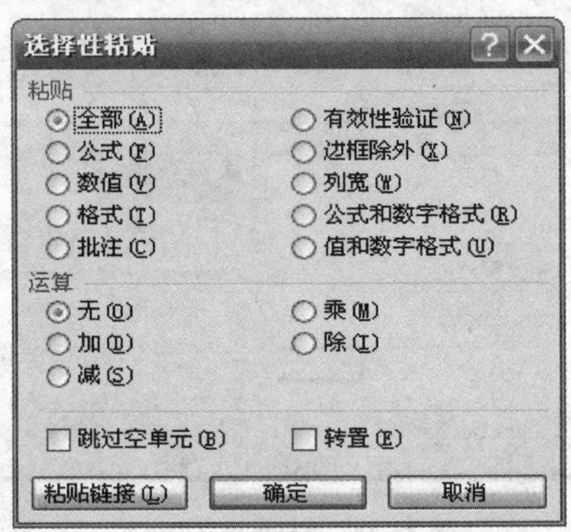

图 5－11 “选择性粘贴”对话框

⑥ 若选中“跳过空单元”复选框，则可以防止用复制的空单元格替换数据单元格。

⑦ 若选中“转置”复选框，则可以调换选取的单元格区域的行与列。

4. 查找替换

使用查找功能可以快速地在表格中定位要查找的内容，而替换功能则可以对表格中多处出现的同一内容进行修改，减轻工作的繁琐程度。在具体操作中，用户可以灵活掌握、交互使用查找和替换功能。

查找单元格内容的具体步骤如下：

① 执行“编辑”菜单下面的“查找”命令，将打开如图 5－12 所示的“查找和替换”对话框。

② 在对话框中的“查找内容”文本框输入需要查找的内容。

③ 如果要详细设置查找，则单击“选项”，扩展“查找”选项卡，如图 5－13 所示。在“搜索方式”后的下拉列表中选择一种搜索方式，如“按行”或“按列”。

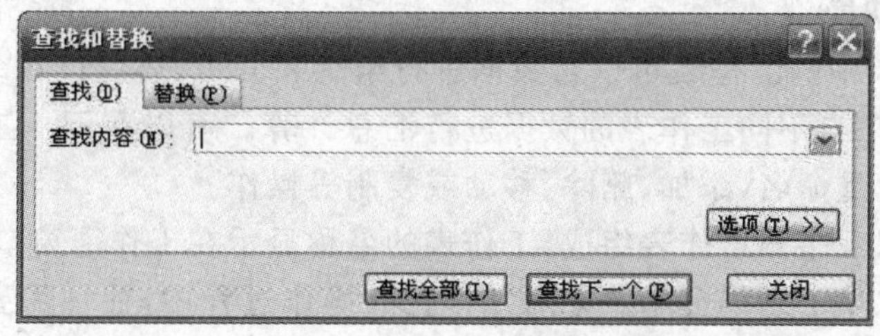

图 5－12　“查找和替换”对话框

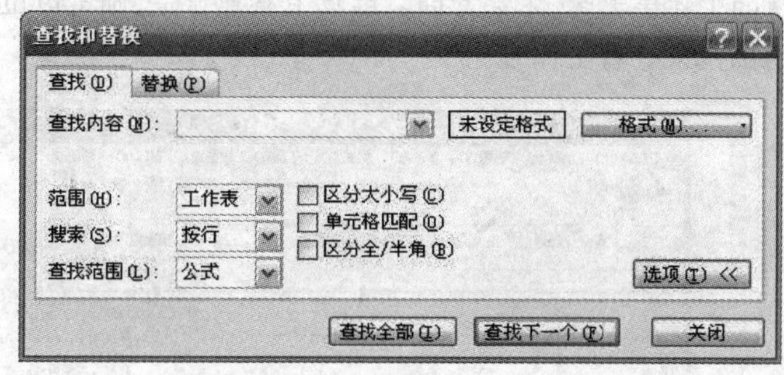

图 5－13　查找选项卡的扩展

④ 在“搜索范围”后的下拉列表中选择一种搜索范围，可选的项目有“值”、“公式”或“批注”。

⑤ 若选中“区分大小写“复选框，查找的内容将区分大小写。

⑥ 若选中“单元格匹配”复选框，则查找的内容将要求精确匹配单元格中的内容，否则只要单元格中含有查找的内容，则单元格也在查找之列。

⑦ 若选中“区分全/半角”复选框，则查找的内容会区分全角和半角。

⑧ 单击“查找”下一个按钮，即开始执行查找命令。

替换与查找的步骤相似，首先执行“编辑”菜单下的“替换”命令，将打开“替换”对话框，也可以直接单击图 5－12 的“替换”按钮，打开“替换”对话框。

在对话框中的“查找内容”与“替换值”文本框中输入相应的内容，其中的复选框功能与“查找”选项卡中的功能一致。

若将工作表中所有的匹配内容同时替换，可以单击“全部替换”按钮；若是对匹配内容原有选择的替换，则单击“查找下一个”按钮，当找到指定内容时，需要替换则单击“替换”按钮，然后系统会自动查找下一个匹配的单元格。

5.1.5 工作表的基本操作

1. 工作表间的切换

使用 Excel 2003 中的工作表可以对数据进行组织和分析，还可以在多张工作表上输入和编辑数据，也可以对来自不同工作表的数据进行汇总计算。可以在同一工作簿内或两个工作簿之间对工作表进行重命名、添加、删除、移动或复制等操作。

每个工作簿可以由多张工作表组成，工作表的名称显示在工作簿窗口底部的工作标签上，活动工作表的名称以单下划线显示。在对工作表的操作过程中，往往需要在不同的工作表间切换。从一个工作表切换到另一个工作表，可通过单击工作表标签来实现。如图 5-14 所示，在工作表下方带有 Sheet1、Sheet2 等标注的按钮是工作表标签，单击某标签即可切换到相应的工作表。若工作簿的工作表太多，不能在同一屏幕上全部显示，则可以单击工作表标签左边的用于左移和右移的按钮来查看工作表。

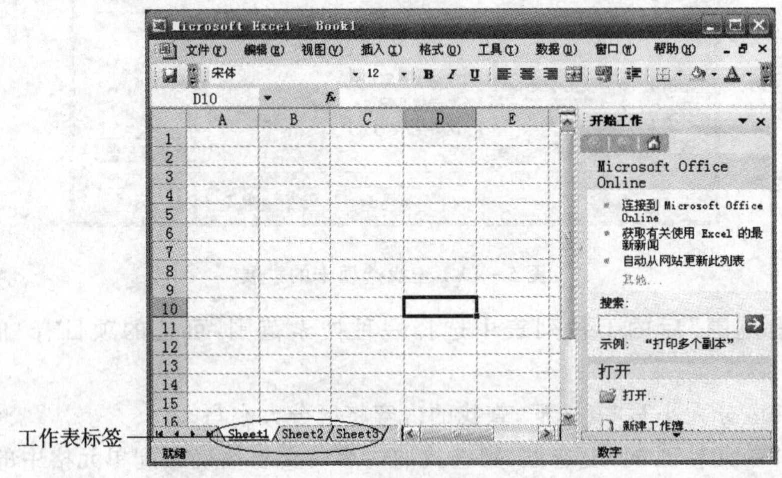

图 5-14 工作表标签

2. 插入工作表

在编辑工作表时，往往需要在工作表之前或之后插入工作表。插入工作表的方法如下：

① 首先选择需要在其之前插入工作表的标签，右击工作表标签，在弹出的快捷菜单中单击插入选项，打开“插入”对话框，如图 5-15 所示。

② 选中对话框中的常用选项卡，再选中列表中的工作表项，然后单击“确定”按钮，即可在当前工作表前插入一张空白工作表。也可以执行插入菜单下的工作命令，则会在首先选取的工作表之前插入一张空白的工作表。

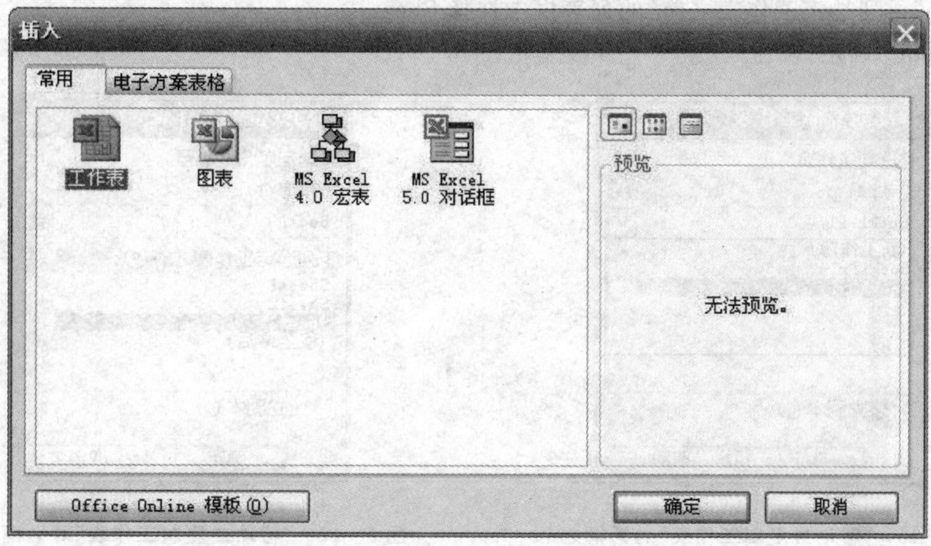

图 5－15　“插入”对话框

3. 移动工作表

工作表移动可分为两种：一种是在同一工作簿中的移动；另一种是跨工作簿的移动。

首先介绍在同一工作簿中移动工作表。

下面是将表 Sheet1 移到表 Sheet2 和表 Sheet3 之间的具体操作步骤。

① 单击要移动的工作表 Sheet1，按下鼠标左键拖动要移动的工作表，此时鼠标指针将带有一个书页状图标，同时在表的签名间也出现一个黑色向下的三角形小箭头。

② 拖动鼠标使三角形小箭头指向表 Sheet2 和表 Sheet3 之间的位置，松开鼠标，则把工作表移到了两表之间。

以上例子也可以用另外一种方法实现，具体步骤如下：

① 单击要移动的工作表 Sheet1，使之被激活。

② 执行“编辑”菜单下的“移动或复制工作表”命令，打开如图 5－16 所示的“移动或复制工作表”对话框。

③ 在对话框中的“下列选定工作表之前”的列表框中选择 Sheet3。

④ 单击“确定”按钮即可将表 Sheet1 移动到表 Sheet3 之前。

下面是在不同工作簿之间移动工作表的方法。若要将工作簿 Book1 中的表 Sheet1 移动到工作簿 Book2 的表 Sheet3 之前，移动的操作步骤如下：

① 单击 Book1 中要移动的工作表 Sheet1。

② 执行“编辑”菜单下的“移动或复制工作表”命令，打开如图 5－16 所示的对话框。

③ 单击对话框中的“工作簿”下拉按钮，在弹出的列表框中选择 Book2 选项，如图 5－17

所示。在"下列选定工作表之前"的列表框中选择 Sheet3。

④ 单击"确定"按钮。

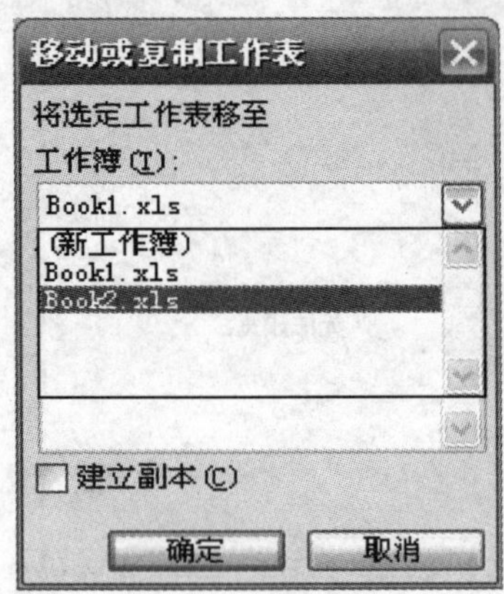

图 5-16 "移动或复制工作表"对话框之一

图 5-17 "移动或复制工作表"对话框之二

4. 复制工作表

工作表的复制分为两种：一种是在同一工作簿中的复制;另一种是跨工作簿的复制。

在同一工作簿中复制工作表的具体步骤如下：

① 单击要复制的工作表标签。

② 按住 Ctrl 键,然后按下鼠标左键并拖动要复制的工作表,此时鼠标指针将带有一个书页状并带有加号的标记,同时在标签名间会出现一个三角箭头。

③ 拖动鼠标使三角箭头到合适的位置,释放鼠标,即可完成工作表的复制。也可以使用"编辑"菜单下的"移动或复制工作表"命令复制工作表。

在编辑工作表过程中需要进行工作簿间的复制时,可以先选定一个工作簿,然后将其复制到另一个工作簿中。它的操作方法与跨工作簿移动工作表相似,只要在"移动或复制工作表"对话框中选定"建立副本"复选框即可。

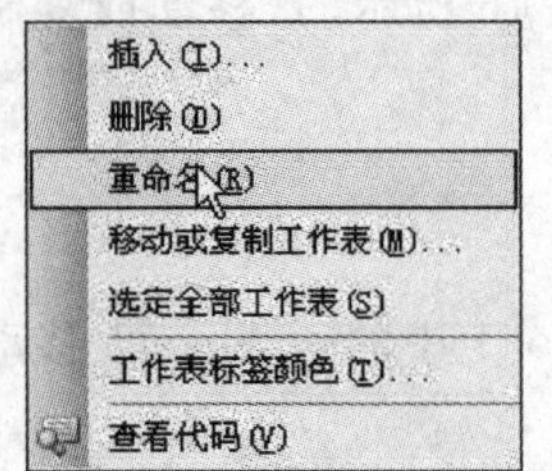

图 5-18 重命名工作表

5. 重命名工作表

在 Excel 2003 中,默认的工作表名称为 Sheet1,Sheet2 等。如果一个工作簿中有多张工作表,则使用起来相当不方便。这时,用户可以根据自己的需要对工作表重命名。

对工作表的重命名有多种方法。其中最简单的方法是：双击工作表标签(标签变成黑色),然后输入工作表的名称。也可以将鼠标指针指向工作表标签,右击鼠标,弹出如图 5-18 所示的快捷菜单,从中选择重命名选项,然后输入工作表的名称。

6. 隐藏和删除工作表

隐藏工作表的主要作用是为了减少屏幕上显示的工作表数目，使操作简便，并防止不必要的修改。隐藏工作的具体步骤如下：

① 选取需隐藏的工作表，若要选取多张工作表，可以按住<Ctrl>键，单击工作表标签进行选取。

② 执行“格式”菜单下的“工作表/隐藏”命令。

如果要将隐藏的工作表显示出来，可以执行“格式”菜单下的“工作表/取消隐藏”命令，打开“取消隐藏”对话框，在对话框中的“重新显示隐藏的工作表”列表框中，选择需要显示的工作表名称，单击“确定”按钮即可。

在编辑工作表时，若有些工作表中的数据没有用，则可以将其从工作簿中删除。删除工作表的具体步骤如下：

① 单击需要删除的工作表标签。

② 执行“编辑”菜单下的“删除工作表”命令，弹出警告窗口。

③ 单击“确定”按钮，即可删除当前选取的工作表。也可以右击需要删除的工作表标签，在弹出的快捷菜单中选择“删除”项。

5.2　表格的制作与计算

5.2.1　表格制作

Excel 2003 工作表中的网格线默认为灰色显示，在打印预览时不显示网格线，打印表格时也不打印网格线；如果要将 Excel 中的表格复制到 Word 时也不会以表格的形式出现。如果要为编辑好的 Excel 表格添加边框或打印出表格线，须进行设置。下面就介绍为 Excel 表格设置边框的三项常用操作。

1. 快速添加普通边框

如果不想设计特别的边框，直接用系统的网格线为表格添加边框是最方便的。

执行“文件”下面的“页面设置”命令，打开“页面设置”对话框(见图 5 - 19)，切换到“工作表”标签中，选中“打印”下面的“网格线”选项，确定返回，再打印，表格就有边框了。

2. 快速添加普通边框

采取上面的方法添加的边框，连表格的大标题都加上了外围，影响表格的观感。

利用“格式”工具栏上的“边框”按钮可以快速为表格添加边框：选中需要添加边框的单元格区域，单击“格式”工具栏上的“边框”按钮，在随后弹出的下拉列表中(见图 5 - 20)，选择一种框线样式(如“所有框线”)即可。

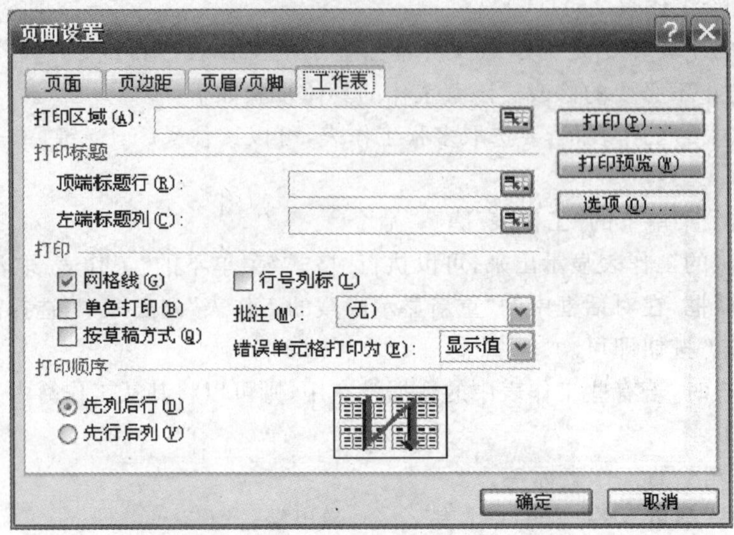

图 5-19 “页面设置”打印网格线

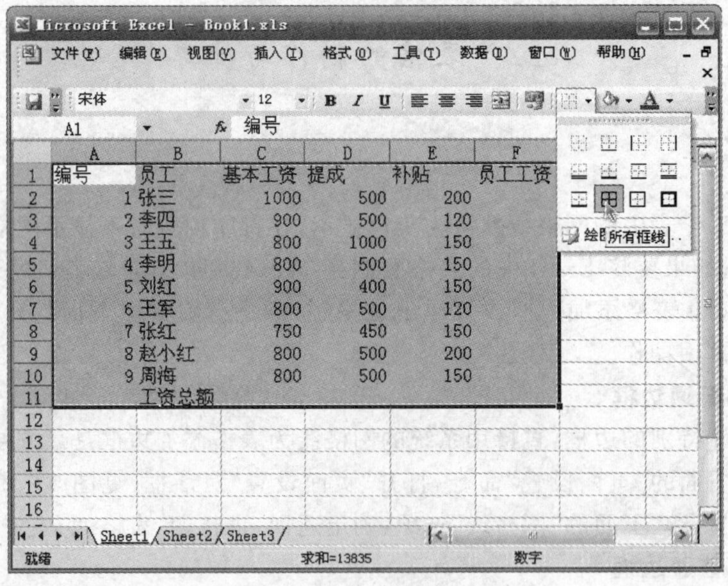

	A	B	C	D	E	F
1	编号	员工	基本工资	提成	补贴	员工工资
2	1	张三	1000	500	200	
3	2	李四	900	500	120	
4	3	王五	800	1000	150	
5	4	李明	800	500	150	
6	5	刘红	900	400	150	
7	6	王军	800	500	120	
8	7	张红	750	450	150	
9	8	赵小红	800	500	200	
10	9	周梅	800	500	150	
11		工资总额				

图 5-20 设置边框

3. 设置彩色边框

人们经常用 Excel 制作表格，然后复制到 PowerPoint 中进行演示，因此，需要设置一些彩色的特殊边框。

选中需要添加边框的单元格区域，执行"格式"菜单中的"单元格"命令，打开"单元格格式"对话框，切换到"边框"标签中(见图 5-21)，设置好"线条"、"样式"和"颜色"，再"预置"边框位置，全部设置完成后，确定返回即可。(注意：一定要先设置样式和颜色，再设置位置。)

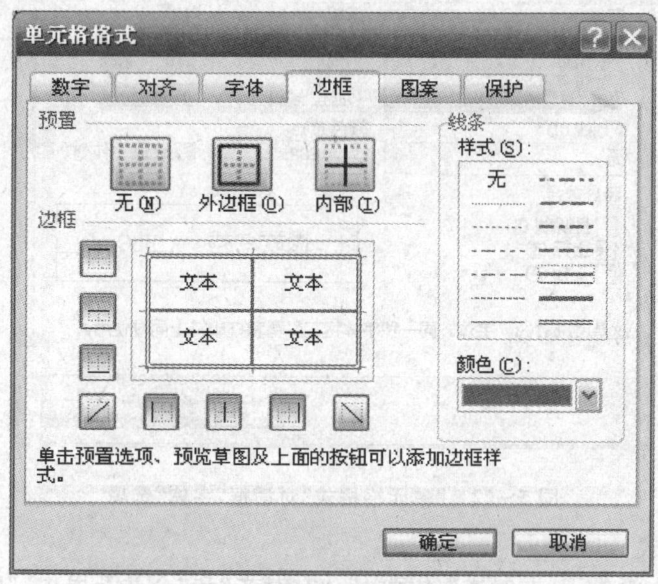

图 5-21　"单元格格式"对话框"边框"选项

5.2.2　表格格式化

1. 设置字体、字形、字号和颜色

对于表格中的文本，可以使用常用工具栏中的按钮来更改其大小、字体、颜色及其他格式。

选中需要设置的表格，在常用工具栏中的"字体"框中选择字体，在"字号"框中选择字号，工具栏上还提供了"加粗"、"倾斜"、"下划线"按钮，单击这些按钮可以设置选中文本的字形。单击"字体颜色"按钮上的箭头，在打开的调色板上选择合适的字体颜色，即可设置字体的颜色。也可以执行"格式"菜单中的"单元格"命令，在弹出的对话框中选择"字体"选项卡(见图 5-22)，进行字体、字形、字号的设置。选择"图案"选项卡可以设置单元格的文本颜色和背景。

2. 改变行高和列宽

用鼠标指向行表格线位置或列表格线位置，当鼠标指针变为带双箭头的十字时，按住鼠标左键拖动鼠标，可以改变行高或列宽。

如果需要改变多个单元格的行高或列宽，选中单元格，执行"格式"菜单中的"行"或"列"命令，在弹出的下一级菜单中改变行高或列宽。

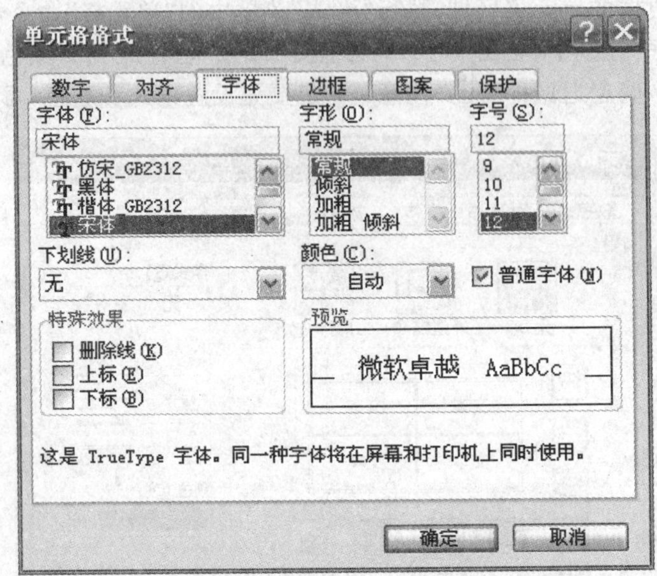

图 5-22 “单元格格式”对话框“字体”选项

3. 设置对齐方式

“格式”工具栏中提供了“左对齐”、“居中”、“右对齐”和“合并及居中””四个按钮，利用这四个按钮可以设置选定单元格内数据的对齐方式。其中“合并及居中”具有合并单元格的功能。利用格式工具栏上的“减少缩进量”按钮和“增加缩进量”按钮，可以设置单元格中的文本到适当的位置。

在“单元格格式”对话框中(见图 5-22)选择“对齐”选项卡，不仅可以设置水平对齐方式，还可以设置垂直对齐方式。

4. 设置数字、日期、时间格式

在“单元格格式”对话框中，“数字”选项卡提供了对单元格内各种类型数据的格式设置，包括文本、数值、货币、日期、时间等类型数据的格式设置，每一个数据类型均有多种显示样式。对于选定的单元格，选定数据格式后单击“确定”按钮即可将数据的格式设置完成。

在格式工具栏上，提供了“货币格式”、“百分比格式”、“千分位分隔样式”、“增加小数位数”和“减少小数位数”按钮，利用这些按钮可以快速设置表格格式。

5. 自动套用格式

Excel 2003 提供了简单、经典、彩色、序列、三维效果等多种表格格式，供用户进行套用。选定需要套用格式的单元格后，执行“格式”菜单中的“自动套用格式”命令，在弹出的“自动套用格式”对话框(见图 5-23)中选定需要的样式，单击“确定”按钮。

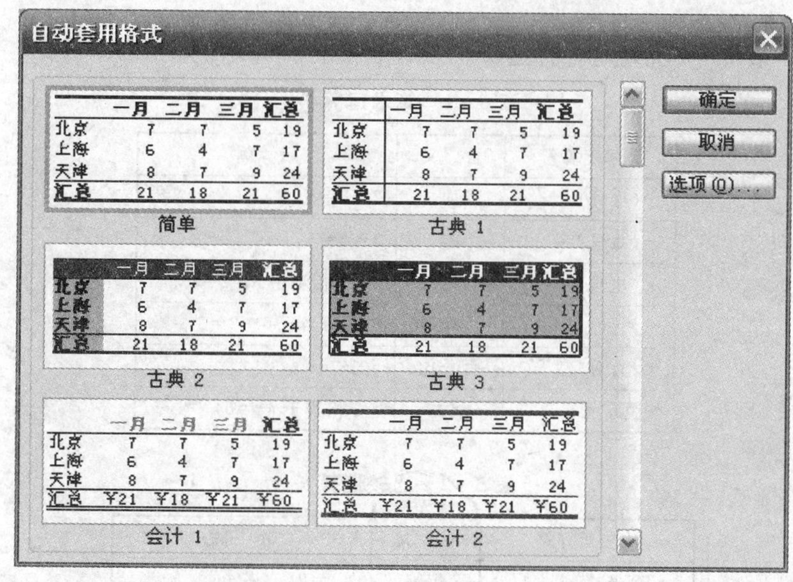

图 5-23　"自动套用格式"对话框

5.2.3　公式与函数

公式是在工作表中对数据进行分析的等式，它可以对工作表数值进行加、减、乘、除等运算。公式可以引用同一工作表的其他单元格、同一工作簿不同工作表中的单元格或者其他工作簿的工作表中的单元格。

在 Excel 2003 中包含了许多预定义、内置的公式，这就是函数。利用函数可以进行各种简单或复杂的运算，虽然也可以通过创建公式来计算单元格中数值的总和，但利用 SUM 工作表函数无疑更为简单方便。

1. 数据计算中的运算符

(1) 运算符

运算符是一种对公式中的元素进行特定运算的符号。Excel 2003 包含 4 种类型的运算符，即算术运算符、比较运算符、文本运算符和引用运算符。

① 算术运算符用于完成基本的数学运算，例如加、减、乘、除等，可以连接数字，并产生数字结果。

② 比较或逻辑运算符用于比较两个数值，然后产出结果为 TRUE(真)或 FALSE(假)的逻辑值。

③ 文本运算符用于将两段文本连接为单个合并的文本值。

④ 引用运算符可以从两个引用中产生对单元格或单元格区域的一个引用，即将单元格合

并计算。

如表 5-1～表 5-4 所列是各种运算符及各自的含义和示例。

表 5-1 算术运算符

算术运算符	含 义	示 例
+(加号)	加	2+3=5
-(减号)	减	3-2=1
*(星号)	乘	3*2 相当于 3×2=6
/(斜杠)	除	6/2 相当于 6÷2=3
%(百分号)	百分比	50%
^(脱字号)	乘方	4^3 相当于 4^3=64

表 5-2 比较运算符

比较运算符	含 义	示 例
=(等号)	相等	A1=8
<(小于号)	小于	A1<10
>(大于号)	大于	A1>5
>=(大于等于号)	大于等于	A1>=7
<>(不等于)	不等于	A1<>4
<=(小于等于号)	小于等于	A1<=9

表 5-3 文本运算符

文本运算符	含 义	示 例
&(和号)	将两个文本值连接或串起来产生一个连续的文本值	"本月"&"销售"产生"本月销售"

表 5-4 引用运算符

引用运算符	含 义	示 例
:(冒号)	区域运算符，对两个引用之间包括两个引用在内的所有单元格进行引用	SUM(B1:C5)
,(逗号)	联合运算符，将多个引用合并成为一个引用	SUM(C2:A5,C2:C6)
(空格)	交叉运算符，表示几个单元格区域所重叠的那些单元格	SUM(B2:D3 C1:C4)(这两个单元格区域的所有单元格为 C2 和 C3)

（2）运算符的优先级

如果公式中同时使用了多个运算符，则计算时会按运算符优先级的顺序进行。运算符的运算优先级如表 5－5 所列。

表 5－5　运算符的运算优先级

运算符	说　明
区域（冒号）、联合（逗号）、交叉（空格）	引用运算符
－	负号
％	百分号
^	乘幂
＊和/	乘和除
＋和－	加和减
&	文本运算符
＝ ＞ ＜ ＜＞ ＞＝ ＜＝	比较运算符

如果公式中包含多个相同优先级的运算符，例如，公式中同时包含了加法和减法运算符，则 Excel 将从左到右进行计算。如果要改变运算的优先级，应把公式中要优先计算的部分用圆括号括起来，例如，要将单元格 C1 和单元格 C2 的值相加，再用计算结果乘以 5，那么不能输入公式：：＝C1＋C2＊5，而应输入公式：＝（C1＋C2）＊5。

（3）常用术语

① 公式：公式是单元格内的一系列数值、单元格引用、名称、函数和操作符的集合，可以通过现有的数值计算出新的数值。公式总是以等号（＝）开始。

② 数组公式：它可以执行多重计算并返回单个或多个结果。数值公式作用于两组或多组被称为数组参数的数值。每组数值参数必须具有相同数目的行和列。如果不要返回多个结果，必须在多个单元格输入公式。

③ 函数：函数是一种预设的公式，它在得到输入值以后就会执行运算操作，然后返回结果值。使用函数可以简化和缩短工作表中的公式，特别适用于执行冗长或复杂的计算公式。

④ 参数：参数是函数中用来执行操作或计算的数值。参数的类型与具体的函数有关。函数中使用的常见参数类型包括数值、文本、单元格引用、单元格区域、名称、标志和函数嵌套码。

⑤ 常量：常量是没有以等号开头的单元格数值。公式或由公式得出的数值不是常量。

2. 公式输入的基本方法

在 Excel 2003 中可以创建许多种公式，其中既有进行简单数学运算的公式，也有分析复杂数学模型的公式。公式中还可以包含函数。函数也是预定义的、进行简单数学运算的公式。如果要同时进行多个计算并返回一个值，还可以运用数组公式。

(1) 直接输入公式

① 选择要在其输入公式的单元格。

② 输入“=”(等号)和公式,也可以单击编辑栏中的“编辑公式”,然后按向导输入公式内容。

③ 按＜Enter＞键确定操作。

(2) 移动和复制公式

在 Excel 2003 中可以移动和复制公式。当移动公式时,公式内的单元格引用不会改变;而当复制公式时,单元格引用将根据所用引用类型而改变。

移动和复制公式的具体操作步骤如下:

① 创建一个工作表,如图 5-24 所示。

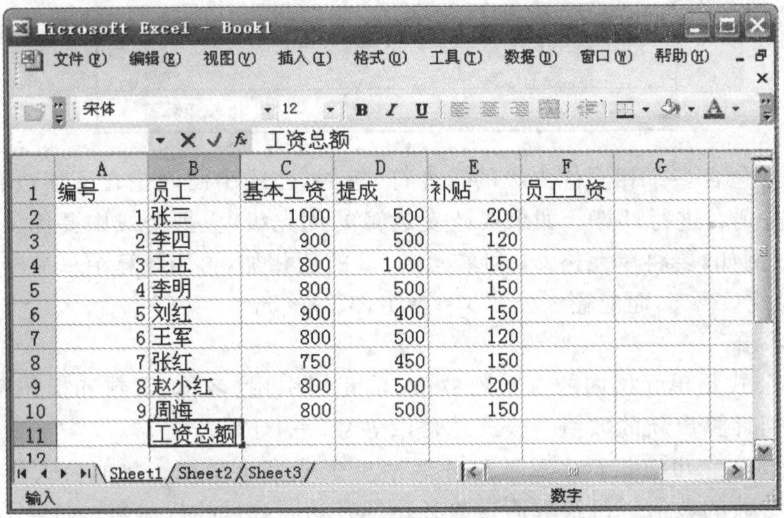

Microsoft Excel - Book1

	A	B	C	D	E	F	G
1	编号	员工	基本工资	提成	补贴	员工工资	
2	1	张三	1000	500	200		
3	2	李四	900	500	120		
4	3	王五	800	1000	150		
5	4	李明	800	500	150		
6	5	刘红	900	400	150		
7	6	王军	800	500	120		
8	7	张红	750	450	150		
9	8	赵小红	800	500	200		
10	9	周海	800	500	150		
11		工资总额					

图 5-24 员工工资表

② 在单元格 F2 中输入公式:=C2+D2+E2。按＜Enter＞键或者单击编辑栏中的输入按钮,计算出结果,用鼠标拖动单元格 F2 右下角的填充柄,将公式复制到 F3:F10 单元格区域中,可以看到在这些单元格中显示出每个员工的应得工资,如图 5-25 所示。

③ 在单元格 C11 中输入公式:=C2+C3+C4+C5+C6+C7+C8+C9+C10,按＜Enter＞键计算出结果,用鼠标拖动单元格 C11 右下角的填充柄,将公式复制到 D11:F11 单元格区域中,结果如图 5-26 所示。

(3) 在工作表中显示公式和数值

通常,在工作表中显示的是公式计算后的数据结果,要查看工作表单元格中的内容,可以选中该单元格,然后在编辑栏上查看公式内容。如果要在单元格中直接显示公式,则可以通过

Microsoft Excel - Book1

F2　=C2+D2+E2

	A	B	C	D	E	F
1	编号	员工	基本工资	提成	补贴	员工工资
2	1	张三	1000	500	200	1700
3	2	李四	900	500	120	1520
4	3	王五	800	1000	150	1950
5	4	李明	800	500	150	1450
6	5	刘红	900	400	150	1450
7	6	王军	800	500	120	1420
8	7	张红	750	450	150	1350
9	8	赵小红	800	500	200	1500
10	9	周海	800	500	150	1450
11		工资总额				

就绪　求和=13790　数字

图 5-25　员工工资表

Microsoft Excel - Book1

C11　=C2+C3+C4+C5+C6+C7+C8+C9+C10

	A	B	C	D	E	F
1	编号	员工	基本工资	提成	补贴	员工工资
2	1	张三	1000	500	200	1700
3	2	李四	900	500	120	1520
4	3	王五	800	1000	150	1950
5	4	李明	800	500	150	1450
6	5	刘红	900	400	150	1450
7	6	王军	800	500	120	1420
8	7	张红	750	450	150	1350
9	8	赵小红	800	500	200	1500
10	9	周海	800	500	150	1450
11		工资总额	7550	4850	1390	13790

就绪　求和=27580　数字

图 5-26　员工工资汇总

按<Ctrl+～>键，即可显示公式，并且打开“公式审核”工具栏。再次按下该快捷键，则又恢复对公式结果的显示。

3. 手工输入函数

对于一些简单的函数，可以手工输入。手工输入的方法和单元格中输入公式的方法一样，具体操作步骤如下：

① 选定需要输入函数的单元格，输入一个等号。

② 在等号后输入函数，例如 SUM(C2:C10)。

③ 按 Enter 键或单击“编辑”栏中的输入按钮。

4. 插入函数

Excel 提供了大量的函数，同时也提供了插入函数的按钮来帮助用户创建或编辑函数。插入函数的具体操作步骤如下：

① 选定需要插入函数的单元格。

② 单击编辑栏中的“插入/函数”按钮，将弹出“插入函数”对话框。在“或选择类别”下拉列表框中选择要插入的函数类型，在“选择函数”列表框中选择要使用的函数，如图 5-27 所示。

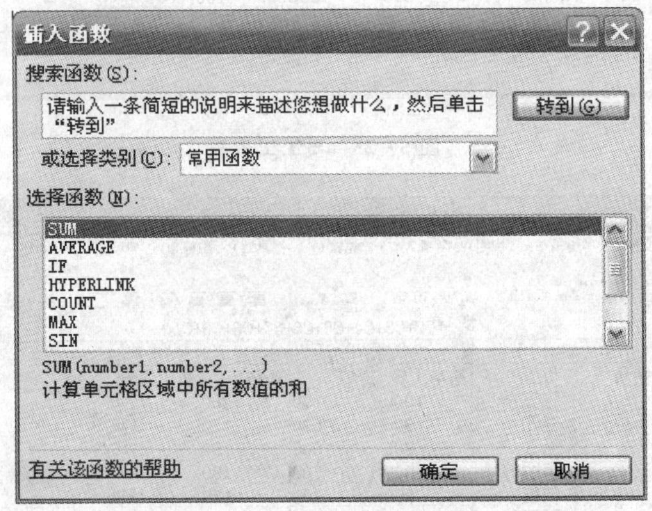

图 5-27 “插入函数”对话框

③ 单击“确定”按钮，将弹出“函数参数”对话框，如图 5-28 所示。其中显示了函数的名称、函数功能、参数、参数的描述、函数的当前结果等。

④ 在参数文本框中输入数值、单元格引用区域，或者用鼠标在工作表中选定数据区域，单击“确定”按钮，在单元格中显示出函数计算结果。

5. 常用函数介绍

(1) 数学与三角函数

打开插入函数对话框(见图 5-27)，在其中“或选择类别”列表中可选择数学与三角函数项。数学与三角函数是指中学、大学学习的一些常见的数学函数，通过它可以处理简单或复杂的数学计算。一般参数 Number 代表函数的自变量。下面介绍几个常见的函数。

① SUM(Number1，Number2，…)，返回某单元格区域中所有数字之和，其中的 Number

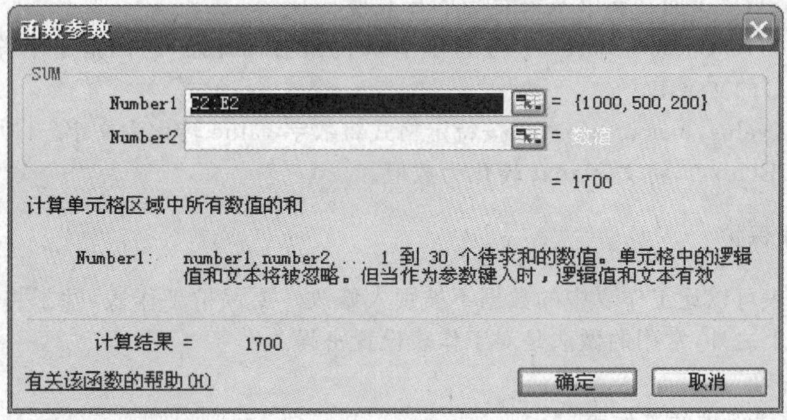

图 5-28 "函数参数"对话框

为 1 ～30 个需要求和的参数，直接输入到参数表中的数字、逻辑值以及数字的文本表达式均被计算。

② ABS(Number)，返回 Number 的绝对值，即 X＝Number，则 ABS＝|X|。

③ INT(Number)，返回小于等于 Number 的整数。

④ LN(Number)，返回 Number 的自然对数。

(2) 日期与时间函数

通过日期与时间函数，可以在公式中分析、处理与日期和时间有关的数值。下面介绍几种常见的日期与时间函数。

① DATA(year，month，day)，其中参数 year 表示年，在 1 900～9 999 之间取值；参数 month 和 day 表示月和日，分别在 1～12 和 1～31 之间取值。值得注意的是，当 year＜0 或 year＞9 999 时，公式显示出错值；当 0＜year＜1 900 时，Excel 会在 year 上加上 1 900；当 month，day 取值不在给定范围时，Excel 会按日期序列数自动进位。

② DAY(serial_number)，其括号中的参数可以是日期序列数，也可以是某种格式的年月日，它返回日的数字。例如：DAY(1993－7－7)＝7，DAY(2190914)＝7。

③ HOUR(serial_number)，其括号中的参数可以是时间小数序列，也可以是某种格式的时间，它返回小时的数字。例如：HOUR(0.7)＝16，HOUR("4:30:25PM")＝16。

④ YEAR(serial_number)，返回年的数字，其括号中的参数可以是日期序列数，也可以是某种格式的日期。

(3) 文本函数

文本函数用于公式中处理文字串。下面介绍几个常见的文本函数。

① LEFT(text，num_chars)，从字符串 text 的最左端开始，返回指定字符长度为 num_chars(省略时为 1)的字符串。

② LEN(text),返回文字串 text 的字符串长度。

③ RIGHT(text,num_chars),从字符串 text 的最右端开始,返回指定字符长度为 num_chars(省略为 1)的文字串。

④ TEXT(value,format_text)。按特定格式将数字 value 转化为文字。

⑤ VALUE(text),将文字 text 转化为数值。

5.2.4 工作表保护

保护工作表可以让工作表中的数据不被别人修改。要保护工作表,除了将工作表备份到其他存储设备上之外,常用的做法是对工作表设置密码。

1. 设置密码

① 打开需要保护的工作表。

② 单击菜单"工具/保护/保护工作表"选项,将弹出如图 5-29 所示的对话框。

③ 在对话框中输入密码后,单击"确定"按钮,弹出"确认密码"对话框,在其中再次输入密码后,单击"确定"按钮,将完成对工作表保护。

设置完成后,若要修改某个单元格的内容,会弹出一个信息提示框,让用户在修改之前先撤销工作表保护。

2. 撤销工作表保护

① 单击"菜单/工作保护/撤销工作表保护"选项,弹出如图 5-30 所示对话框。

② 在对话框中输入保护工作表时设置的密码,然后单击"确定"按钮。若输入的密码错误,则无法撤销工作表保护。

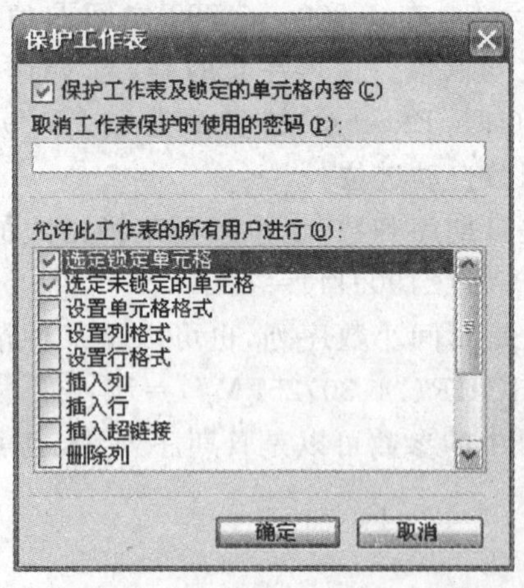

图 5-29 "保护工作表"对话框

图 5-30 "撤销工作表保护"对话框

也可以对工作簿设置密码保护与撤销保护，其方法与保护工作表的方法相同。

5.2.5　上机实践(6)(实例：工资表)

① 建立一个员工工资表，工资表包括基本工资、奖金、补贴等。

② 使用公式或函数计算每一个员工应得工资、总计。

③ 设置自动填充时间格式。

5.3　图表制作

5.3.1　认识图表

在 Excel 中图表是一个很重要的概念，它可以将数据以更直观、更形象的形式表现出来。本节将介绍关于图表的基础知识。

1. 图表术语

图表区域：整个图表以及图表中的数据被称为图表区域。

图例：图例是一个方框，用于标识图标中的数据系列或分类指定的图案或颜色。

绘图区：在二维表中，以坐标轴为界并包含所有数据系列的区域。在三维图表中，此区域以坐标轴为界并包含数据系列、分类名称、刻度线标签和坐标轴标题。

数据标志：图表中的条形、面积、圆点、扇面或其他符号，代表源于数据表单元格的单个数据点或值。图表中的相关数据标志构成了数据系列。

三维背景墙和基底：包围在许多三维图形表周围的区域，用于显示图形的维度和边界。绘图区中有两个背景墙和一个基底。

数据系列：在图表中绘制的相关数据点，这些数据源自数据表的行和列。图表中的每个数据系列具有唯一的颜色或图案并且在图表的图例中表示。可以在图表中绘制一个或多个数据系列，饼图只有一个数据系列。

图例项标示：图例项标示位于图例项的左边。设置图例项标示的格式也将设置与其他关联的数据标志的格式。

图表标题：图表标题是说明性的文本，可以自动与坐标轴对齐或在图表项下部居中。

数据标签：为数据标志提供附加信息的标签，数据标签代表源于数据表单元格的单个数据点或值。

刻度线和刻度线标签：刻度线是类似于直尺分割线的短度量线，与坐标轴相交。刻度线标签用于表示图表上的分类、值或系列。

以上是图表经常要用到的一些名词术语。在图表中还有许多其他术语，在这里不再详细介绍。

2. 图表类型

在 Excel 中内置了 13 种图表类型,每种图表类型里又包含着若干种不同的子类型,用户在创建图表时,可以根据自己的需要来选择一种恰当的图表类型。为了更好地了解各种图表类型,在表 5－6 里分别简述了各种图表的用途。

表 5－6 图表类型及用途

图表类型	用 途
柱形图	用于显示一段时间内数据的变化或各项之间的比较关系
条形图	用于描述各项之间的差异变化或显示各项与整体之间的关系
折线图	显示图表中的数据变化
XY 散点图	用于比较不同数据系列之间的数据的关联性
面积图	显示了局部随时间的幅值变化关系
圆环图	显示了局部占有整体的百分比,能充分显示百分比的变化
雷达图	用于多个数据系列之间的总和值的比较,各个分类沿各自的数值坐标轴相对于中点呈辐射状分布,同一序列的数值之间用折线相连
曲面图	用于确定两组数据间的最佳逼近
气泡图	一种特殊类型的 XY 散点图
股价图	用来说明股价的波动,也可用于表示科学数据
圆锥图	属于三维效果图,用柱形圆锥反映数据的变化
圆柱图	属于三维效果图,用柱形圆柱反映数据的变化
棱锥图	属于三维效果图,用柱形棱锥反映数据的变化

5.3.2 建立图表

Excel 2003 系统提供了 14 种图表类型,每一种图表类型又分为几个子图表类型,拥有多种二维图表类型和三维图表类型供用户选择使用。常用的图表类型有柱形图、条形图、折线图等。下面介绍根据工作表中的数据建立数据图表的步骤。

执行“插入”菜单的“图表”命令或单击工具栏上的“图表向导”按钮,在弹出的“图表类型”对话框中(见图 5－31)选中一种类型,单击“下一步”按钮,进入“图表源数据”对话框。

在“图表源数据”对话框中(见图 5－32)的“数据区域”栏输入单元格区域,也可以用鼠标直接选择单元格区域,在对话框中选择行或列选项以确定数据是横排还是竖排。此时,数据图表模拟显示在对话框中,选择“系列”选项卡可以对图表进行进一步设置。单击“下一步”按钮,进入“图表选项”对话框。

图 5-31 “图表类型”对话框

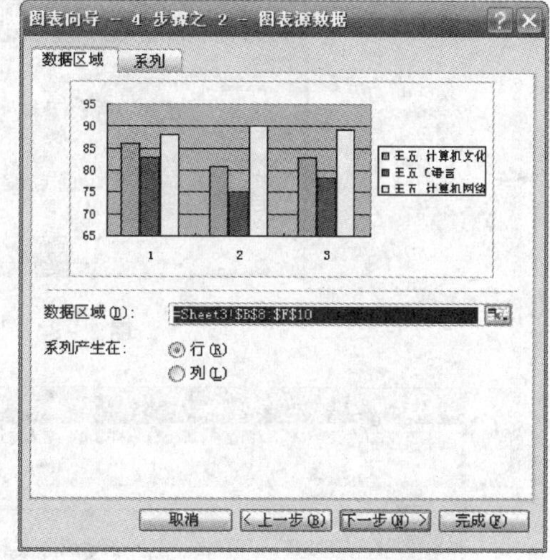

图 5-32 “图表源数据”对话框

在“图表选项”对话框中(见图 5-33),输入图表标题、X 轴标题、Y 轴标题,在其他选项卡中可以对图表进行进一步设置,设置完成后单击“下一步”按钮,进入“图表设置”对话框。

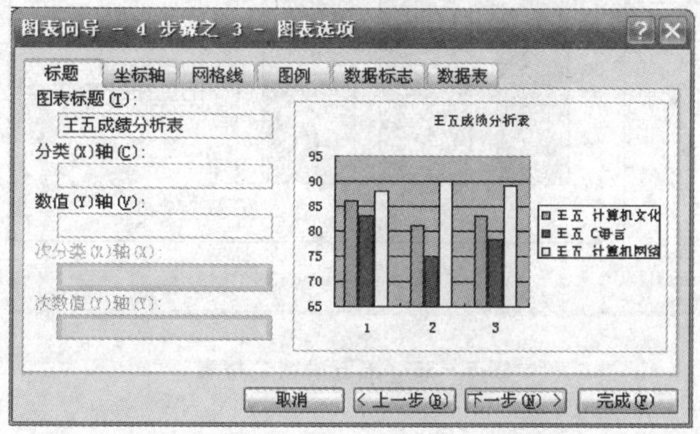

图 5-33 “图表选项”对话框“标题”选项卡

建立的图表可以是工作表的一部分,也可以是一个独立的图表。在“图表位置”对话框中(见图 5-34),如果选择“嵌入式工作表”选项,需要在输入框中选择工作表名,单击“完成”按钮后,系统将把图表嵌入到选择的工作表中。如果选择“新工作表”,系统将在当前工作簿中新建立一个工作表,专门用来保存独立图表。不论是嵌入式图表还是独立图表,当工作表中的数据被改变时,图表也随之发生相应的变化。图 5-35 是嵌入到工作表的一名学生的成绩分析表。

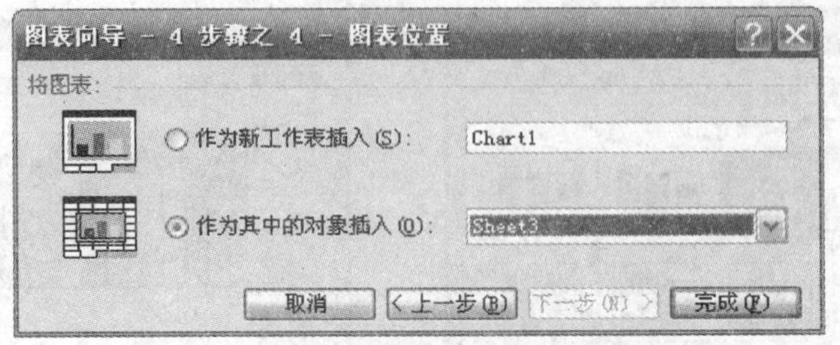

图 5-34 “图表位置”对话框

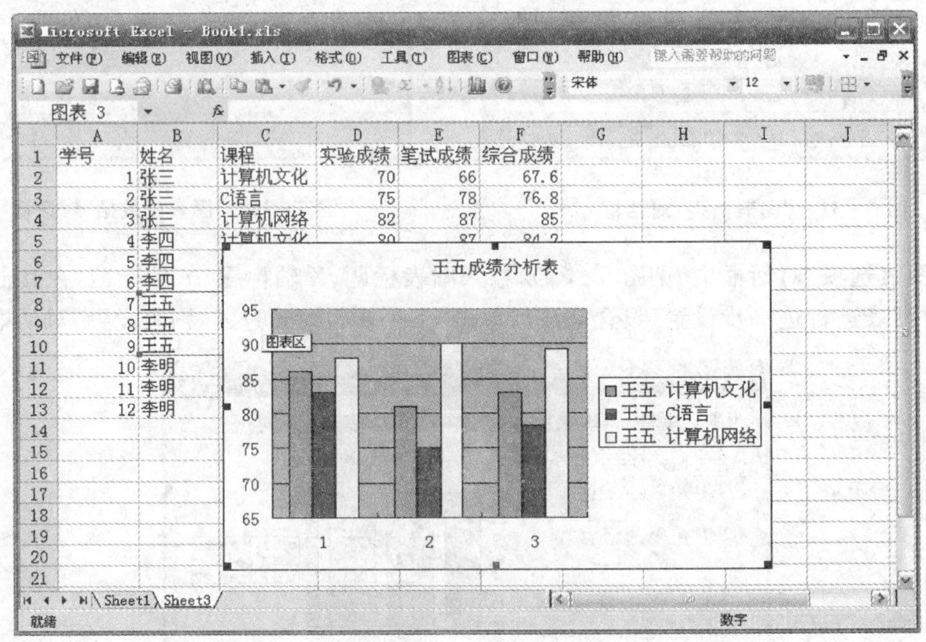

图 5-35 王五成绩分析表

5.3.3 修改图表

建立数据图表后，可以根据需要对图表作进一步的修改。以下介绍常用的图表编辑方法。

1. 图表选定与激活

对图表进行编辑必须首先选定图表，使图表处于激活状态才能进行编辑。对于嵌入式图表，用鼠标单击图表空白区域即可激活图表，此时，图表的边框显示 8 个小黑方块，表示该图表被选定。由于独立图表使用一个工作表来保存，只需选中该工作表，使独立图表显示在窗口中，该独立图表就被选定和激活。

2. 图表的移动与缩放

在图表区域中，一般包括绘图区、图例、图表标题、分类轴和数轴五个部分。对于嵌入式图表，如果用鼠标指向图表的空白区域，按住鼠标左键拖动鼠标，就可以在工作表中移动图表。此时，显示一个虚线边框跟随鼠标移动，释放鼠标左键后图表被移动到虚线框的位置。

图表区域中的绘图区、图例和图表标题均可以移动，用鼠标选定需要移动的区域后，移动方法与移动图表的方法相同，但移动的范围被限制在图表区域中，不能移动到图表区域之外。

由于独立图表占据整个工作表，只能移动独立图表中的绘图区、图例和图表标题，移动方法与移动嵌入式图表的绘图区、图例和图表标题相同。

当选定图表或图表区域中的绘图区、图例、图表标题时，被选定区域的边框显示 8 个小黑方块，用鼠标指向其中的一个小黑方块，鼠标形状将变为双箭头，按住鼠标左键移动鼠标，可以改变被选定区域的大小。

3. 图表的复制与删除

对于嵌入式图表，选定图表后执行“编辑”菜单中的“复制”和“粘贴”命令或单击工具栏上的“复制”和“粘贴”按钮，可以把图表复制到当前工作簿的任何工作表或其他工作簿的工作表中。选定图表后按删除键、单击“剪切”按钮或执行“剪切”命令均可以删除图形。用“剪切”按钮或“剪切”命令删除的图表，可以利用“粘贴”按钮或“粘贴”命令复制，实现图表的移动；而用删除键删除的工作表不能被复制。

由于独立图表是在工作表队列中，可以用复制和删除工作表的方法来复制和删除独立图表。也可以利用复制嵌入式图表的方法来复制独立图表，但复制得到的图表是以嵌入式方式插入到其他工作表中。

4. 设置图表文字

图表中的图例、标题、分类轴和数轴的文字部分的字体及字号可以统一设置，也可以分别设置。用鼠标选中某一部分文字后，更改“格式”工具栏中的“字体”栏和“字体号”栏中字体及字号的选项，即可设置选中部分文字的字体及字号。

选定图表后，执行“格式”菜单中的“图表区域”命令，或者双击选定的图表，在弹出的对话框中对图形的字体、字号等进行统一设定。

在图表中可以增加注释文字，其方法是利用绘图工具栏中的文本框按钮，在图表中建立文本框后，向文本框输入文字。

5. 修改图表

对于已经建立的图表，其格式、内容、类型等各项均可以再次进行修改。选定图表后单击常用工具栏上的“图表向导”按钮或执行“插入”菜单中的“图表”命令，即可弹出“图表类型”对话框，可以按照建立图表的过程重新设置图表数据，达到修改图表的目的。

5.3.4 上机实践(7)(实例：商场销售图表)

① 制作一张商场销售表。

② 按销量制作一张图表。

③ 横坐标是商品名称,纵坐标是销售量。

5.4 数据筛选

5.4.1 创建数据库

数据库中的数据可以逻辑地按照行和列进行划分,如图 5－36 所示。

	A	B	C	D	E	F
1	姓名	职务	工资	出生年月		
2	李哲	总经理	3500	Aug-75		
3	张帅	副总	3000	Jun-69		
4	孟洋	文秘	2000	Apr-78		
5	华一	会计	2000	May-79		
6	王华	副总	3000	Jul-80		
7	张伟	业务员	2500	Aug-78		
8						
9						

图 5－36 员工基本信息表

在建立数据库时,要注意数据库在结构上的逻辑意义,并且其中的数据不能是杂乱无章的。在创建数据库时应该注意以下事项。注意：有的书上把在 Excel 中的数据库叫做数据清单。

- 不在数据库中留空行或列。当数据清单中的数据被一个空行或列隔开时,Excel 会将它当做两部分处理。
- 在数据库的第一行建立字段名称。Excel 将使用字段名建立报告以及进行排序等操作。
- 字段名最好用文字。字段名只能用 255 个字符以内的文字或文字公式,且要准确地表示出字段的含义。
- 字段名只能有一个。如果在数据库中打开了多个相应的字段名,则影响筛选等操作。
- 工作表中只能建立一个数据库。虽然在 Excel 中允许同时存在多个工作表,但是会显得很混乱,而且容易影响筛选等操作,因此建议最好在一个工作表中建立一个数据库。

在数据库中输入数据可以以记录单为单位,这更符合一般录入数据的习惯。例如,在图 5－36 所示的数据库中添加两条新的记录,具体步骤如下：

① 在工作表中选择任意一个单元格。

② 执行“数据”菜单下的“记录单”命令，将会打开一个对话框。其中，各文本框的名称就是数据清单中的字段名称，文本框的内容是所选单元格所在的记录的相应内容。单击右上角的“新建”按钮，会新建一条空白记录，如图 5－37 所示。

③ 在空白记录的各文本框中从上至下分别输入数据，如“小明”、“业务员”、“2500”、“Oct－76”。

④ 单击“新建”按钮，添加下一条新的空白记录。

⑤ 在空白记录的各文本框从上至下分别输入数据，如“王敏”、“会计”、“2000”、“Dec－77”。

⑥ 单击“关闭”按钮，结束输入操作。

5.4.2　修改和删除记录

在如图 5－37 所示的对话框中不仅可以添加新的记录，而且可以实现修改和删除记录。下面就介绍怎样修改和删除记录。

① 在数据库中单击任意单元格。

② 执行“数据”菜单中的“记录单”命令，打开记录单对话框。

③ 单击“下一步”按钮，或者用鼠标拖动垂直滚动条查找要修改的记录。找到要修改的记录后，对其中的字段进行修改。

④ 单击此对话框中的“关闭”按钮，即可对数据库中的记录内容进行修改。

⑤ 如果要删除记录，可以在记录单对话框中找到要删除的记录。

⑥ 单击此对话框中的“删除”按钮，弹出“显示的记录将被删除”的对话框。

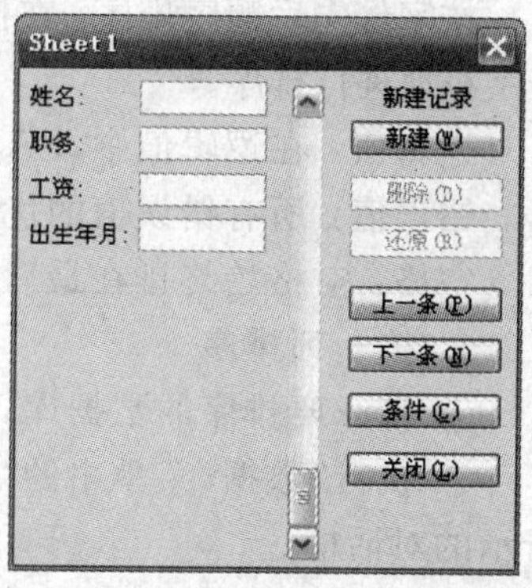

图 5－37　“新建记录”对话框

⑦ 单击提示窗口的“确定”按钮。

⑧ 单击记录单对话框中的“关闭”按钮。

5.4.3　搜索记录

当数据库中存储了成千上万条记录时，用户要根据一定的条件检索出记录时，就用到了搜索记录。下面介绍怎样根据条件检索出记录。

① 在数据库中单击任意单元格。

② 执行“数据”菜单中的“记录单”命令，打开记录单对话框，如图 5－37 所示。

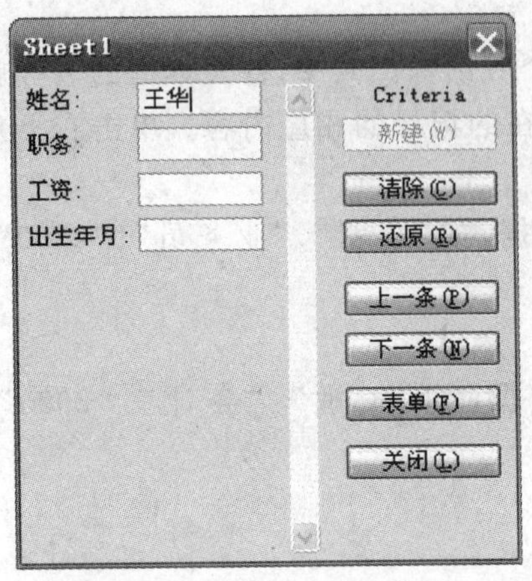

图 5-38　在数据库中搜索记录

③ 单击图 5-37 对话框中的“条件”按钮，在打开的对话框中输入要查找的记录的条件，如图 5-38 所示。如果要查找满足多个条件的记录，可以在对话框中输入多个条件。

④ 按 Enter 键，在记录单对话框中会显示数据库中第一条满足此条件的记录。单击“下一条”按钮，或者按 Enter 键，显示下一条满足条件的记录。

5.4.4　排　序

对于数值型的数据人们比较重视的是它们之间的关系。将所有的记录按照大小关系进行排序的操作称为排序。例如，将学生记录按照英语成绩的高低进行排序。

排序可以按照数字、字母等排序。

按数字排序：数字从最小的负数到最大的正数进行排序。

按字母先后顺序排序：在按字母先后顺序对文本项进行排序时，Excel 从左到右一个字符一个字符地进行排序。

逻辑值：在逻辑值中，FALSE 排在 TRUE 之前。

错误值：所有错误值的优先级相同。

空格：空格始终排在最后。

1. 按一列排序

① 打开要排序的数据库，单击其中的任意单元格。

② 执行“数据”菜单中的“排序”命令，打开如图 5-39 所示的对话框。

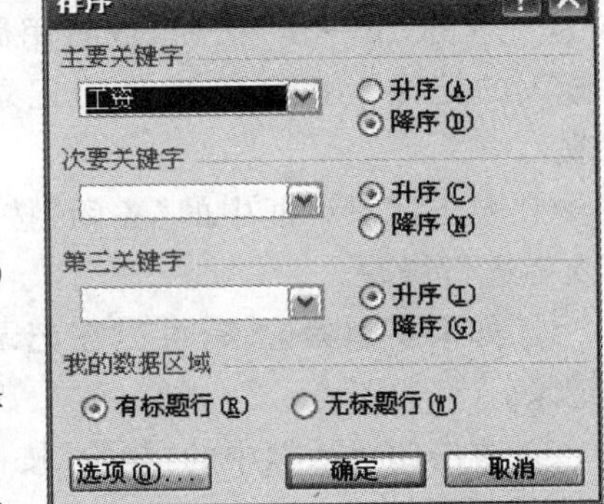

图 5-39　“排序”对话框

③ 在此对话框中的“主要关键字”下拉列表框中选择“工资”，然后单击右面的“降序”单选钮。

④ 单击“确定”按钮，这时可以看到数据库中的 C 列数据是按降序的方式排列的。

2. 按多列排列

① 打开要排序的数据库，单击其中任意单元格。

② 执行“数据”菜单中的“排序”命令，打开“排序”对话框。

③ 在此对话框中的“主要关键字”下拉列表框中选择一个字段作为主要关键字，并且选中“升序”或“降序”单选按钮；在“次要关键字”下拉列表框中选择一个字段作为次要关键字，并选择一种排序方式；在“第三关键字”选项作相同的操作。

④ 单击“确定”按钮，可以看到数据库中排序的结果。

3. 按行排序

① 打开要排序的数据库，单击其中任意单元格。

② 执行“数据”菜单中的“排序”命令，打开“排序”对话框。

③ 单击此对话框中的“选项”按钮。

④ 单击此对话框中的“按行排序”单选钮，单击“确定”按钮，回到“排序”对话框中。在此对话框中的“主要关键字”和“次要关键字”下拉列表框中选择关键字，然后单击“确定”按钮。

4. 自定义排序

① 执行“工具”菜单中的“选项”命令，打开“选项”对话框。

② 单击此对话框中的“自定义序列”选项卡。

③ 选择“自定义序列”列表框中的“新序列”，然后在“输入序列”列表框中输入自定义的序列，如图 5－40 所示。

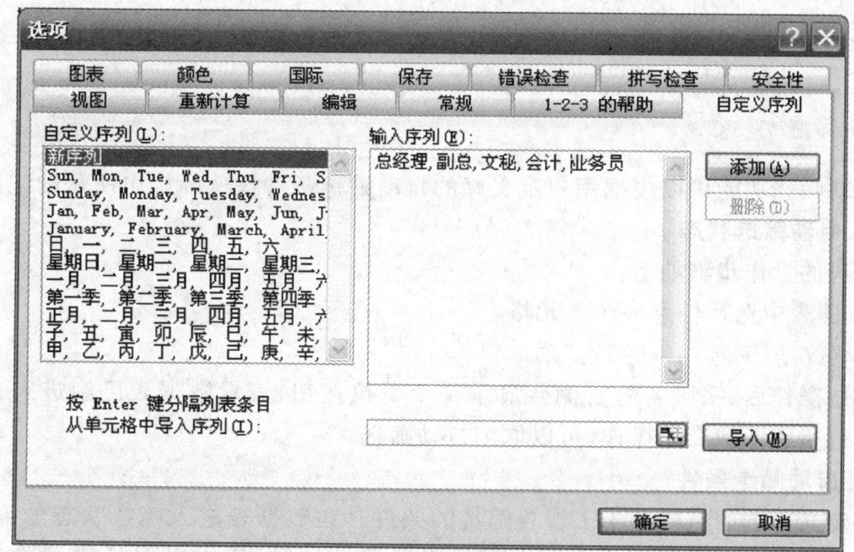

图 5－40　“选项”对话框中的“自定义序列”选项

④ 单击“添加”按钮，然后单击“确定”按钮。

⑤ 在数据库中单击数据区中的任意单元格。

⑥ 执行“数据”菜单中的“排序”命令，打开“排序”对话框。

⑦ 在“主要关键字”下拉列表框中选择“职务”，然后选择“升级”单选钮。

⑧ 单击此对话框中的“选项”按钮，打开“排序选项”对话框。

⑨ 在此对话框中选择“自定义排序次序”下拉列表框中的“总经理，副总，文秘，会计，业务员”，如图 5－41 所示。

⑩ 单击“确定”按钮，回到“排序”对话框中。

⑪ 单击“确定”按钮，在数据库中可以看到排序的结果，如图 5－42 所示。

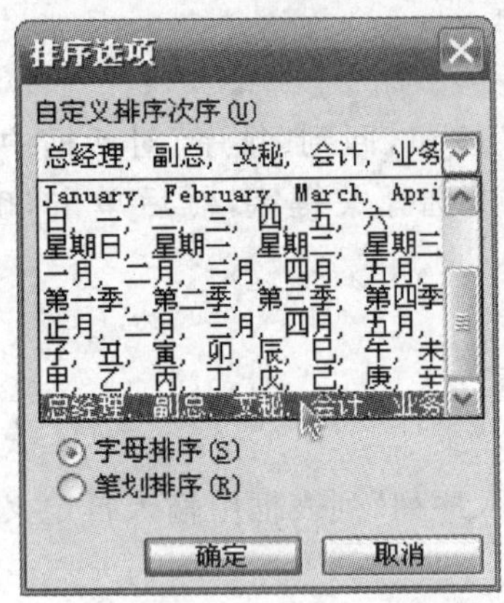

图 5－41 “排序选项”对话框

	A	B	C	D	E	F
1	姓	职务	工资	出生年月		
2	李哲	总经理	3500	Aug-75		
3	张帅	副总	3000	Jun-69		
4	王华	副总	3000	Jul-80		
5	孟洋	文秘	2000	Apr-78		
6	王敏	会计	2000	Dec-77		
7	华一	会计	2000	May-79		
8	张伟	业务员	2500	Aug-78		
9	小明	业务员	2500	Oct-76		
10						

图 5－42 排序后的员工基本信息表

5.4.5 自动筛选

使用自动筛选功能可以根据用户定义好的自动筛选条件快速筛选出所需的记录。

1. 进入自动筛选状态

自动筛选的操作步骤如下：

① 在数据表中选择任意一个单元格。

② 选择“数据/筛选/自动筛选”菜单项。

执行上述操作后，字段名的右侧会显示一个下拉按钮，表示数据表已经进入自动筛选状态。再次执行步骤①和②的操作，可以取消自动筛选。

2. 定义自动筛选条件

使用自定义筛选的目的是为了设置筛选的条件。在数据表进入筛选状态的情况下，如果要查询工资介于 2 500 元与 3 000 元之间的职工记录，可以使用以下步骤设置自定义自动筛选。

① 单击“工资”字段右侧的下拉按钮，从弹出的下拉列表中选择“自定义”选项，将会打开“自定义自动筛选方式”对话框，如图 5－43 所示。

② 在“自定义自动筛选方式”对话框中可以设置两个筛选条件，在上面条件左边的下拉列表中选择“大于或等于”选项，并在右边的下拉列表框中输入 2500 作为条件值。

③ 选中“与”单选按钮，表示需要同时满足上下两个条件。

④ 在下面条件左边的下拉列表框中选择“小于或等于”选项，并在右边的下拉列表框中输入 3000 作为条价值。

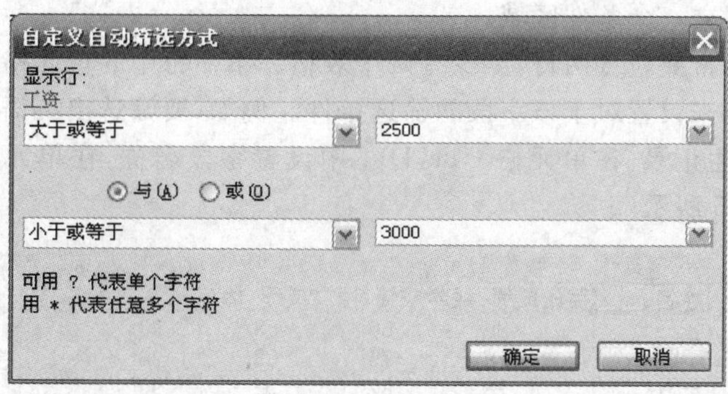

图 5-43 “自定义自动筛选方式”对话框

⑤ 单击“确定”按钮，关闭对话框。条件设置结束并返回数据表，符合条件的筛选结果如图 5-44 所示。

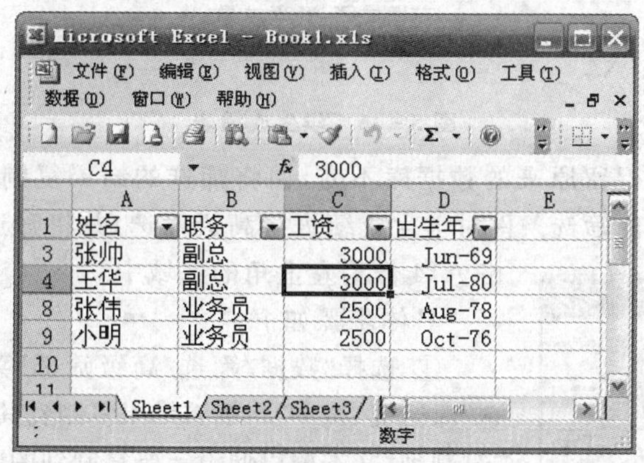

图 5-44 筛选后的员工基本信息表

可以看出，在筛选结果中，字段名“工资”右边的下拉按钮显示为蓝色，表示在“工资”字段中设置了自动筛选条件。还可以在图 5-44 所示的筛选结果的基础上，重复步骤①到⑤的操作区设置其他字段中的自动筛选条件。如果要删除已经设置的自动筛选条件，将数据表中的数据全部显示出来，可以选择“数据/筛选/全部显示”选项。“全部显示”菜单项只有在设置了自动筛选条件后才会被激活。

5.4.6 高级筛选

从 5.4.5 节关于设置自动筛选条件的叙述中可以看出，自动筛选只能对筛选的条件进行简单的限制，如果要使用更加复杂的筛选条件则需要使用高级筛选方式。

高级筛选的条件不是在对话框中设置的，而是在工作表的某个区域中给定的，因此在使用高级筛选之前需要建立一个条件区域。

一个条件区域通常要包含两行，至少有两个表格。第一行中的单元格用来指定字段名称，第二行中的单元格用来设置对于该字段的筛选条件。例如，要筛选出英语成绩大于 80 而且数学成绩大于 75 的学生记录，在单元格 C11，D11 中设置字段名称，在单元格 C12，D12 中设置比较条件，如图 5－45 所示。

	A	B	C	D	E	F
1	姓名	英语成绩	数学成绩	语文成绩	体育	
2	张三	82	66	58	90	
3	李四	88	75	88	90	
4	王五	78	82	92	90	
5	李明	86	66	59	59	
6	刘红	88	78	92	64	
7	王军	98	82	92	69	
8	张红	89	73	95	69	
9	赵小红	70	72	87	87	
10						
11			英语成绩	数学成绩		
12			>80	>75		

图 5－45　学生成绩表

使用高级筛选可以保留原来的数据库不变，而将筛选的结果复制到一个指定的区域中。下面以图 5－45 中设置的筛选条件对学生成绩进行高级筛选，并将筛选的结果复制到以单元格 A14 作为左上角的区域中。

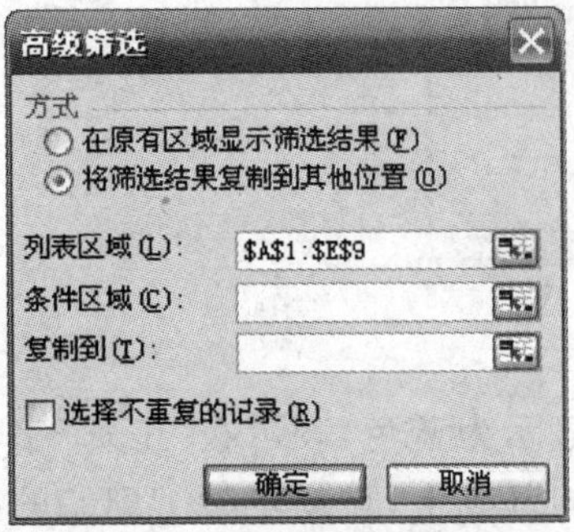

图 5－46　“高级筛选”对话框

具体步骤如下：

① 选择“数据/筛选/高级筛选”菜单项，将打开“高级筛选”对话框，选中“将筛选结果复制到其他位置”单选按钮，激活“复制到”文本框以便设定要复制到的区域，如图5－46 所示。

② 单击“列表区域”文本框右边的按钮，打开“高级筛选-列表区域”对话框。将鼠标指针移到数据库左上角的单元格 A1 上，拖住鼠标选中单元格 A1 至单元格 E9，这时在“高级筛选-列表区域”对话框中会显示出所选择的区域，如图 5－47 所示。

③ 单击关闭按钮，关闭“高级筛选-列表区域”对话框，返回到“高级筛选”对话框。

④ 按照同样的方法设置“条件区域”为单元格 C11 至单元格 D12。

⑤ 由于无法确定“复制到”区域所占的大小，只需选择“复制到”区域左上角的单元格 A14 即可。

⑥ 选中“选择不重复”的记录复选框，以忽略重复的记录，所有设置的条件如图 5－48 所示。

图 5-47 "高级筛选-列表区域"对话框

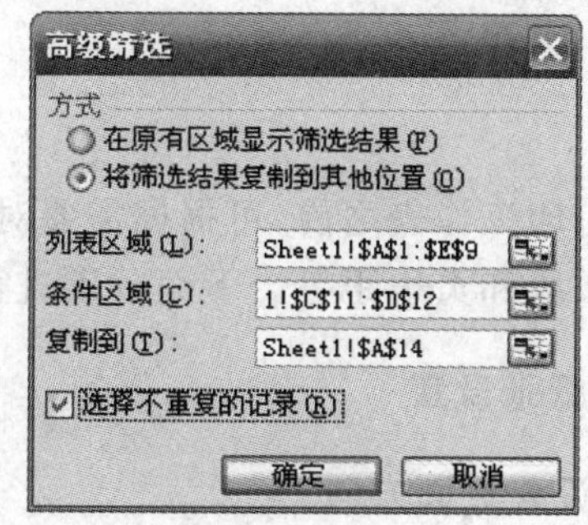

图 5-48 高级筛选设置完成后的对话框

⑦ 单击"确定"按钮，结果如图 5-49 所示。

	A	B	C	D	E	F	G	H
1	姓名	英语成绩	数学成绩	语文成绩	体育			
2	张三	82	66	58	90			
3	李四	88	75	88	90			
4	王五	78	82	92	90			
5	李明	86	66	59	59			
6	刘红	88	78	92	64			
7	王军	98	82	92	69			
8	张红	89	73	95	69			
9	赵小红	70	72	87	87			
10								
11			英语成绩	数学成绩				
12			>80	>75				
13								
14	姓名	英语成绩	数学成绩	语文成绩	体育			
15	刘红	88	78	92	64			
16	王军	98	82	92	69			
17								

图 5-49 高级筛选后的学生成绩表

从图 5-49 中可以看出高级筛选的结果实际上是产生了一个新的数据表，只是该数据表只有图中满足条件的两条记录。

5.4.7 上机实践(8)(实例：学员成绩表)

① 制作一张学员成绩表。

② 对成绩表按学号排序。

③ 筛选出不及格学员信息。

5.5 数据预览与打印

在打印工作表之前，可根据需要对工作表进行一些必要的设置，如页面方向、纸张的大小、页眉或页脚和页边距等。下面分别进行介绍。

5.5.1 纸张设置

1. 设置页面方向

设置页面方向就是设置页面是以横向打印还是以纵向打印。若文件的行较多而列较少则可以纵向打印；若文件的列较多而行较少时则可使用横向打印。

设置页面方向的具体步骤如下：

① 单击"文件/页面设置"命令，在弹出的"页面设置"对话框中单击"页面"选项卡。

② 在"方向"选项区中选择"横向"或"纵向"单选按钮。注：纵向和横向是相对纸张而言，并不是对打印内容的设置。

③ 单击"确定"按钮，页面方向设置完成。

2. 设置页面大小

设置页面的大小就是设置以多大的纸张进行打印，如 A4，A5。具体操作步骤如下：

① 单击"文件/页面设置"命令，在弹出的"页面设置"对话框中单击"页面"选项卡。

② 在"纸张大小"下拉列表框中选择所需纸张大小，如图 5－50 所示。

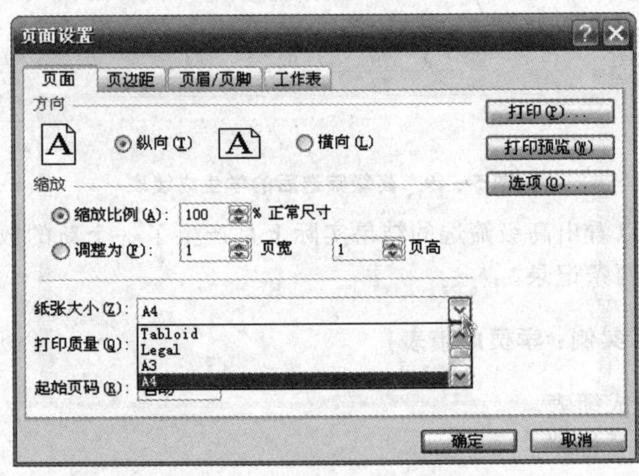

图 5－50 "页面设置"对话框

③ 单击"确定"按钮，纸张大小设置完成。

5.5.2 页边距设置

在页面设置对话框中单击页边距选项卡，即可进行页边距的设置，如图 5－51 所示。页边距包括上、下、左、右、页眉、页脚边距。其中页眉、页脚边距必须小于上、下页边距。另外，在该选项卡中还可以设置打印表格的居中方式。

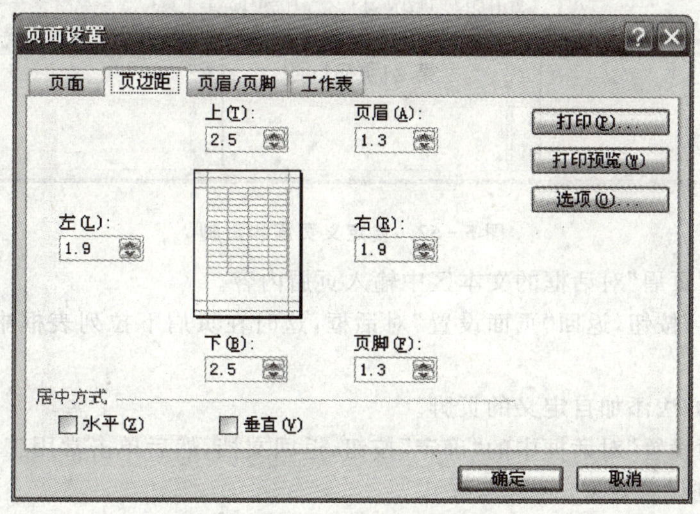

图 5－51　页边距设置

5.5.3 页眉与页脚设置

页眉就是在文档上端添加的附加信息，页脚就是在文档底端添加的附件信息。

1. 添加系统默认的页眉和页脚

添加页眉和页脚的具体操作步骤如下：

① 打开要添加页眉和页脚的工作表。

② 单击“文件/页面设置”命令，在弹出的“页面设置”对话框中单击“页眉/页脚”选项卡。

③ 分别在“页眉”和页脚下拉列表框中选择所需的页眉和页脚。

④ 单击“确定”按钮，返回文档，然后单击常用工具栏中的“打印预览”按钮，可以看到设置效果。

2. 添加自定义页眉和页脚

若对系统默认的页眉和页脚不满意，用户可以自定义页眉和页脚。具体操作步骤如下：

① 选择要添加页眉和页脚的工作表。

② 单击“文件/页面设置”命令，将弹出“页面设置”对话框，在“页眉/页脚”选项卡中单击“自定义页眉”按钮，如图 5－52 所示。

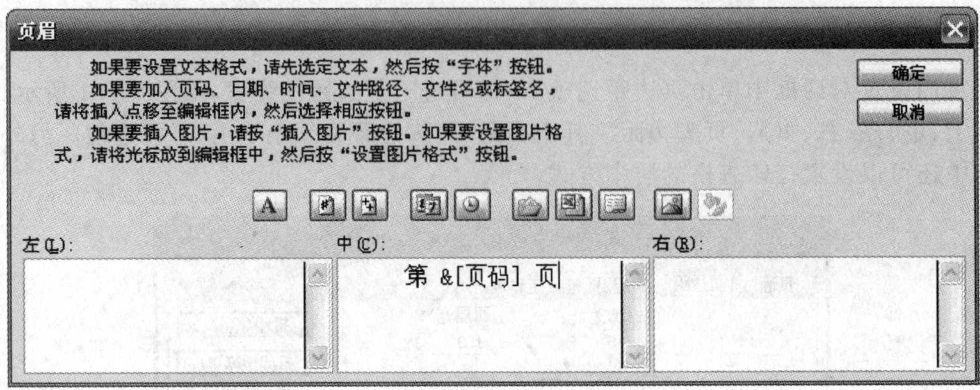

图 5－52　自定义页眉和页脚

③ 在弹出的“页眉”对话框的文本区中输入页眉内容。

④ 单击“确定”按钮，返回“页面设置”对话框，这时在页眉下拉列表框中会出现自定义的页眉。

⑤ 用同样的方法添加自定义的页脚。

⑥ 单击“页面设置”对话框中的“确定”按钮，返回文档，然后单击常用工具栏中的“打印预览”按钮，可以看到设置效果。

5.5.4　打印预览

在 Excel 中提供了多种打开打印预览窗口的方法。

- 选择“文件/打印预览”菜单项。
- 单击常用工具栏中的“打印预览”按钮。
- 按住 Shift 键的同时单击常用工具栏中的“打印”按钮。
- 单击“页面设置”对话框里任意选项卡中的“打印预览”按钮。
- 选择“文件/打印”菜单项，在弹出的“打印”对话框中单击“打印预览”按钮。

在 Excel 中之所以提供多种打开打印预览窗口的方法，是因为打印预览不仅仅能对即将打印的工作表进行预览，而且还可以对工作表进行调整。例如，在预览的过程中发现页边距不合适，可以用鼠标拖动页边距线，从而调整页边距。

5.5.5　工作表设置

选择“文件/页面设置”菜单项，打开“页面设置”对话框，单击“工作表”选项卡，如图 5－53 所示。在该选项卡中可以对工作表的打印区域、打印标题以及打印顺序等选项进行设置。

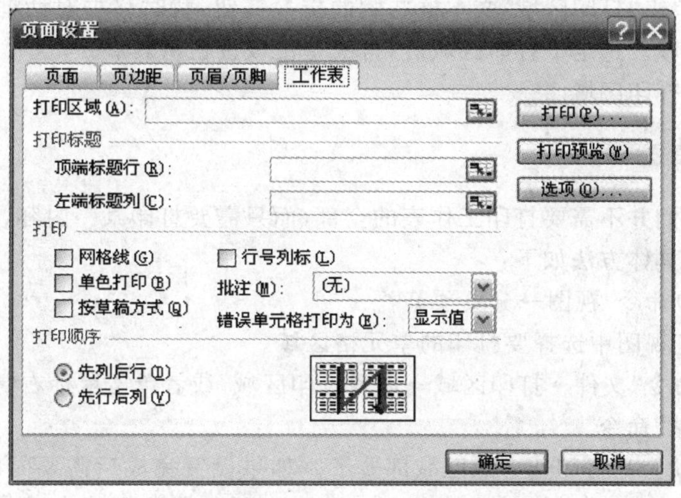

图 5-53　工作表设置

1. 打印行号和列标

行号是工作表中每一行最左端的数字,如 1,2 等;列标是工作表每一列顶端的字母,如 A,B 等。行号和列标确定了每一个单元格在工作表中的位置。

如果想在打印工作表时打印出工作表的行号和列标,可以将"工作表"选项卡中的"行号列标"复选框选中。

2. 打印网格线

网格线是描绘每个单元格轮廓的线。如果想在打印工作表时将工作表中的网格线打印出来,可以将"工作表"选项卡中的"网格线"复选框选中;否则,在打印时将打印出一个没有网格线的工作表。

3. 打印批注

如果在工作表中添加了批注,可以有多种方式来打印批注。

如果在工作表的底部打印批注,可以在"批注"下拉列表框中选择"工作表末尾"选项;如果要在工作表中批注出现的原地点打印批注,可以在"批注"下拉列表框中选择"如同工作表中的显示"选项;如果选择了"如同工作表中的显示"选项,Excel 将只打印当前显示的批注。

要显示所有批注,可以选择"视图/批注"菜单项;要显示单个批注,可以用鼠标右键单击包含批注的单元格,在弹出的快捷菜单中选择"显示批注"选项。

4. 打印区域

在工作表中选定了打印区域后,在"工作表"选项卡的"打印区域"文本框中将显示选定的打印区域。

选定打印区域的方法有两种:一种是在打开"页面设置"对话框之前选中工作表中要打印

的区域；另一种是单击“打印区域”文本框右侧的折叠按钮，暂时移去对话框，以便直接在工作表中选定单元格区域。选定了打印区域后，再次单击该按钮将其展开，这时会在“打印区域”文本框中显示选中的打印区域。

5.5.6 打印区域设置

很多情况下人们并不需要打印工作表的全部，而只需要打印某一内容，那么此时需要为打印指定打印区域。具体方法如下：

① 先点击菜单命令“视图→分页预览”。

② 然后在预览视图中选择要打印的单元格区域。

③ 点击菜单命令“文件→打印区域→设置打印区域”或者单击鼠标右键，在弹出的菜单中单击“设置打印区域”命令。

这样，打印时就会只打印选中的区域部分了。如果设置完成后需要向已有的打印区域添加单元格，那么只要选中要添加的单元格，然后在该区域上单击鼠标右键，在弹出的菜单中选择“添加到打印区域”即可。

有一种办法也可以实现这个任务。那就是先在工作表中选择要打印的区域，然后点击菜单命令“文件/打印”，在打开的“打印内容”对话框中，选中“选定区域”单选项，如图 5 - 54 所示。此种方法也是非常简单实用的。

图 5 - 54 “打印内容”对话框

5.5.7 上机实践(9)(实例：办公设备清单列表)

① 制作一张办公设备清单。

② 将纸张设置为 A4 纸，自定义页眉和页脚，设置页边距。

5.6 本章习题

1. 选择题

① Excel 工作表最多有________行。

A. 65 535　　B. 65 536

C. 255　　D. 256

② Excel 工作表的第 3 行第 4 列的单元格地址是________。

A. D3　　B. D4

C. 3D　　D. 4D

③ 在 A3 单元格输入数据时，若键入'110081，则 A3 单元格的数据类型为________。

A. 数值数据　　B. 文本数据

C. 日期数据　　D. 时间数据

④ 在 Excel 工作表中已输入的数据如下所示：

	A	B	C	D	E
1	10	10%	=A1*B1		
2	20	20%			

若将 C1 单元格的公式复制到 C2 单元格中，则 C2 单元格的值为________。

A. 1　　B. 2

C. 4　　D. ######

⑤ 若要选定区域 A1:C4 和 D3:F6，应________。

A. 按鼠标左键从 A1 拖动到 C4，然后按鼠标左键从 D3 拖动到 F6

B. 按鼠标左键从 A1 拖动到 C4，然后按住<Shift>键，并按鼠标左键从 D3 拖动到 F6

C. 按鼠标左键从 A1 拖动到 C4，然后按住<Ctrl>键，并按鼠标左键从 D3 拖动到 F6

D. 按鼠标左键从 A1 拖动到 C4，然后按住<Alt>键，并按鼠标左键从 D3 拖动到 F6

⑥ 某区域由 A1，A2，A3，B1，B2，B3 六个单元格组成。下列不能表示该区域的是________。

A. A1:B1　　B. A1:B3

C. 3:B1　　D. B3:A1

⑦ 在 Excel 工作表中，F3 为当前单元格，若将 F3 单元格中的内容清除，下列操作中不正确的是________。

A. 按<Del>键

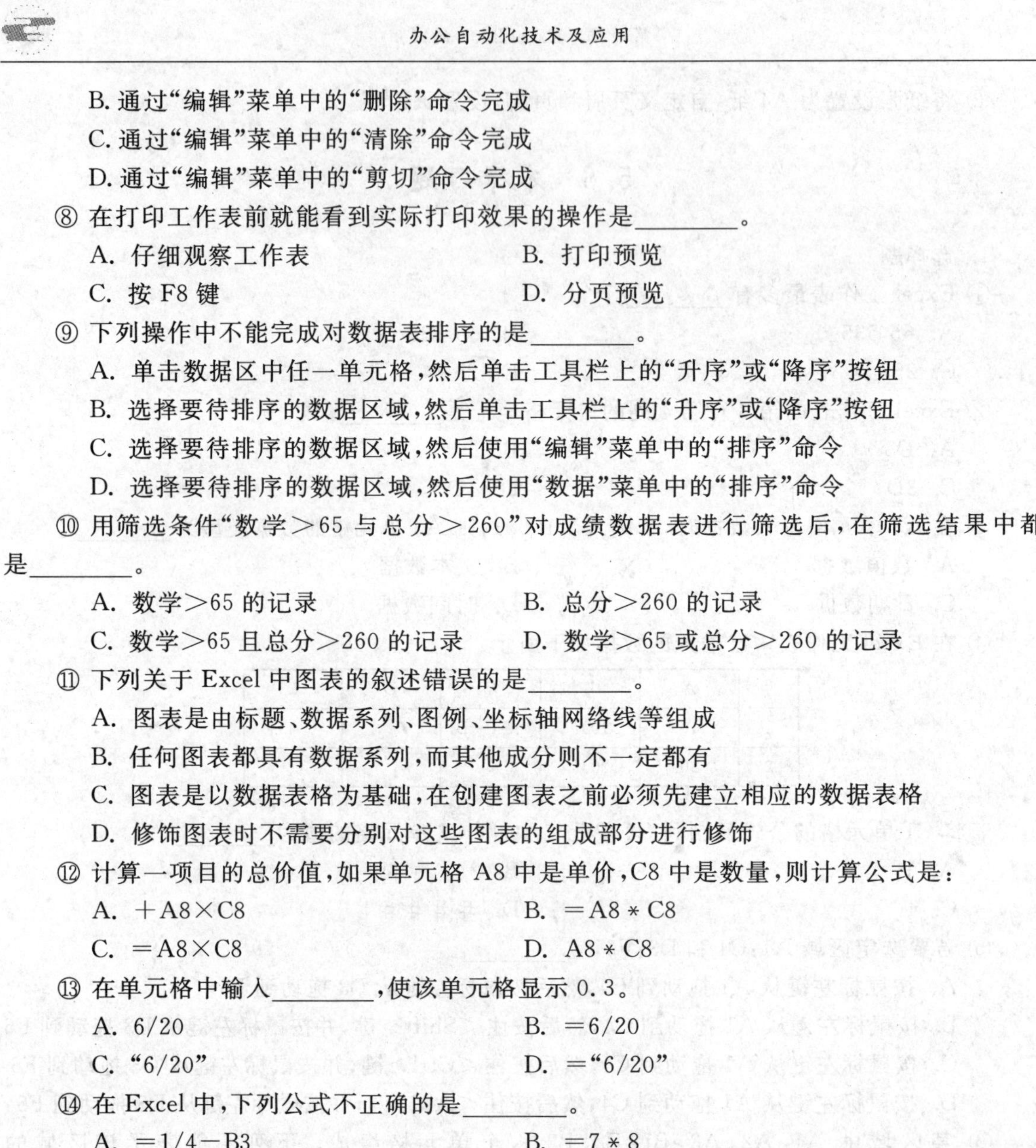

B. 通过“编辑”菜单中的“删除”命令完成

C. 通过“编辑”菜单中的“清除”命令完成

D. 通过“编辑”菜单中的“剪切”命令完成

⑧ 在打印工作表前就能看到实际打印效果的操作是________。

A. 仔细观察工作表　　B. 打印预览

C. 按 F8 键　　D. 分页预览

⑨ 下列操作中不能完成对数据表排序的是________。

A. 单击数据区中任一单元格，然后单击工具栏上的“升序”或“降序”按钮

B. 选择要待排序的数据区域，然后单击工具栏上的“升序”或“降序”按钮

C. 选择要待排序的数据区域，然后使用“编辑”菜单中的“排序”命令

D. 选择要待排序的数据区域，然后使用“数据”菜单中的“排序”命令

⑩ 用筛选条件“数学＞65 与总分＞260”对成绩数据表进行筛选后，在筛选结果中都是________。

A. 数学＞65 的记录　　B. 总分＞260 的记录

C. 数学＞65 且总分＞260 的记录　　D. 数学＞65 或总分＞260 的记录

⑪ 下列关于 Excel 中图表的叙述错误的是________。

A. 图表是由标题、数据系列、图例、坐标轴网络线等组成

B. 任何图表都具有数据系列，而其他成分则不一定都有

C. 图表是以数据表格为基础，在创建图表之前必须先建立相应的数据表格

D. 修饰图表时不需要分别对这些图表的组成部分进行修饰

⑫ 计算一项目的总价值，如果单元格 A8 中是单价，C8 中是数量，则计算公式是：

A. ＋A8×C8　　B. ＝A8＊C8

C. ＝A8×C8　　D. A8＊C8

⑬ 在单元格中输入________，使该单元格显示 0.3。

A. 6/20　　B. ＝6/20

C. “6/20”　　D. ＝“6/20”

⑭ 在 Excel 中，下列公式不正确的是________。

A. ＝1/4－B3　　B. ＝7＊8

C. 1/4＋8　　D. ＝5/（D1＋E3）

⑮ 在 Excel 工作表中，F3 为当前单元格，若将 F3 单元格中的内容清除，下列操作中不正确的是________。

A. 按＜Delete＞键

B. 通过“编辑”菜单中的“删除”命令完成

C. 通过“编辑”菜单中的“清除”命令完成

D. 通过“编辑”菜单中的“剪切”命令完成

2. 填空题

① 工作表的名称显示在工作簿底部的________上。

② 数据筛选的方法有________和________两种。

③ 已知某单元格的格式为 000.00，值为 23.785，则其显示内容为________。

④ “条件格式”命令最多可以设置________个条件。

⑤ 在 Excel 中设置的打印方向有________和________两种。

⑥ 若在 F3 单元格中输入 5/20，该单元格显示结果为________。

⑦ 在 Excel 工作表中，若要选择不连续的单元格，首先单击第一个单元格，按住________键不放，单击其他单元格。

⑧ D4 单元格中有公式“＝A5＋B4”，删除第 3 行后，D4 单元格中的公式是________。

⑨ Excel 工作表中显示的灰色网格线不是实际表格线，可以使用“格式”菜单中的________命令，为所选定的单元格区域加上实际表格线，才能打印出表格线。

⑩ Excel 允许同时对最多________个关键字进行排序。

3. 简答题

① 在 Excel 中的行高和列宽都可以调整，而且有两种方法，分别是哪两种方法？哪一种可以调整到精确的行高和列宽？

② 怎样在公式中相对引用单元格、绝对引用单元格？举例说明。

③ 当进行自动筛选时，是否可以自定义筛选条件，应怎样操作？

④ 如何将一个工作表隐藏，之后如何再显示出来？

⑤ 如何修改图表的数据源、图表类型和图例位置？

第 6 章　演示文稿制作——PowerPoint 2003

教学目的和要求：通过本章的学习，了解并掌握 Office 办公软件之一 PowerPoint 2003 的使用方法。

重点：

◇ 在 PowerPoint 2003 文档中插入多媒体资料；

◇ 在 PowerPoint 2003 文档中设置超级链接；

◇ 在 PowerPoint 2003 文档中插入动作按钮；

◇ 幻灯片放映。

难点：

◇ 在 PowerPoint 2003 文档中设置超级链接；

◇ 在 PowerPoint 2003 文档中插入动作按钮；

◇ 在 PowerPoint 2003 文档中插入多媒体资料。

PowerPoint 2003 和 Word，Excel 一样都是 Microsoft 公司推出的 Office 软件产品。PowerPoint 2003 是一种制作和播放演示文稿的应用程序，是目前全球使用最为广泛的演示文稿制作软件，制作的演示文稿可以通过计算机屏幕或投影仪进行播放。可以把 PowerPoint 2003 简称为 PPT。

6.1　创建演示文稿

6.1.1　初识 PowerPoint 2003

PowerPoint 2003 的主界面和 Word 2003 主界面风格相似，也分为标题栏、菜单栏、工具栏、工作区和状态栏。主窗体 PowerPoint 2003 如图 6－1 所示。

在 PowerPoint 2003 中生成的文件叫做演示文稿，文件的扩展名为. ppt。一个演示文稿由若干张幻灯片以及与幻灯片相关的备注组成。幻灯片是演示文稿的组成部分，幻灯片由标题、文本、图片、声音等信息组成。

1. 标题栏

标题栏位于屏幕的最顶部，含有系统控制菜单和三个按钮："最大化"、"最小化"、"关闭"，在标题栏还会显示当前打开的 PowerPoint 演示文稿的名称。

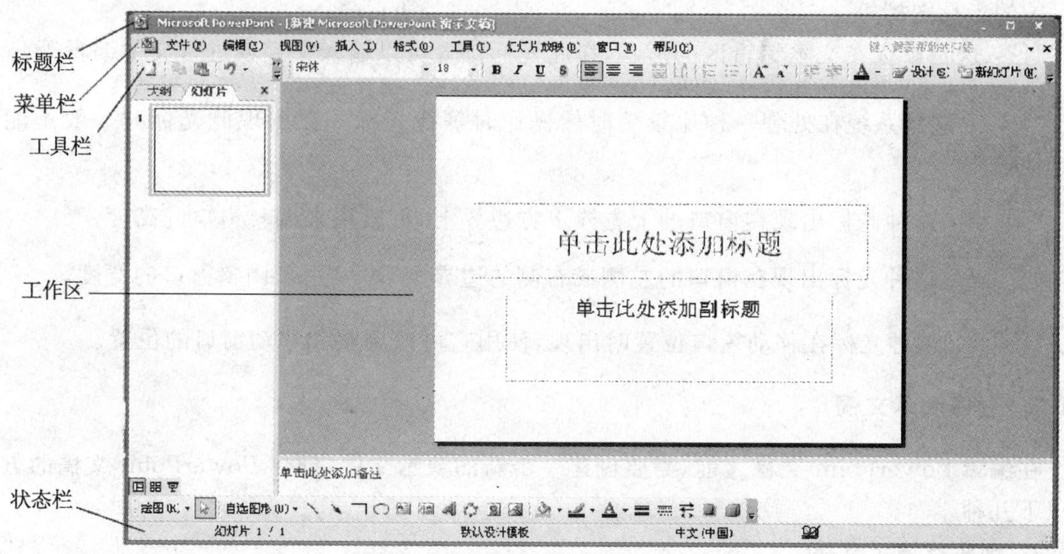

图 6－1　PowerPoint 2003 主窗体

2. 菜单栏

菜单栏在标题栏下面，包含了 PowerPoint 进行工作的全部命令。在编辑演示文稿的过程中，用户可以选择菜单栏中的命令对演示文稿进行修改。

3. 工具栏

工具栏位于菜单栏的下方，包含了 Word 2003 中经常使用的工具，用户可以通过单击相应的按钮执行相应的操作。

同时还可以通过“视图”中“工具栏”命令，在弹出的菜单中选择需要的工具，在选中状态下会在选项前面出现“√”标志。

4. 工作区

在 PowerPoint 2003 中同时显示三个编辑区，即文本大纲编辑区、幻灯片编辑区、注释编辑区，用户可以改变编辑区的大小。在一个编辑区中进行编辑可同时在其他编辑区显示结果。

5. 状态栏

PowerPoint 2003 的状态栏在窗口的最底部，它的功能是记录并显示当前的工作状态，包括显示相应的视图模式、幻灯片编号等。

6. 鼠标光标介绍

在 PowerPoint 2003 中将鼠标移动到窗口的不同位置，屏幕上的鼠标将出现不同的形状，不同的光标形状代表了不同的鼠标功能状态。下面简单介绍几种不同的鼠标形状及其功能。

“ ”：这是鼠标光标在正常工作环境中的基本状态，可以用此光标选择窗口、菜单和工

具栏中的工具图标等。

“|”：这是鼠标在文本编辑区的形状，在此光标位置可以输入文字或进行文字编辑等。

“⧗”：这是系统在处理一种比较费时的操作时等待光标。在出现此光标时一般不能进行其他操作。

“↕”：这种光标出现在窗口的上方或下方边界上，可以用来调整窗口的高度。

“↔”：这种光标出现在窗口的左侧或右侧的边界上，可以用来调整窗口的宽度。

“✥”：这种光标在移动窗口位置时出现，使用它可以调整和移动窗口的位置。

6.1.2 创建演示文稿

在编辑 PowerPoint 文稿之前，需要创建一个新的演示文稿，创建 PowerPoint 文稿的方法有以下几种。

1. 创建空演示文稿

① 在桌面空闲的地方，单击鼠标右键，在弹出的下拉菜单中选择“新建”→“Microsoft PowerPoint 演示文稿”。

② 选择幻灯片版式。双击打开新建的 PowerPoint 演示文稿。单击工作区，在窗体的右侧弹出如图 6-2 所示的子窗体。在窗体中可以选择“文字版式”或者“内容版式”。

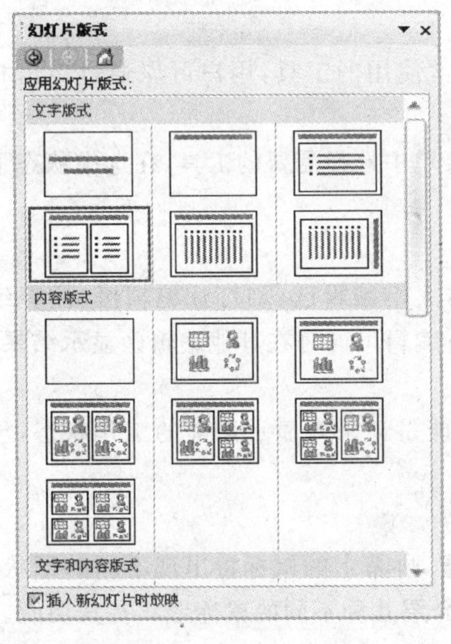

图 6-2　幻灯片版式

2. 根据设计模版创建

① 在桌面空闲的地方，单击鼠标右键，在弹出的下拉菜单中选择“新建”→“Microsoft PowerPoint”演示文稿。

② 双击打开新建的 PowerPoint 演示文稿。单击工具栏中 设计(S) 按钮，在窗体右边弹出如图 6-3 所示的子窗体。

③ 在图 6-3 的窗口中给出了一些随 PowerPoint 提供的模版，这些模版提供了一个演示文稿的框架，用户只需要对选定的模板做少量的修改，输入相关内容即可。

3. 根据内容提示向导创建演示文稿

① 单击菜单栏上的“文件”，在下拉菜单中选择“新建”。在窗口右边的子窗体中选择“内容提示向导”，弹出如图 6-4 所示的对话框。

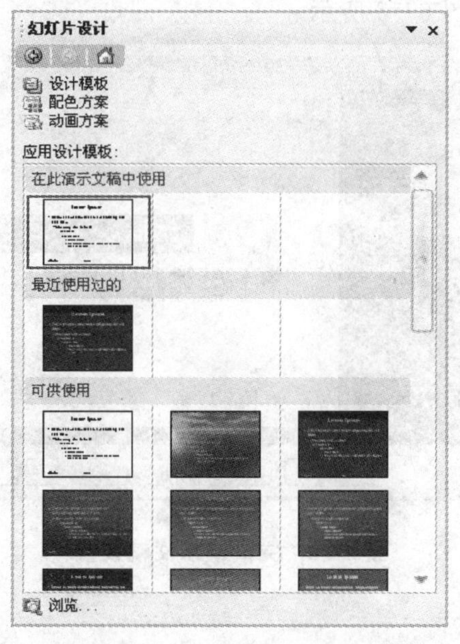

图 6-3　幻灯片设计

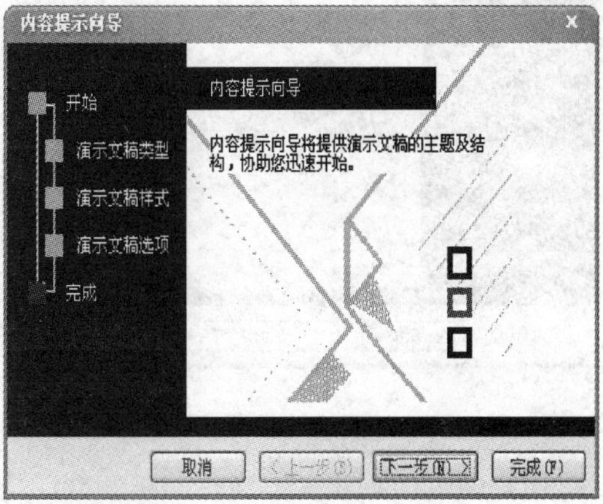

图 6-4　“内容提示向导”对话框

② 单击对话框中的“下一步”按钮，在弹出的对话框(见图 6-5)中选择演示文稿的类型。

③ 单击“下一步”按钮，选择输出类型，如图 6-6 所示。

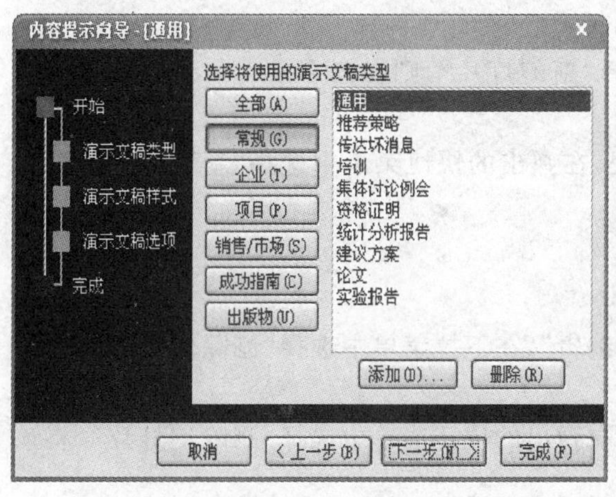

图 6-5　选择“演示文稿类型”

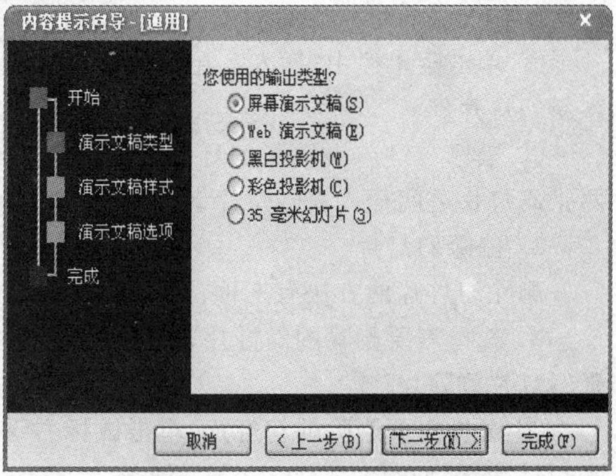

图 6-6　演示文稿输出类型

④ 单击“下一步”按钮，在“演示文稿标题”文本框中输入演示文稿的标题，在“页脚”文本框中输入页脚等信息，如图 6-7 所示。

⑨ 单击“完成”按钮，创建一个新的演示文稿，如图 6－8 所示。

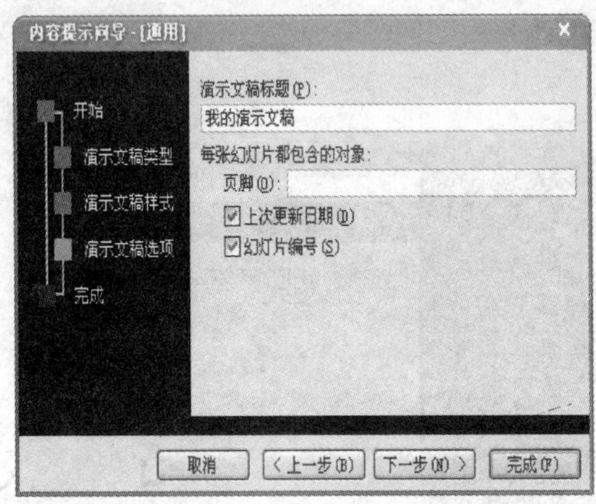

图 6－7　演示文稿标题、页脚设置

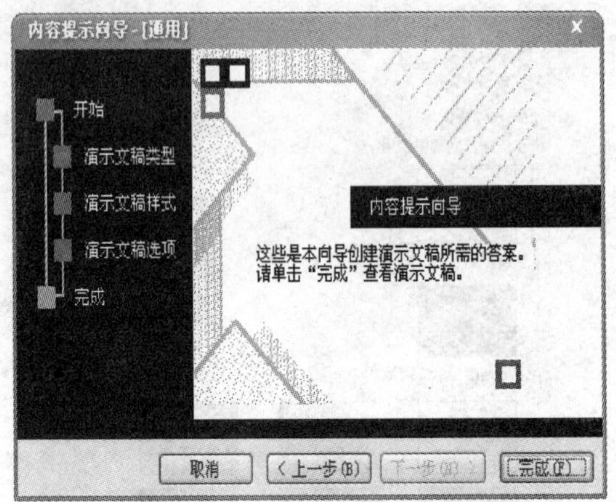

图 6－8　完成演示文稿设置

6.1.3　编排演示文稿

1. 新幻灯片的插入

幻灯片的插入有三种方式：

① 在主窗口右边的子窗口中选择一张幻灯片，单击鼠标右键，在下拉菜单中选择“新幻灯片”，则在该张幻灯片后面插入一张新幻灯片。

② 单击菜单栏中“插入”，在下拉菜单中选择“新幻灯片”，则在已有最后一张幻灯片后插入新幻灯片。

③ 鼠标右键单击两张幻灯片之间的空白处，在弹出的快捷菜单中选择“新幻灯片”，则在两张幻灯片之间插入新幻灯片。

2. 删除幻灯片

删除幻灯片的方法有三种：

① 选择需要删除的幻灯片，单击菜单栏中“编辑”，在下拉菜单中选择“删除幻灯片”，将该张幻灯片删除。

② 选择需要删除的幻灯片，单击鼠标右键，在弹出的快捷菜单中选择“删除幻灯片”，将该张幻灯片删除。

③ 选择需要删除的幻灯片，按＜Delete＞键，将选中的幻灯片删除。

3. 添加文字

新建一张幻灯片后，会有如“单击此处添加标题”或“单击此处添加文本”的文本框，如果要在这些文本框中添加文字，用鼠标点击需要添加文字的文本框，即可以向该文本框中添加

文字。

如果需要在幻灯片的其他地方添加文字，必须在该位置添加文本框。操作过程如下：

① 单击菜单栏中"插入"命令，在下拉菜单中选择"文本框"，在"文本框"的下拉菜单中选择插入的文本框类型。

② 工作区内的鼠标变成十字形状，按住鼠标右键，拉动鼠标绘制文本框。

③ 如果绘制处的文本框大小不合适，选中该文本框，将鼠标移动到文本框的四周，按住鼠标左键拉动鼠标来调节文本框大小。

④ 如果绘制出来的文本框位置不合适，选中该文本框，将鼠标移动到文本框四周虚线位置，鼠标变成十字箭头，按住鼠标左键将文本框拖动到合适位置，松开鼠标即可。

4. 调整幻灯片顺序

在制作演示文稿的过程中，如果需要对幻灯片的顺序进行调整，在窗口右边的幻灯片缩略图中单击鼠标左键，用鼠标拖动需要调整位置的幻灯片到满意位置，松开鼠标即可。在幻灯片移动的过程中有一条横线显示当前幻灯片所在的位置。

6.1.4　演示文稿的保存

在完成演示文稿编辑后，需要对演示文稿进行保存，保存方法有三种。

1. 保存新建的演示文稿

如果演示文稿是新建演示文稿，保存方法如下：

① 单击菜单栏中"文件"，在下拉菜单中选择"保存"，弹出如图 6－9 所示的对话框。

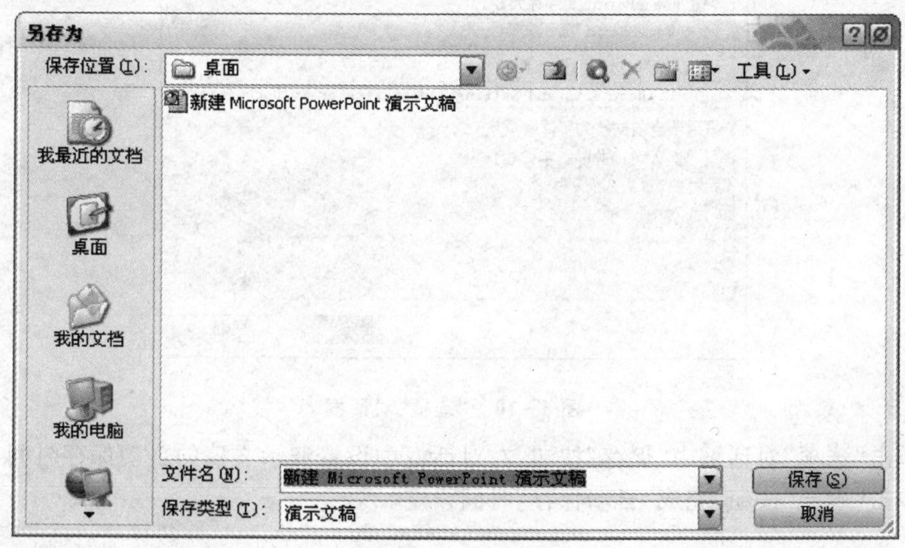

图 6－9　"另存为"对话框

② 在“保存位置”下拉列表中选择该演示文稿需要保存的位置。

③ 在“文件名”文本框中输入该演示文稿的名称，单击“保存”按钮完成保存。

2. 保存修改后的演示文稿

保存修改后的演示文稿的方法如下：

① 选择菜单栏中“文件”命令，在下拉菜单中选择“保存”。

② 单击工具栏中 “保存按钮”，完成保存。

③ 按快捷键＜Ctrl＋S＞完成保存。

3. 自动保存

和 Word 一样，为防止用户工作成果丢失，PowerPoint 中也有自动保存的功能。用户可以设置自动保存的时间来使系统自动在规定的时间对文稿进行保存。

操作方法如下：

① 单击菜单栏中“工具”命令，在下拉菜单中选择“选项”，弹出如图 6－10 所示的对话框。

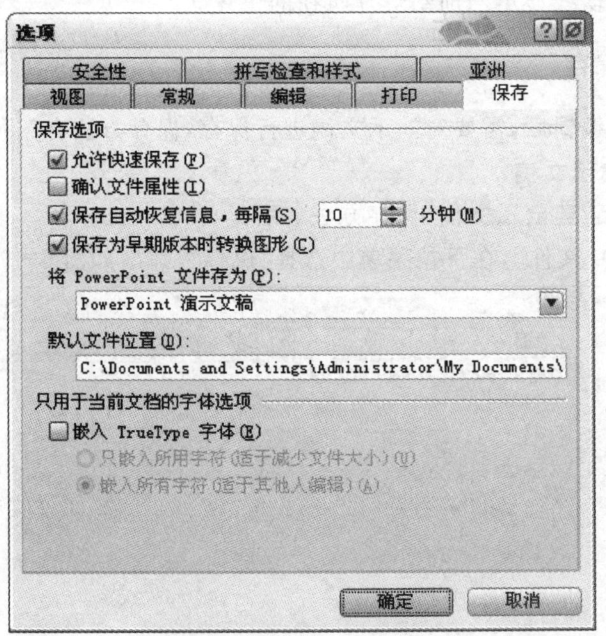

图 6－10 “选项”对话框

② 单击“选项”对话框中“保存”按钮，在对话框中设置演示文稿的自动保存时间。

③ 单击“确定”按钮，完成“自动保存”时间设定。

6.1.5　上机实践(10)

① 从“开始”菜单启动 PowerPoint 2003。

② 关闭当前已经打开的文档，同时关闭 PowerPoint 2003。

③ 根据内容提示向导创建一个名为“我的演示文稿”的演示文稿，要求选择使用演示文稿的类型为“论文”。

④ 在新建的演示文稿中插入新的幻灯片。

⑤ 在幻灯片视图中删除某张幻灯片。

⑥ 将名为“我的演示文稿”的演示文稿保存到“我的文档”。

6.2　在演示文稿中插入对象

在编辑演示文稿过程中，可以在幻灯片中加入图片、声音等多媒体信息来使演示文稿更加完美。

6.2.1　插入图片

在演示文稿中可以插入剪切画、图片文件、自选图形等图片。具体操作方法如下。

1. 插入剪切画

单击菜单栏中的“插入”，在下拉菜单中选择“图片”，在“图片”下拉菜单中选择“剪切画”，可以从 Office 自带的图片中搜索相关主题的图片插入到幻灯片中。(具体操作和在 Word 文档中插入剪切画方法相同。)

2. 插入图片

单击菜单栏中的“插入”，在下拉菜单中选择“图片”，在“图片”下拉菜单中选择“来自文件”，可以在幻灯片中添加计算机中其他图片文件。(具体操作和在 Word 文档中插入图片方法相同。)

3. 插入自选图形

① 单击菜单栏中的“插入”，在下拉菜单中选择“图片”，在“图片”下拉菜单中选择“自选图形”，弹出如图 6－11 所示的工具栏。点击“自选图形”工具栏中的相应按钮可以绘制线条、对话框、箭头等图形。点击“自选图形”工具栏中“其他自选图形”按钮，在窗口右边出现“其他自选图形”选择窗口，如图 6－12 所示，单击需要的自选图形，将其添加为幻灯片。

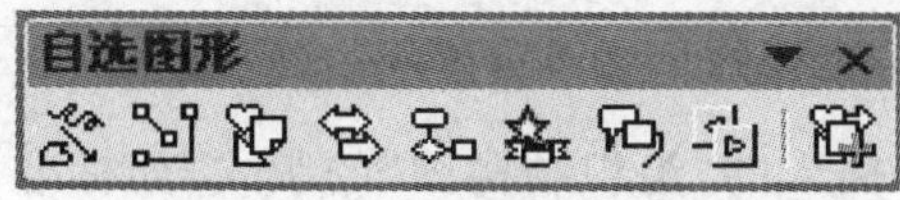

图 6－11　“自选图形”工具栏

图 6-12 其他自选图形

② 完成上面的操作后，插入幻灯片的图形颜色是系统的默认颜色。为了能更好地满足需要选中插入的图片，单击鼠标右键，在弹出的快捷菜单中选择“设置自选图形格式”，弹出如图 6-13所示的对话框。在对话框中点击“颜色和线条”，在“颜色”下拉菜单中选择图片的颜色。点击“线条”中“颜色”选择图片线框颜色。

4. 插入组织结构图

在幻灯片中插入组织结构图的方法如下：

① 单击菜单栏中的“插入”，在下拉菜单中选择“图片”，在图片的下拉菜单中选择“组字结构图”，弹出如图 6-14 所示的工具栏。

② 点击“组织结构图”工具栏中的“插入形状”，可以调整结构图的形状。

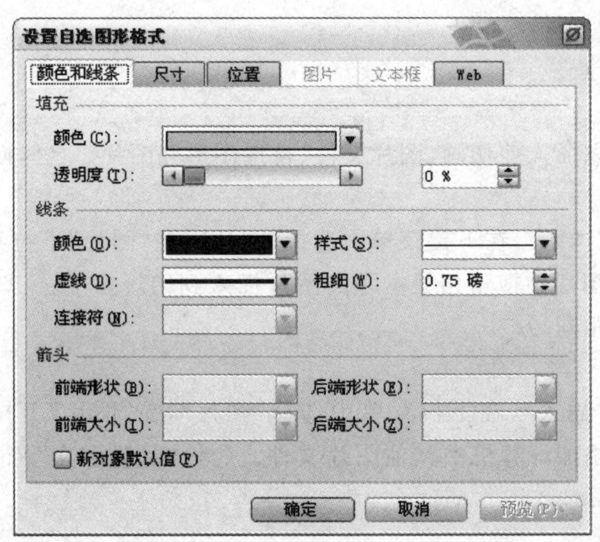

图 6-13 “设置自选图片格式”对话框

图 6-14 “组织结构图”工具栏

③ 单击“版式”可以调节插入的“组织结构图”的版式，如标准、两边悬挂等版式。

④ 点击“选择”可以包括级别、分支等组织结构图信息。

⑤ 点击“适应文字”可以使组织结构图中的每一个文本框适应在文本框中输入的文字。

⑥ 点击一个组织结构图的文本框,在文本框中输入文字。

5. 插入图示

在幻灯片中插入图示的方法如下:

① 单击菜单栏中的“插入”,在下拉菜单中选择“图片”,在“图片”下拉菜单中选择“图示”,弹出如图 6-15 所示的对话框。

② 点击选择“图示库”对话框中的图示样式,在幻灯片中插入图示。

图 6-15 “图示库”对话框

6.2.2 插入影片和声音

在 PowerPoint 中,用户除了可以向幻灯片中添加文字、图片,还可以在幻灯片中插入影片和声音。

图 6-16 剪辑管理器之一

1. 插入影片

插入影片的方法有两种,一种是插入 PPT 提供的一些已经做好的影片,还有一种是插入自定义的影片。

(1) 剪辑管理中的影片

① 单击菜单栏中的“插入”,在下拉菜单中选择“影片和声音”,在下拉菜单中选择“剪辑管理中的影片”。

② 在窗口右边的对话框中(见图 6-16),单击选中合适的影片,该影片将自动添加到幻灯片中。也可以在该对话框中输入影片主题来搜索有相关主题的影片。

③ 在幻灯片中,调整刚插入的幻灯片位置,完成插入。

(2) 插入文件中的影片

① 单击菜单栏中的“插入”,在弹出的菜单中选择“影片和声音”,在下拉菜单中选择“文件中的影片”,弹出如图 6-17 所示的对话框。

② 在对话框中选择需要插入到幻灯片中的影片文件,单击“确定”按钮,将选中的影片文件插入到幻灯片中。

2. 插入声音

(1) 插入剪辑管理器中的声音

① 单击菜单栏中的“插入”,在弹出的菜单中选择“影片和声音”,在下拉菜单中选择“剪辑管理器中的声音”,弹出如图 6-18 所示的对话框。

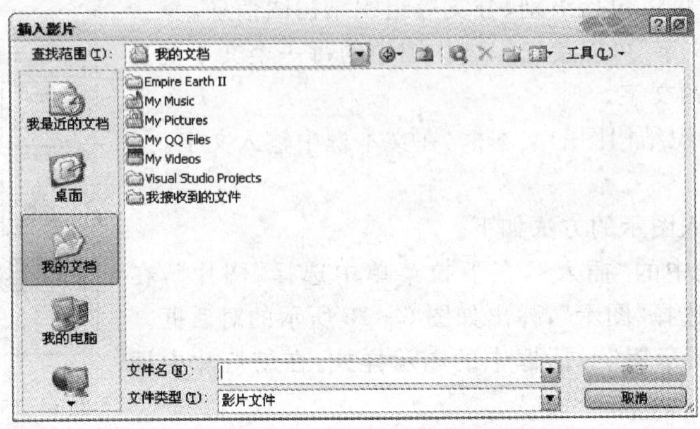

图 6-17 "插入影片"对话框

② 在窗口右边的对话框中(见图 6-18),单击选中合适的声音文件,该声音文件将自动添加到幻灯片中。也可以在该对话框中输入声音主题来搜索有相关主题的声音文件。

(2) 文件中的声音

① 单击菜单栏中的"插入",在弹出的菜单中选择"影片和声音",在下拉菜单中选择"文件中的声音",弹出如图 6-19 所示的对话框。

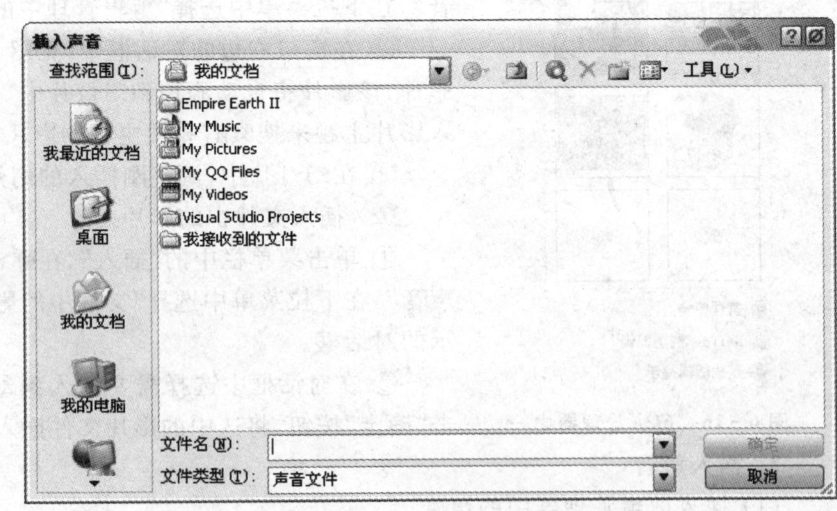

图 6-18 剪辑管理器之二

图 6-19 "插入声音"对话框

② 在对话框中选择需要插入到幻灯片中的声音文件,单击“确定”按钮,将选中的声音文件插入到幻灯片中。

6.2.3 插入表格

在 PPT 中也可以像 Word 一样插入表格。在幻灯片中插入表格的方法如下：

① 单击菜单栏中的“插入”,在弹出的菜单中选择“表格”,弹出如图 6-20 所示的对话框。

② 在如图 6-20 所示的对话框中输入要插入的表格的行数和列数,单击“确定”按钮。

③ 在工作区出现如图 6-21 所示的工具栏,点击工具栏中相应选项调整表格样式。

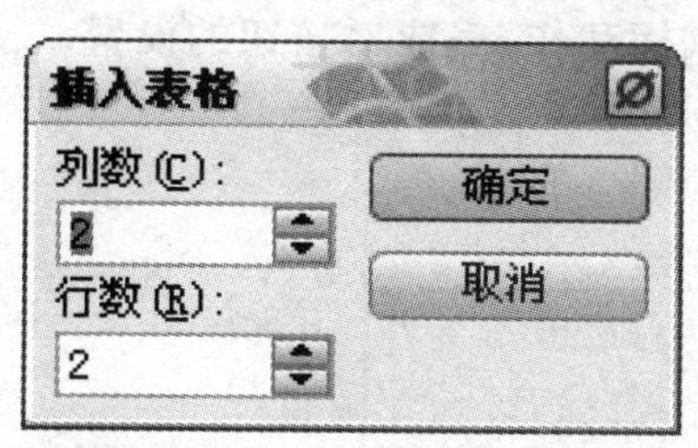

图 6-20 “插入表格”对话框

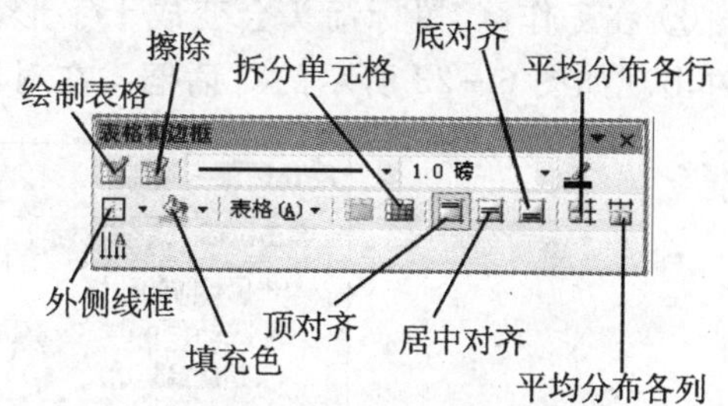

图 6-21 “表格和线框”工具栏

6.2.4 设置超级链接

在 PowerPoint 2003 中,可以为图片和文字设置超级链接,通过超级链接快速打开需要打开的文件。设置超级链接的方法如下：

① 选中要设置超级链接的文本或图片。

② 单击菜单栏中的“插入”,在下拉菜单中选择“超级链接”。

③ 在弹出的对话框中(见图 6-22)选择要链接到的文件或网址。

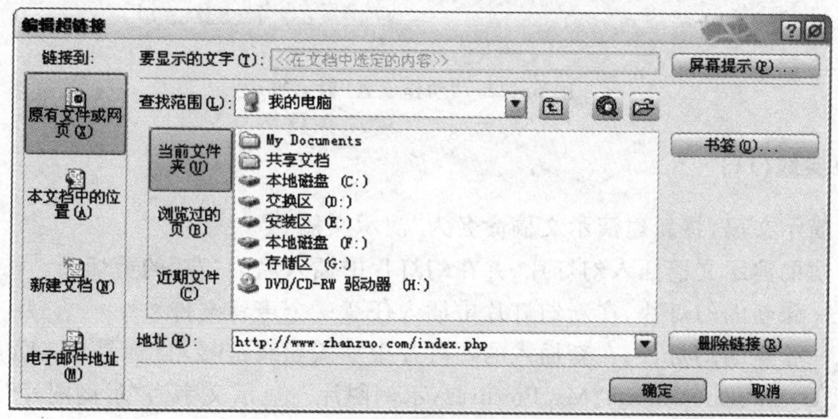

图 6-22 “编辑超链接”对话框

④ 单击“确定”按钮,完成超级链接设置。

6.2.5 插入动作按钮

在幻灯片中插入动作按钮可以方便控制幻灯片的播放,以及在幻灯片中直接打开其他文件。

插入动作按钮的方法如下:

① 点击菜单栏中“幻灯片放映”,在下拉菜单中选择“动作按钮”,在“动作按钮”下拉菜单中,可以点击并选择相关主题的按钮。

② 在工作区,鼠标箭头会变成十字形,按住鼠标右键拖动鼠标,工作区即出现按钮图案,同时出现如图 6-23 所示的对话框。在对话框中选择鼠标动作,完成对按钮的设置。

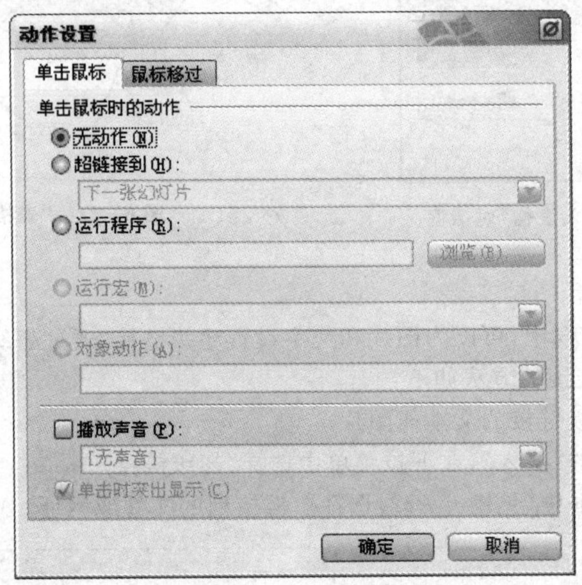

图 6-23 “动作设置”对话框

6.2.6 上机实践(11)

① 新建演示文稿,将新建演示文稿命名为“演示文稿 1”。

② 为新建的演示文稿插入幻灯片,并在幻灯片中插入名为“花”的剪切画。

③ 插入一张新的幻灯片,在新幻灯片中插入任意一个声音文件。

④ 插入一张新的幻灯片,在新插入的幻灯片中加入超级链接,目标是 C:\Documents and Settings\All Users\Documents\My Pictures\示例图片。显示文字为“示例图片”。

⑤ 在最后一张幻灯片中插入一个动作按钮,用来快速回到第一张幻灯片。

⑥ 将该演示文稿保存在“我的文档”文件夹下。

6.3　幻灯片的整体设置及放映

6.3.1　调整幻灯片的外观

1. 幻灯片的配色方案

在 PowerPoint 中，幻灯片的默认颜色是白色，在实际制作过程中，用户可以自己改变幻灯片的颜色。方法如下：

① 单击菜单栏中的“格式”，在下拉菜单中选择“幻灯片设计”。

② 在窗口右边弹出的“幻灯片设计”(见图 6-24)对话框中，选择“配色方案”。在该对话框中将出现不同的系统制定的幻灯片配色方案，单击鼠标选中即可。

③ 如果在系统制定的配色方案中没有用户需要的，用户还可以点击“幻灯片设计”对话框下方的“编辑配色方案”。

④ 在弹出的如图 6-25 所示的对话框中选择幻灯片的配色方案，单击“应用”按钮完成。

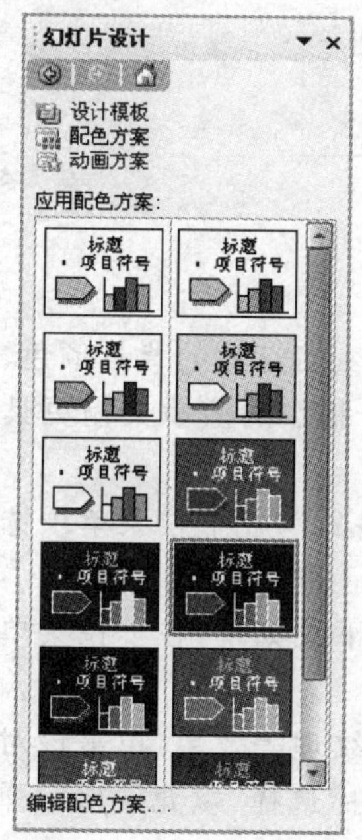

图 6-24　“幻灯片设计”对话框

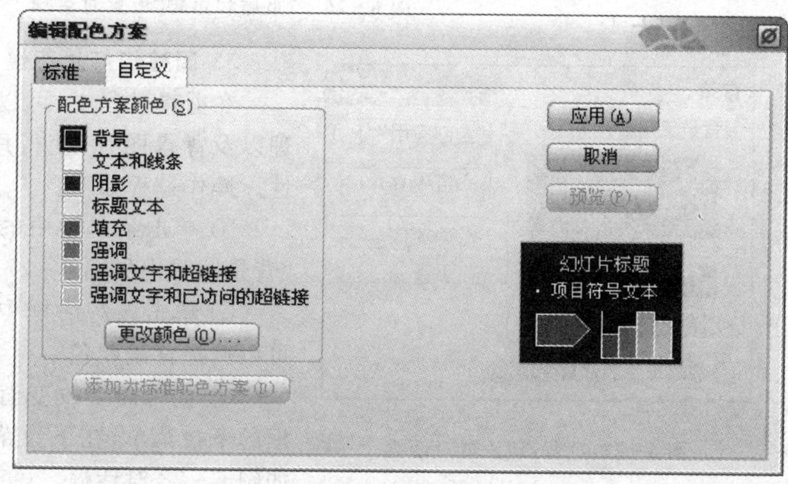

图 6-25　“编辑配色方案”对话框

2. 为幻灯片设置页眉、页脚

在 Word 中,用户可以给文档插入页眉、页脚。在 PowerPoint 中用户也可以为演示文稿插入页眉、页脚,操作方法如下:

① 单击菜单栏中的“视图”,在下拉菜单中选择“页眉和页脚”,弹出如图 6-26 所示的对话框。

② 在“页眉和页脚”对话框中,选择页眉和页脚的样式。

③ 单击“全部应用”按钮,选择的页眉、页脚将应用于全部幻灯片;单击“应用”按钮,选择的页眉、页脚将应用于该张幻灯片。

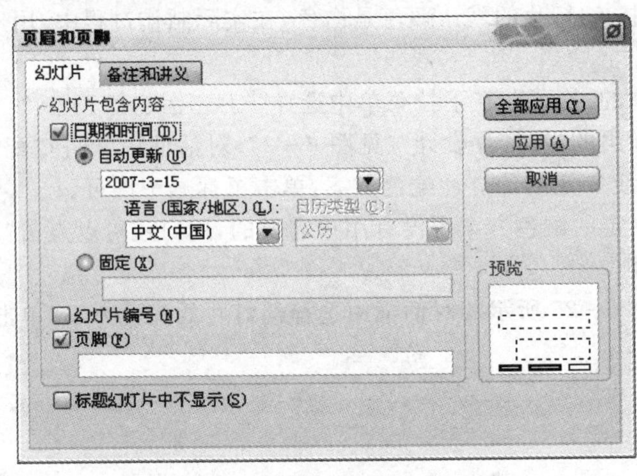

图 6-26 “页眉和页脚”设置对话框

3. 调整幻灯片背景

在剪辑过程中,可以改变幻灯片的背景颜色、纹理以及背景图片,使得用户制作的演示文稿更具个性。操作过程如下:

① 单击菜单栏中的“格式”,在下拉菜单中选择“背景”,弹出如图 6-27 所示的对话框。

② 单击该对话框中的下拉菜单,在下拉菜单中可以选择背景颜色。

③ 如果需要改变背景纹理等效果,单击该对话框的下拉菜单,在下拉菜单中选择“填充效果”,弹出如图 6-28 对话框。

图 6-27 “背景”设置对话框

④ 在“填充效果”对话框中,可以选择不同的背景效果,如渐变效果、纹理效果、图案效果等。

⑤ 用户也可以在幻灯片中插入图片作为幻灯片背景。单击“填充效果”对话框中的“图片”按钮，再单击“选择图片”，弹出如图 6－29 所示的对话框，在“选择图片”对话框中选中要作为背景的图片，单击“插入”即可。

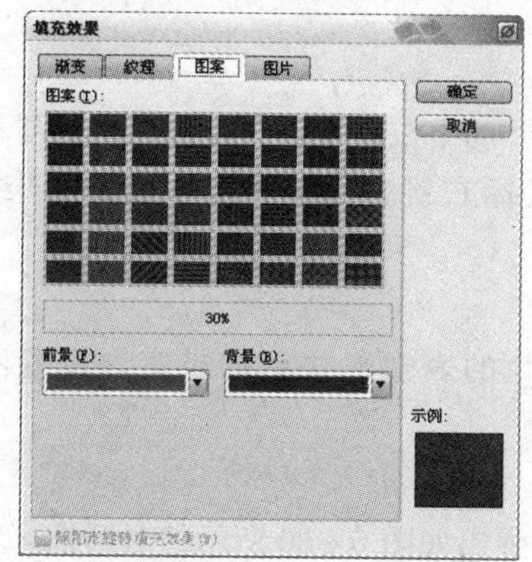

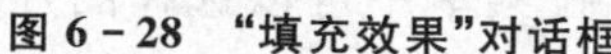

图 6－28 “填充效果”对话框

图 6－29 “选择图片”对话框

6.3.2 加工幻灯片

1. 图片的阴影效果

PowerPoint 可以给图片加上阴影效果，以增加图片的层次感。操作方法如下：

① 选中图片，单击“绘图”工具栏(见图 6－30)中的“阴影效果”按钮。

② 在“阴影效果”的下拉菜单中选择任意一种阴影效果，如不满意可以根据相同方法改变阴影效果。

图 6－30 “绘图”工具栏

2. 图片的三维效果

在 PowerPoint 中可以为平面图片添加三维效果，但是对立体图形不起作用。三维效果的作用就是变平面图形为立体图形。操作方法如下：

① 选中要编辑的图片。

② 在绘图工具栏中单击“三维效果”按钮，在三维效果的下拉菜单中选择合适的效果，单击该效果即可完成设置。

3. 图形的组合与分解

在对幻灯片进行编辑的过程中，可以将幻灯片上多张图片组合成为一张图片，成为图形的组合。同时也可以将一张图片分解。在将图片设置为组合图片后，移动图片即将已组合的图片一起移动。操作过程如下：

① 按住<Ctrl>键，用鼠标选中需要组合的图片。

② 单击鼠标右键，在弹出的快捷菜单中选择“组合”，在“组合”的下拉菜单中选择“组合”即可。

③ 如果要取消对图片的组合，选中分解的图片，单击鼠标右键，在快捷菜单中选择“组合”，在“组合”的下拉菜单中选择“取消组合”即可。

4. 为图片设置动作

在演示文稿中为幻灯片中的图片设置动作，可以使幻灯片的表现形式更加丰富。设置图片动作的方式如下：

① 鼠标点击选中需要设置动作的图片。

② 单击鼠标右键，在弹出的快捷菜单中选择“自定义动画”，弹出如图 6－30 所示的对话框。

③ 点击“自定义动画”对话框中的“添加效果”，在弹出的下拉菜单中可以选择图片的效果，如：进入效果。在进入效果里面可以选择是以何种方式进入，如：百叶窗效果。选中效果后，在如图 6－31 所示的对话框中可以进一步修改图片的效果，如图 6－32 所示。

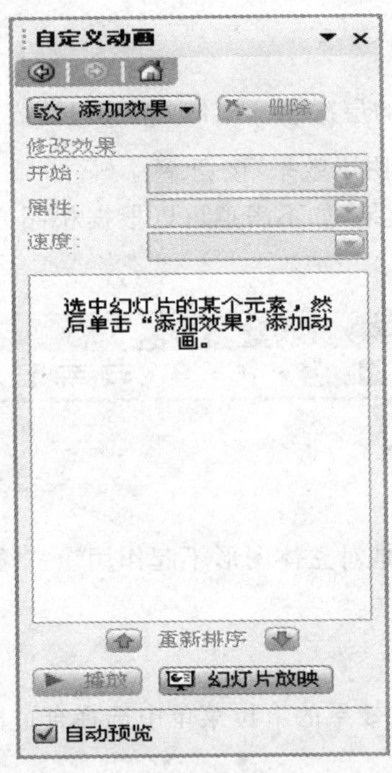

图 6－31 “自定义动画”对话框之一

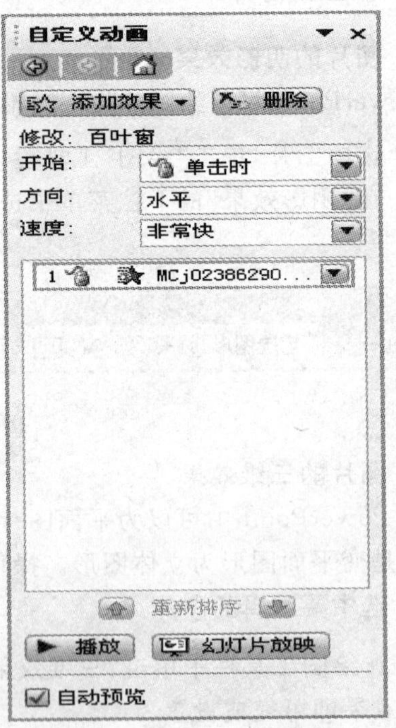

图 6－32 “自定义动画”对话框之二

④ 在图 6－32 所示的对话框中，在“开始”下拉列表中选择图片动画开始的时间。

⑤ 在图 6－32 所示的对话框中，在“方向”下拉列表中选择图片动画方向。

⑥ 在图 6－32 所示的对话框中，在“速度”下拉列表中选择图片动画的速度。

⑦ 单击“播放”按钮可以预览为图片设置的动画，单击“幻灯片放映”可以预览到图片动画在幻灯片放映时的效果。

⑧ 如果需要删除图片的动画效果，单击“自定义动画”对话框中的“删除”按钮即可。

5. 幻灯片切换效果

在幻灯片的放映过程中可以加入许多不同的切换效果，虽然这些效果不能和动画相比，但是可以大大增加幻灯片的放映动感，使幻灯片的放映不至于单调。

操作方法如下：

① 在幻灯片浏览视图中选中第一张幻灯片，单击菜单栏中的“幻灯片放映”，在下拉菜单中选择“幻灯片切换”，弹出如图 6－33 所示的“幻灯片切换”对话框。

② 在该对话框中最大的下拉列表框中选择幻灯片的切换样式。

③ 在“速度”下拉列表中选择幻灯片切换的速度。

④ 在“声音”下拉列表中选择幻灯片切换的声音。

⑤ 在“换片方式”中选择幻灯片播放过程中是响应鼠标点击换片还是定时自动换片。

⑥ 单击“应用于所有幻灯片”按钮，设置的效果将应用于演示文稿中所有的幻灯片。

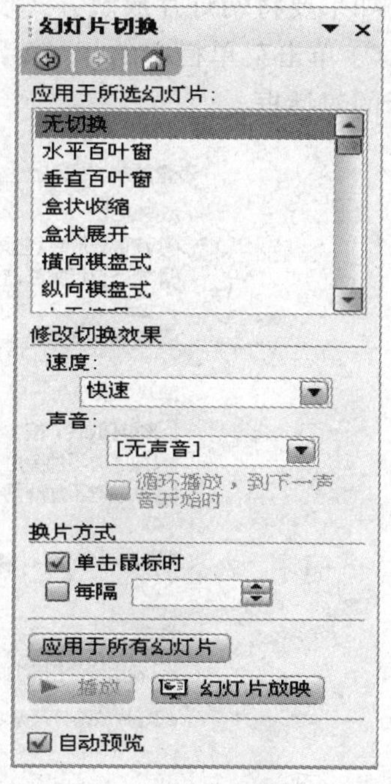

图 6－33　“幻灯片切换”对话框

6.3.3　幻灯片的放映与打印

PowerPoint 中提供了多种方式进行演示，包括屏幕演示、联机演示和投影机幻灯片演示等。同时 PowerPoint 中还可以将演示文稿中的内容打印成文稿。

1. 幻灯片的放映

这里介绍 4 种幻灯片的放映方法：

① 选择菜单栏中的“幻灯片放映”，在下拉菜单中选择“观看放映”。

② 选择菜单栏中的“视图”，在下拉菜单中选择“幻灯片放映”。

③ 单击窗口右下角的“幻灯片放映”按钮，从当前一张幻灯片开始播放。

④ 使用幻灯片放映快捷键＜F5＞。

2. 编辑放映过程

上面介绍了幻灯片的基本放映方法。在实际使用过程中,如果在幻灯片的播放过程中再加入一些对放映过程的控制,可以使幻灯片的放映过程更加个性化,如进行人工控制放映、鼠标控制放映和定时循环播放等。

(1) 人工控制放映

如果要将幻灯片放映方式设置为人工放映方式,方法如下:

① 单击菜单栏中的"幻灯片放映",在下拉菜单中选择"设置放映方式",弹出如图 6-34 所示的对话框。

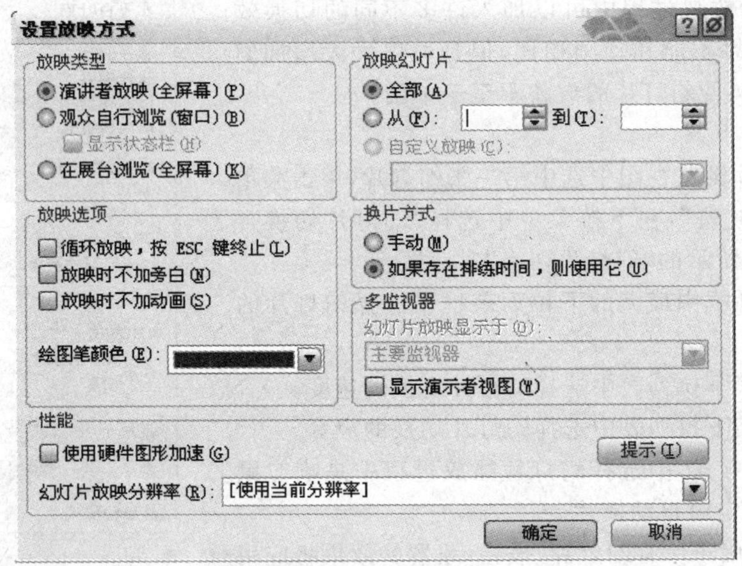

图 6-34 "设置放映方式"对话框

② 指定放映范围:

在"设置放映方式"对话框中,在"放映幻灯片"的选择项中,指定幻灯片的放映范围。

"全部":选择这个单选框后,幻灯片在放映的时候从第一张放映到最后一张。

"从…到…":选择这个单选框后,可以设置幻灯片从哪一张开始放映,到哪一张结束。通过输入幻灯片的编号来实现控制。

③ 指定换片方式:

在换片方式中,可以指定幻灯片在播放过程中的进片方式。

"手动":选择该单选按钮,可以通过鼠标左键点击或按键来实现进片。

"如果存在时间排练则用它":选择该单选按钮可以按在"幻灯片切换"任务窗格中设置的定时时间进片。如果没有设置自动进片时间则单选按钮不可用。

④ 选定放映类型:

在“放映类型”栏中选择放映类型。

“演讲者放映(全屏幕)”：这是通常的放映状态，由演讲者自己控制。既可以人工进片，也可以用定时进片。

“观众自行浏览”：该浏览方式适用于网络播放，由观众自行决定幻灯片的切换。

“在展台浏览(全屏幕)”：事先为幻灯片设置了自动定时进片，并选择该片方式为“如果存在排练时间，则使用它”单选按钮的情况下，才可以选择该单选按钮进行幻灯片放映。在进行放映方式时，可以让幻灯片自动循环播放，鼠标不再起作用，直到按＜Esc＞键才终止放映。

⑤ 指定放映方式：

“循环放映，按＜Esc＞键终止”：选择该放映方式后，可以在幻灯片放映结束后回到第一张继续播放，只有按＜Esc＞键才停止播放。该播放方式适合于定时自动进片。

“放映时不加旁白”：选择该复选框，在放映时不会附加旁白解释。

“放映时不叫动画”：选择该复选框后，可以在放映时不加入对象的动画设置，但不删除对象的动画效果。取消该复选框后，放映幻灯片时将重现动画效果。

(2) 鼠标控制放映

在幻灯片的播放过程中，可以单击鼠标右键，在弹出的快捷菜单(见图 6－35)中对幻灯片的放映进行设置。

下面是鼠标控制放映快捷菜单主要命令。

“定位至幻灯片”：选择该命令，在弹出的菜单中选择需要快速定位的幻灯片，以幻灯片的序号表示。

“上次查看过的”和“自定义放映”命令：显示为灰色，表示不能使用。

“指针选项”命令：点击后，在出现的快捷菜单中(见图 6－36)可以选择在幻灯片放映过程中鼠标的样式。

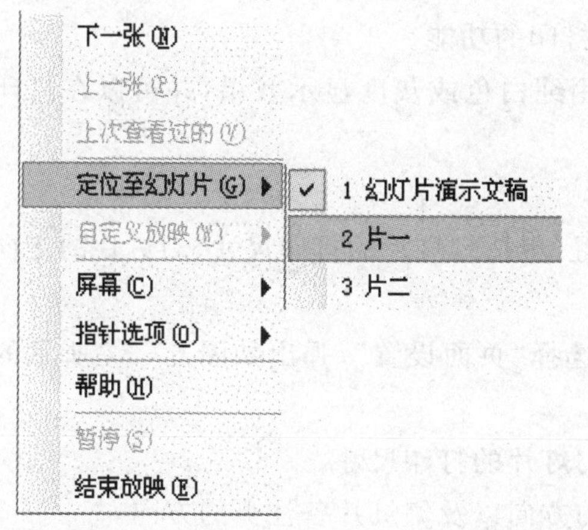

图 6－35　“定位至幻灯片”快捷菜单

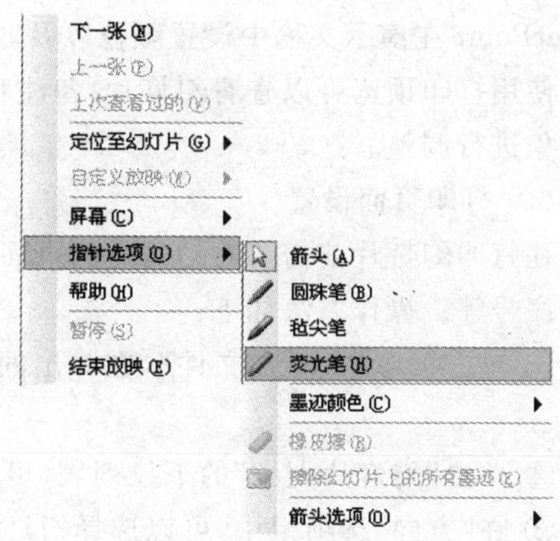

图 6－36　“指针选项”菜单

下面介绍几种不同鼠标样式的作用。

①“箭头”：通常情况下，鼠标形状是箭头形状。在这种状态下未单击鼠标时指针并不出现，出现后，鼠标指针呈现箭头形状。该命令也可以将其他笔形鼠标指针恢复为箭头形。

②“圆珠笔”、“荧光笔”、“毡尖笔”：在放映的过程中，这几种笔都可以用来对当前的幻灯片做标注。

③“橡皮擦”：消除“圆珠笔”、“荧光笔”、“毡尖笔”在幻灯片上面留下的痕迹。

④“墨迹颜色”：改变绘图笔所绘制的图形颜色，不改变鼠标颜色。

⑤“箭头选项”：选择箭头是隐藏还是可见。在默认情况下，“指针选项”设置为“箭头”命令。在这种状态下，鼠标在没有任何活动 3 s 后会自动隐藏；当鼠标移动后，箭头会再次显示。若要箭头一直显示，在“箭头选项”菜单中选择“可见”即可。

“屏幕”：点击此命令可以对屏幕进行相关操作。其下拉菜单的各项操作解释如下。

①“黑屏”：代表使屏幕暂时处于黑屏状态或回到原来的屏幕。

②“白屏”：代表使屏幕暂时处于白屏状态。

③“演讲者备注”：选择这个命令会弹出一个对话框，在对话框中可以输入演讲者对幻灯片的备注。

④“切换备注”：当幻灯片放映完时，选择这个命令，会在屏幕的下方出现系统工具栏以便切换程序。

3. 幻灯片的打印

PowerPoint 2003 中既可以用彩色、灰度或纯黑白打印整个演示文稿的幻灯片、大纲、备注以及观众讲义，也可以打印特定的幻灯片、讲义、备注页或大纲页。

大多数演示文稿设计为彩色显示，而幻灯片和讲义通常使用黑白打印。选择打印时，PowerPoint 在演示文稿中设置颜色以及匹配所选打印的功能。

使用打印预览可以查看幻灯片、备注和讲义，用纯白色或灰度显示效果，并可以在打印前对对象进行调整。

(1) 打印页面设置

在打印幻灯片前需要对幻灯片的页面进行设置，包括幻灯片的打印尺寸、幻灯片的走向和起始序号等。操作方法如下：

① 单击菜单栏中的“文件”，在弹出的菜单中选择“页面设置”，弹出如图 6－37 所示的对话框。

② 单击“幻灯片大小”的下拉列表，可以选择幻灯片的打印尺寸。

③ 在“方向”选项组中，可以选择幻灯片页面的方向以及幻灯片备注页的方向。

④ 选择“幻灯片编号起始值”可以选择幻灯片从第几页开始打印。

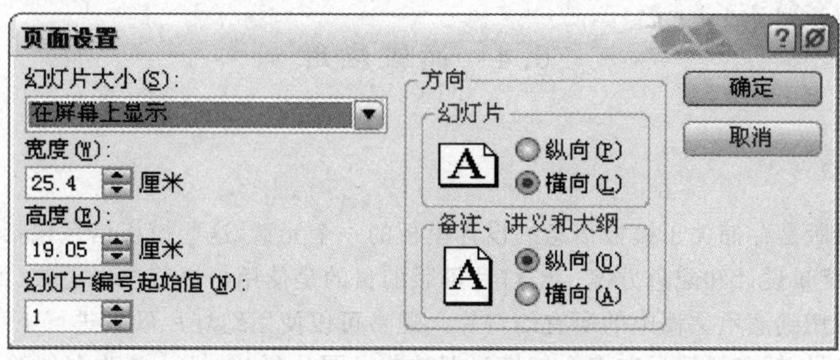

图 6-37　"页面设置"对话框

(2) 打印幻灯片

① 完成幻灯片的页面设置。

② 若要查看幻灯片的打印效果,可以单击菜单栏中的"文件",在下拉菜单中单击"打印预览",如果有需要再对幻灯片进行所需的更改。

③ 在"打印预览"工具栏的"打印内容"框中,单击"幻灯片",如果需要打印大纲、讲义等,则选择大纲、讲义。

④ 在"打印预览"工具栏上,单击"打印"按钮。

6.3.4　上机实践(12)

① 新建演示文稿,命名为"我的演示文稿 2"。

② 在新建的演示文稿中插入一张新的幻灯片,在幻灯片中加标题,标题名为"我的演示文稿 1",字体大小为 3 号,加粗。

③ 在幻灯片中,插入十字星形自定义图片,并将该图片设置为三维效果。

④ 为该演示文稿设置幻灯片版式,使用名为 Stream 的幻灯片模版。

⑤ 为幻灯片添加页眉、页脚。内容为日期以及幻灯片序号。

⑥ 新插入一张幻灯片,为幻灯片添加标题,标题名为"我的演示文稿 2"。

⑦ 在第二张幻灯片中插入图片,图片来自于"我的文档"文件夹中 My Pictures 文件夹下"示例图片"文件夹中的名为 Winter. Jpeg 的图片。

⑧ 设置第二张幻灯片中图片的动画效果,为该图片添加"飞入"的进入效果。

⑨ 设置幻灯片的切换效果为"纵向棋盘"式。

⑩ 将该演示文稿保存到"我的文档"文件夹下。

6.4 高级应用

6.4.1 母 版

幻灯片母版是存储关于模板信息的设计模板的一个元素，这些模板信息包括字形、占位符大小和位置、背景设计和配色方案。幻灯片母版的目的是使用户进行全局更改(如替换字形)，并使该更改应用到演示文稿中的所有幻灯片。通常可以使用幻灯片母版进行下列操作：更改字体或项目符号，插入要显示在多个幻灯片上的艺术图片(如徽标)，更改占位符的位置、大小和格式 。若要查看幻灯片母版，请显示母版视图。可以像更改任何幻灯片一样更改幻灯片母版；但要母版上的文本只用于样式，实际的文本(如标题和列表)应在普通视图的幻灯片上键入，而页眉和页脚应在"页眉和页脚"对话框中键入。更改幻灯片母版时，已对单张幻灯片进行的更改将被保留。在应用设计模板时，会在演示文稿上添加幻灯片母版。通常，模板也包含标题母版，用户可以在标题母版上进行更改，以应用于具有"标题幻灯片"版式？的幻灯片。

6.4.2 演讲排练

简单的幻灯片放映不能实现人机分离操作。为了实现人机分离操作，可以先进行演讲排练，使幻灯片实现定时自动循环播放。操作方法如下：

① 单击菜单栏中的"幻灯片放映"，在弹出的菜单中选择"排练计时"菜单命令即可进入排练计时状态。第一章幻灯片开始放映时，在屏幕左上角出现一个排练计时器，如图 6－38 所示。

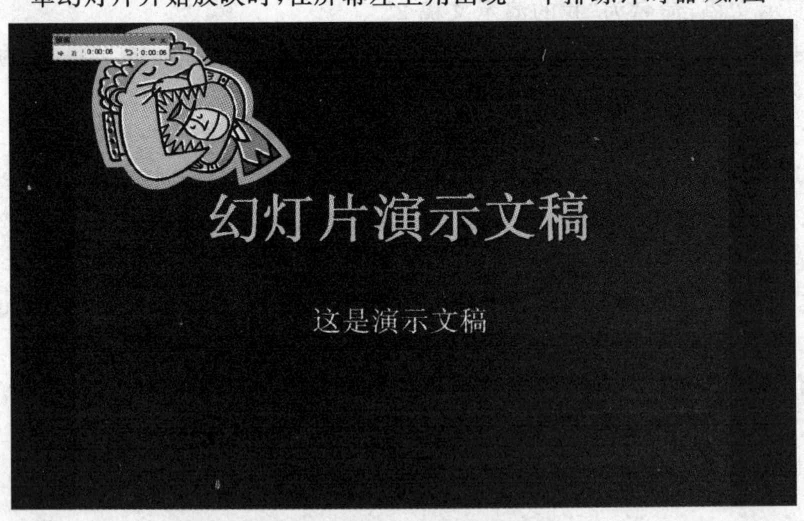

图 6－38 "排练计时"状态

② 幻灯片进入演示状态,用户可以在这时开始试讲。伴随试讲,用时会即时显示在屏幕的左上角。点击“暂停”可以暂停计时,点击“重复”可以重新开始计时。

③ 对当前幻灯片试讲结束后可以进行人工进片。若想进入下一张幻灯片,可以点击鼠标左键。为下面的幻灯片进行计时后,可以单击排练计时器上的关闭按钮,停止计时。

④ 停止排练计时后,出现如图 6－39 所示的对话框。

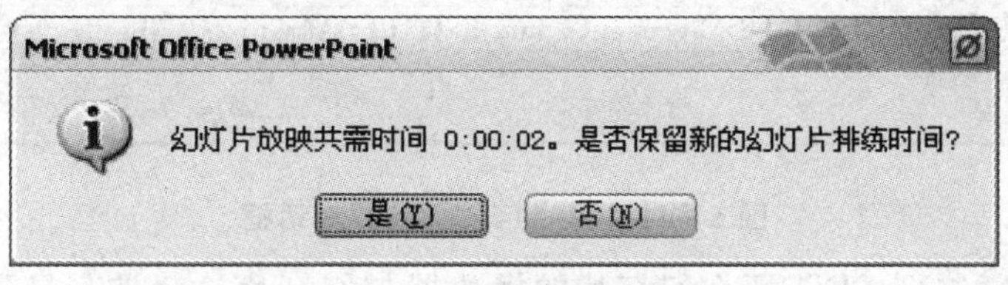

图 6－39　“排练计时”提示框

⑤ 在提示框中单击“否”不保存排练计时;单击“是”保留排练计时,且每一张幻灯片的定时时间都将显示在幻灯片浏览视图中相应幻灯片的下方。

⑥ 选择菜单栏中“幻灯片放映”,在下拉菜单中选择“设置放映方式”,打开“设置放映”对话框,在“换片方式”中选择“如果存在排练时间,则使用它”。单击“确定”按钮,完成对排练时间的设定。

6.4.3　打包输出幻灯片

利用“打包”功能可以将演示文稿(包括所有链接的文档和多媒体文件)及 PowerPoint 播放机程序压缩至硬盘或软盘上,以方便将演示文稿转移至其他计算机或未安装 PowerPoint 的计算机作幻灯片播放。对打包的文档,只需进行“解包”即可使用,非常方便。操作方法如下:

① 单击菜单栏中的“文件”,在下拉菜单中选择“打包成 CD”,弹出如图 6－40 所示的对话框。

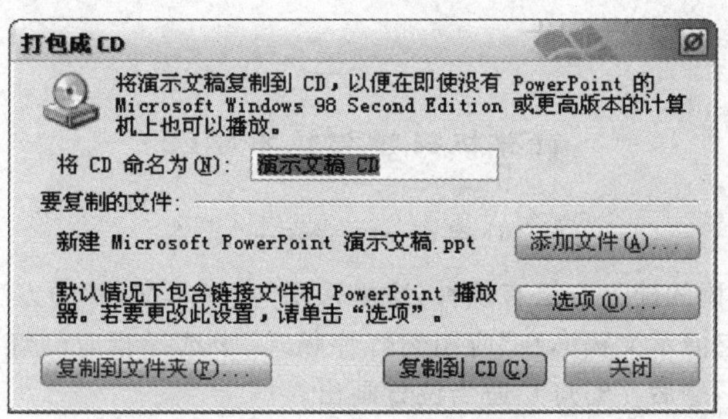

图 6－40　“打包成 CD”对话框

② 单击“复制到文件夹”按钮，弹出如图 6-41 所示的对话框，在这个对话框中选择文件的保存路径，单击“确定”按钮，幻灯片的播放器与幻灯片一起被打包存放到指定文件夹下。

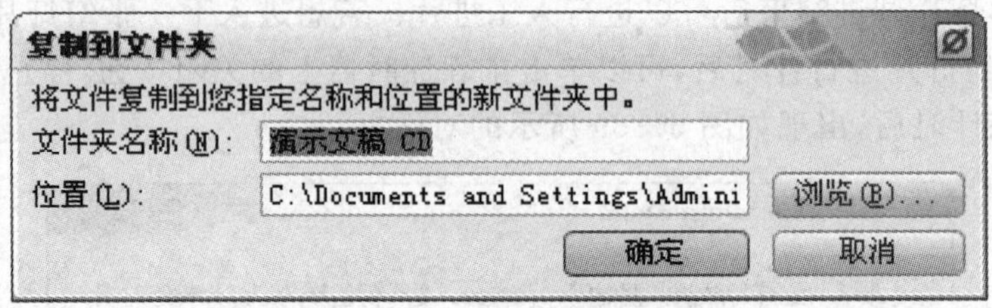

图 6-41 “复制到文件夹”对话框

③ 如果单击“复制到 CD”，那么幻灯片的播放器与幻灯片一起被刻录到 CD 上，当然前提是用户已经事先安装刻录机。

④ 如果要放映打包后的演示文稿，只需要在存储演示文稿包的文件夹下找到名为 play 的 MS-DOS 批处理文件，鼠标双击即可实现演示文稿的播放。

6.5 本章习题

1. 按要求新建一演示文稿

① 第一张幻灯片如图 6-42 所示。版式采用“标题幻灯片”；标题用宋体 44 号，并置于横卷形图形上，其余文字用隶书 32 号。

计算机科学与技术学院

图 6-42 样张一

【提示】 演示文稿的建立方法有多种，这里采用“空演示文稿”的方法建立。在“新建演示文稿”任务窗，单击“空演示文稿”，在“应用幻灯片版式”中选择相应幻灯片版示。在自选图形中选择相应横卷图形，然后在幻灯片适当位置画出。

② 第二张幻灯片如图 6-43 所示。版式采用“标题和文本”；标题用楷体 36 号加粗；文本用宋体 24 号，1.3 倍行距；子标题加粗，并用蓝色表示，项目符号用方块表示。

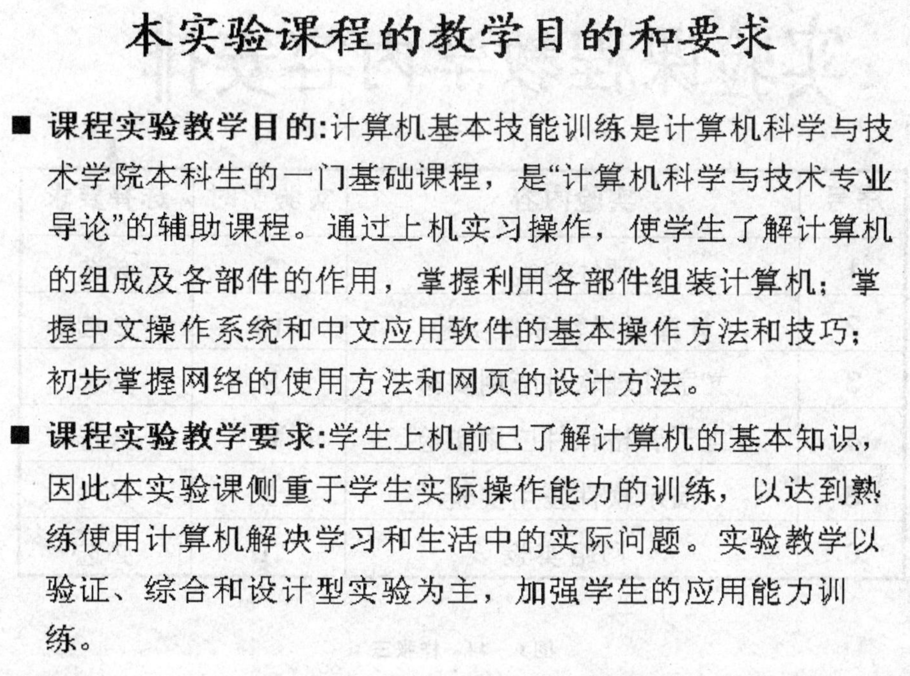

本实验课程的教学目的和要求

- **课程实验教学目的:**计算机基本技能训练是计算机科学与技术学院本科生的一门基础课程，是“计算机科学与技术专业导论”的辅助课程。通过上机实习操作，使学生了解计算机的组成及各部件的作用，掌握利用各部件组装计算机；掌握中文操作系统和中文应用软件的基本操作方法和技巧；初步掌握网络的使用方法和网页的设计方法。
- **课程实验教学要求:**学生上机前已了解计算机的基本知识，因此本实验课侧重于学生实际操作能力的训练，以达到熟练使用计算机解决学习和生活中的实际问题。实验教学以验证、综合和设计型实验为主，加强学生的应用能力训练。

图 6－43　样张二

【提示】 项目符号修改应先将光标定位在修改位置，选择“格式 →项目符号和编号”，在弹出的对话框中进行修改。

③ 第三张幻灯片如图 6－44 所示。版式采用“标题和内容”；标题用艺术字，红色填充，黑色线条；表格字体为宋体 20 号，其中表头加粗，文字居中。

④ 第四张幻灯片如图 6－45 所示。版式采用“标题，文本与内容”；标题用宋体、44 号加粗；文本用仿宋 28 号；在右边内容中插入计算机剪贴画并调整其大小。

【提示】 剪贴画的插入可以选择幻灯片版式中的剪贴画图标插入相应的剪贴画，也可选择“插入→图片 →剪贴画”菜单进行。

2. 幻灯片的综合设置

① 为幻灯片选择设计模板(也可自己设计)，如对颜色不满意还可选择自己喜欢的颜色。为每张幻灯片设置动画，观察其效果。

② 幻灯片切换效果设置。将幻灯片切换设为盒状展开，中速；单击鼠标换页；应用于所有幻灯片。

【提示】 幻灯片演示文稿设计好后，还可以将已有的模板应用到演示文稿中，起到美化作用(也可自己制作个性化的模板，然后保存为设计模板)。方法是：选择任务窗中的“根据设计

实验课程教学内容安排

序号	实验内容	实验学时	选择要求
1	硬件实验	6	必选
2	计算机操作系统实验	14	必选
3	文字处理软件应用实验	8	必选
4	电子表格软件应用实验	8	必选
5	演示软件应用实验	2	必选
6	网络实验	10	必选

图 6-44　样张三

硬件认识实验

认识计算机主板、CPU、内存、外存、电源、网卡、输入输出设备等。

图 6-45　样张四

模板→设计模板”命令，然后选中文稿，再选择要应用的模板；注意在模板的应用中，可以将选择的模板既应用于全部幻灯片，也可只应用于当前幻灯片。选择“配色方案”可以为幻灯片配色，选择“动画方案”可对幻灯片进行显示时的动画设置；注意每张幻灯片的动画应单独设置。

幻灯片的切换效果设置可选择“幻灯片放映→幻灯片切换”菜单命令，在右边的任务窗中

进行设置。注意：可对每一张幻灯片设置不同的切换方式，也可选择一种切换方式并将其应用于全部的幻灯片。

① 浏览演示文稿。分别按大纲视图、幻灯片视图、普通视图、幻灯片浏览视图和从当前开始幻灯片放映等视图方式浏览幻灯片。

【提示】 除在“从当前开始幻灯片放映”外，其他视图情况下，可以在右边视图中对幻灯片进行移动、删除、复制、插入等操作，移动方法是选择要改变位置的幻灯片，按住鼠标左键拖动即可；在大纲视图下还可在右边视图中对幻灯片内容进行编辑修改。

② 设置幻灯片放映方式。

【提示】 选择“幻灯片放映→设置放映方式”菜单命令，即可进行幻灯片放映方式设置。

③ 打包。

【提示】 单击文件菜单中的“打包成”命令即可。这样文稿就会在脱离创建环境下运行。

第7章　计算机网络应用

教学目的和要求：本章主要介绍计算机网络基础知识、Internet 基础、Internet 的主要应用等基础知识、构建小型办公网络的方法及网络安全基本知识。通过本章节的学习，使读者能够简单应用计算机网络知识，在办公的应用中熟练地使用办公网络，提高工作效率。

重点：

◇ 计算机网络组成与体系结构；

◇ Internet 的主要应用；

◇ 构建小型办公网络。

难点：

◇ 计算机网络的体系结构；

◇ 设置 Internet 的属性；

◇ 常用的网络测试命令；

◇ 建立网络安全屏障。

7.1　计算机网络基础知识

7.1.1　初识计算机网络

计算机网络是通信技术与计算机技术相结合的产物，是以资源共享为主要目的、以通信媒体互联起来的计算机的集合。计算机与通信的相互结合主要有两个方面：一方面，通信网络为计算机之间的数据传递和交换提供了必要的手段；另一方面，数字计算技术的发展渗透到通信技术中，又提供了通信网络的各种性能。这两个方面的进展都离不开半导体技术上取得的辉煌成就。

计算机网络的精确定义并未统一。一些相互连接的、自治的计算机的集合是计算机网络的最简单的定义。虽然计算机网络的硬件技术和软件技术还处在发展中，以期实现更好的数据、声音和图像信息的综合传输，但其产品已进入广泛的应用领域，主要体现在以下几个方面。

1. 资源共享

计算机网络上的资源主要有硬件资源（如大容量磁盘、磁带、打印机等）、数据资源和软件资源，这些资源均可供入网的计算机用户使用。用户可以在网络文件服务器上建立目录并将自己的数据文件存放到此目录下；也可以从服务器上读取可共享的文件，把打印作业送到网络

打印机上去打印，从网络中检索所需要的信息等。

2. 提高计算机处理能力的可靠性与可用性

当网络中某台计算机或某条线路出现故障时，可通过其他无故障线路传递信息，在无故障的计算机上执行需要的操作。分布广阔的计算机网络的处理，对不可抗拒的自然灾害有较强的适应能力。例如，战争、地震、水灾等原因可以使得一个单位甚至一个地区的计算机信息处理能力处于瘫痪状态，在一定程度上降低了计算机网络的处理能力，但不大可能使整个计算机网络全部崩溃。分布广阔的计算机网络还可以利用时差充分发挥其资源的能力。例如：甲乙两地在地理位置上实际时差 4 个小时。若在联成大范围的计算机网络，甲地早晨 8 时，大批用户开始使用计算机，而乙地此时是凌晨 4 时，基本上无人使用计算机。甲地的用户就可以通过网络将作业送到乙地的计算机上去处理，从而提高计算机网络处理能力的可用性。

3. 进行分布处理

在具有分布处理能力的计算机网络中，可以将信息人为分散到多台计算机上进行处理，由网络来完成对多台机器的协调工作。这样，以往需要大型机才能完成的复杂项目，可由多台小型机或微型机构成的网络来协调完成，而费用却相当低廉。利用网络建立起性能优良、可靠性高的分布式数据库系统也是十分可行的，并可保证数据的安全性、完整性和一致性。

4. 进行实时控制或集中汇总

利用计算机网络，可以完成数据的实时采集、传输、处理和进行实时控制，这在实时性要求较高或环境恶劣的情况下非常有用。例如，在沙漠腹地建成的油田，由于环境恶劣，完全由人来完成油气井口的压力、流量或诸多参数的调节是不太可能的。若用网络系统来实现对油气井、输油管线的检测与控制，则可大大提高对事故的预防和应变能力。此外，利用网络可完成下级生产部门向上级生产部门的数据集中汇总，可以使上级部门及时了解情况，以便及时作出反应。如在大型商场的各个柜台设置智能收款机并联成网络，通过网络传递每个柜台、每种商品、每个营业员的销售信息，可使主管决策人员及时了解市场情况，以便合理地调整供销策略。

5. 其他用途

计算机网络，可以作为仿真终端访问大型主机；可以进行文件传送，实现无纸化办公和无纸化贸易；可以实现电子邮件发送和接收，阅读电子杂志；软件的合法用户可以从网络上取得软件的升级版本，还可以从网络上欣赏音乐、电影、体育比赛节目等。

7.1.2　了解计算机网络的组成

网络在逻辑上划分为通信子网和资源子网两部分。通信子网完成信息分组的传递工作，每个通信节点具有存储转发功能。但通信线路繁忙时，每个分组能在节点存储、排队，当线路空闲时分组将被转发出去，从而提高了线路的利用率和整个网络的效率。资源子网包含所有由资源子网连接的主机，这些主机向网络提供各种类型的资源与应用。

组成一般计算机网络的硬件一是网络服务器；二是网络工作站；三是外围设备（调制解调

器、集线器、网桥和路由器等）；四是网络通信协议。下面就介绍各个部分的功能。

1. 服务器

服务器（server）是一台高性能计算机，用于网络管理、运行应用程序、处理各网络工作站成员的信息请求等，并连接一些外围设备（如打印机、CD－ROM、调制解调器等）。根据其作用的不同分为文件服务器、应用程序服务器和数据库服务器等。Internet 网管中心就有 WWW 服务器、FTP 服务器等各类服务器。

广义上的服务器是指向运行在别的计算机上的客户端程序提供某种特定服务的计算机或是软件包。这一名称可能是指某种特定的程序，例如 WWW 服务器，也可能是指用于运行程序的计算机。一台单独的服务器计算机上可以同时有多个服务器软件包在运行，也就是说，它们可以向网络上的客户提供多种不同的服务。

网络服务器是不是常说的文件服务器呢？一般意义上的网络服务器的确也是指文件服务器。文件服务器是网络中最重要的硬件设备，其中装有 NOS（网络操作系统）、系统管理工具和各种应用程序等，是组建一个客户/服务器局域网所必需的基本配置；对于对等网，每台计算机既是服务器也是工作站。

采用什么样的微机用做服务器最为合适？如果有条件购置专门的文件服务器则最好，因为服务器的硬盘存取速度对网络的影响很大，所以专用的服务就对数据的存储、速度、可靠性都有考虑，诸如硬盘镜像、双工等容错技术一般都会得到应用。不过一般的小型 LAN，采用奔腾 4 级的微机，配备一个或数个大容量硬盘和一个普通网卡也就可以满足需求了。

2. 工作站

工作站也称客户机。由服务器进行管理和提供服务的、连入网络的任何计算机都属于工作站，其性能一般低于服务器。个人计算机接入 Internet 后，在获取 Internet 服务的同时，其本身就成为一台 Internet 网上的工作站。网络工作站需要运行网络操作系统的客服端软件。

3. 外围设备

外围设备是用来将单机连入网络或网络间互联的设备，如网卡、集线器、调制解调器等。

4. 通信协议

协议是什么？用电报来作比较。在拍电报时，必须首先规定好报文的格式、多少位的码长、什么样的码字表示启动、什么样的码字表示结束、出了错误怎么办以及发报人的名字和地址等，这种预先定好的格式及约定就是协议。

网络协议的定义：为了使网络中的不同设备能进行下层的数据通信而预先制定的一整套通信双方相互了解和共同遵守的格式和约定。

协议对于计算机网络而言是非常重要的，可以说没有协议，就不可能有计算机网络。每一种计算机网络都有一套协议支持着。由于现在计算机网络种类很多，所以现有的网络通信协议的种类也很多。典型的网络通信协议有开发系统互联协议（OSI）、X. 25 协议等。TCP/IP

则是为 Internet 互联的各种网络之间能互相通信而专门设计的通信协议。

7.1.3　计算机网络的体系结构

在计算机网络中,为了使计算机之间能正确传输信息,必须有一套关于信息传输服务、信息格式和信息内容等的约定。把这些约定称为协议。网络协议的内容有很多,可供不同的需要使用。一个网络的协议至少有三个要素。

① 语法:用来规定信息的格式。

② 语义:用来说明通信双方应该怎么做。

③ 同步:详细说明如何实现。

由于网络协议包含的内容相当多,为了减少设计的复杂性,近代计算机网络都采用分层的层次结构,把一个复杂的问题分解成若干个较简单而易于处理的问题,使之容易实现。在这种分层结构中,每层都是建筑在它的前一层的基础上,每层间有相应的通用协议,相邻层之间的通信约束称为接口。在分层处理后,相似的功能出现在同一层内,每一层仅与相邻上、下层通过接口通信,使用下层提供的服务,并向上层提供服务。

把计算机网络的各个层和在各层上使用的全部协议称为网络的体系结构。

体系结构是比较抽象的概念,可以用不同的硬件和软件来实现这样的结构。世界上著名的体系结构是 IBM 公司的 SNA,DEC 公司的 DNA,还有风靡全球的 Internet 上使用的 TCP/IP。

由于标准化问题的日益突出,国际标准化组织 ISO 制定了"开放式系统互联"OSI 参考模型,这是一个计算机互联的国际标准。所谓"开放",就是指任何不同的计算机系统,只要遵循 OSI 标准,就可以和同样遵循这一标准的任何计算机系统通信。OSI 就是为了实现不同厂商生产的各种不同的计算机系统之间能互相通信而制定的异种机联网标准的框架结构。OSI 中的"系统"指计算机、外围设备、终端、传输设备、操作人员及相应软件的集合。

OSI 将整个网络的通信功能分成 7 层,如图 7－1 所示。按此模型一台计算机上的每一层都与另一台计算机上的同层"对话",在图中用双向箭头线表示。模型中低三层属于通信子网范畴,高三层属于资源子网范畴,传输层起着衔接上三层和下三层的作用。

① 物理层:为其上一层提供一个物理连接,确定连接电缆的接插头的几何形状、插头针头数及编号等。

② 链路层:负责节点间线路无差错地传送。

③ 网络层:将数据分组从发送点送到目的地而进行路由选择,进行网际互联。

④ 传输层:它是 OSI 参考模型低三层和高三层之间衔接的桥梁,传输层对高层用户起到屏蔽作用,使高层用户在对等实体的交换过程中不受低三层数据通信技术细节的影响;它把会话层结构数据分成合适的小单位,再加上控制信息传送到网络层。

从底层到高层的功能分别如下所述。

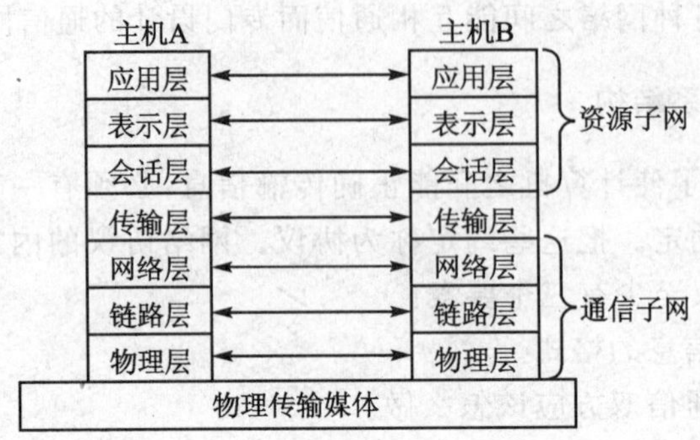

图 7-1　网络通信功能

⑤ 会话层：实现各种进程之间的对话，即网络各节点的消息交换等。

⑥ 表示层：这一层主要解决语法变换(把抽象语法变换为传送语法)，也就是把计算机内部的表示形式转换成网络通信层中的标准表示形式。

⑦ 应用层：直接向用户提供服务，这些服务包括网络管理、电子邮件、文件传输服务等。

需要说明的是，OSI 参考模型的作用只是提供概念性和功能性结构，同时确定研究和改进标准的范围，并为维持所有有关标准的一致性提供共同的参考。因此，OSI 参考模型及其各有关标准都只是技术规范，而不是工程规范。实际实现中，一般只取 OSI 中的一部分并有所变化，至今并没有一个与 OSI 完全一致的体系得以实现。这正说明了这个标准的开放性和它的优越性。

OSI 参考模型的七层协议只是一个异种机联网标准的标准结构，对于实际实现的各种体系中的协议，参考 OSI 参考模型的七层协议按功能特征可归纳为三种类型。

① 应用服务型协议。它向用户提供数据传输服务，如用于文件传输的 FTP 协议，用于超文本传输的 HTTP 协议。它涉及到 OSI 协议层中的应用层、表示层和会话层。

② 数据传输协议。它在两个通信实体之间提供一条可靠的、逻辑的数据传输链路，主要涉及到传输层和网络层，这一类协议一般由操作系统实现。

③ 第三种类型涉及到数据链路层和物理层的协议。一般来说，第三种类型的协议被做在网卡电路板上，由生产厂商提供。

7.2　Internet 基础

7.2.1　Internet 的基本知识

1. Internet 概述

Internet 是世界上最大的计算机网络，它连接了全球不计其数的网络与计算机，是世界上

最开放的信息系统。Internet 一词是 Interconnect 与 Network 两个词的合称，其本意是网间网、互联网的意思，是由多个网络相互连接而成的网络。

Internet 可以把全世界各地的计算机或物理网络连接在一起，按照一种称为 TCP/IP 的协议进行数据传输，而不管这些网络的类型是否相同、规模是否一样以及距离的远近。凡是采用 TCP/IP 协议并能够与 Internet 上的任何一台计算机进行通信的计算机都可看成 Internet 的一部分。任何人只要进入 Internet，就可以利用计算机中不计其数的资源，同世界各地的人们自由通信和交换信息。

2. 了解 Internet 提供的基本服务

目前 Internet 上提供的服务功能已达上万种，而且随着 Internet 不断发展，它所提供的服务将会进一步增加。由于 ISP(互联网服务供应商)不同，向用户提供的服务种类也不同，其中主要包括以下几个方面。

① WWW 服务。WWW(World Wide Web)也称 Web 或万维网，它目前是 Internet 上最广泛的服务类型。WWW 服务采用客户/服务器工作模式。通过 IE 浏览器浏览网页便属于这类服务。

② 搜索引擎服务。搜索引擎是 Internet 上的一个 WWW 服务器，它的主要任务是在Internet网中主动搜索其他 WWW 服务器中的信息，并对其自动索引，其索引内容存储在可供查询的大型数据库中。

③ 电子邮件服务。电子邮件服务项目 E-mail 的特点是非实时无纸通信，信息传递速度快，费用低廉，应用范围广，可收发电子文件、电子图片信息、电子声音信息等。

④ 即时通信服务。ICQ 是基于 Internet 的网络寻呼机，OICQ 是基于 Internet 的中文网络寻呼机，实现移动电话互联。

⑤ 电子公告栏系统。BBS(Bulletin Board System)电子公告牌是 Internet 上较常用的服务功能之一。用户可以利用 BBS 服务与未见面的网友聊天、组织沙龙、获得帮助、讨论问题及为别人提供信息等。

⑥ 文件传输服务。文件传输服务 FTP(File Transfer Protocol)目前依然广泛，主要功能是传递文件，维护 Web 站点，上传、下载文件等。

⑦ 远程登录服务。远程登录服务(又称 Telnet)是从多用户系统发展而来的一种 Internet 服务形式。用户在访问多用户系统之前必须用一个合法的账号进行登录，并给出该账号的口令，多用户系统根据用户登录时所用的账号来决定用户可以对哪些资源进行访问。如果用户从本地的一台终端上登录，则称之为本地登录；如果用户通过 TCP/IP 协议中的远程终端协议 Telnet 进行登录，则称之为远程登录。而支持远程登录的多用户系统，称之为远程登录服务器。

⑧ 网络会议服务。网络会议服务是利用网络进行多点实时会议通信，实现文本、语言、视频图像等多媒体信息的实时传输，从而节省各种费用与时间等。

⑨多用户网络游戏。MUD(Multi - User Dungeons)有两个含义:"泥巴"游戏和多用户网络游戏,它是指多用户间协同作战、共同历险,同时还具有及时性、角色扮演、惊险刺激和如临其境的特点,使人爱不释手,这是游戏的一种发展方向。

⑩ 多媒体流服务。多媒体流服务即 VOD 点播,要求信道传输带宽较高,这是网络今后的主流服务,例如,网络剧场、观赏影片、各种现场新闻联播等。

7.2.2 接入 Internet

要享用 Internet 提供的服务,应接入 Internet。目前我国的 Internet 接入主要有三种方式。

① 通过电话接入。这是普通用户和小型单位用户最常用的入网方式。通过电话接入又分电话拨号和电话专线接入两种。电话专线接入较流行的如 ISDN 和 ADSL 接入。通过电话线接入的最大优点是不要架设专用网络,可以用分布最广的电话铜线作为传输介质。

② 通过专线方式接入。这是大型单位用户常用的入网方式。通常这些用户都有自己的局域网,只需向邮电部门或 Internet 服务提供商(ISP)租用一条专线并配置路由器等设备,同时申请 IP 地址,即可将整个局域网接入 Internet。这种接入方式的特点是,访问 Internet 的速度快,但费用较高。

③ 局域网通过专线接入。在这种方式下,需要有一台路由器和相应的调制解调器。路由器是用于网络之间能选择最佳路径转发报文信息的电子设备。

7.2.3 设置连接的属性

① 单击"开始→所有程序→附件→通信→网络连接"菜单项,弹出网络连接文件夹。

② 右击"本地连接",选择属性,打开"本地连接属性"对话框,选择"常规"选项。

③ 在"常规"选项卡的"此链接使用下列项目"选项中选择"Internet 协议(TCP/IP)",单击"属性"按钮,弹出"Internet 协议(TCP/IP)属性"对话框,如图 7-2 所示。

④ 如果是 ADSL 用户,选择"自动获得 IP 地址"和"自动获得 DNS 服务器地址",这时下面的"IP 地址"、"子网掩码"、"默认网关"、"首选 DNS 服务器"和"备用 DNS 服务器"是灰色的,不可选;如果是局域网通过专线连接,则选择"使用下面的 IP 地址"和"选择下面的 DNS 服务器地址",这时需要手动配置"IP 地址"、"子网掩码"、"默认网关"、"首选 DNS 服务器"和"备用 DNS 服务器"。

⑤ 配置完成之后单击"确定"按钮返回"本地连接属性"对话框,在"本地连接属性"对话框中单击"确定"按钮,完成配置。

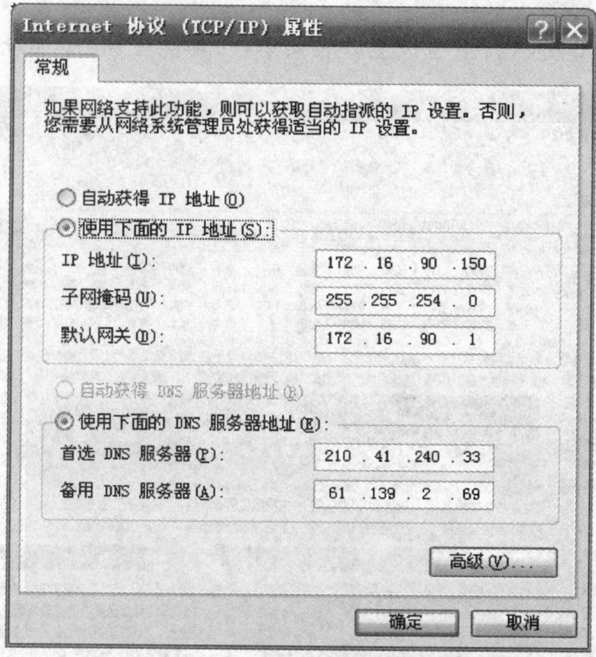

图 7-2　“Internet 协议(TCP/IP)属性”对话框

7.3　Internet 的主要应用

7.3.1　使用 IE 浏览网页

WWW 的浏览器是用户在网络上使用的一个统一的平台，只要有一个浏览器，就可以在网络上遨游了。目前主要的浏览器有 Microsoft 公司的 Internet Explorer(简称 IE)。这里只介绍 IE 的使用方法。

Internet Explorer 是微软公司推出的功能强大的浏览器，由于该软件操作简便，使用简单，易学易用，深受用户的喜爱。

1. IE 浏览器的启动和窗口的组成

(1) 启动 IE

启动 IE 的常用方法有以下三种。

方法 1：单击任务栏的“开始”按钮，指向“程序”，在弹出的菜单中单击 Internet Explorer。

方法 2：从桌面双击 Internet Explorer 图标。

方法 3：从任务栏上的快速启动图标处单击 IE 图标。

(2) IE 的界面

IE 的界面如图 7－3 所示。主窗口上方有菜单栏、功能按钮栏、地址栏。

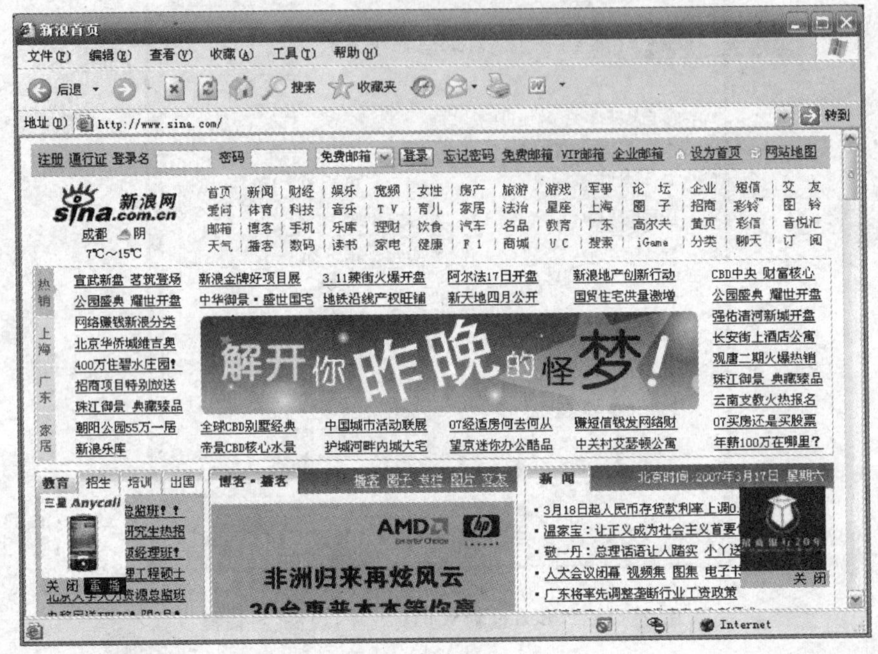

图 7－3　新浪首页

菜单栏包含：文件、编辑、查看、收藏、工具和帮助等标签。在各个标签中都有相应的子功能，常用的子功能在上机实践中都简明易用。

功能按钮栏提供了 12 个功能按钮，包括：后退、前进、停止、刷新、主页、搜索、收藏夹、历史、邮件、字体、打印、编辑等，以方便用户在浏览网页时使用。

后退按钮：查看前一网页。如果当前打开的是第一个网页，则该按钮无效。

前进按钮：打开曾打开过的下一级网页。若当前已经是在曾打开网页中的最低级，则该按钮无效。

停止按钮：停止当前网页的载入。

刷新按钮：刷新当前的网页，即从服务器端重新下载当前网页的内容。

主页按钮：回到打开 IE 时默认的网页。主页在 IE 中的“工具→选项→常规”进行设置。

搜索按钮：使用 IE 中提供的搜索网页功能进行搜索，并在显示网页的窗口中分出一块来显示搜索的过程和结果。

收藏按钮：打开或关闭收藏夹在 IE 窗口主题部分的显示。

历史按钮：打开或关闭历史记录在 IE 窗口主题部分的显示。

邮件按钮：打开 IE 默认的电子邮件管理器。

字体按钮：改变 IE 所显示文字的字体大小。

打印按钮：打印当前打开的网页。

地址栏用于输入用户要访问的 Internet 上某个网页的地址。例如新浪，http://www.sina.com/。地址栏右端的下三角按钮，可以打开一个下拉菜单，在其中有曾经访问过的网页地址，如果要重新进入去过的网页，就可以从这里方便地进入。

7.3.2　用 IE 浏览器下载文件

当用户用 IE 浏览网页时，经常要将一些用户有用的文件下载下来。常见的下载材料有文字和图片。

① 文字材料的下载。首先在网页中选定有用的信息，再单击右键复制文字内容，然后打开记事本或 Word，将复制到剪贴板的文字内容粘贴到记事本或 Word 中，保存即可完成对文字材料的下载。

② 图片下载。当用户看到自己喜欢的图片时，想把图片保存到自己的电脑上。这时候首先应该在图片上单击右键，在弹出的快捷菜单中选择图片“另存为”，然后选择保存的位置和输入文件名，单击“确定”按钮即可完成对图片的下载。

③ 程序或文档的下载。程序或文档的下载需要专门的下载链接。在使用下载链接下载程序或文档时，用户可以使用下载工具来下载，这样可以加快下载速度，也可以限制下载流量等。目前比较流行的下载工具有 FlashGet、迅雷、BitComet。

7.3.3　电子邮件服务的使用

1. 启动 Outlook Express

可以利用以下方法之一启动如图 7-4 所示的 Outlook Express 主窗口。

① 双击桌面上的 Outlook Express 图标。

② 选择开始→程序→Outlook Express 命令。

Outlook Express 主窗口包括标题栏、菜单栏、工具栏、文件夹列表、联系人列表、邮件显示区、状态栏等部分。若需要对 Outlook Express 主窗口进行布局设置，可以打开“查看”菜单，选择“布局”命令，显示“布局”对话框。

2. 设置账户

在使用 Outlook Express 收发邮件前，需要设置用户的电子邮件账户。如果用户还没有电子邮件账户，可以申请一个免费的电子邮件账户。操作步骤如下：

① 打开“工具”菜单，选择“账户”命令，弹出如图 7-5 所示的“Internet 账户”对话框。

② 选择“邮件”选项卡，单击右侧的“添加”按钮并选择“邮件”命令，弹出如图 7-6 所示的“您的姓名”对话框。在“显示名”文本框中输入发件人姓名。

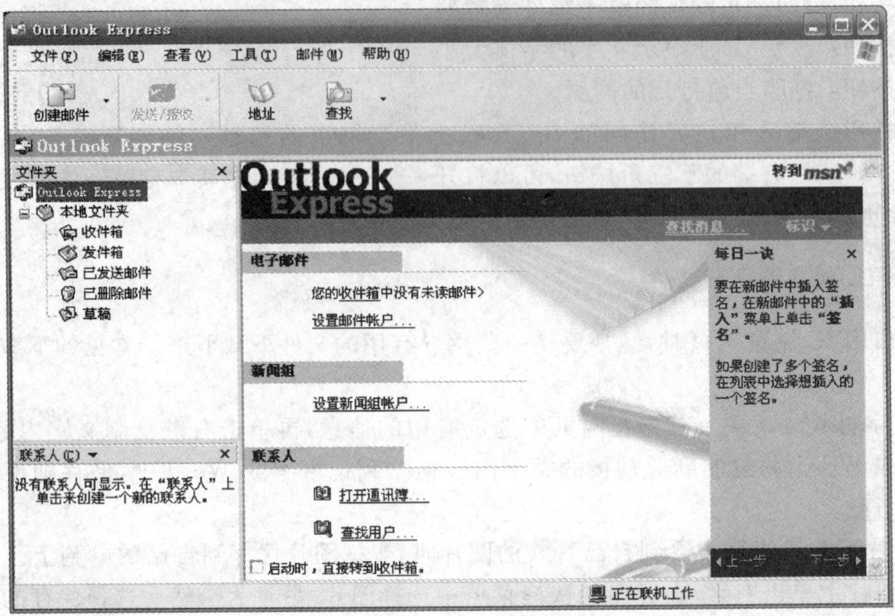

图 7-4　Outlook Express 主窗口

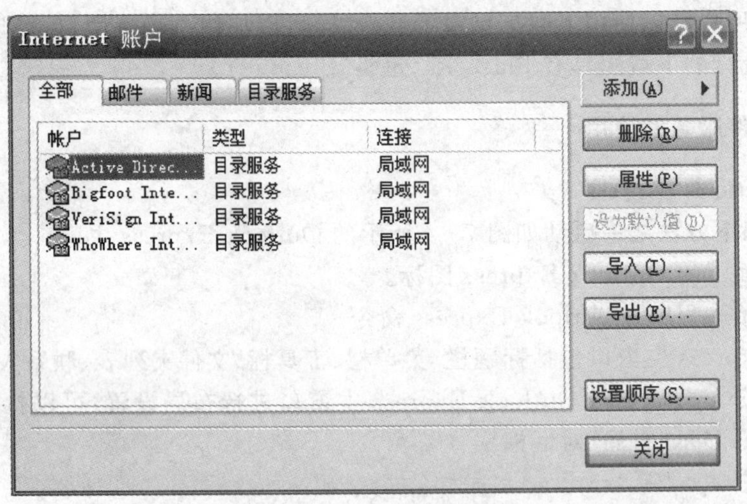

图 7-5　nternet 账户对话框

③ 单击"下一步"按钮，显示如图 7-7 所示的对话框，在"电子邮件地址"文本框中输入从 ISP 事先申请到的电子邮件地址。

④ 单击"下一步"按钮，显示如图 7-8 所示的对话框，分别在"接收邮件(POP3，IMAP 或

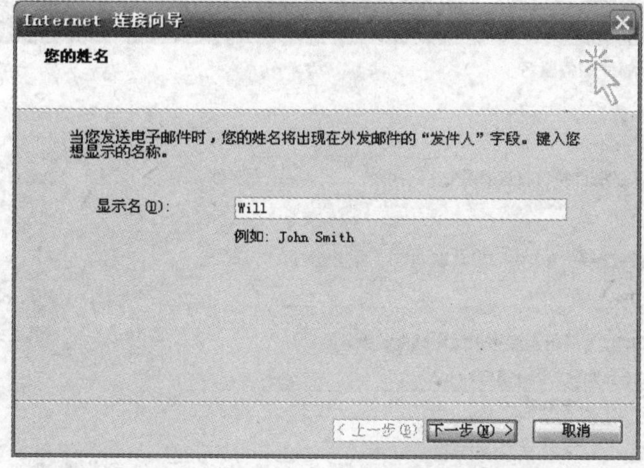

图 7-6 “您的姓名”对话框

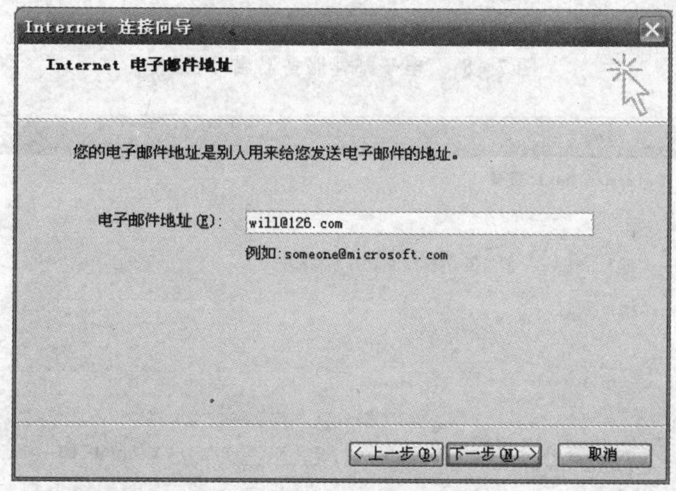

图 7-7 “电子邮件地址”对话框

HTTP)服务器”和“发送邮件服务器(SMTP)”文本框中输入 ISP 申请到的接收和发送邮件所有服务器的 IP 地址或域名。

⑤ 单击“下一步”按钮，显示如图 7-9 所示的“Internet Mail 登录”对话框，输入电子邮件账户和密码。单击“下一步”按钮，在“祝贺您”的对话框中单击“完成”按钮，完成邮件账户的设置。

在“工具→选项”菜单中有许多 Outlook Express 设置，其中包含的项目很多，用户可以进行详细的设置，这里不详细介绍。在完成所有设置后，用户就可以用 Outlook Express 收发电子邮件了。

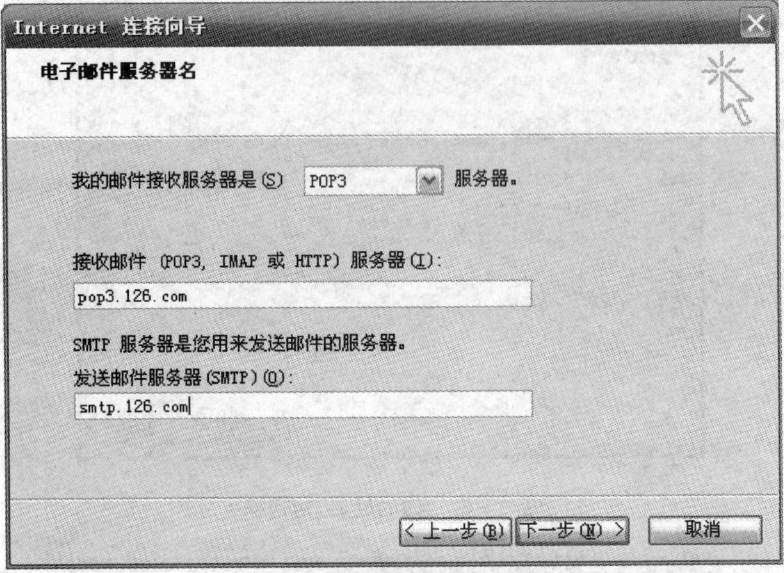

图 7-8 “电子邮件服务器名”对话框

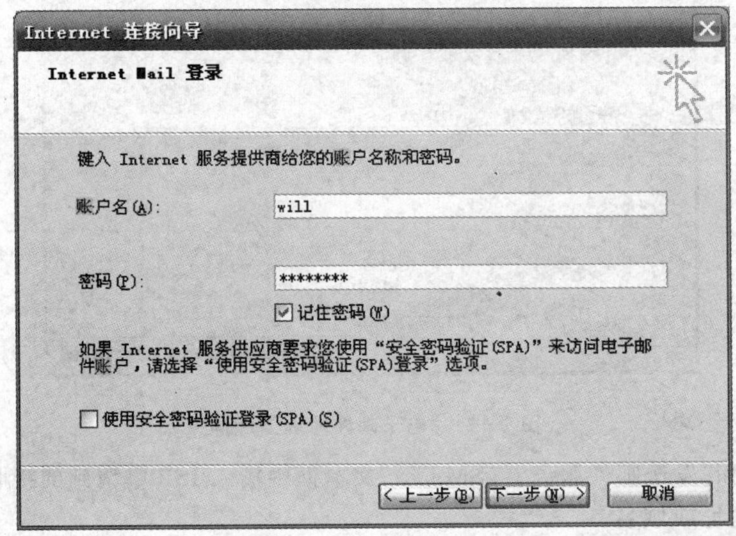

图 7-9 “Internet Mail 登录”对话框

7.3.4 上机实践(13)

① 使用 IE 浏览器下载文字、图片和程序。

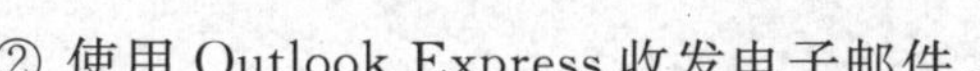

② 使用 Outlook Express 收发电子邮件。

7.4　构建小型办公网络

7.4.1　构建办公网络实例

现在，许多单位由于办公和科研的需要，购买了不少计算机，并且一些单位的领导开始意识到组建办公网络的现实性和必要性。在组建网络前，用户应该从符合工作的需要、易于使用和管理、资金投入的大小、易于扩展和安全等方面先进行规划，然后实施。

网络一般根据其规模可划分为局域网（LAN）、城域网（MAN）和广域网（WAN）。其中局域网是在生活中最常见的。对等网是局域网的一种。对等网中的所有计算机都处于平等的地位，既是客户机也是服务器。

1. 认识网络硬件

网络的硬件设备一般有计算机、网卡、集线器、交换机、路由器以及网络打印机等。

① 网卡。网卡是建立网络时最常用到的终端设备，它充当计算机和网线的物理接口。网卡根据不同的指标可以分成几类。目前，家庭和小型办公网最好选用接口为 RJ－45、速度为 10/100 Mbps 的自适应 PCI 网卡。

② 网线。如果把网络中的计算机看作图形中的点，那么网线就是负责将点连接起来形成网络的。常用的网线有同轴电缆、双绞线和光缆。双绞线是目前使用最广泛的网线。双绞线连接使用的是 RJ－45 接头。

③ 连接设备。家庭和小型办公网里，常见的网络连接设备除了前面介绍的网卡与网线外，还有调制解调器（Modem）、ADSL、ISDN、集线器（Hub）和交换机（Switch）。在局域网中使用最多的转接设备是集线器。集线器的作用是将连接各计算机的网线连接在这里，并由它负责连通这些计算机，保证通信的正常进行。用集线器的网络效率比较低，在规模较大的网络中，已经普遍用交换机取代了集线器。集线器和交换机的使用方法相同，将 RJ－45 接头插入接口中就可以了。

2. 网络的物理拓扑结构

① 总线拓扑结构。总线结构采用单根传输线作为总线，所有的节点都通过相应接口与总线相连。这种拓扑的优点是电缆长度短，布线容易，易于扩充，而且对节点很少的网络来说可靠性高。它的缺点是故障诊断困难，且总线中的任一处发生故障则整个网络都将无法运行，因此它的可靠性随节点的增加而下降。随着技术的进步，这种网络使用得越来越少。

② 星形拓扑结构。在星形拓扑的网络中有一个中央节点，其他节点均通过点与点之间的连线连接到该中央节点上。这种结构的优点是连接方便，而且当网络中的一个节点有故障时不会影响整个网络的运行，因此可靠性较好，容易诊断故障，而且扩展时非常方便，也易于管理。

3. 组网的一般步骤

组建小型办公网络前，应根据所选的网络结构，先列出组建网络清单。可按以下步骤进行网络的组建。

① 确定计算机的位置、所需电缆的大致长度，记录每台计算机目前的硬件设备状况。

② 确定提供 Internet 连接共享的主机及其位置，配备可正常工作的 Internet 连接。

③ 合理配置用于共享的外设。

④ 确定需要的网络硬件。

⑤ 购买并安装网络硬件设备，用电缆将计算机物理地连接在一起。

⑥ 运行 Windows XP 的“新建连接向导”配置网络。

4. 组网实例

以星形物理拓扑结构，将三台计算机通过一个集线器连接起来。三台计算机分别提供Internet共享、打印机共享及传真机共享。完成物理连接以后，开始进行网络配置。

在提供 Internet 的第一台计算机上配置。

① 单击“开始→控制面板→网络连接”命令，打开“网络连接”窗口。

② 单击窗口左侧“网络任务”列表中的“设置家庭或小型办公网络”，随后将弹出“网络安装向导”对话框。

③ 单击“下一步”按钮，弹出“继续之前”对话框。该对话框告诉用户本向导将要完成哪些步骤。用户可单击“创建网络的清单”链接了解相关的信息。

④ 单击“下一步”按钮，下一个对话框要求用户选择这台计算机在网络中的作用，选择“这台计算机直接连接到 Internet，我的网络上的其他计算机通过这台计算机连接到 Internet”单选按钮，如图 7－10 所示。

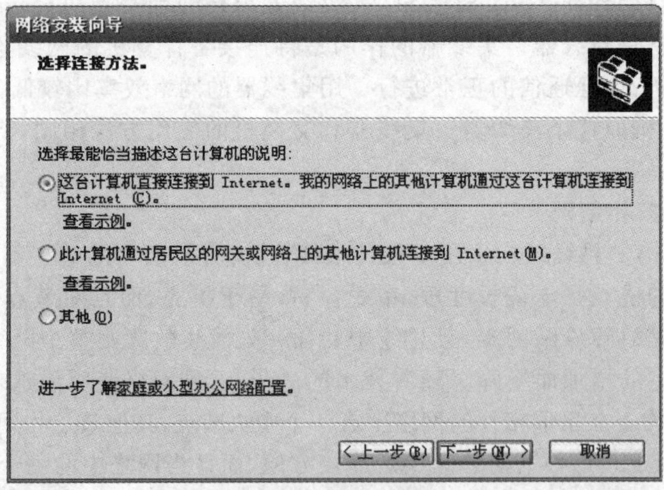

图 7－10 “网络安装向导”对话框

⑤ 单击“下一步”按钮，弹出“选择 Internet 连接”对话框。在该对话框中选择“用于连接 Internet 的连接”。

⑥ 单击“下一步”按钮，打开“给这台计算机提供描述和名称”对话框。在“计算机描述”文本框中输入对计算机的描述信息，在“计算机名”文本框中输入与其他计算机相区分的名称 Will。

⑦ 然后单击“下一步”按钮，打开“命名您的网络”界面，指定工作组的名称，这个名称是全组所有计算机统一的。这里命名为 OFFICE，如图 7－11 所示。

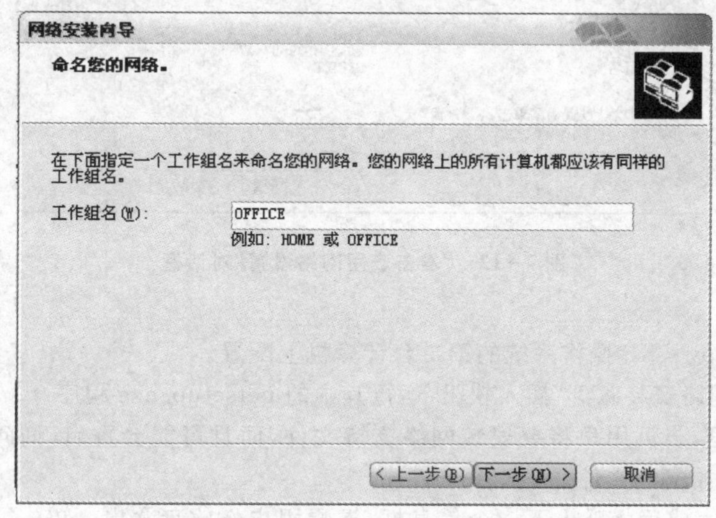

图 7－11　“命名您的网络”对话框

⑧ 单击“下一步”，进入“准备应用网络设置”对话框，如图 7－12 所示。该对话框里描述了配置家庭和小型办公网络的详细信息。单击“下一步”按钮后，就开始配置家庭或小型办公网了。

⑨ 完成以后，将弹出“快完成了”对话框。由于用户的网络环境中可能有使用 Windows 低版本操作系统的机器，为了在这些机器上都使用这一个配置向导配置连接，在此对话框里，选择“创建网络安装磁盘”单选按钮，创建一张安装向导软盘，然后使用它在其他计算机上进行网络配置。

⑩ 单击“下一步”按钮，打开“插入要使用的磁盘”对话框。依照提示，首先在软驱中插入一张软盘，如果需要格式化软盘，可单击“格式化磁盘”按钮。格式化完软盘，返回此对话框。

⑪ 单击“下一步”按钮，在随后弹出的“要用网络安装磁盘来运行向导”对话框里，描述了如何使用创建的软盘在其他计算机上运行网络安装向导的步骤和方法。

⑫ 单击“下一步”按钮，在弹出的“正在完成网络安装向导”对话框里，可以查看如何使用“共享文档”文件夹和共享文件和文件夹的帮助信息。单击“完成”按钮，完成 Internet 连接服

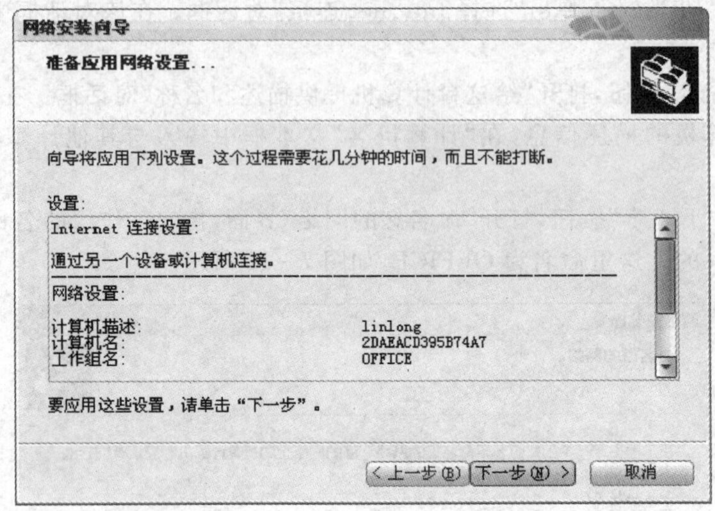

图 7-12 "准备应用网络设置"对话框

务器的网络安装。

在使用 Windows XP 操作系统的第二台计算机上配置。

① 首先将"网络安装磁盘"插入软驱，运行其中的 netsetup. exe 程序。

②弹出信息框，告诉用户将要安装网络支持文件，而且可能会重启，询问用户是否继续。单击"是"按钮，开始复制文件。

③ 文件复制完成后将弹出下一个信息框，提醒用户将软盘拿出。单击"确定"按钮，随后又弹出一个对话框，告诉用户只有重启，设置才能生效，单击"是"按钮，重启计算机。

④ 计算机启动后，将自动运行网络安装向导。用户在配置时，一定要注意在"选择连接方法"对话框中选中"这台计算机通过我的网络上的另一台计算机或住宅网关连接到 Internet"单选按钮。其他的步骤就可以直接按照提示进行配置。

在使用 Windows 2000 操作系统的第三台计算机上配置。

① 右键单击"我的电脑"图标，在弹出的快捷菜弹中选中"属性"，打开"系统特性"对话框。

② 打开"网络标识"选项卡，在其中单击"属性"命令按钮，打开"标识更改"对话框。

③ 将计算机名更改为 dell，工作组名确定为统一的 OFFICE。

④ 单击"确定"按钮，系统弹出欢迎加入的对话框，并提示要重启计算机设置才能生效。单击"确定"按钮，再一次弹出对话框，说明要重启计算机，再单击"确定"按钮。

⑤ 回到"系统特性"对话框，单击"网络 ID"命令按钮，打开"网络标识向导"。

⑥ 按照向导提示，再一次正确设置工作组名。完成设置后，系统重新启动。

添加网络协议、客户、服务及可选网络组件。

① 打开"控制面板"，单击"网络连接"命令，进入"网络连接"窗口。选中要配置的连接，在

左侧的“网络任务”列表中单击“更改此连接的设置”命令。

② 在弹出的“本地连接属性”对话框的“常规”选项卡中，单击“安装”按钮。

③ 在弹出的“选择网络组件类型”对话框中选择“协议”选项。单击“添加”按钮继续。

④ 在弹出的“选择网络协议”对话框中，选中要添加的协议，然后单击“确定”按钮。

7.4.2　常用网络测试命令

当用户将网络构建好以后，还需要一些命令来测试网络是否有故障。了解和掌握下面几个命令将会有助于用户更快地检测到网络故障所在，从而节省时间，提高效率。

首先单击“开始→运行”命令，在“运行”对话框中输入 cmd，单击“确定”按钮，打开 Windows命令解释程序窗口。

1. Ping 命令

Ping 是测试网络连接状况以及信息包发送和接收状况非常有用的工具，是网络测试最常用的命令。Ping 向目标主机(地址)发送一个回送请求数据包，要求目标主机收到请求后给予答复，从而判断网络的响应时间和本机是否与目标主机(地址)连通。如果执行 Ping 不成功，则可以预测故障出现在以下几个方面：网线故障，网络适配器配置不正确，IP 地址不正确。如果执行 Ping 成功而网络仍无法使用，那么问题很可能出在网络系统的软件配置方面。Ping 成功只能保证本机与目标主机间存在一条连通的物理路径。

命令格式：ping IP 地址或主机名 [-t] [-a] [-n count] [-l size]

参数含义：

-t　不停地向目标主机发送数据；

-a　以 IP 地址格式来显示目标主机的网络地址 ；

-n count　指定要 Ping 多少次，具体次数由 count 来指定 ；

-l size　指定发送到目标主机的数据包的大小。

例如当计算机不能访问 Internet 时，首先应确认是否是本地局域网的故障。假定局域网的代理服务器 IP 地址为 202.168.0.1，则可以使用 Ping 避免 202.168.0.1 命令查看本机是否和代理服务器连通。本机的网卡是否正确安装的常用命令是 ping 127.0.0.1。

2. Tracert 命令

Tracert 命令用来显示数据包到达目标主机所经过的路径，并显示到达每个节点的时间，命令功能同 Ping 类似，但它所获得的信息要比 Ping 命令详细得多，它把数据包所走的全部路径、节点的 IP 以及花费的时间都显示出来。该命令比较适用于大型网络。

命令格式：

tracert IP 地址或主机名 [-d] [-h maximumhops] [-j host_list] [-w timeout]

参数含义：

-d　不解析目标主机的名字；

-h maximum_hops　指定搜索到目标地址的最大跳跃数；

-j host_list　按照主机列表中的地址释放源路由；

-w timeout　指定超时时间间隔，程序默认的时间单位是 ms。

例如大家想要了解自己的计算机与目标主机 www.cce.com.cn 之间详细的传输路径信息，可以在 MS-DOS 方式输入 tracert www.cce.com.cn。如果在 Tracert 命令后面加上一些参数，还可以检测到其他更详细的信息。例如使用参数-d，可以指定程序跟踪主机的路径信息，同时也解析目标主机的域名。

3. Netstat 命令

Netstat 命令可以帮助网络管理员了解网络的整体使用情况。它可以显示当前正在活动的网络连接的详细信息，例如显示网络连接、路由表和网络接口信息，可以统计目前总共有哪些网络连接正在运行。利用命令参数，可以显示所有协议的使用状态，这些协议包括 TCP 协议、UDP 协议以及 IP 协议等；另外还可以选择特定的协议并查看其具体信息，还能显示所有主机的端口号以及当前主机的详细路由信息。

命令格式：

netstat [-r] [-s] [-n] [-a]

参数含义：

-r　显示本机路由表的内容；

-s　显示每个协议的使用状态(包括 TCP 协议、UDP 协议、IP 协议)；

-n　以数字表格形式显示地址和端口；

-a　显示所有主机的端口号。

4. Winipcfg 命令

Winipcfg 命令以窗口的形式显示 IP 协议的具体配置信息，命令可以显示网络适配器的物理地址、主机的 IP 地址、子网掩码以及默认网关等，还可以查看主机名、DNS 服务器和节点类型等相关信息。其中网络适配器的物理地址在检测网络错误时非常有用。

命令格式：

winipcfg [/?] [/all]

参数含义：

/all　显示所有的有关 IP 地址的配置信息；

/batch [file]　将命令结果写入指定文件；

/renew_ all　重试所有网络适配器；

/release_all　释放所有网络适配器；

/renew N　复位网络适配器 N；

/release N　释放网络适配器 N。

在 Microsoft 的 Windows 95 及其以后的操作系统中，都可以运行以上命令。

7.4.3　上机实践(14)

利用实验室的计算机，架设一个小型办公网络。

要求：

① 能使用共享资源。

② 共享打印机打印一个文档。

③ 可以实现多人共享 Internet。

学习使用 windows 环境下常用的网络命令。

7.5　网络安全

7.5.1　网络安全基本知识

1. 网络安全概述

近年来，网络信息安全成为业界热门的话题，信息安全产品与服务成为网络经济发展中的又一个增长点。网络信息安全得到了前所未有的关注，是因为随着 Internet 网络与应用的发展，人们发现网络信息安全成为 Internet 进一步发展、网络应用进一步深入的关键问题。这个问题不解决，很多网上应用将被牵制，Internet 应用的领域也将大大受限。

可以从不同角度对网络安全作出不同的解释。一般意义上，网络安全是指信息安全和控制安全两部分。国际标准化组织把信息安全定义为“信息的完整性、可用性、保密性和可靠性”；控制安全则指身份认证、不可否认性、授权和访问控制。互联网与生俱有的开放性、交互性和分散性特征使人类所憧憬的信息共享、开放、灵活和快速等需求得到满足。网络环境为信息共享、信息交流、信息服务创造了理想空间，网络技术的迅速发展和广泛应用，为人类社会的进步提供了巨大推动力。然而，正是由于互联网的上述特性，产生了许多安全问题。

① 信息泄漏、信息污染、信息不易受控。例如，资源未授权侵用、未授权信息流出现、系统拒绝信息流和系统否认等，这些都是信息安全的技术难点。

② 在网络环境中，一些组织或个人出于某种特殊目的，进行信息泄密、信息破坏、信息侵权和意识形态的信息渗透，甚至通过网络进行政治颠覆等活动，使国家利益、社会公共利益和各类主体的合法权益受到威胁。

③ 网络运用的趋势是全社会广泛参与，随之而来的是控制权分散的管理问题。由于人们利益、目标、价值的分歧，使信息资源的保护和管理出现脱节和真空，从而使信息安全问题变得广泛而复杂。

④ 随着社会重要基础设施的高度信息化，社会的“命脉”和核心控制系统有可能面临更大的威胁。

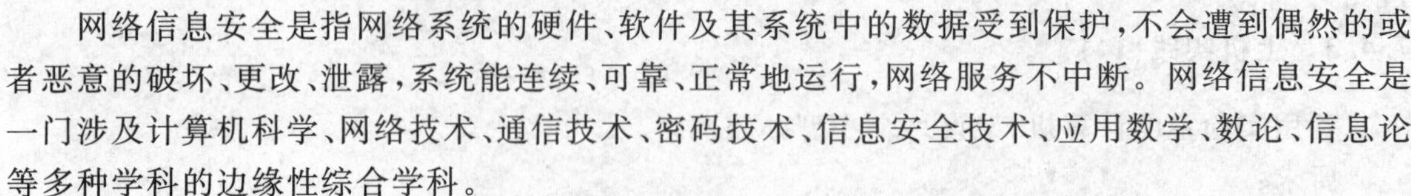

网络信息安全是指网络系统的硬件、软件及其系统中的数据受到保护，不会遭到偶然的或者恶意的破坏、更改、泄露，系统能连续、可靠、正常地运行，网络服务不中断。网络信息安全是一门涉及计算机科学、网络技术、通信技术、密码技术、信息安全技术、应用数学、数论、信息论等多种学科的边缘性综合学科。

从广义来说，凡是涉及到网络上信息的可靠性、可用性、保密性、完整性、真实性和可控性的相关技术和理论都是网络信息安全的研究领域。

- 可靠性：是指网络信息系统能在规定条件下和规定的时间内完成规定的功能。
- 可用性：是指网络信息可被授权实体访问并按需求使用。
- 保密性：是指网络信息不泄露给非授权用户、实体或过程，或供其利用。
- 完整性：是指网络信息未经授权不能进行改变。
- 真实性：是指在网络信息系统的信息交互过程中，确信参与者的真实统一性。
- 可控性：是指对网络信息的传播及内容具有控制能力。

因此，网络信息安全是一个涉及信息传送、使用、传播等多个方面的综合概念。成功的网络信息安全策略应当满足以上各方面要求。

2. 计算机病毒概述

计算机病毒是一组通过复制自身来感染其他软件的程序。当程序运行时，嵌入的病毒也随之运行并感染其他程序。一些病毒不带有恶意攻击性编码，但更多的病毒携带毒码，一旦被事先设定好的环境激发，即可起感染和破坏作用。在《中华人民共和国计算机信息系统安全保护条例》中明确将计算机病毒定义为："指编制或者在计算机程序中插入的破坏计算机功能或者破坏数据，影响计算机使用并且能够自我复制的一组计算机指令或者程序代码"。通过以上定义，可以了解计算机病毒与医学上的"病毒"是不同的，它不是一种生物，而是一种人为的特制程序，可以自我复制，具有很强的感染性、一定的潜伏性、特定的触发性和严重的破坏性。

随着计算机技术的飞速发展，计算机已经被应用到人类社会生活的各个领域，与此同时，计算机病毒使人们在尽情使用计算机所带来的方便和愉快的同时，心中不免产生一些阴影。1983 年 11 月，世界上第一个计算机病毒在美国实验室诞生；1986 年，巴基斯坦两兄弟为追踪非法拷贝自己软件的人，又制造了世界上第一个传染个人计算机兼容机的"巴基斯坦"病毒。1988 年，计算机病毒开始传入我国，在短短几个月之内迅速感染了全国 20 多个省、市的计算机。

分析计算机病毒产生的原因，一般有以下几种：用于软件的版权保护或用于一些特殊的目的或个人的报复心理，开玩笑、恶作剧等。

计算机上病毒的种类不计其数，而且每天都有新的病毒产生。不过，可以通过对病毒进行分类来更好地了解病毒。目前对计算机病毒的分类方式主要有以下几种：

① 按照病毒文件的传染方式可将病毒分成引导区型病毒、文件型病毒、网络型病毒和混合型病毒。

引导区型病毒的攻击对象就是磁盘的引导扇区，能使系统在启动时获得优先的执行权，从而达到控制整个系统的目的。因为感染的是引导扇区，一般来说会造成系统无法正常启动。但查杀该类病毒也较容易，多数杀毒软件都能奏效。

文件型病毒一般是感染扩展名为exe，com等的可执行文件。

网络型病毒是近年来网络高速发展的产物，感染的对象不再局限于单一的模式和单一的可执行文件，而是更加综合、隐蔽。其攻击方式也有转变，从原始的删除、修改文件到现在进行文件加密、窃取用户有用信息等。传播的途径也发生了质的飞跃，不再局限于磁盘，而是通过更加隐蔽的网络进行。

混合型病毒同时具备了引导区型病毒和文件型病毒的某些特点，既可以感染磁盘的引导扇区，也可以感染某些可执行文件。如果没有对该类病毒进行全面的清除，则残留病毒可自我恢复，还会造成引导扇区和可执行文件的感染，查杀病毒难度极大。

② 按照连接方式可将病毒分为源码型病毒、入侵型病毒、操作型病毒和外壳型病毒。

源码型病毒入侵的主要是高级语言的源程序，病毒是在源程序编译之前插入病毒代码，最后随源程序一起被编译成可执行文件。

入侵型病毒是用它自身的病毒代码取代某个入侵程序的整个或部分模块，主要是攻击特定的程序，针对性较强，但是不易被发现，清除起来也较困难。

操作型病毒主要是用自身程序覆盖或修改系统中的某些文件来调用或替代操作系统中的部分功能，直接感染系统，危害较大，也是最为多见的一种病毒类型，多为文件型病毒。

外壳型病毒通常是将其病毒附加在正常程序的头部或尾部，相当于给程序添加了一个外壳，在被感染的程序执行时，病毒代码先被执行，然后才将正常程序调入内存。

③ 按照破坏性可分为良性病毒、恶性病毒、极恶性病毒、灾难性病毒等。

良性病毒入侵的目的不是破坏系统，只是发出某种声音或出现一些提示，除了占用一定的硬盘空间和CPU处理时间外，无其他坏处。

恶性病毒是只对软件系统造成干扰，窃取信息，修改系统信息，不会造成硬件损坏、数据丢失等严重后果的病毒。该类病毒入侵后系统除了不能正常使用之外，无其他损失。系统损坏后一般只需要重装系统的某个部分文件后即可恢复。

极恶性病毒的损坏程度要大一些，系统感染后就要彻底崩溃，根本无法正常启动，硬盘中的有用数据可能不能获取。

灾难性病毒一般是破坏磁盘的引导扇区、修改文件分配表和硬盘分区表，造成系统根本无法启动，甚至会格式化或锁死硬盘，使人们无法使用硬盘，系统很难恢复，保留在硬盘中的数据也就很难获取了。

计算机病毒是一种人为编制的具有破坏性的程序。这种称之为病毒的程序在一定条件下能够修改其他程序，并把自身复制嵌入到其他程序中，能通过信息媒体扩散和传播。计算机病毒会干扰系统的正常运行，抢占系统资源，修改或删除数据，会对系统造成不同程度的破坏。

根据病毒存在的媒体，病毒可以划分为网络病毒、文件病毒和引导型病毒。计算机病毒具有隐蔽性、潜伏性、传染性、激发性和破坏性等特征。

① 隐蔽性。由于病毒制造者大都十分熟悉计算机系统的内部结构，具有较丰富的计算机知识和较强的编程能力，因而所设计出的病毒程序短小精悍，技巧性相当高，极具隐蔽性，使人们很难察觉和发现它的存在。

② 潜伏性。病毒具有依附于其他信息媒体的寄生能力。病毒侵入系统后，一般不立即发作，往往要经过一段时间后才发生作用。病毒的潜伏期长短不一，可能为数十小时，也可能长达数天甚至更久。

③ 传染性。这是计算机病毒最基本的特性，病毒的传染性是病毒赖以生存繁殖的条件。计算机病毒具有与生物病毒类似的特征，有很强的再生能力。计算机病毒的传播主要通过文件复制、文件传送、文件执行等方式进行。计算机病毒可以通过磁盘等媒体进行传播，可以将自身拷贝复制到其他对象上，造成病毒的扩散。

④ 激发性。许多病毒传染到某些个对象上后，并不立即发作，而是在一定条件下，满足一定条件后才被控制激发。激发条件可能是时间、日期、特殊的标识符以及文件使用次数等。

⑤ 破坏性。计算机病毒对系统具有不同程度的危害性，具体表现在抢占系统资源、破坏文件、删除数据、干扰运行、格式化磁盘甚至摧毁系统等方面。

通常情况下，计算机异常并不一定就是感染了病毒引起的，大多是计算机本身的软、硬件故障引起的。发现计算机异常时，在杀毒还不能解决的情况下，应考虑软、硬件及人为因素的可能性。比如网络上的故障则可能是由于权限设置所致。最常见的“死机”现象在组装兼容机上经常出现，这可能是因为兼容机的内存质量差、硬件超频使用造成的。系统无法启动可能是人为地误删除了某些启动文件或系统文件造成的。

为了尽可能地避免被病毒感染，最大可能地减少或不受损失，用户平时应坚持以预防为主、兼杀为辅的原则，正确而安全地使用计算机。可采用的防范病毒措施如下：

① 不用盗版软件和来历不明的磁盘。将外来盘拷入计算机之前，一定要用多种杀毒软件交叉检查清杀。

② 经常对系统和重要的数据进行备份。

③ 对重要内容的软盘要及时贴上写保护条。

④ 经常用杀毒软件对系统（硬盘和软盘）进行病毒检测和清杀。

⑤ 保存一份硬盘的主引导记录档案。

⑥ 一旦发现被病毒感染，用户应及时采取措施，保护好数据，利用杀毒软件对系统进行查毒消毒处理。及时根除毒源，以免扩散造成更大的损失。

7.5.2 建立网络安全屏障

计算机网络技术的飞速发展给人们的生产方式、生活方式和思维方式带来了巨大的变化，

但随之而来的安全问题已对网络构成严重威胁。当前，计算机网络安全问题已成为一个世界性的现实问题。可以说没有网络安全就没有完全意义上的国家安全，也没有真正的政治安全、军事安全和经济安全。因此，加强计算机网络的安全保障能力，提高全民的网络安全意识已成为我国网络化和信息化的当务之急。

网络安全概念是随着时代的发展而发展的，网络安全概念、内涵以及技术都在不断地发展变化，并且随着计算机网络技术的不断发展，涌现出了许多网络安全技术。本节主要介绍了安全管理和数据加密、数字签名与防火墙技术。

1. 数据加密

数据加密是应用信息安全的核心技术——密码技术，将资料加密以防止信息泄露的技术。信息在网络传输时被窃取，是个人和公司面临的最大安全风险。为防止信息被窃取，必须对所有传输的信息进行加密。就体制而言，目前的加密体制可分为单密钥加密体制和公用密钥体制。

(1) 单密钥加密体制

是指在加密和解密过程中都必须用到同一个密钥的加密体制，此加密体制的局限性在于，在发送和接收方传输数据时必须先通过安全渠道交流密钥，保证在他们发送或接收加密信息之前有可供使用的密钥。但是，如果用户能通过一条安全渠道传递密码，也能够用这条安全渠道传递邮件。

(2) 公用密钥体制

公用密钥需要两个相关的密码，一个密码作为公钥，一个密码作为私钥。在公用密钥体制中，信息接收者可以把他的公用密钥放到 Intenet 的任意地方，或者用非加密的邮件发给信息的发送者，信息的发送者用他的公钥加密信息后发给信息接收者，信息接收者则用自己的私钥解密信息。

在所有公钥加密算法中，最典型的代表是 1978 年由 R. Rivest, A. Shamir 和 L. Adlman 三人发明的 RSA，现在已经有许多应用 RSA 算法实现的数字签名系统。

2. 数字签名

签名是证明当事者身份的一种信息。数字签名是以电子形式存储的一种消息，可以在通信网络中传输。由于数字签名是利用密码技术进行的，所以其安全性取决于所采用的密码体制的安全程度。

数字签名与手写签名的主要差别如下：

(1) 签名的文件不同

手写签名所签写的是物理存在的文件，数字签名则不是。所以数字签名的算法必须首先设法实现将签名绑定到所签的文件上。

(2) 验证的方法不同

手写签名是通过和作为标准的真实的手写签名相比较来验证，而数字签名则是通过一个

公开的验证算法来实现验证。两种签名方式相比较，手写签名比较容易伪造。因为如果数字签名所采取的算法安全性能较高，则可以阻止伪造签名的可能性。

(3) 复制方法不同

手写签名需要复制可以通过复印的方式获得与原件完全相同的副本，但是人们可以很容易地将原件和复印件区分开来。然而，由于数字签名是电子文档，复制一分副本出来，和原件将不会有丝毫差别，很难区分。

设计一个数字签名算法需要满足的条件如下：

① 签名者事后不能否认自己的签名。

② 任何其他人都不能伪造签名，接收者能验证签名。

③ 当双方签名的真伪发生争执时，法官或第三方能够解决双方之间的争执。

通常一个数字签名的实现由两个算法组成，即签名算法和验证算法。比如 RSA 数字签名，首先签名者使用一个秘密的签名算法对一段消息 X 进行签名，得到一个签名信息 Y。其次就是信息的接收方需要判断信息 X 的签名 Y 是否真实，这时可以通过一个公开的验证算法来对 Y 进行验证。最后获得验证结果。

3. 防火墙技术

(1) 什么是防火墙

所谓防火墙，指的是安装在计算机网络上，防止内部的网络系统被人恶意破坏的一种网络安全产品。

防火墙(Firewall)是从内部网(Intranet)的角度来解决网络的安全问题。内部网通常采用一定的安全措施与企业或机构外部的 Internet 用户相隔离，以加强 Internet 与 Intranet 之间的安全防范，这个安全措施就是防火墙。防火墙是一种由软件、硬件构成的系统，用来在两个网络之间实施存取控制策略，它可以确定哪些内部服务允许外部访问，哪些外部人员被许可访问所允许的内部服务，哪些外部服务可由内部人员访问。建立防火墙后，来自和发往 Internet 的所有信息都必须经由防火墙出入。

(2) 防火墙有何用途

目前，许多企业、单位都纷纷建立与 Internet 相连的内部网络，使用户可以通过网络查询信息。这时，企业 Internet 的安全性就会受到考验，因为网络上的不法分子在不断寻找网络上的漏洞，企图潜入内部网络。一旦 Internet 被人攻破，一些重要的机密资料可能会被盗，网络可能会被破坏，将给网络所属单位带来难以预测的损害。

而使用了防火墙后，防火墙可以有效地挡住外来的攻击，对进出的数据进行监视，并能自动统计、分析通过防火墙的各种连接数据，探测出攻击者，立即断开与该主机的任何连接，保护内部网络所有服务器和主机的安全。防火墙除了可以作为网络门户的保护外，还提供了许多网络连接时的应用，如包含代理服务器的功能，可以提高内部网络对外访问的速度；采用加密连接方式，使企业通过公共网络安全地传输数据。

4. 其他常见技术

（1）访问控制

访问控制是通过一个参考监视器，在每一次用户对系统目标进行访问时，都由它来进行调节，包括限制合法用户的行为。每当用户对系统进行访问时，参考监视器就会查看授权数据库，以确定准备进行操作的用户是否确实得到了可进行此项操作的许可。

（2）入侵检测

入侵检测是对防火墙技术的一种逻辑补偿技术。它将系统的安全管理扩展到安全审计、安全检测、入侵识别、入侵取证和响应等范畴，解决了防火墙技术不能解决的防火墙后门问题、入侵者就在防火墙之内以及受防火墙自身性能的限制不能提供实时入侵检测等问题。

（3）身份验证

身份验证是一致性验证的一种，验证是建立一致性证明的一种手段。身份验证主要包括验证依据、验证系统和安全要求。身份验证技术是在计算机中最早应用的安全技术，而且现在仍然在广泛应用。它是互联网上信息安全的第一道屏障。

（4）存取控制

存取控制规定何种主体对何种客体具有何种操作权力。存取控制是网络安全理论的重要方面，主要包括人员限制、数据表示、权限控制、类型控制和风险分析。存取控制也是最早采用的安全技术之一，一般与身份验证技术一起使用，赋予不同身份的用户以不同的操作权限，以实现不同安全级别的信息分级管理。

（5）数据完整性

数据完整性证明是在数据传输的过程中，验证收到数据是否与原来的数据保持完全一致的证明手段。检查是最早采用数据完整性验证的方法，它虽然不能保证数据的完整性，并且只起到基本的验证作用，但是由于它的实现非常简单，因此现在仍然广泛应用于网络数据的传输和保护中。

（6）安全协议

安全协议的建立和完善是安全保密系统走上规范化和标准化道路的基本因素。一个较为完善的内部网和安全保密系统至少要实现加密机制、验证机制和保护机制。

7.6　本章习题

① 什么是计算机网络？计算机网络有哪些应用？

② 什么是计算机体系结构？计算机体系结构有哪几层？

③ 什么是 Internet？Internet 提供的常用服务有哪些？

④ 上网查阅有关 TCP/IP 的讨论，写出自己对 TCP/IP 协议的认识。

⑤ 构建一个小型计算机网络需要哪些硬件？

⑥ 组网的一般步骤有哪些？

⑦ 计算机网络常用的物理拓扑结构有哪些？

⑧ 描述计算机病毒的概念和特性。

⑨ 怎样建立安全保障？

⑩ 常用的防范病毒的措施有哪些？

第8章　办公常用工具软件

教学目的和要求：本章主要介绍办公中常用的工具软件，类别包括了常用的压缩和解压缩软件、常用的下载工具、文档阅读和图形图像的软件。对于每一个类别的软件，都分别从软件介绍、软件界面和应用实例等方面来说明其用法，旨在让读者了解工具软件的基本知识，掌握它们的基本用法，使读者能够在办公的应用中熟练地使用工具软件，提高自己的工作效率。

重点：

◇ 各种常用办公软件的界面组成；

◇ 各种常用办公软件的使用方法；

◇ 对办公软件的选项进行设置。

难点：

◇ 熟悉软件的界面；

◇ 灵巧掌握软件的使用方法；

◇ 学会用软件进行一些基础应用；

◇ 对软件的常用选项进行自定义设置。

除了 Office 系列办公软件，各种方便易用的工具软件就应该是办公室里最为常用的软件工具了。这些工具软件可以分为解压缩软件、下载软件、图像工具、即时通信等几大类。它们功能强大，容易使用，对于节省人们的时间、提高办公效率有着非常大的帮助。学会使用这些工具，也就提高了自动化办公方面的应用能力，所以相当重要。

8.1　常用压缩/解压缩软件

压缩工具，就是用于缩小计算机中的文件所占用的磁盘空间的工具软件，是计算机应用中最常使用的工具之一。压缩后的文件体积较小，便于传输和携带。使用相应的解压缩软件就可以方便地还原出原始文件。本节将介绍 WinRAR 和 WinZip 两个常用的压缩/解压缩软件。

8.1.1　WinRAR 简体中文版

WinRAR 是 Windows 操作系统中常用的压缩/解压缩软件，它主要对 RAR 格式的压缩文件进行压缩处理和管理。WinRAR 的特点是压缩率大，用户界面友好，操作简便。除此之外，WinRAR 还提供了创建自解压文件和分卷压缩等特色功能。

WinRAR 的主要特性包括：

- 完全支持 RAR 和 ZIP 压缩文件；
- 高度成熟的原创压缩算法；
- 对于文本、声音、图像、32 bit 和 64 bit Intel 可执行程序压缩的特殊优化算法；
- 外壳界面包括“拖放”和“向导”；
- 命令行界面；
- 非 RAR 压缩文件 (7Z,ACE,ARJ,BZ2,CAB,GZ,ISO,JAR,LZH,TAR,UUE,Z)管理；
- 固实压缩，比常规方法更能够提升压缩率 10%～50%，尤其是在压缩大量的小文件和类似的文件时；
- 多卷压缩文件；
- 使用默认的或是选择的自解压模块创建自解压文件(也可用于分卷)；
- 恢复物理受损的压缩文件；
- 恢复卷允许重建多卷压缩丢失的卷；
- 支持 Unicode 文件名；
- 其他服务性的功能，例如文件加密、压缩文件注释、错误日志等。

WinRAR 是共享软件，可以在 WinRAR 的主页(www. rarsoft. com)下载使用版。

下面以 WinRAR 3. 40 beta6 简体中文版为例进行介绍。

1. 软件界面

在任务栏依次选择“开始”→“程序”→“WinRAR”，就可以启动 WinRAR，其默认界面如图 8-1 所示。

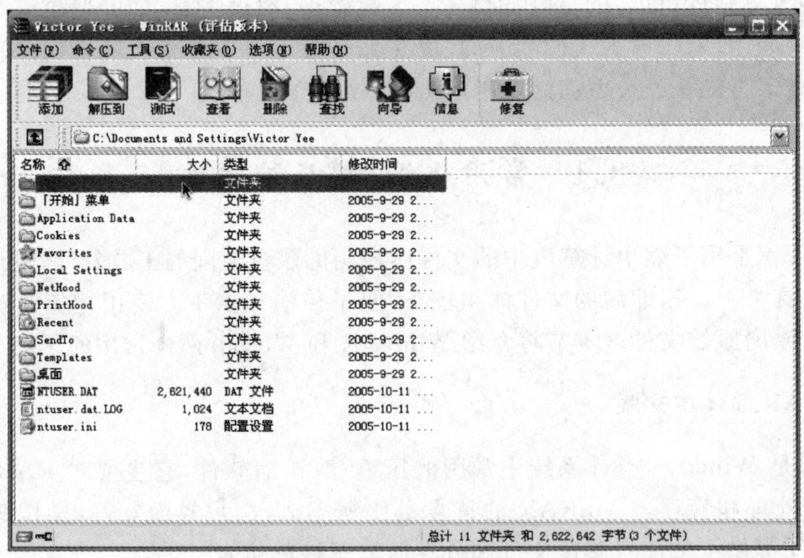

图 8-1 WinRAR 主界面

使用 WinRAR 工具栏上的按钮可以完成大部分的操作，默认界面里的工具栏包含 9 个按钮，其作用和功能如表 8－1 所列。

表 8－1　工具栏按钮及功能

按钮名称	功　能
添加	添加其他形式的文件到压缩文件中
解压到	解压缩文件至指定目录
测试	对压缩文件进行测试，查看文件是否有错误
查看	查看一个文件的内容和代码
删除	删除一个压缩文件
查找	在本地磁盘上查找压缩文件
向导	用于启动面向初级用户的压缩解压缩向导
信息	显示当前选中文件或文件夹的信息
修复	修复被损坏的压缩文件

当使用 WinRAR 打开了一个压缩文件时，工具栏界面会发生相应的变化（见图 8－2），“添加”和“测试”按钮变为“不可用”，“修复”按钮消失，增加的“扫描病毒”可以利用操作系统中的反病毒程序对压缩文件进行查杀病毒操作。

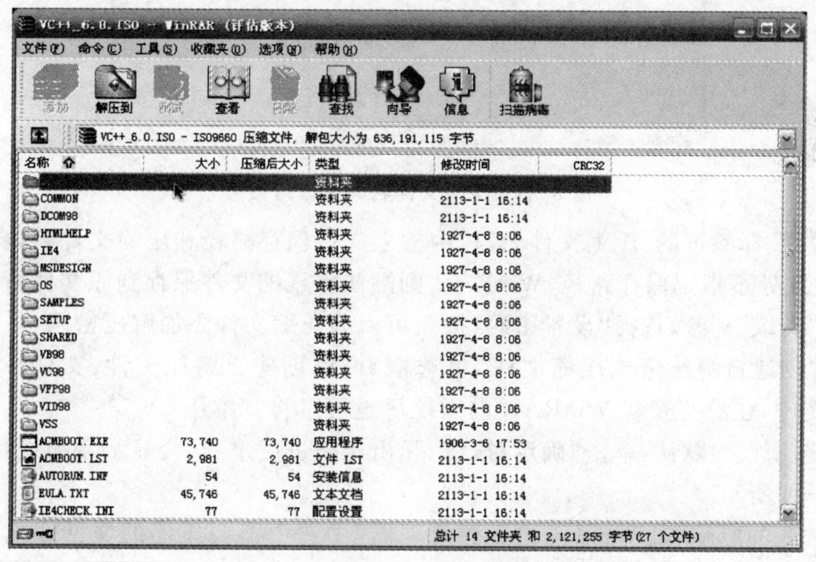

图 8－2　打开压缩文件后的 WinRAR 界面

压缩文件（如 ZIP 或 RAR 格式的压缩文件）在磁盘分区中被作为一个文件夹来对待，双

击一个压缩文件就可以打开并显示其中包括的文件内容。

2. 压缩文件操作

WinRAR 为了方便用户的使用，提供了多种压缩方法，例如可以将文件拖放到 WinRAR 的程序图标上，或者单击程序界面工具栏上的“添加”按钮将选中的文件进行压缩。现在为大家介绍一种常用的、简单的压缩方法。

① 打开“我的电脑”或者“Windows 资源管理器”，找到想要压缩的文件或文件夹；

② 用鼠标右键单击需要压缩的文件或文件夹，在弹出的快捷菜单中选择“添加到压缩文件”选项，可以打开“压缩文件名和参数”设置对话框，如图 8－3 所示；

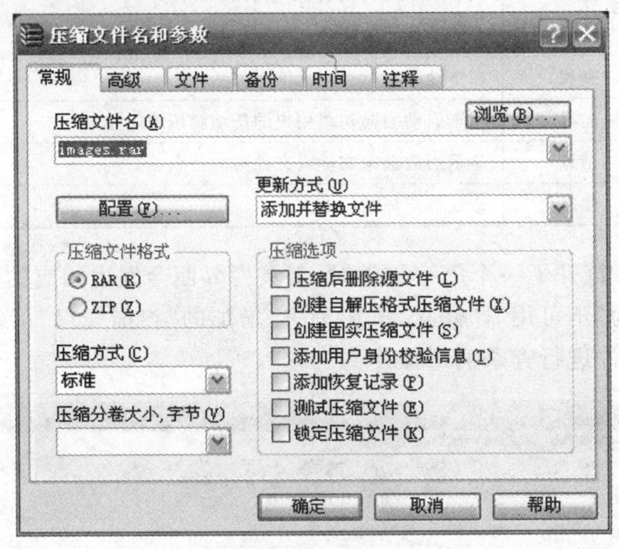

图 8－3　压缩文件名和参数对话框

③ 在“常规”标签下的“压缩文件名”栏中输入文件保存路径和压缩文件名，默认扩展名为 RAR，如果在此处不指定保存路径，WinRAR 则默认将压缩文件保存到原文件所在的目录；

④ 单击“高级”标签，选择“设置密码”按钮可以为压缩文件添加解压密码；

⑤ 选中“创建自解压格式压缩文件”单选框，可以创建自解压文件，文件扩展名为. exe。使用自解压文件，在没有安装 WinRAR 的系统里也可以将其解压；

⑥ 其他选项设为默认，单击“确定”按钮，弹出压缩进度过程，会显示压缩所用的和剩余的时间，如图 8－4 所示。

此外，在“我的电脑”或 Windows“资源管理器”中选中需要压缩的文件或文件夹，右键单击，在快捷菜单中选择“添加到 xxx. rar”选项，可以快速地在当前目录创建 RAR 压缩文件，如图 8－5 所示。

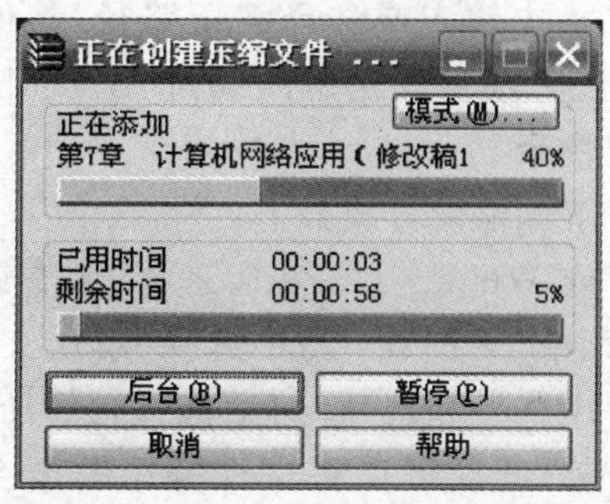

图 8-4　压缩进度显示框

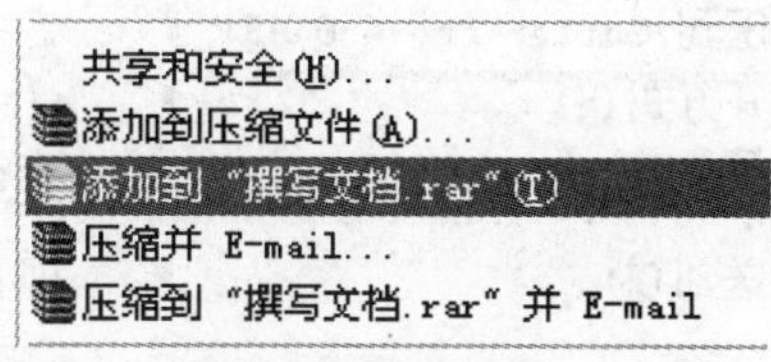

图 8-5　右键单击选择"添加到……"

3. 解压缩文件

WinRAR 可以用来解压多种格式的压缩文件，并提供了几种解压缩文件的方法供用户选择，用户可以根据习惯和喜好选择使用。下面以解压一个 RAR 文件为例，介绍一种比较常用的方法。具体步骤如下：

① 打开"我的电脑"或 Windows"资源管理器"。

② 在相应文件夹中找到需要解压缩的 RAR 文件，双击该文件，打开 WinRAR 的解压界面。WinRAR 在文件操作窗格中显示出压缩包中的内容。

③ 单击工具栏上的"解压到"按钮，打开"解压路径和选项"对话框，如图 8-6 所示。

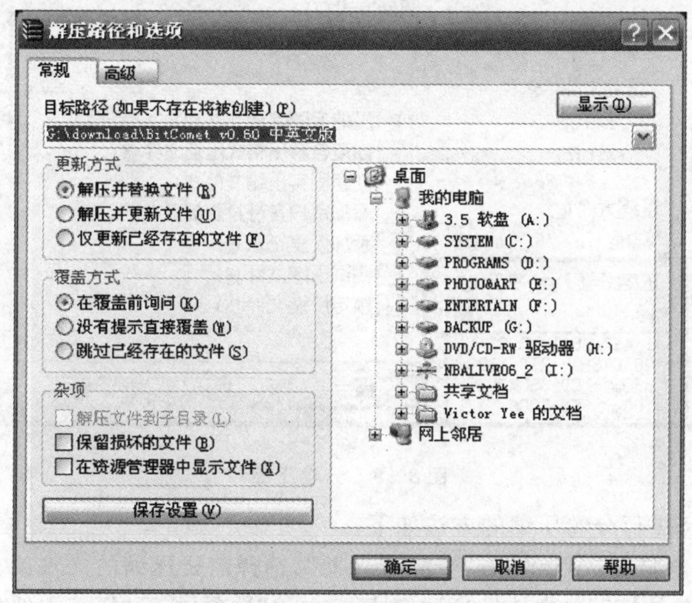

图 8-6　"解压路径和选项"对话框

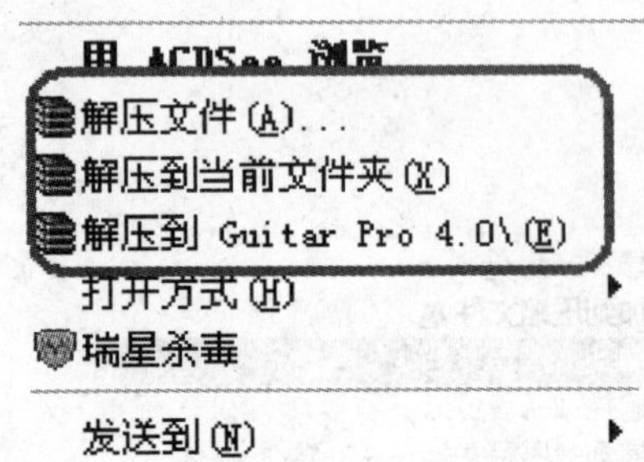

图 8-7　右键单击选择“解压到……”

在“目标路径”栏中输入或选择解压路径，其他选项保持默认，单击“确定”按钮开始解压缩过程。解压后的文件将保存到指定目录。

另外一种快捷解压缩的方式如下：

在“我的电脑”或 Windows“资源管理器”中右键单击压缩文件，从快捷菜单(见图 8-7)中选择“解压文件”选项，也可以打开“解压路径和选项”对话框进行解压；选择“解压到当前文件夹”选项可以将文件解压缩至当前目录；选择“解压到 xxxx\”命令可以在当前目录下创建一个与压缩文件同名的文件夹，WinRAR 会将压缩文件解压到该文件夹内。

4. 分卷压缩文件

在对大量数据进行备份或进行大文件压缩时，有时需要采用分卷压缩(见图 8-8)的方法，以便于在网络上传输或用便携设备存储。

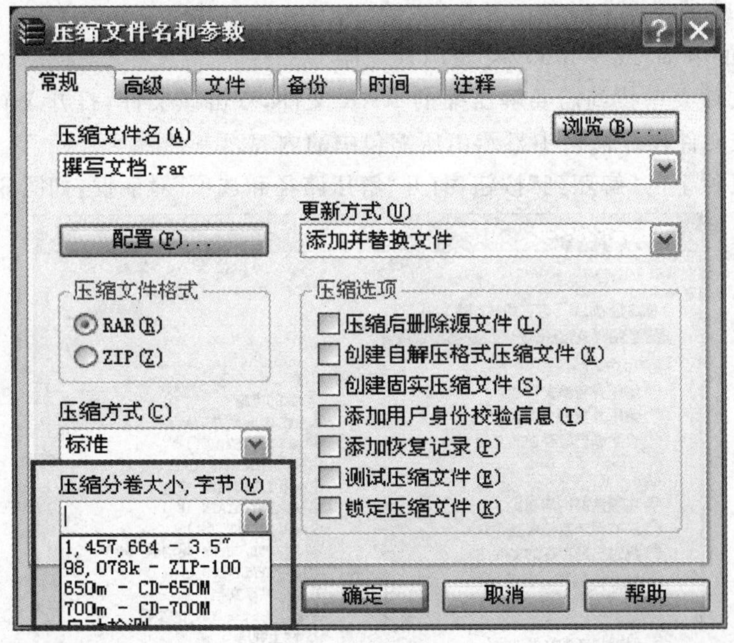

图 8-8　分卷压缩

使用 WinRAR 进行分卷压缩的方法如下：

① 打开“我的电脑”或 Windows“资源管理器”，选择需要压缩的文件或文件夹；

② 右键单击，从快捷菜单中选择“添加到压缩文件”选项，打开“压缩文件名和参数”对话框；

③ 在“压缩文件名”一栏中指定文件名和保存路径；

④ 在“常规”标签中的“压缩分卷大小、字节”下拉列表框中输入每卷的字节数，WinRAR 提供了几种选项，可以根据实际需要适当选择，如需要存入软盘，则选择“1,457,664 - 3.5”；

⑤ 单击“确定”按钮，开始分卷压缩过程。

分卷压缩完成以后，生成的第一个文件扩展名为.rar，第二个文件扩展名为.r00，第三个文件扩展名为.r01……，可以将压缩文件依次进行保存或传输。

解压时，先将各个分卷压缩的文件复制到同一个文件夹中，按照上面讲过的解压缩方法选择任意文件进行压缩，就可以把分卷压缩的文件全部解压缩。

事实上，如果在传输过程中丢失了一个或多个分卷文件，剩余分卷压缩包所包含的文件仍然可以被正常地解压缩。

8.1.2　WinZip 8.1 简体中文版

WinZip 是由 Nico Mak Computing 公司开发的，用于 Windows 操作系统的另一款通用压缩与解压缩软件。WinZip 也是常用的工具软件，具有操作简便、压缩速度快、界面友好、功能强大等特点。

WinZip 的主要特性如下：

- 图形化窗口界面；
- 全面支持 Windows 操作系统，从 Windows 3.x 到 Windows XP；
- 允许外挂 ARJ，LZH 和 ARC 等压缩程序进行相应格式的文件压缩与解压缩处理；
- 可生成自解压文件，压缩后的文件无需专门的压缩软件，执行压缩文件本身就可完成文件的解压缩；
- 可以挂接大多数的电脑防病毒软件，进行病毒的检测和清除工作；
- 支持 Windows 长文件名格式，与 Windows 资源管理器完美结合。

WinZip 是共享软件，可以通过 www.winzip.com 下载试用版，本节将以 WinZip 8.1 为例进行介绍。

1. 界面简介

从系统任务栏依次选择“开始”→“程序”→“WinZip”→“WinZip 8.1”命令，可以打开如图 8 - 9 所示的 WinZip 程序界面。

通过 WinZip 主窗口工具栏上的 8 个按钮可以完成大部分的压缩/解压缩相关操作。工具栏按钮功能介绍如表 8 - 2 所列。

当新建或打开一个压缩文件时，文件操作窗口中将会显示压缩文件中包含的所有文件及其属性，如文件名、创建日期、大小、压缩比、解压路径等。

状态栏位于主界面的底部，从状态栏中可以查看到当前选中文件的数目、字节数以及整个压缩文件中所含的文件个数、总字节数。状态栏中还设置了用于显示压缩/解压缩进程的进度

条和指示灯。

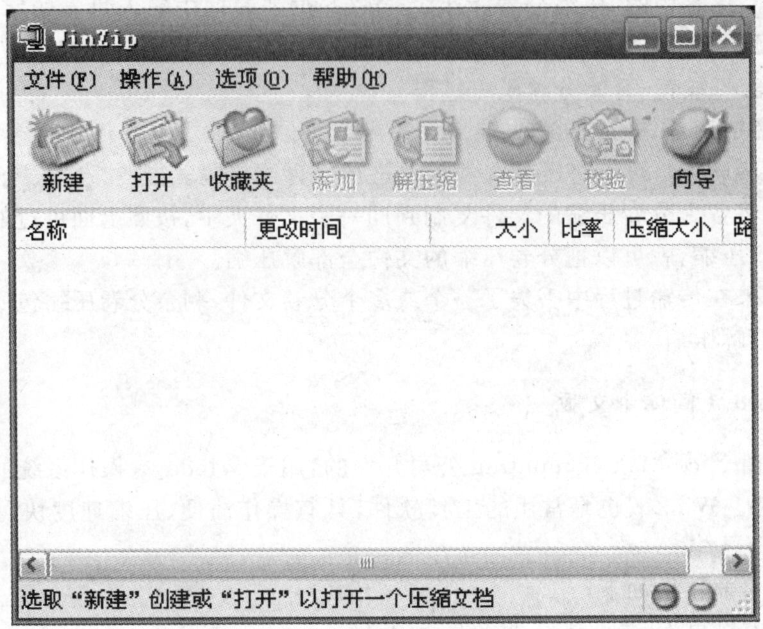

图 8-9 WinZip 程序界面

表 8-2 WinZip 工具栏按钮及功能

按钮名称	功 能
新建	创建一个新的压缩文件
打开	打开一个已有的压缩文件
收藏夹	显示本地硬盘中的所有压缩文件
添加	添加文件到压缩文件中
解压缩	从压缩文件解压缩
查看	查看压缩文件中的一个文件
校验	查看压缩文件信息
向导	使用 WinZip 压缩/解压缩向导

2. 压缩文件

使用 WinZip 可以方便地将文件压缩成 ZIP 格式的压缩文件，也能解压缩 ZIP 文件。下面简单介绍其使用方法。

WinZip 提供了多种压缩文件的方法，例如可以在操作界面中单击“新建”按钮创建一个压缩文件。在这里将向读者介绍比较简单实用的方法，步骤如下：

① 打开“我的电脑”或 Windows“资源管理器”；

② 打开将要压缩的文件所在的文件夹，选中要压缩的文件；

③ 单击鼠标右键，在弹出的快捷菜单中选择“添加到 Zip 文件”，打开如图 8－10 所示的“添加”对话框；

④ 在“添加到压缩文档”栏中输入保存路径和压缩文件名，如果需要加密，可以单击“密码”按钮，在弹出的对话框中输入密码和确认密码后单击“确定”按钮。

⑤ 单击“添加”按钮开始压缩过程。压缩完成以后，WinZip 自动弹出主界面显示压缩包里的文件列表。

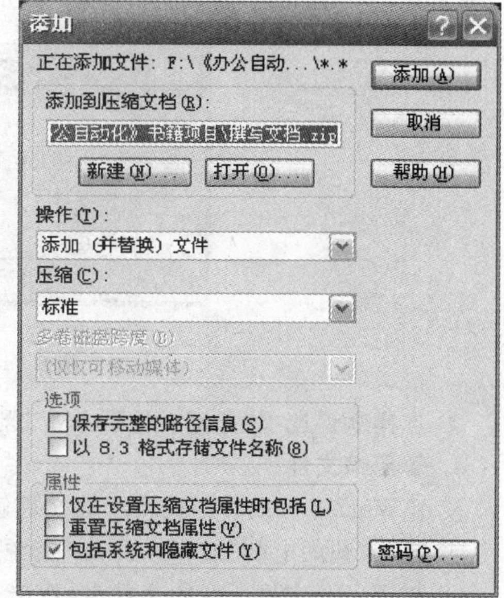

图 8－10　“添加”对话框

3. 管理压缩文件

使用 WinZip 可以方便地对压缩文件进行管理，可以对压缩包执行添加、删除等操作。要向一个压缩包添加新文件，用鼠标将文件拖放到相应的压缩包文件图标上，就会自动弹出 WinZip 的“添加”对话框。单击对话框中的“添加”按钮，就可以将文件添加到已有的压缩包当中。

从一个已有的压缩包中删除文件的方法如下：

① 启动 WinZip，单击工具栏上的“打开”按钮，弹出“打开压缩文档”对话框，如图 8－11 所示；

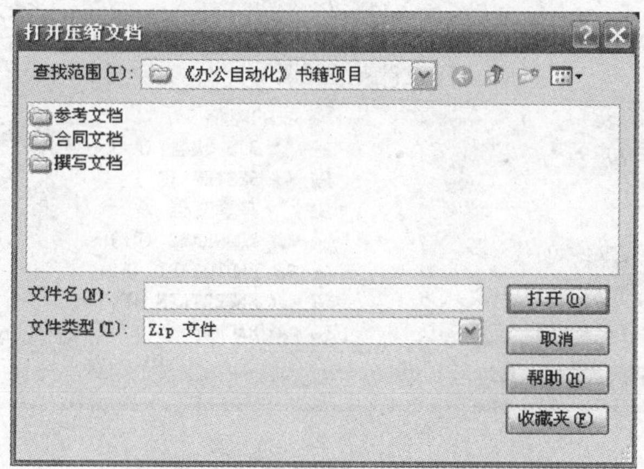

图 8－11　“打开压缩文档”对话框

② 选择要删除其中所含文件的压缩文件包，单击“打开”按钮；

③ 在文件操作窗格的文件列表中，选中要删除的文件，从菜单栏中选择“操作”、“删除”命令，或直接按<Delete>键，打开“删除”对话框，如图 8-12 所示；

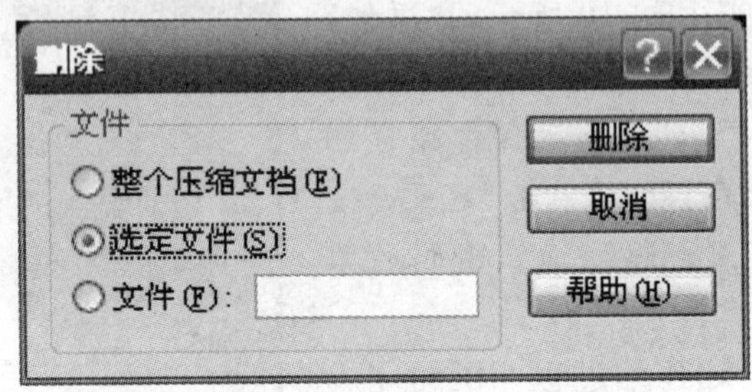

图 8-12 “删除”对话框

④ 选择默认选项“选定文件”，单击“删除”按钮，WinZip 将从压缩包中删除选定文件。

4. 解压缩文件

使用 WinZip 可以方便地将压缩文件解压缩，使其恢复成原文件格式，方法如下：

① 打开“我的电脑”或 Windows“资源管理器”；

② 打开 ZIP 文件所在的文件夹，双击想要解压缩的压缩包；

③ 出现 WinZip 的操作界面，文件操作窗格中显示了压缩包中所含的文件列表；

④ 选中要解压缩的文件，单击工具栏上的“解压缩”按钮，打开“解压缩”对话框，如图 8-13 所示；

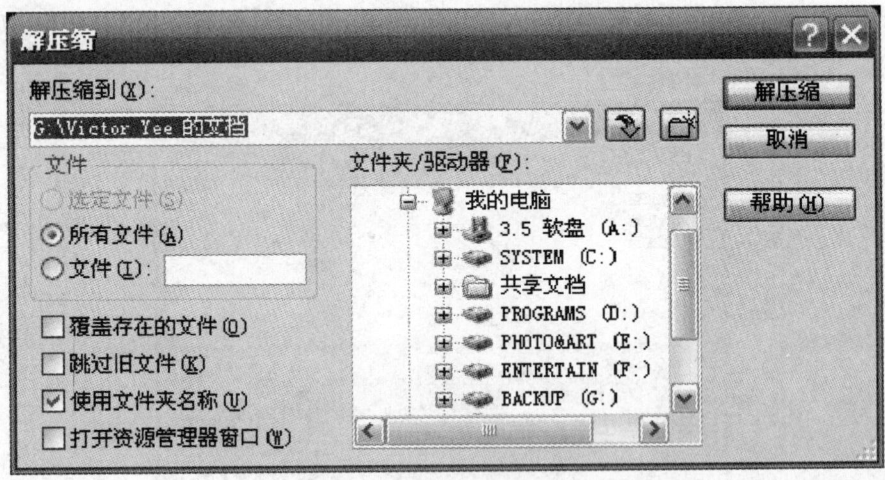

图 8-13 “解压缩”对话框

⑤ 在“解压缩到”栏中指定解压缩文件保存的路径，单击“解压缩”按钮，压缩文件即被解压。

如果在文件操作窗格中不选择任何文件，直接单击“解压缩”按钮，WinZip 将会解压该压缩包里的全部文件。

同 WinRAR 一样，WinZip 也可以通过选中压缩文件后，使用右键快捷菜单直接解压 ZIP 文件，十分方便。

5. 创建自解压文件

WinZip 程序可以将 ZIP 格式的压缩文件转换为具有自解压功能的.exe 文件。自解压文件不需要安装 WinZip 程序就能恢复压缩的文件。创建一个自解压文件的方法如下：

① 先创建一个 ZIP 格式的压缩文件；

② 启动 WinZip，单击工具栏上的“打开”按钮，弹出“打开压缩文档”对话框；

③ 选择刚才已创建好的要创建自解压的 ZIP 文件，单击“打开”按钮；

④ 从菜单栏选择“操作”、“制作.EXE 文件”命令，打开“WinZip 自解压个人版本”对话框，如图 8－14 所示；

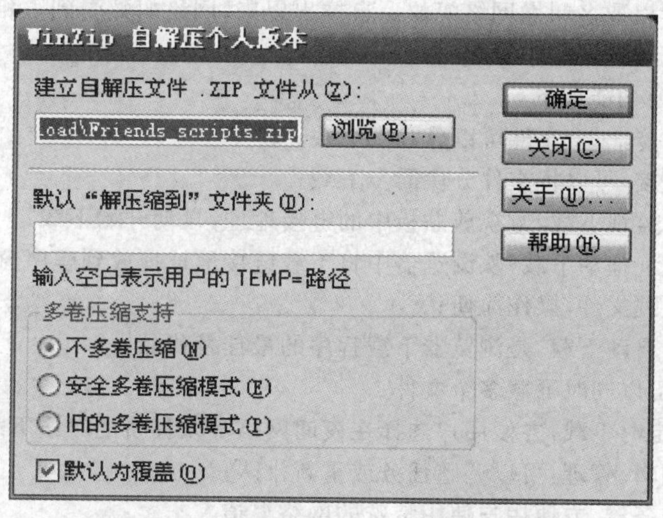

图 8－14　“WinZip 自解压个人版本”对话框

⑤ 指定压缩文件名和存放的路径，单击“确定”按钮，WinZip 会提示是否进行本地解压测试，根据需要选择“是”或“否”，完成操作。

8.2　常用网络下载软件

在第 7 章中介绍了如何利用 IE 浏览器下载文件。尽管直接用浏览器下载操作简便易行，但是这种下载方式速度有限，并且一旦发生中断，就需要重新下载整个文件，造成了使用的不便。

本节将向读者介绍一些常用的下载工具，这些工具一般都具有十分实用的一些功能，比如断点续传、下载任务管理、定时下载和自动拨号自动关机等，下载的速度也超过浏览器的下载速度。使用这些工具进行下载，有效且快速，也是办公常用的软件之一。

本节将介绍三个常用的下载工具：网络蚂蚁、网际快车和 BitComet。其中 BitComet 是时下非常热门的 BT 下载的专用工具。

8.2.1 网络蚂蚁

网络蚂蚁(NetAnts)是由国人开发的下载工具软件，它具备了一系列先进的下载技术，如多点连接、断点续传、计划下载等，能够在很大程度上加快下载的速度。所谓断点续传，是指在下载中断后，可以在下一次下载时从断开处继续下载；而多点连接则是指下载的时候用多条通路同时传输数据。

正是由于这款软件采用了断点续传和多点连接的下载方式，就如同蚂蚁搬家一样地锲而不舍和团结合作，所以取名叫做网络蚂蚁。自推出以来，网络蚂蚁受到了相当多的网络用户的好评，是如今最为流行的网络工具之一。

网络蚂蚁的主要功能如下：

- 支持断点续传，一个文件可以分几次下载；
- 支持多点连接，可以将文件分块同步下载；
- 支持剪贴板监视下载，监视剪贴板中的链接地址，自动开始下载；
- 支持链接地址拖动下载，从浏览器中将下载链接地址拖放到程序窗口就可以调用网络蚂蚁开始下载文件，操作简便；
- 配合浏览器自动下载，是浏览器下载程序的最佳替代品；
- 批量下载，可以同时下载多个文件；
- 自动拨号，定时下载，方便用户选择在夜间网络不太拥挤的时候下载文件；
- 下载任务编辑、管理，可以调整任务或重新排队；
- 支持代理服务器，方便用户使用特殊的网络渠道。

网络蚂蚁是一款免费软件，可以访问网络蚂蚁的主页(www.netants.com/gb)下载最新的版本。下面将以 NetAnts 1.25 版本为例，简单介绍使用方法。

1. 界面简介

网络蚂蚁的程序主界面如图 8-15 所示。界面中主要包含了以下几个部分：

- 主菜单。主窗口的最上面是主菜单，包括“文件”、“编辑”、“下载”等选项。
- 工具栏。工具栏在主菜单的下面，集中了大部分程序功能。工具栏上的按钮按功能被分为三组：任务控制功能、自动/定时功能、工具/选项功能。

图 8-15　网络蚂蚁程序界面

- 下载曲线图栏。黑色底色的显示屏标志栏，当有文件正在下载的时候会显示出曲线图表示下载的情况。
- 虚拟文件夹 。主窗口左边是树形结构的“虚拟文件夹”，用它可以查看下载任务项。
- 任务列表。主窗口的右上部分是任务列表，所有的任务在这里根据其状态分类列表显示。
- 任务状况窗口。主窗口的右下部分是下载任务的细节描述区域，若在任务列表中选中某一个下载任务，该任务的详细信息将显示在这里。

另外，网络蚂蚁在启动以后默认会在桌面上显示一个总在最前的小的方形窗口，称为“拖放窗口”，利用它下载文件，只需要将下载链接拖动到该窗口中就可以开始下载过程，十分方便。

2. 使用网络蚂蚁下载文件

使用网络蚂蚁下载文件操作很简单，具体的步骤如下：

① 确保计算机已经连入 Internet，打开浏览器，找到下载文件的链接。

② 在链接上单击鼠标右键，从弹出的快捷菜单中选择 Download by NetAnts 选项，启动网络蚂蚁，同时出现“添加任务”对话框，如图 8-16 所示。

③ 指定保存的路径，在必要时选择重命名文件，或者保持默认，然后单击“确定”按钮。在添加下载任务时，单击“保存到”文本栏右边的第一个按钮，可以在下拉列表中选择“默认目录”或者“最近使用的目录”，若选择后者，网络蚂蚁会填入上一次使用的目录进行存放。也可以单

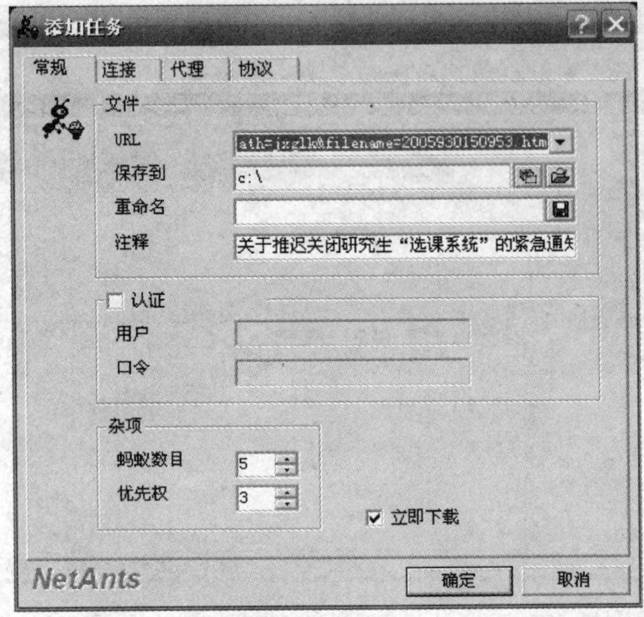

图 8－16 "添加任务"对话框

击第二个按钮，在出现的"浏览文件夹"对话框中选择保存路径。

④ 网络蚂蚁开始下载文件的进程，如图 8－17 所示。在下载的过程中，文件下载的状态将在任务状况窗口中显示。其中"区块"标签显示下载的进度，在图中可以看到许多圆点，白色

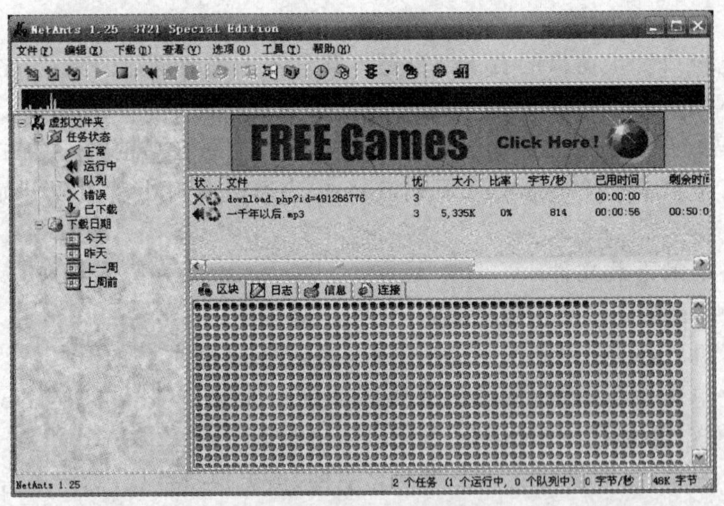

图 8－17 网络蚂蚁下载过程

的表示文件中待下载的部分，红色代表“蚂蚁”，而蓝色则代表已经下载的文件部分；“日志”标签显示网络蚂蚁与服务器的连接、数据传输等信息；“信息”标签显示下载的相关信息；“链接”标签显示 URL 的有关信息。

⑤ 如果下载过程中需要停止，可以单击工具栏上的“停止正在下载的任务”按钮，将会使下载过程停止，但是已下载的部分文件是有效的，下次需要的时候可以继续进行该下载任务。

⑥ 任务完成后，程序将弹出通知消息窗口，单击“确定”按钮，完成下载操作。

⑦ 当下载过程因网络原因中断时，程序也会弹出消息窗口提示用户。

此外，对单个文件的下载，还可以通过下面的几种方法进行。

- 在浏览器中单击对应下载任务的 URL 就可直接启动网络蚂蚁下载。要启动此功能，在菜单栏选择“选项”、“参数设置”命令，打开“NetAnts”设置对话框，选择“自动操作”标签，选中“与浏览器点击整合”复选项；
- 从网页中直接把 URL 拖动到拖放窗口中，在弹出的“添加任务”对话框中设置相应的下载选项；
- 在工具栏上点击“添加一个新任务”按钮，打开“添加任务”对话框，在“URL”栏中输入下载文件的地址和文件名，并进行相关的设置，单击“确定”按钮开始下载；
- 单击 URL 的同时按下＜Alt＞键。

8.2.2　网际快车

网际快车(FlashGet)也是一款优秀的下载工具软件，它针对下载时的速度和对下载文件的管理作了优化。网际快车最大的特点就是可以大幅提高下载的速度，通过将一个文件分为几个部分同时下载，使下载的速度得到了成倍地提高。网际快车还可以创建各种“类别”，将下载的不同格式的文件分别保存到相应的类别中去，创建“类别”的数目没有限制；也可以为每个类别指定单独的文件目录，方便了对下载文件的管理。除此之外，网际快车还具有支持拖放操作，可以进行更名、添加描述、查找等功能。下载文件名重复时可以自动重命名文件。

网际快车的主要功能如下：

- 可以把一个文件分成最多 10 个部分同时下载，可以设定多达 8 个下载任务。通过多线程、断点续传、镜像等技术可以最大限度地提高下载速度。
- 捕获浏览器中的点击操作，完全支持 Internet Explorer 和 Netscape。
- 可以有选择地批量下载文件。
- 可以检查文件是否更新或重新下载。
- 支持自动拨号，下载完毕可以自动挂断或关机。

- 充分支持代理服务器。
- 下载任务可进行排序，重要文件可提前下载。
- 提供下载速度限制功能，保证正常的浏览网页或进行其他的网络应用活动。
- 可以创建不同的类别，把下载的文件分门别类地存放。文件管理功能支持鼠标拖放、添加描述、查找、自动重命名等。
- 多语种界面，支持包括中文在内的30几种语言的界面，并且可以随时进行切换。

网际快车是共享软件，访问 www.amazesoft.com/cn 可以下载最新版本软件。

1. 界面简介

网际快车的主界面如图 8-18 所示，主要由菜单栏、广告栏、目录栏、任务列表和文件下载信息窗口组成。

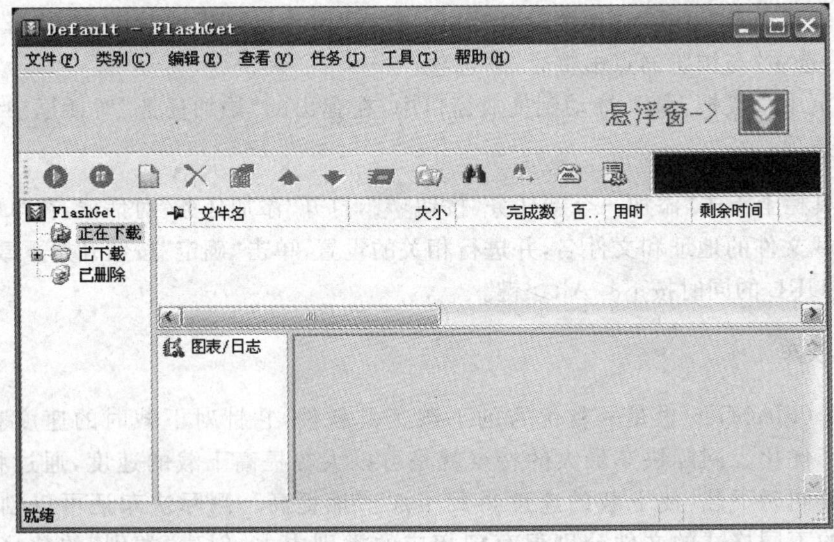

图 8-18 网际快车主界面

网际快车启动以后，程序默认在桌面上显示一个正方形的小窗口，总位于最前，称为“悬浮窗”，用于显示下载状态；也可以将下载链接直接拖放到窗口中，方便下载操作。

工具栏中所包含的按钮，具备了大部分的操作功能，主要的按钮及其作用如表 8-3 所列。

从菜单栏选择“查看”、“工具栏”、“按钮”命令，可以打开“自定义工具栏”对话框，如图 8-19 所示。可以根据习惯或喜好定义工具栏的显示方式、按钮数量和按钮顺序。

网际快车能够在下载过程中显示较为丰富的信息，以方便用户了解下载的具体情况。在任务列表中可以显示多项信息，包括文件名、大小、百分比、剩余时间等。

表 8-3　网际快车工具栏按钮及功能

按　钮	名　称	功　能
	开始	开始下载选定文件
	暂停	暂停下载选定文件
	新建	新建一个下载任务
	删除	删除选定的项目
	属性	修改选定项目的属性
	目录	打开 Windows 资源管理器浏览下载文件所在目录
	默认	编辑默认的下载属性
	选项	更改程序选项

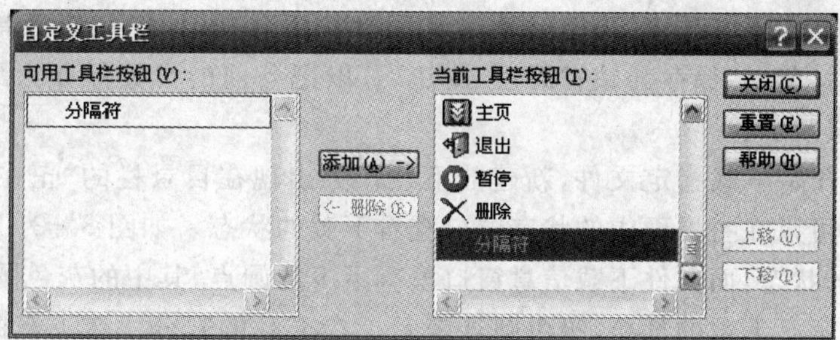

图 8-19　"自定义工具栏"对话框

2. 使用 FlashGet 下载文件

使用网际快车下载文件的操作十分简单，下面举例来说明。

① 确保计算机已接入 Internet，打开浏览器，找到需要下载的文件的 URL 链接。

② 在链接上单击鼠标右键，从弹出的快捷菜单中选择“使用网际快车下载”，启动网际快车，同时出现“添加新的下载任务”对话框，如图 8-20 所示。

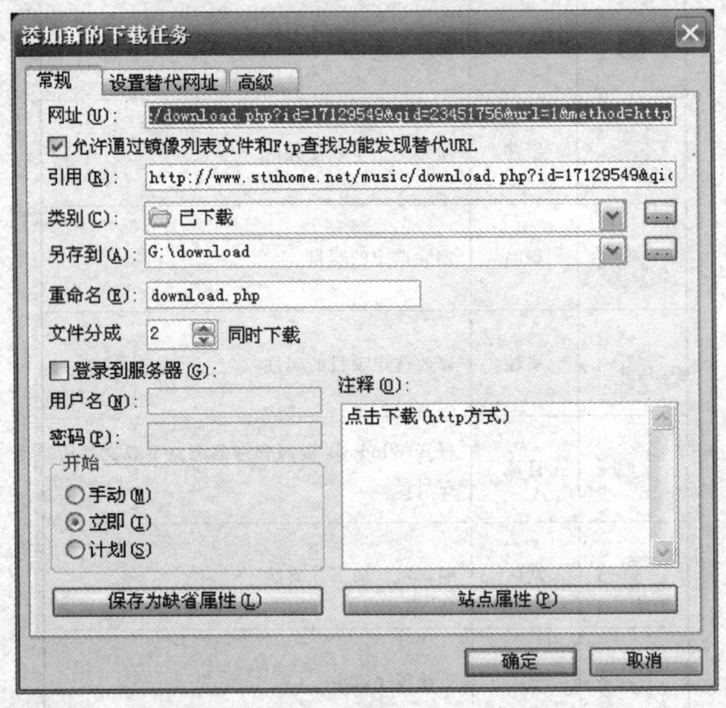

图 8-20 “添加新的下载任务”对话框

③ 设定保存的路径，必要时选择重命名或保持默认选项，设置完毕后单击“确定”按钮。在设置被修改以后，单击“保存为缺省属性”按钮，可以把当前的设置保存为默认属性，以后进行下载时就无需修改了。

④ 网际快车开始下载指定文件，新建的下载任务出现在目录栏的“正在下载”文件夹中。在下载的过程中，可以在主界面中的状态窗口查看下载的状态。如图 8-21 所示，任务列表中显示出各个文件的状态，而文件下载信息窗口里有不少的圆点，其中的灰色圆点表示未下载的部分，蓝色圆点表示已下载的部分，绿色圆点表示正在下载的部分。在下载的过程中，悬浮窗中也会出现不断流动的绿色波纹图，方便用户在浏览网页时监视下载的情况。

⑤ 一个下载任务完成以后，下载的文件会被保存到新建任务时指定的文件夹中，该任务也会自动地转入“已下载”文件夹。

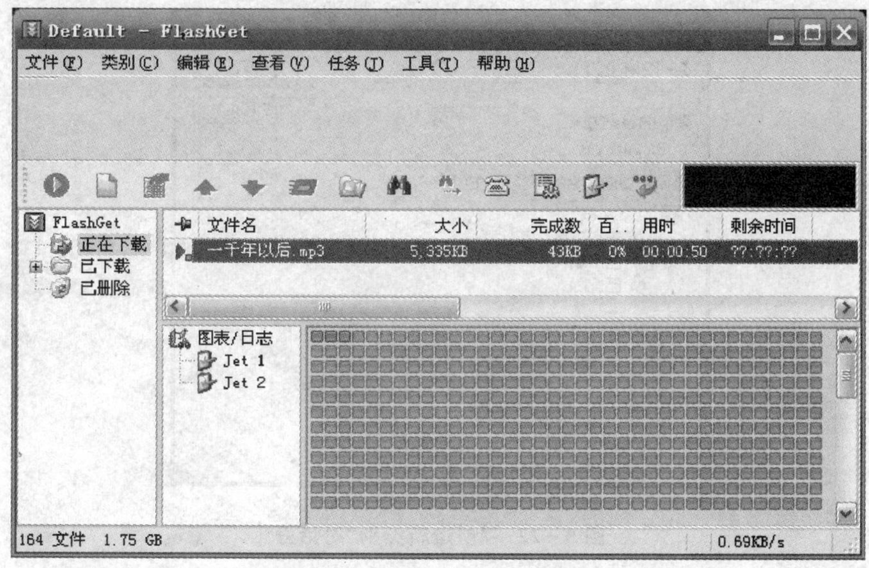

图 8-21　网际快车正在下载文件

3. 文件管理

对已经下载的文件进行分类管理，是网际快车最实用和有效的功能之一。网际快车使用了类别的概念来管理已下载文件，每种类别可指定一个磁盘目录，所有指定了类别的下载任务，都会被保存到相应的类别目录中。

网际快车为用户预设了 4 个类别，分别是：软件、游戏、驱动程序和 MP3。在下载文件时，可以根据文件类别选择保存的文件夹，其方法是：在“添加新的下载任务”对话框中单击“类别”文本框右边的箭头，在打开的下拉菜单中选择相应的类别，然后按照常规进行操作即可。

如果用户需要，可以方便地创建新的类别文件夹。具体的方法如下：

① 打开网际快车的主程序；

② 从菜单栏中选择“类别”、“新建类别”命令，打开“创建新类别”对话框，如图 8-22 所示；

③ 在“类别名称”栏中输入新类别的名称；

④ 在“默认的目录”栏中输入路径，或者单击右边的浏览按钮选择文件夹；

⑤ 在下面框中的树形结构图上选择新类别建立的位置；

⑥ 单击“确定”按钮。

在网际快车中，下载文件的类别可以随时改变，具体的文件同时会在目录之间进行相应的移动。对于改变类别的操作，网际快车提供了拖放的功能，只需要简单地拖动鼠标，就可以把下载文件进行归类。

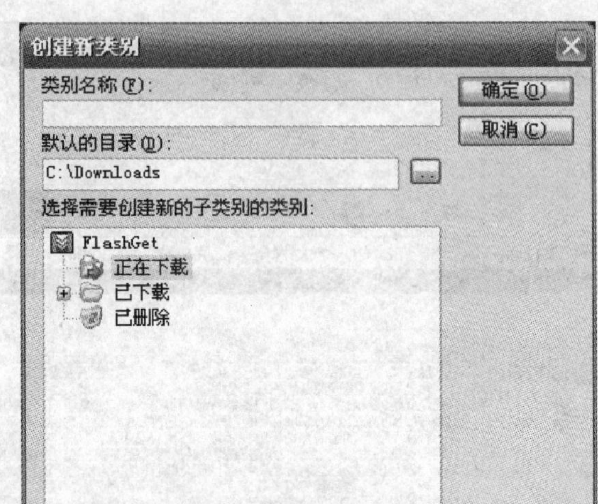

图 8-22 “创建新类别”对话框

8.2.3 Bit Comet

在使用 FTP 或者 HTTP 方式下载软件时，经常碰到这样的情况：下载某个文件的人越多，下载就越困难。这是因为服务器只有一个，网络带宽只有那么大，下载的人多了自然就会出现拥挤现象。

而 BT 下载则是一种全新的下载模式，它彻底地解决了上述的问题。以 BT 的逻辑来讲，下载的人越多，下载的速度就越快。这样的理论似乎违背了网络流通量的基本原则，然而 BT 极高的下载速度还是吸引了大量的网络用户来使用和推广这样一个新型的技术。

BT 的全称是 Bit Torrent，是一种的 P2P 的下载方式，可以为用户提供高速的下载。其原理简单地说就是在下载的同时，也在为其他用户提供上传，所以不会随着用户数的增加而降低下载速度。

进行 BT 下载需要安装 BT 客户端软件，在众多的客户端软件中，Bit Comet 是较为常用的一种。它是一款基于 Bit Torrent 协议的 P2P 免费软件，操作简便，功能强大，且界面友好，利于用户使用。

Bit Comet 的主要功能特性如下：

- 高效的网络内核，在进行多任务下载的同时依然保持很少的 CPU 内存资源占用；
- 支持对一个 Torrent 中的文件有选择地下载；
- 具有磁盘缓存技术，能有效地减小高速随机读/写对硬盘的损伤；
- 只需监听一个端口即可满足所有下载需要；
- 自动保存下载状态，续传无需再次扫描文件，作种子也无需扫描文件；

- 支持多 Tracker 协议；
- 同样适用于内网用户；
- 绿色软件，不需安装，仅运行时关联. torrent 文件；
- 多语言界面。

Bit Comet 是免费软件，可以在各个 BT 下载站下载最新的版本。下面将以 Bit Comet 0.60为例，介绍利用 Bit Comet 进行 BT 下载的方法。

1. 界面简介

Bit Comet 的程序主界面如图 8－23 所示。界面中包括了菜单栏、工具栏、收藏目录栏、任务列表、下载信息窗口和状态栏等。

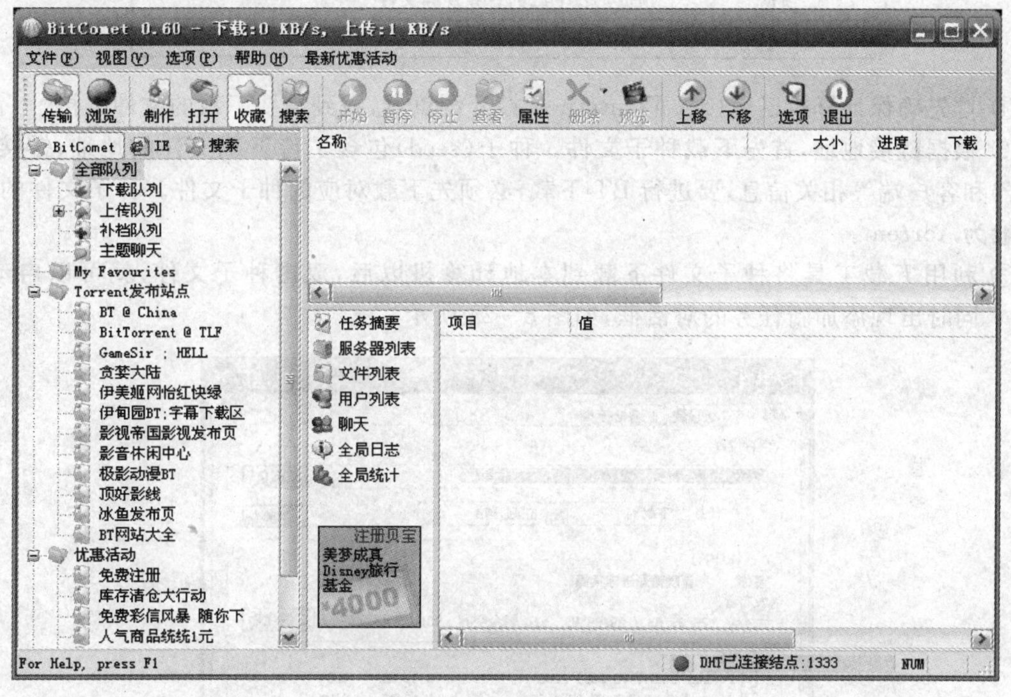

图 8－23　Bit Comet 主界面

工具栏中包含了常用的按钮，可以实现大部分操作，主要的按钮及其功能如表 8－4 所列。

Bit Comet 在执行下载任务时，能够为用户显示如传输速度、剩余时间、文件下载百分比等常用信息，便于用户了解下载的情况。

2. 下载文件

利用 Bit Comet 进行 BT 下载的方法十分简便，其基本操作和前面所介绍的两款 HTTP 下载软件比较类似，容易被读者掌握。下面举例说明使用的方法。

表 8－4　Bit Comet 工具栏按钮及功能

按钮名称	功　能
传输	打开传输显示页面
浏览	打开内置浏览器显示页面
制作	制作新的.torrent 文件
打开	从本地磁盘打开一个.torrent 文件
开始、暂停、停止	开始、暂停或停止一个下载任务
属性	查看选定下载任务的属性
删除	删除选定的下载任务及(或)其下载文件
预览	预览正在下载的音频视频文件
选项	设置软件的默认选项

① 首先确保计算机已经接入了 Internet，打开浏览器，找到需要下载的文件链接。

② 根据链接地址，首先下载种子文件。种子(seed)包含了待下载文件的地址、链接、BT 服务器和客户端等相关信息，要进行 BT 下载，必须先下载对应的种子文件。种子文件的后缀名一般为.torrent。

③ 利用下载工具将种子文件下载到本地计算机以后，双击种子文件，就可以启动 Bit Comet，同时出现添加新任务的对话框，如图 8－24 所示。

图 8－24　新建任务对话框

④ 在对话框中填入保存的位置，可以点击“保存位置”右侧的“浏览”按钮选择磁盘上的一个目录；在 Torrent 内容选单中选择想要下载的文件，Bit Comet 允许用户选择下载部分文件或完全下载，只需要点选文件列表前面的单选框就可以了；确定好各选项以后，单击“确定”按钮。

⑤ 开始下载的过程如图 8－25 所示，任务列表中显示出了正在下载或上传的任务或文件，并提供了相关的信息。可以注意到任务名左侧的指示箭头，向下的绿色箭头表示正在下载并同时可能在上传；而向上的红色箭头则表示下载完成，正在为其他用户提供上传，这正是 BT 下载软件与其他下载工具的最大不同，既下载又同时在上传。

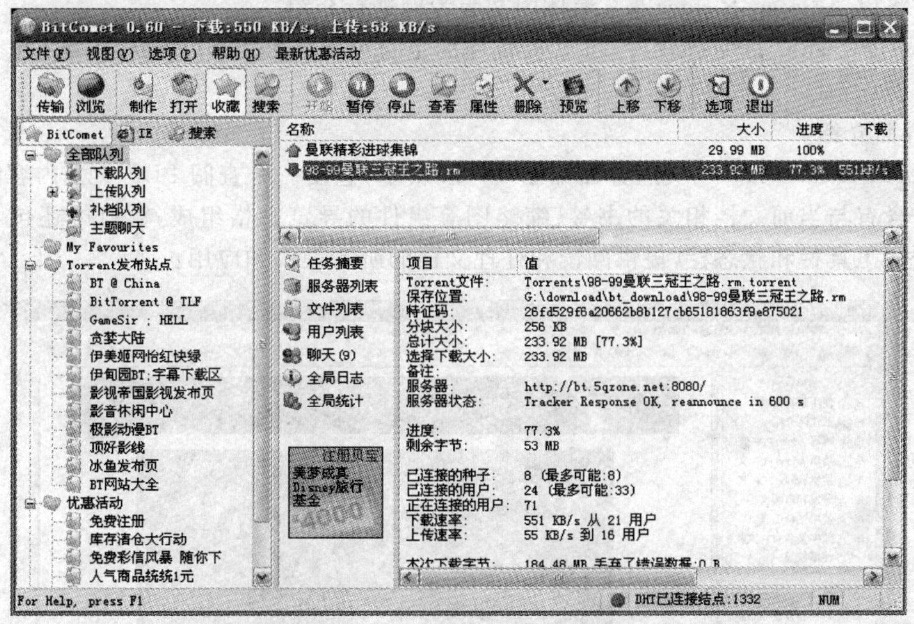

图 8－25　下载过程

⑥ 待到下载完成，文件将会保存到指定下载目录。请暂时不要关闭 BT 软件，为其他用户多提供一些文件上传的时间，这样可以很大程度上提高下载的速度和效率，毕竟 BT 下载是靠所有用户来共同维持的。

8.3　文档阅读软件

Adobe Acrobat Reader 6.0 介绍如下：

Acrobat Reader 是美国 Adobe 公司出品的一款优秀的 PDF(Portable Document Format，便携式文档格式)文件阅读工具。使用 Acrobat Reader，可以方便地阅读和打印 PDF 文档。

PDF 文档也是 Adobe 公司推出的一种文件格式，它不依赖于硬件、操作系统和创建文档的应用程序，这一特点使其成为在办公过程中和在 Internet 上进行电子文档发布和数字化信息传播的理想文档格式。越来越多的电子图书、产品说明、公司文稿、网络资料、电子邮件开始使用 PDF 格式，PDF 文件目前已经成为数字化信息事实上的一个工业标准。

Adobe 公司开放 PDF 的目的是为了实现在不同计算机平台之间传送和共享文件。PDF 格式的文档能够如实地保留文件原貌、内容及文字和图像，这类文档可以通过电子邮件发送，也可将它们存储在 Web、企业内部网或光盘上，以供其他用户在 Microsoft Windows，Mac OS 或 UNIX 等平台上进行查阅。

本节将以 Acrobat Reader 6.0 简体中文版为例进行介绍。

Acrobat Reader 是免费软件，可以从软件的主页 www.chinapdf.com 下载，并获取相关资料。

1. 界面介绍

Acrobat Reader 6.0 中文版界面如图 8－26 所示，它由一个查阅 PDF 文档内容的文档窗格和一个含有与当前文档相关的书签、缩略图等组件的导览窗格组成，窗口中还包含有菜单栏、命令栏、工具栏和状态栏，提供阅读和处理文档的所有操作和应用。

图 8－26　Acrobat Reader 6.0 中文版界面

文档窗格用于显示文档内容。根据设置的情况，此窗格的显示会略有不同。

导览窗格包含 4 个选项卡，分别是："书签"、"签名"、"图层"和"页面"。其中，在"书签"选项卡中单击书签可以方便地跳转和快捷地定位需要浏览的内容，单击每一个书签左边的加号(＋)可以展开下一级书签。"页面"选项卡可以显示每一页的缩略图，单击某一个将在文档窗格中显示该页的内容。

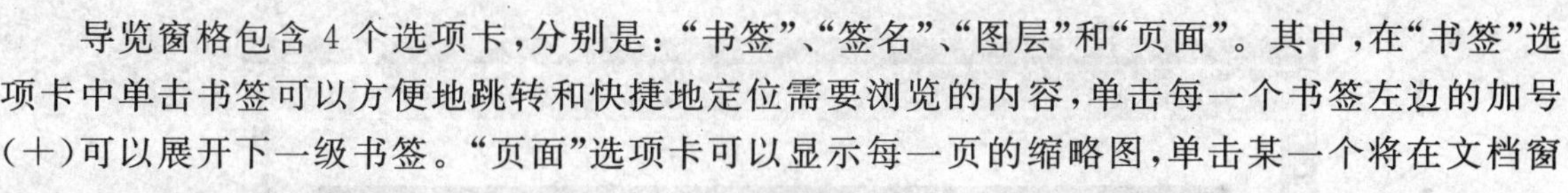

工具栏中包含了 Acrobat Reader 6.0 中常用的命令按钮，分别有"打开"、"保存副本"、"打印"、"搜索"、"抓手工具"和"文本选择工具"等(见图 8－27)，可以完成大部分的阅览操作。

图 8－27　Acrobat Reader 部分工具栏

状态栏中的按钮和菜单为更改屏幕显示和导览文档提供了方便，在状态栏中(见图 8－28)可以选择文档显示的比例和要阅读的页面，直接修改数字或单击相应的按钮即可。

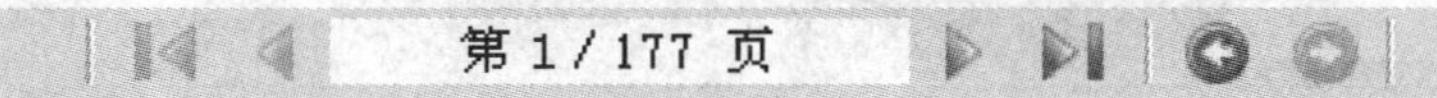

图 8－28　Acrobat Reader 状态栏

2. 阅读 PDF 文档

使用 Acrobat Reader 的主要功能就是阅读 PDF 格式的文档。下面将简单介绍其使用方法。

① 从任务栏依次选择"开始"→"程序"→"Adobe Reader 6.0"命令启动程序。

② 单击工具栏上的"打开"按钮，弹出"打开"对话框。

③ 浏览文件夹，选择要打开的 PDF 文件并单击"打开"按钮。

④ 打开后的 PDF 文件将会显示在文档窗口中，如图 8－29 所示。分别单击工具栏上的"实际大小"按钮、"适合页面"按钮和"适合宽度"按钮，可以将页面调整到最容易阅读的形式，也可以通过修改显示的百分比数值进行调整。

⑤ 拖动文档窗格边上的滚动条浏览文档，或者单击工具栏上的"上一页"按钮，或"下一页"按钮翻页。也可以在导览窗格中单击书签、缩略图快速地打开特定的页面。

⑥ 如果要将页面的局部放大，可以单击工具栏上的"放大工具"按钮，鼠标变成一个带有加号的放大镜形状，在想要放大的位置点击鼠标左键，就可以放大局部，直到放大到合适的比例为止。

⑦ 单击"放大工具"按钮旁边的三角标记可以打开下拉菜单，选择"缩小"，鼠标变成一个带有减号的放大镜形状，单击页面相应位置可以缩小显示的比例。

图 8－29　用 Reader 打开 PDF 文档

⑧ 要在文档中查找文字，可以单击工具栏上的“搜索”按钮，打开“搜索 PDF”窗格，如图 8－30 所示。在“您要搜索哪些单词或短语”栏中输入要查找的文字，设置相应的选项以后单击“搜索”。Acrobat Reader 会显示第一次出现被搜索文字的页面，并高亮显示查找到的文字。单击“新建搜索”按钮可以进行下一次搜索。

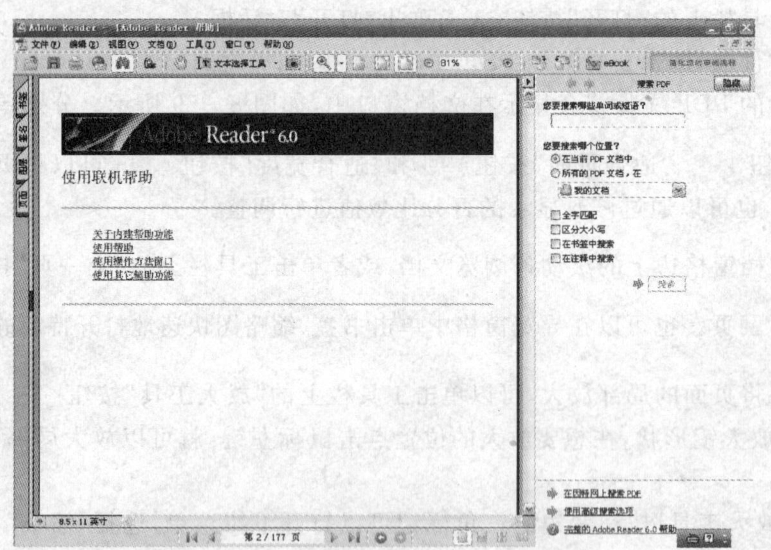

图 8－30　含有搜索窗格的 Reader 界面

⑨ 要打印文档，可以单击工具栏上的“打印”按钮 打开“打印”对话框，在设置打印机、打印范围等选项后，单击“确定”按钮开始打印。

8.4　常用的图形图像软件

在现代的办公室中，对多媒体的应用越来越广泛，于是就产生了对图形图像进行简单处理的需要，像常用的图像浏览工具和抓图的工具，可以帮助办公室文员高效地整理和获取图片素材。下面就分别以 ACDSee 软件为例介绍看图工具，以 HyperSnap - DX 为例介绍截图软件的使用。

8.4.1　看图软件 ACDSee

ACD System 公司推出的 ACDSee 软件是一个专业的图形浏览软件，它的功能非常强大，几乎可以支持现有的一切图形文件格式，是目前最为流行的图形浏览工具之一。ACDSee 的版本更新也非常地快，本节将以 ACDSee 5.0 为例进行介绍。

1. 界面简介

在系统任务栏单击“开始”→“程序”→“ACD System”→“ACDSee5.0”命令，打开 ACDSee 的浏览窗口界面，如图 8 - 31 所示。

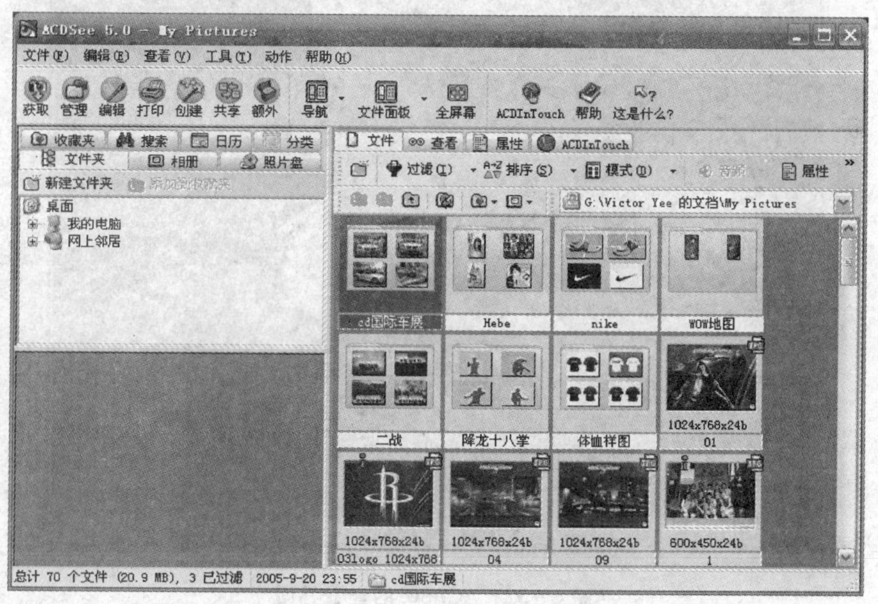

图 8 - 31　ACDSee 的浏览主界面

ACDSee 的界面与 Windows 资源管理器的界面相仿，主要由菜单栏、工具栏、文件列表窗格和图片预览窗格等部分组成。

菜单栏包括有“文件”、“编辑”、“查看”、“工具”、“动作”和“帮助”等项目，通过菜单栏可以使用 ACDSee 所有功能和命令。工具栏中则包含了 ACDSee 常用的命令按钮，使用这些按钮可以方便地进行操作。

在浏览界面中，ACDSee 默认打开了“文件夹”选项卡，显示的树形结构目录是 Windows 资源管理器式的目录浏览方式，通过它可以方便地访问本地、网上邻居的磁盘资源。在树形目录中选中一个文件夹，文件列表窗格就会显示其中的内容。ACDSee 可以自动地识别文件的格式并显示，甚至可以自动播放 AVI，MID，MPG，MP3 等格式的影音文件。

在文件列表窗格中选中任一张图片，图片预览窗格中将显示该图片。

2. ACDSee 的常规操作

ACDSee 的功能十分强大，其操作却非常简单。默认情况下，在 ACDSee 安装后将自动设置成为 Windows 打开图片文件的关联程序，在“我的电脑”或者 Windows“资源管理器”中双击一个图片文件，就可以打开 ACDSee 的查看界面，浏览图片的内容，如图 8-32 所示。

图 8-32 ACDSee 的查看界面

单击工具栏上的各个按钮，可以方便地显示同一目录的所有图片，进行放大/缩小图片、移

动/复制/删除图片等操作。

在浏览界面中的文件列表上双击一幅图片也可以打开查看界面显示出该图片，再次双击将返回浏览界面。

在被浏览的文件中，由于 ACDSee 具备了解压缩 ZIP 压缩包的功能，因此无需先进行解压缩就可以直接打开压缩文件并使用其中的文件，就像打开一个普通的文件夹一样方便。

下面还将介绍一些 ACDSee 的其他常用功能。

(1) 幻灯片放映

ACDSee 的一个比较实用的功能就是将多幅图片以幻灯片的形式播放，使用方法如下：

① 启动 ACDSee，在浏览界面中选中一个文件夹。

② 在菜单栏中选择“工具”、“幻灯片”命令，打开“幻灯片”对话框，如图 8－33 所示。

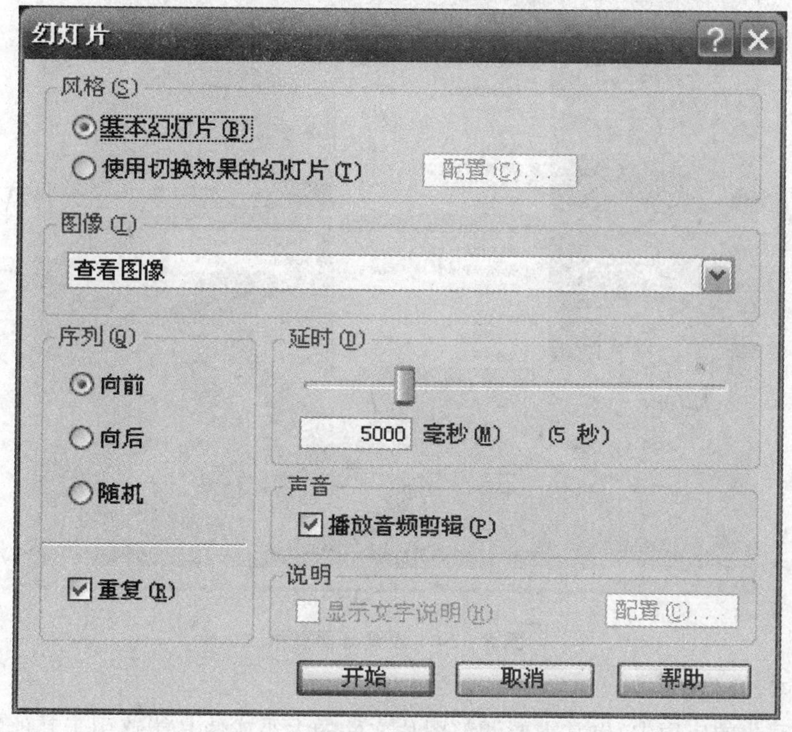

图 8－33　“幻灯片”对话框

③ 在对话框中按需要或喜好进行有关选项的设置，可以指定每张图片的变换方式、显示时间以及是否循环播放等。

④ 单击“开始”按钮，ACDSee 将打开查看界面以指定的时间间隔逐张显示当前文件夹中的所有图片。

要停止幻灯片的播放，单击查看界面工具栏上的“幻灯片”按钮 幻灯片 即可。

(2) 设置桌面墙纸

使用 ACDSee 可以方便地把喜爱的图片设置为 Windows 的桌面墙纸，方法如下：

① 启动 ACDSee，浏览包含图片的文件夹。

② 选中要设置为墙纸的图片。

③ 打开菜单栏中的“工具”、“设置壁纸”命令，在下级菜单中选择“居中”命令可以将图片居中放置在桌面上，选择“平铺”命令可以将图片平铺在桌面上，选择“还原”命令可以恢复初始设置，如图 8－34 所示。

图 8－34 设置桌面壁纸

(3) 转换图片格式

在办公自动化的应用中，也常需要调整图片文件的大小或使其能够用于其他的应用程序，这时就要用到 ACDSee 的转换图片格式的功能。对于单个文件的格式转换，很多图像软件都可以做到，然而对于转换大量的文件格式，ACDSee 转换图片格式的功能就显示出了极大的优势。

使用 ACDSee 转换图片格式的方法如下：

① 启动 ACDSee。

② 在文件列表窗格中选中一个或多个要转换的图片文件。

③ 从菜单栏中选择“工具”、“格式转换”命令，打开“图片格式转换”对话框，如图 8－35 所示。

④ 在“格式”列表框中选择要转换为什么格式，单击“格式设置”按钮可以设置有关该格式的多种选项，其他选项可以保持默认。

⑤ 单击“确定”按钮，开始转换图片格式，程序弹出“转换”窗口显示转换进程。转换结束后，默认情况会在原来的文件夹内生成与原文件同名的新格式的图片文件。

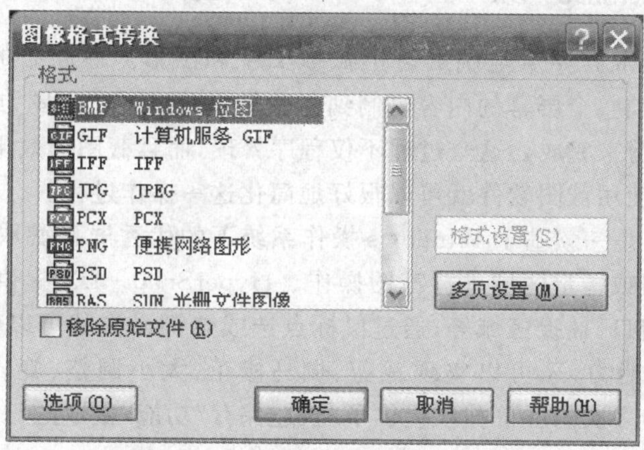

图 8 - 35　图片格式转换对话框

(4) 编辑处理图片

ACDSee 新版本中增加了编辑处理图片的功能，通过该功能，可以对正在浏览的图片进行简单的加工和处理。要使用 ACDSee 处理图片，首先用 ACDSee 的浏览或查看界面打开要编辑处理的图片，然后在菜单栏中选择“工具”、“在编辑器中打开”命令，打开“ACD FotoCanvas v2.0”窗口，如图 8 - 36 所示。

图 8 - 36　“ACD FotoCanvas v2.0”窗口

在“ACD FotoCanvas 2.0”窗口中，可以对图片进行多项的编辑和处理，例如裁剪、旋转、消除红眼、色彩模式调整等。在工具栏中点击相应的按钮，就可以对图片作一些简单的实用处理。ACDSee还提供了不少添加特殊效果的滤镜，例如负片、浮雕等，通过“滤镜”菜单可以选择相应功能。

8.4.2　截图软件 HyperSnap－DX

在办公应用中，经常需要从电脑屏幕上截取文字和图形。最原始的方法是按键盘上的Print Screen键，将当前整个屏幕的内容复制到剪贴板中，然后在“画图”或是其他的图像软件中进行复制、加工、裁剪来完成。这个过程不仅程序繁琐，而且截图的效果也不好，还耗费了办公人员大量的时间。使用截图软件就可以很好地简化这一操作过程。

HyperSnap－DX是一款基于Windows操作系统下的优秀屏幕截取软件，使用它可以快速地从当前桌面、窗口或指定区域进行截图操作。HyperSnap－DX提供了多种截图方式，包括捕捉全屏幕、捕捉窗口、捕捉区域等，通过鼠标点选或热键操作就可以轻松完成。通过软件提供的图像编辑处理能力，还可以实现裁剪、伽马修正、大小调整、旋转、灰度调节等操作。HyperSnap－DX还为多次的屏幕截取提供了“快速保存”功能，截取的每幅图片都可以自动地保存到指定目录。

本节将以HyperSnap－DX 5.61为例进行介绍。HyperSnap－DX是由Greg Kochaniak公司出品的共享软件，可以通过www.hyperionics.com下载试用版的软件。

1．界面简介

HyperSnap－DX是一个小型软件，界面比较简洁，主要由菜单栏、工具栏、绘图工具面板和图像显示区域组成，如图8－37所示。

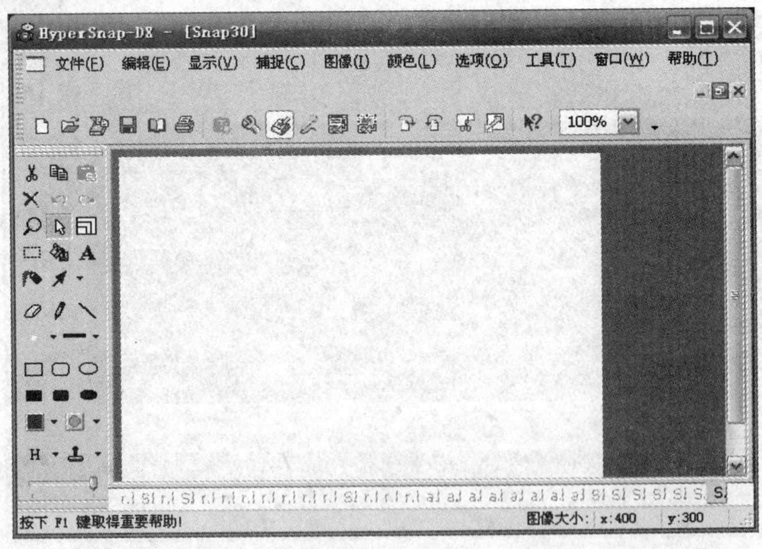

图8－37　HyperSnap－DX主界面

菜单栏包括“文件”、“编辑”、“显示”等选项。其中“捕捉”菜单项列出了所有屏幕截取的命令和对应的快捷方式，“图像”菜单则包含了一些处理图像的简单工具，“颜色”菜单列出了有关图像色彩的设置命令。使用“选项”命令还可以对程序使用进行设置。

工具栏包含了常用的工具按钮，有“打开”、“保存”、“打印”等。

绘图工具面板与图像处理软件的工具面板相似，提供的工具主要用于对截取的图像进行简单的加工和处理。

图像显示区域用于显示截取的图像，并作为工作区可以对其进行各种处理。

2. 截图应用

作为一款功能强大的截图软件，HyperSnap－DX 提供了方便、全面的屏幕截取功能，下面简要地向读者介绍几个较为常用和基础的应用。

(1) 捕捉窗口

如果要截取一个活动窗口的图像，其操作方法如下：

① 在系统任务栏中选择“开始”、“程序”、“HyperSnap－DX 5”、“HyperSnap－DX 5”命令启动程序。

② 打开需要截取的窗口，例如“我的电脑”窗口。

③ 确认需要截取的窗口位于最前，按下＜Ctrl＋Shift＋W＞键。

④ HyperSnap－DX 程序窗口自动最小化，屏幕上出现一个 HyperSnap 的帮助菜单，鼠标所指的界面对象将被一个闪动的黑框或红框围住。

⑤ 移动鼠标，当所要截取的对象被围住时，单击鼠标左键或按＜Enter＞键就可以完成屏幕截取操作。

⑥ HyperSnap－DX 程序的主窗口自动弹出，图像显示区中将出现刚截取的窗口，如图 8－38 所示。

⑦ 如果需要，可以在 HyperSnap－DX 窗口中对刚截取的图像进行裁剪、亮度调整、添加注释等简单的处理操作。

⑧ 单击工具栏上的“另存为”按钮，打开“另存为”对话框。

⑨ 选择保存路径、文件格式、填入文件名，然后单击“保存”按钮。

(2) 连续截图

HyperSnap－DX 提供了自动保存所截取图像的功能，便于连续截图。具体的设置方法如下：

① 启动 HyperSnap－DX。

② 在菜单栏上选择“捕捉”、“捕捉设置”命令，打开“捕捉设置”对话框。

③ 切换到“快速保存”标签，选中“自动将每次捕捉的图像保存到文件”单选框。

④ 单击“更改”按钮打开“另存为”对话框，设定自动保存的路径和文件格式，然后单击“保存”按钮关闭此对话框。

⑤ 选中“文件名称递增方式”单选框，设置文件名开始和结束的数字。

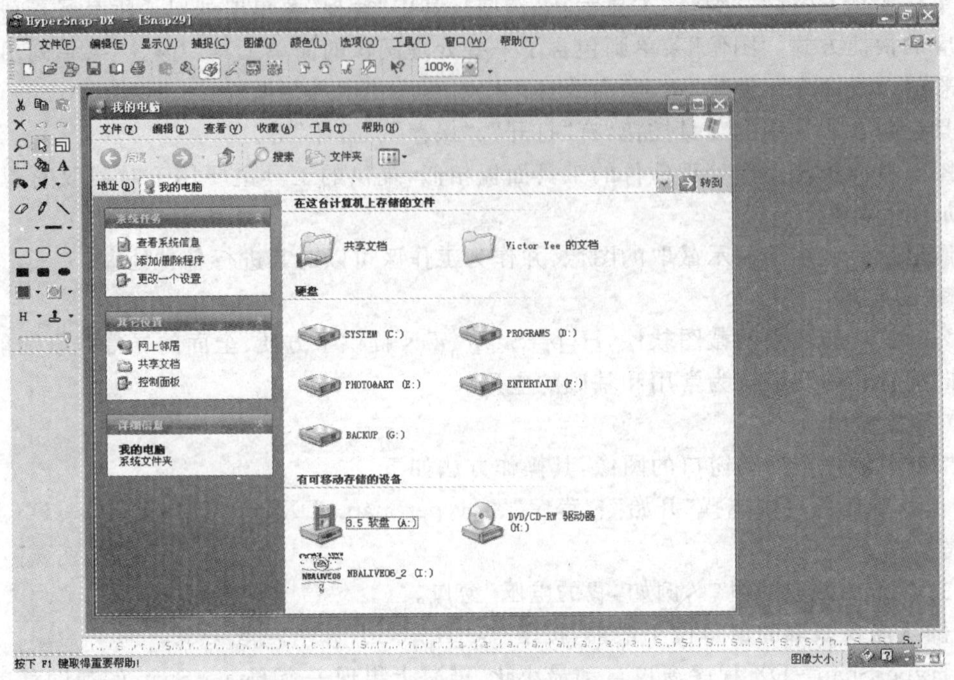

图 8-38 截取后的窗口出现在程序主窗口中

⑥ 单击“确定”按钮完成设置。

使用时，所截取的图像将自动以所指定的文件名顺序地保存在指定目录。例如指定的文件名为 pic，开始数字为 1，结束数字为 100，则各个截图将以 pic001，pic002，pic003…依次命名。使用此功能可以方便地进行连续的截图操作，而不用每截取一次就保存一次，重复地操作。

8.5 本章习题

1. 单项选择题

① 下面哪一项是办公中常用的压缩/解压缩工具？（ ）

A. Word　　B. Internet Explorer　　C. WinRAR　　D. ACDSee

② 在下面四种压缩文件格式中，找出 WinRAR 所不支持的文件格式。（ ）

A. RAR　　B. JPEG　　C. ZIP　　D. ACE

③ 在使用 WinRAR 进行分卷压缩时，如果要存入软盘，则压缩分卷大小应该选择：（ ）

A. “1,457,664 - 3.5”　　B. “98,078k - ZIP - 100”

C. “650m - CD - 650M”　　D. “700m - CD - 700M”

④ 下列各选项中，哪一项不是 HTTP 下载软件所具备的特性？（　　）

A. 下载速度快　　B. 支持断点续传

C. 人越多下载越快　　D. 方便管理下载文件

⑤ 当下载的过程因为网络问题而出现中断时，网络蚂蚁会有什么反应？（　　）

A. 自动退出　　B. 弹出消息窗口提示用户

C. 自动重连　　D. 无任何反应

⑥ 在网络蚂蚁的任务状况窗口中，"区块"标签里的蓝色圆点代表什么意义？（　　）

A. "蚂蚁"　　B. 未下载的部分

C. 已下载的部分　　D. 无明确意义

⑦ 不能被包含在一个 PDF 文件内的多媒体文件格式是：（　　）

A. 文字　　B. 图片

C. 视频　　D. 任何文件格式都可以包括

⑧ 在 Acrobat Reader 中，对页面进行调整的选项中，不包含下列的哪一项？（　　）

A. 适合宽度　　B. 实际大小　　C. 适合页面　　D. 适合高度

⑨ 看图软件 ACDSee 在工作时共有几种界面？（　　）

A. 1 种　　B. 2 种　　C. 3 种　　D. 4 种

⑩ 下列四个选项，哪一个不是 ACDSee 所具有的功能？（　　）

A. 幻灯片放映　　B. 设置桌面墙纸　　C. 转换图片格式　　D. 解压缩文件

⑪ 利用 HyperSnap－DX 截取活动窗口的热键是：（　　）

A. ＜Ctrl＋Shift＋R＞　　B. ＜Ctrl＋Shift＋W＞

C. ＜Ctrl＋Shift＋F＞　　D. ＜Ctrl＋Shift＋S＞

2. 填空题

① 最为常见的两种压缩文件的格式为________及________。

② 在 WinRAR 的主界面中，"添加到"按钮的功能是____________________。

③ 利用 WinRAR 或者 WinZip 创建的自解压文件，在解压缩时________（是/否）需要在系统中安装相应的解压缩程序？

④ 网际快车最大的特点就是可以大幅提高下载的速度，通过将一个文件____________同时下载，使下载的速度得到了成倍地提高。

⑤ BT 的原理简单地说就是在下载的同时，也在_______________，所以不会随着用户数的增加而降低下载速度。

⑥ 在利用 BT 软件下载文件之前，应该先下载________文件，这种文件里包含了待下载文件的地址、链接、BT 服务器和客户端等相关信息。

⑦ PDF 文档是 Adobe 公司推出一种文件格式，它________________________，这一特点使其成为在办公过程中和在 Internet 上进行电子文档发布和数字化信息传播的理想文档

格式。

⑧ 在被浏览的文件中，由于 ACDSee ____________，因此无须先进行解压缩就可以直接打开压缩文件并使用其中的文件。

⑨ ACDSee 在工作时分别有两种程序界面，分别是________界面和________界面。

⑩ HyperSnap - DX 提供了多种截图方式，包括________、________、________等，通过鼠标点选或热键操作就可以轻松完成。

3. 简答题

① 压缩工具是做什么用的？使用压缩工具会为用户带来什么好处？

② 如何使用 WinZip 解压缩其他格式的压缩文件？

③ 如何在一个 RAR 压缩包中添加新的文件？

④ 试着使用 WinRAR 将多个文件分卷压缩，每卷 1 MB，并制作成可以自解压的可执行文件。

⑤ 网络蚂蚁提供了几种下载单个文件的方法？

⑥ 网际快车可以同时进行几个下载任务？

⑦ 用 BT 下载有什么特点？

⑧ 试简述什么是 PDF，它具有什么样的特点？

⑨ 如何使用 Acrobat Reader 查找文字？

⑩ 如何使用 ACDSee 裁剪图片？如何转换图片格式？

第 9 章　局域网的应用

教学目的和要求：本章主要介绍计算机局域网的应用知识，在对什么是局域网和局域网的特点进行了简要的介绍之后，详细说明局域网的类型和常用的拓扑结构。然后针对办公室环境，重点介绍组建对等形式的局域网的方法，包括硬件连接和软件设置。最后对办公网络最常用的文件共享和打印机共享的相关知识和方法进行详细的介绍，并有实例说明。

重点：

◇ 局域网区别于其他网络的特点；

◇ 局域网的分类；

◇ 常见的拓扑结构；

◇ 组建对等局域网；

◇ 共享网络资源。

难点：

◇ 理解局域网分类的标准；

◇ 熟悉常见的局域网拓扑结构；

◇ 组建对等局域网的硬件连接方法；

◇ 组建对等局域网的软件设置方法；

◇ 掌握设置和使用共享文件的方法；

◇ 掌握设置和使用共享打印机的方法。

局域网(Local Area Network)，简称 LAN，是处于同一建筑、同一大学或几公里范围地域内的专用网络。局域网常用于连接公司办公室或工厂车间里的计算机和工作站，以便共享资源(常见的如打印机和文件服务器)和交换信息。LAN 有着与其他网络不同的三个特征：① 范围，② 传输技术，③ 拓扑结构。办公室网络由于存在地理范围的限制和功能使用上的要求，如共享软硬件资源，设立服务器，实现对重要数据的统一管理等，选择局域网络进行组网是最为实用和经济的方法。

本章将就局域网的概念和特点、如何组建对等形式的局域网以及在网络中共享资源的方法几个方面进行简要的介绍。

9.1　局域网的特点与类型

局域网产生于 20 世纪 70 年代，在其发展的过程中，微型计算机的发明和迅速普及、计算

机应用的快速推广和提高、计算机网络应用的不断深入和范围扩大，以及人们对信息交换、资源共享和宽带传输的迫切需求，都对局域网的发展起到了关键的作用。

9.1.1 局域网的特点

局域网(Local Area Network)，简称 LAN，是指距离在几十米到几千米范围内的办公楼群或校园内的计算机相互连接所构成的计算机网络，一个局域网可以容纳几台到几千台计算机。按局域网目前的应用来看，它被广泛地用于校园、工厂和企事业单位的个人计算机或工作站的组网用网方面。除了文件共享和打印机共享之外，局域网通常还可以提供与 Internet 有关的服务内容，例如 Web 页面、Web 浏览器、文件传输、网址、电子邮件、新闻组以及仅供公司内部用户访问的内部邮件系统。局域网区别于其他网络的地方主要体现在如下三个方面：

(1) 局域网所覆盖的物理范围

局域网所覆盖的范围一般较小，通常限于某一个集体或群体，如一个公司、一个单位、一个学校、一幢楼和一个办公室等。

(2) 局域网所采用的技术

以太网技术是局域网采用得最广泛的技术。以太网允许用不同的传输介质来组建网络，传输的媒介不同，则传输的距离不同，使用的场合就不同，相应采用的技术也就不同，所以要根据实际情况和需要来选择适合的网络介质。

(3) 局域网的拓扑结构

最常见的局域网拓扑结构包括总线型、星形和对等结构，这是由有限的地理环境所决定的。在同等的情况下，星形结构便于维护和管理，总线型容易构建，对等网能够实现高速的传输。因此这几种拓扑结构在局域网中得到了广泛的使用。

局域网是一个通信网络，它仅提供通信的功能。从 ISO 参考模型中可以看出，局域网仅包含了最低的两层，即物理层和数据链路层。接入到局域网的所有数据通信设备都必须具备更高层次的协议和网络软件才能在局域网上进行正常数据传输。

局域网所连接的数据通信设备包括了计算机、工作站、服务器等大、中、小型的计算机，还有各种终端设备以及计算机外围设备。

局域网的主要特点如下：

- 局域网是在较小地理范围之内的网络，其地理范围一般在 0.01～10 km 之间。这样的地理范围可能是一个建筑群，也可能是一栋楼或一个办公室，可见局域网联网非常灵活，甚至两台计算机就可以连成一个对等的局域网，网内的数据传输速率较高。
- 局域网是专用网，一般由一个部门专有，不需要使用公共通信设施联网。采用专线使得局域网具有较好的信道质量，差错率较低。
- 局域网的数据传输率高，误码率低，数据传输率一般在 10 Mbit/s 以上，误码率在 10^{-9} 左右。

- 局域网使用共享信道技术，具有独特的介质访问控制方式，这是局域网区别于广域网最主要的特点。
- 局域网价格低廉，联网容易，使用方便。

9.1.2　局域网的类型

按照不同的标准可以为局域网进行多种形式的分类，下面将一一进行介绍。

1. 按传输介质分类

按照网络所采用的传输介质，可以将局域网大致分为两类：有线网络和无线网络。采用有线网络的局域网通常又可能采用双绞线或同轴电缆进行连接。

(1) 有线网络

有线网络是指采用同轴电缆、双绞线或者光纤等有形的线缆进行连接的计算机网络。

双绞线是目前最为常用的有线网络介质。双绞线具有价格低廉、安装方便等优点，但是容易受到干扰，传输速率较低，有效传输距离比同轴电缆要短。光纤网络则是采用光导纤维作为传输介质，具有传输距离长、速率高、抗干扰性能好等显著优点，在骨干网络中得到了广泛应用和迅速发展。但是光缆的铺设需要专业人员，且维护较困难，所以在局域网中采用光纤介质目前还没有成为主流。

(2) 无线网络

无线网络采用微波、红外线、无线电等电磁波作为传输介质。由于无线网络组网方式灵活方便，不受地理因素的限制，因此是未来网络发展的方向。当前已经有很多的企业和学校开始使用无线网络了。

无线网络的发展依赖于无线通信技术的发展。现在主要的无线通信系统有：低功率的无绳电话系统、数字蜂窝系统、无线固定电话系统、移动卫星系统以及无线 LAN 等。

无线网络的特点是用户可以在任何时间、任何地点接入计算机网络，这一特性使得无线网络具有了广阔的应用前景。现在人们在日常工作和生活中已经开始使用多种基于无线网络的产品，比如个人通信系统 PCS(Personal Communication System)、便携式数字电话、个人数字助理 PDA(Personal Digital Assistant)和其他无线数据终端。

2. 按拓扑结构分类

计算机网络的拓扑(topology)结构是指网络中的计算机之间的连接关系。拓扑结构包括逻辑拓扑和物理拓扑两种。

逻辑拓扑是指在计算机网络中信息传输和交换的逻辑关系。

物理拓扑是指计算机网络中的各个主机和数据终端设备的物理连接关系。

具有相同逻辑拓扑结构的计算机网络可以具有不同的物理拓扑结构；反之，具有相同物理拓扑结构的计算机网络也可以具有不同的逻辑拓扑结构。例如一个星形结构的网络，其物理拓扑为星状连接，而它的逻辑结构可以是一个总线结构，只要中心节点是一个二层的交换机就能满足这一点。

常见的局域网拓扑结构有：总线型结构、星形结构、环形结构、网状结构和混合型结构。在后续的小节中将详细介绍每一种拓扑结构的具体知识，在此处仅将拓扑结构作为局域网分类的一个标准进行参考。

3. 按管理模式分类

局域网采用的模式大致分为两种：一是对等网络；二是客户-服务器模式(C-S)。一般主机数目在20台以下适合采用对等网，超过20台则建议使用客户-服务器模式。

(1) 对等网络

对等网络(Peer to Peer，P2P)就是在网络中没有服务器进行管理，局域网中的所有主机地位平等，没有从属关系，没有特定功能的服务器。

一般的办公室、工作室和小型企业就可以采用对等网络。

对等网络具有如下优点：

● 成本低，对系统要求不高，容易实现；

● 操作简便，不需要专门的维护人员。

对等网络的缺点如下：

● 数据保密性差；

● 文件管理分散；

● 计算机资源消耗较大。

在对等网络中，每台主机都需要拿出很大一部分资源来支持本地用户，还需要使用额外的资源来支持远程用户，因此资源消耗较大。

综合以上因素，可以看出，对等网络适用于只需要内部进行简单的数据交换且安全性要求较低的网络应用。

(2) 基于服务器的网络

基于服务器的网络有自己专用的服务器，这些专用服务器拥有比客户机更高的性能，以便快速地响应网络用户提出的请求，并能确保文件和目录的安全。服务器根据功能的不同可以有不同的划分。常见的服务器类型有文件服务器、打印服务器和通信服务器等。

1) 文件服务器

在网络操作系统的控制下，文件服务器负责管理存储设备(如硬盘、磁带、光盘等)中的文件，并提供给网络上的各个客户机共享使用。文件服务器只负责共享信息的管理、接收和发送，不帮助工作站及客户机对所请求的信息进行处理。文件服务器是网络中应用最基本、最普遍的服务器类型。文件服务器通常具有如下功能。

● 文件管理功能：完成文件的读、写、删除等操作；

● 磁盘高速缓冲：提供较大的RAM用于磁盘数据缓冲以提高文件的读/写速度；

● 访问控制：管理多个用户、多个程序，使它们能同时访问和使用文件；

- 容错功能：当系统的某一部分失效后(如一个硬盘或一台电源)，系统文件的数据仍然可以保持或恢复，不会导致大量文件的损坏；
- 安全及可靠性：对访问文件的用户进行身份识别，杜绝了非法操作。

2) 打印服务器

打印服务器负责管理打印任务队列，并将网络中的多台打印机提供给客户机共享使用。打印服务器的资源消耗一般不大，因此通常与文件服务器结合在一起。

3) 通信服务器

通信服务器管理通信设备，并将其提供给客户机共享使用，以减少网络的负荷。通信服务器还可以完成对各个子网之间的连接和管理。由于需要不停地处理通信设备的硬件中断，所以通信服务器的 CPU 负载很重，网络中一般使用专门的服务器提供通信服务。

4. 按服务对象分类

按照网络提供服务的对象，可以将局域网分为企业网和校园网。

(1) 企业网

企业网顾名思义就是为某个企业提供服务的计算机网络。事实上，企业网除了包括局域网之外，也可以包括一部分的广域网。对于一个在外地没有分支机构的小型企业来说，组建一个本地局域网就可以满足需要。而对于一个跨国的大集团、大型企业来说，则需要广域网提供远程连接，同时还需要内部的局域网。

(2) 校园网

校园网是在各大高校内及高校之间铺设的网络，主要应用是科研及信息交流。目前国内的绝大多数高校都建设了自己的校园网，并通过教育网 Cernet 接入到了 Internet。

5. 按网络协议分类

在网络的各个层次上存在着多种协议，用这些协议来定义在网络上进行通信的规则，接受方与发送方在同一层次，对等实体上的协议必须保持一致，才能正常地完成通信过程。

目前较为流行的 LAN 协议包括：NetBEUI，IPX/SPX 和 TCP/IP。其他的 LAN 协议还包括了 AppleTalk 和 OSI 的协议套件。

(1) NetBEUI 网络

扩展用户接口协议(NetBEUI)建立在 NetBIOS(Network Basic Input/Output System)的基础之上，最初是由 IBM 于 1995 年开发的，经过不断的更新和优化，可以达到比较高的性能，支持在一个 LAN 分段里通信。使用 Microsoft 操作系统的小型简单局域网可以使用 NetBEUI协议进行通信。

NetBEUI 网络的优点如下：

- NetBEUI 是 NT 发行的协议中速度最快的一种；
- NetBEUI 比较简单，不要求复杂的配置信息就可以完成安装；
- 具有良好的错误保护功能，资源消耗低，内存占用少。

NetBEUI 网络的缺点如下：

- 不支持路由选择且跨越 WAN 的性能很差。

(2) IPX/SPX 网络

Novell 使用 Internet 分组交换/顺序分组交换(Internet Package Exchange/Sequenced Packet Exchange,IPX/SPS)协议栈作为它的 LAN 协议，这在 NetWare 的早期网络版本中是必需的。

IPX/SPX 要求的配置较低(多于 NetBEUI,但少于 TCP/IP),它的速度比 TCP/IP 更快。有时 IPX/SPX 为了安全起见，运行在连接到 Internet 的内部 Microsoft 网络上。

(3) TCP/IP 网络

尽管相比之下，TCP/IP 是速度最慢、配置最困难的 LAN 协议，但是如今它却是使用最为广泛的流行协议，因为它具有如下优点：

- TCP/IP 使用灵活的寻址方案，极易路由，甚至可以在超大型的网络上进行路由；
- 几乎所有的操作系统和平台都可以使用 TCP/IP；
- 有大量的实用程序和工具可供使用，其中包括了协议套件、监视和管理 TCP/IP 的附件程序等。

TCP/IP 同时也是全球的信息网络 Internet 所采用的网络协议。系统必须安装 TCP/IP 才能连接到 Internet。

多数的企业网络及办公网络运行在 TCP/IP 协议上，这需要网络管理员熟练掌握这种协议。

6. 按网络操作系统分类

网络操作系统 NOS(Network Operation System),是指运行在网络主机上的，为网络中的主机提供方便而有效的资源共享服务以及用户所需的服务的操作系统软件。

网络操作系统除了具备单机操作系统所需的功能，如内存管理、CPU 管理、输入/输出控制、文件管理等之外，还应该具有以下功能：

- 提供高效而可靠的网络通信能力；
- 提供多项网络服务功能，如远程控制、文件传输、电子邮件等。

下面是常见的网络操作系统。

- Windows 系列操作系统：广泛用于一般的办公网络、校园网及教育系统。Windows 系列网络操作系统主要包括：Windows NT，Windows 2000 Server，Windows 2003 Server。
- UNIX：主要用于大型城域网、移动运营系统、银行系统和证券系统等，它最主要的一个特征是稳定，在处理大型数据时速度较快。
- Linux：在 2000 年前后出现，与 UNIX 类似，能提供较稳定的系统，不易受到网络攻击。由于其安全性、开放性和二次开发能力较好，是目前很多网络所采用的网络操作

系统。

7. 按技术分类

按照所采用的网络技术分类，局域网包括以太网、令牌环网、ATM 网和 FDDI 网。

(1) 以太网

以太网(Ethernet)最初是由施乐(Xerox)公司开发的，并且在 1980 年由 DEC 公司与 Xerox公司一同将其形成规范。它后来被电子电气工程师协会(IEEE)采纳，命名为 802.3 标准。

以太网的基本特征是采用了被称为载波监听多路访问与冲突检测 CSMA/CD(Carrier Sense Multiple Access/Collision Detection)的共享介质多路访问的机制，即有多个工作站连接到一条总线上，所有的工作站都不断地向总线发出监听信号，当侦听到信道空闲时才发送信息，同时只能有一个工作站进行发送，其他工作站要等到其传输结束才可以开始自己的传输。冲突检测的方法就保证了在总线上只有一个站在进行传输。

以太网已经成为目前应用最广泛的局域网技术。从应用上来看，办公自动化、证券、校园网、自动控制系统等各类应用都以以太网作为主要的通信传输方式，应用非常广泛，并且保持着很强的发展势头。将来的局域网主流技术仍将是以太网技术。

在过去的 20 年里，以太网的标准一直随着网络的需求不断改进，作为局域网的一种极具吸引力的解决方案，以太网具有下列一些关键的特性：

- 可扩充性；
- 距离灵活，支持从短距离(大约 100 m)到长距离(40 km 以上)的各种网络应用；
- 成本较低；
- 便于操作；
- 易于使用和管理。

以太网大致可以分为 10 Mbit/s 以太网、100 Mbit/s 快速以太网、1 000 Mbit/s 千兆位以太网、10 000 Mbit/s 万兆位以太网等。

(2) 令牌环网

令牌环(Token Ring)是 IBM 公司于 20 世纪 80 年代初开发成功的一种网络技术。使用令牌环技术构建的网络就是令牌环网。之所以称为环网，是因为这种网络的物理结构具有环形特征。在环上有多个站点逐个与环相连，同样构成一个广播网络。但与以太网不同的是，令牌环网采用令牌机制解决共享信道发送信息的问题，拥有令牌的站点才能发送信息，而令牌则根据一定的顺序和规则在各个站点之间轮换，使各个站都有发送信息的机会。因此令牌环网所具有的特点是，即使网络负载很重，各个站点仍具有固定的响应时间。

令牌环网所遵循的标准是 IEEE 802.5，它规定了 3 种操作速率：1 Mbit/s、4 Mbit/s 和 16 Mbit/s。

(3) ATM网

异步传送模式(Asynchronous Transfer Mode),简称ATM,是一种集传输与交换于一体的通信模式。ATM已成为21世纪宽带通信的关键技术,已被国际电联确定为宽带综合业务数字网的基本传送方式。

应运而生的ATM技术是在传统的电路转移模式和分组转移模式基础上发展起来的新型信息转移模式。它具有传输速度快、距离不受限制等特点。ATM集语音、图像和声音传输于一体的特色,尤其适合多媒体业务的应用。

ATM克服了电路转移模式下的网络资源利用率低、分组转移模式信息时延大和处理复杂等缺点,可以将具有各种特性的信息进行统一的集中处理。在ATM中,采用了固定长度的信元作为信息交换和传输的基本单位。信元是固定长度为53字节的信息组。信元由5字节的信元头和48字节的载荷构成。信元头部主要提供路由和载荷类型等信息。ATM对信元进行统计复用,只要获得了空信元就可以插入信息发送。统计复用提高了网络资源的利用率,同时固定长度的分组和简化了的网络协议提高了网络的通信处理能力。

(4) FDDI网

光纤分布数据接口(FDDI),是目前成熟的LAN技术中传输速率最高的一种。FDDI所依据的标准是ANSIX3T9.5,速率可以达到100 Mbit/s。FDDI网络具有定时令牌协议的特性,支持多种拓扑结构,所用的传输介质为光纤。使用光纤作为传输介质具有如下多种优点:

1) 较长的传输距离

相邻站点间的最大长度可达2 km,最大站点间距离为200 km。

2) 较大的带宽

FDDI的设计带宽为100 Mbit/s。

3) 抗干扰能力强

具有对电磁场和射频干扰的抑制能力,在传输的过程中不受电磁辐射和射频噪声的影响,也不会影响其他设备。

4) 安全性较高

使用光纤可以防止在传输过程中被窃听,也杜绝了辐射波的信息泄漏,因而是最安全的传输媒介。

9.1.3 局域网的拓扑结构

计算机网络的拓扑结构是指网络中的计算机之间的连接关系。拓扑结构包括逻辑拓扑和物理拓扑两种。在上一小节局域网的类型介绍中已经提到了局域网的拓扑结构的相关知识,在这里将详细介绍各种拓扑结构的有关要点。

常见的局域网拓扑结构有:总线型结构、星形结构、环形结构、网状结构和混合型结构。

1. 总线型拓扑结构

在总线型结构中，网络中的各主机和工作站都连接在一条总线上，各主机地位平等，没有中心节点控制。网络中的信息在总线上以向两端扩散的方式传播，类似于广播电台发射信息，因此又称为广播式网络。各个节点都会接收到总线上的所有信息，在接收的同时进行地址检查，看是否与自己的地址相符合，若相符则接收该信息并送交至上层。

总线型结构的示意图如图 9－1 所示。

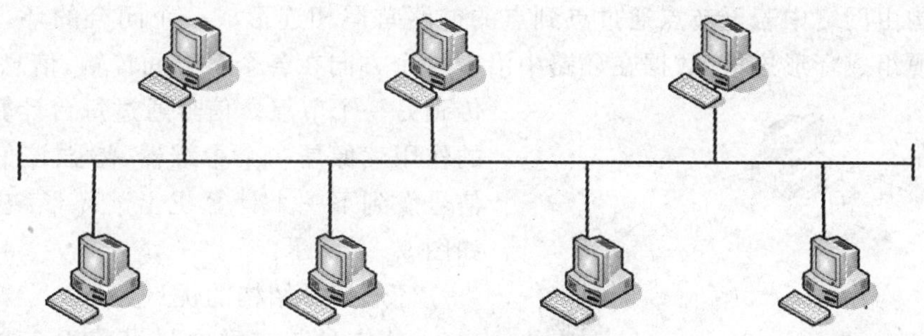

图 9－1　总线型拓扑结构

总线型拓扑结构的优点如下：

- 结构简单，可扩充性好。当需要增加节点时，只需要在总线上增加一个分支接口便可与分支节点相连，当总线负载不允许时还可以扩充总线。
- 使用的电缆少，且安装容易。
- 使用的设备相对简单，可靠性高。
- 使用的设备成本较低。

总线型拓扑结构的缺点如下：

- 维护难，分支节点故障难以查找。
- 如果结构中的某一个节点断开，则会导致整个网络中断，网络中的所有主机都无法通信。
- 维护成本相对较高。

2. 星形拓扑结构

星形结构是指各工作站以星形方式连接成网。网络有中心节点，其他节点（工作站、服务器）都与中央节点直接相连，这种结构以中央节点为中心，因此又称为集中式网络，如图 9－2 所示。

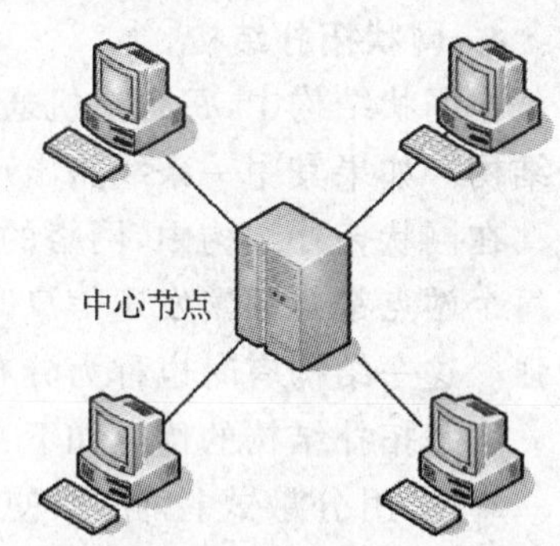

图 9－2　星形拓扑结构

星形拓扑结构的优点如下：

- 结构简单，便于管理；
- 控制简单，便于建网；
- 网络延迟时间较小，传输误差较低；

- 如果结构上的某一台主机出现故障，不会影响网络中的其余部分正常工作；
- 维护成本低。

星形拓扑结构的缺点如下：

- 设备成本高，可靠性较低，资源共享能力也较差；
- 中心节点一旦出现故障，就会导致整个网络陷入瘫痪。

3. 环形拓扑结构

环形结构由网络中若干节点通过点到点的链路首尾相连形成一个闭合的环，这种结构使公共传输电缆组成环形连接，数据在环路中沿着一个方向在各个节点间传输，信息从一个节点传到另一个节点。信号通过每台计算机，计算机的作用就像是一个中继器，增强该信号，并将该信号发到下一个计算机上。环形结构的示意图如图 9－3 所示。

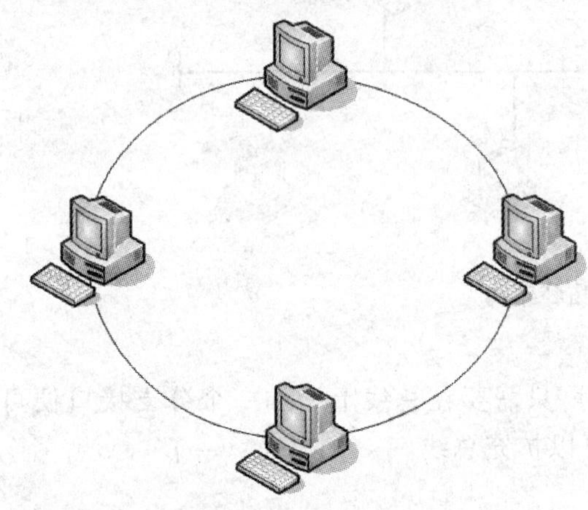

图 9－3　环形拓扑结构

环形拓扑结构的优点如下：

- 信息流在网中是沿着固定方向流动的，两个节点仅有一条道路，故简化了路径选择的控制；
- 环路上各节点都是自举控制，故控制软件简单。

环形拓扑结构的缺点如下：

- 由于信息源在环路中是串行地穿过各个节点，当环中节点过多时，就会影响信息传输速率，使网络的响应时间延长；
- 环路是封闭的，不便于扩充；
- 可靠性低，一个节点故障，将会造成全网瘫痪；
- 维护难，对分支节点故障定位较难。

4. 网状拓扑结构

在网状结构中，每台主机通过单独的线路连接到其余的计算机，构建了一个网状形式的冗余结构。如果其中一条线路出现问题，则可以使用另一条继续通信，使网络继续发挥作用。

在网状拓扑结构中，网络的每台设备之间均有点到点的链路连接，这种连接花费很大，只有每个站点都要频繁发送信息时才使用这种方法。它的安装也复杂，但系统可靠性高，容错能力强。这一结构有时也称为分布式结构，如图 9－4 所示。

网状拓扑结构的优点如下：

- 采用分散式控制，即使局部出现故障，也不会影响整个网络的工作，具有很高的可靠性；

● 网络路径选择采用最短路径算法，因此网络延迟时间短，传输速率高，但控制复杂；
● 各个节点间均可以建立直接数据链路，信息流程最短；
● 便于全网范围内的资源共享。

网状拓扑结构的缺点如下：

● 连接线路所用的线缆需求量大，长度很长，造价高；
● 网络管理软件的设计比较复杂；
● 报文分组交换，路由选择设计起来较为复杂。

因此在一般的局域网中不会采用网状结构。

5. 混合型拓扑结构

混合型拓扑结构是由前面所讲的各种网络拓扑结构混合在一起形成的拓扑结构，这样的网络结构能更好地满足大型网络的扩展需求。

图 9-5 就是一个采用了总线型结构和网状结构的混合型网络，三台主机通过总线相连，服务器由于需要提供重要应用，所以与每台主机建立了网状的冗余连接，打印机通过线缆接入局域网络。

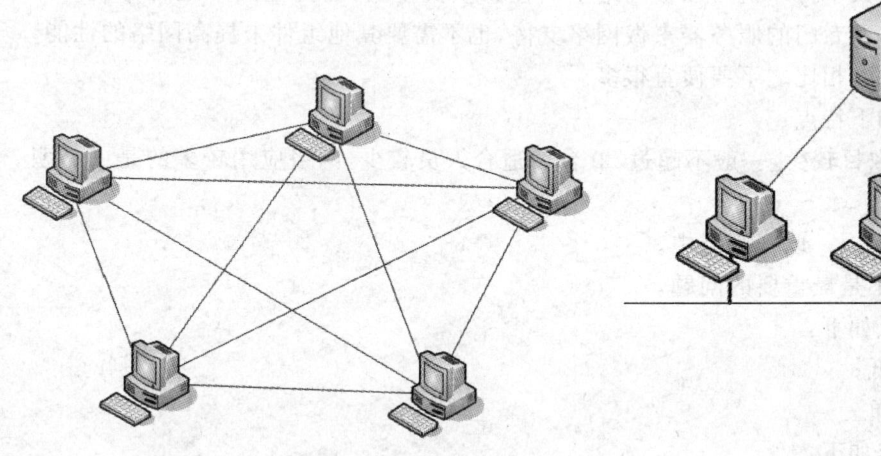

图 9-4　网状拓扑结构

图 9-5　混合型拓扑结构

混合型拓扑结构的优点如下：

● 应用十分广泛；
● 扩展相当灵活；
● 速度较快。

混合型拓扑结构的缺点如下：

● 网络结构较复杂，不易维护；

● 网络速率会随着用户数的增多而下降。

9.2 组建对等局域网

通过前面小节的介绍可知，按照局域网的工作模式可以将其分为对等网络和客户机/服务器模式两种。其中对等形式的网络组建方式简单，投资成本低，非常容易组建，适合于家庭和小型企业选择使用；并且对等网络是最简单的一种网络模式，可能只需要几条网线，加上几块网卡就可以组建对等网。在本节中将向读者介绍这样一个对等形式网络的组建方法。

对等网也称工作组网，这是由于它不像企业专网是通过域来进行控制的，在对等网中没有域的概念，只有工作组。因此，在后面的具体网络配置中，就没有对域的配置，而只需配置工作组。

在对等网络中，计算机的数量一般很有限，通常不会超过 20 台，因此其结构比较简单。在网络中各台主机具有相同的功能，没有主从的分别。网络中的任意主机既可以作为网络服务器，为其他计算机提供资源，也可以作为工作站，分享和使用其他服务器的资源。任一台计算机均可同时兼做服务器和工作站，也可只做其中之一。在对等网中除了共享文件之外，还可以共享打印机。一个网络共享打印机可以被网络上的任意主机使用，如同使用本地打印机一样方便。由于对等网不需要专门的服务器来做网络支持，也不需要其他组件来提高网络的性能，因而组建对等网络的成本相比之下要便宜很多。

对等局域网具有如下特点：

● 网络中的主机数目较少，一般不超过 20 台。适合人员较少，网络应用较多的是中小型企业。
● 网络用户都处在同一地理区域中。
● 网络的安全性不是最重要的问题。

对等局域网的优点如下：

● 网络组建成本低；
● 配置和维护简单。

对等局域网的缺点如下：

● 网络性能较低；
● 数据保密性较差；
● 文件分散，难以管理；
● 计算机资源占用大。

9.2.1 硬件组成

组建对等局域网所需要的硬件资源非常少，硬件连接也简单易行。根据不同的拓扑结构可能会选用不同的网络设备，但网卡和双绞线是必需的连接设备。

如果只有两台主机互联，就只需要两块网卡、一根双绞线和两个 RJ－45 头（水晶头）即可。分别将网卡安装到两台主机上并确保其正常工作，将双绞线按照双机互联的线序做好，接入网卡的 RJ－45 口，并在系统上进行简单配置即可。

如果有两台以上的主机组建对等网，根据一定的网络拓扑结构可以使用集线器（HUB）或者交换机（switch）进行连接。常见的对等网络的拓扑结构为总线型结构或星形结构，目前办公室组网时采用交换机或者集线器做中心节点的星形结构，那么在每台计算机上安装一个网卡，并且通过一条双绞线连接到 HUB 或者交换机就可以了。这样的组网方式简便灵活，如果要在网络中增加一台主机也是十分容易的，而且集线器和交换机上都有工作状态指示灯，使得判断故障、检测传输状态变得非常简单。

下面以一个组建实例来详细介绍硬件安装的方法。假设某办公室中有 8 台主机，全部通过对等式局域网连接，没有服务器设备，仅有一台共享使用的打印机，采用星形结构，使用交换机作为中心节点，则典型的拓扑结构图如图 9－6 所示。

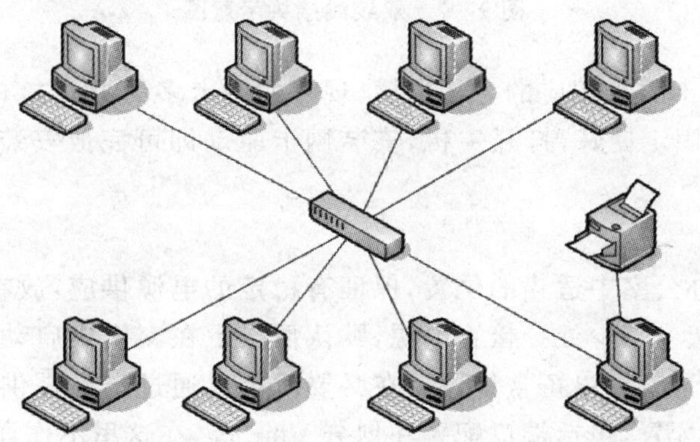

图 9－6　一个对等局域网的拓扑图

在这样一个拓扑结构中，各台主机均通过双绞线接入到中心交换机，使用交换机代替集线器可以增加网络的吞吐量，提高网络的性能。在网络中的各主机可以实现资源共享。一台打印机连接至其中的一台主机，由该主机接入网络后提供打印机的共享服务。

构建这样一个局域网所需要的网络硬件归纳起来如表 9－1 所列。

表 9－1　局域网网络硬件需求

硬件设备名称	数　量	备　注
交换机	1 台	选用 16 口的设备，保证网络的可扩充性
网卡	8 块	10/100 Mbit/s 自适应
双绞线	若干	根据实际长度，购买稍长于实际长度的 5 类双绞线
水晶头（RJ－45）	若干	保证每一根双绞线两头都具有一个 RJ－45 头

从表 9－1 中可以看出在对等式局域网中所需要的硬件资源是非常少的，且成本不高。下面将分别介绍以上硬件的安装情况。

1. 制作双绞线

制作普通双绞线的方法如下：剪裁适当长度的双绞线，用剥线钳剥去其端头 1 cm 左右的外皮（注意内芯的绝缘层不要剥除），一般内芯的外皮上有颜色的配对，根据橙白、橙、绿、白、蓝、蓝白、绿、棕白、棕的线序排列好，将线头平整地插入 RJ－45 接头，用专用的压线钳压紧，确定没有松动，这样一个接头就完成了。按照同样的方法制作另外一个接头，就完成了双绞线的制作。双绞线接头示意图如图 9－7 所示。

图 9－7　双绞线接头示意图

2. 安装网卡

关闭计算机，将网卡插入相应的主板插槽，现在的网卡多为 PCI 接口，只要插入主板上的 PCI 扩展插槽中，确保固定良好，打开主机，安装网卡驱动即可完成安装。PCI 接口网卡示意图如图 9－8 所示。

3. 配置交换机

将交换机放置在办公室中适当的位置，保证有稳定的电源供应，放在通风良好，无强电磁场干扰，无热源影响，灰尘较少处。接上电源，默认情况下在交换机启动时具有基本的转发数据的配置，一般无需配置就可以正常使用。在必要时可以通过产品提供的串口线连到某台主机，对交换机进行相关配置，包括端口配置和划分 Vlan 等，在这里不作详细介绍。交换机示意图如图 9－9 所示。

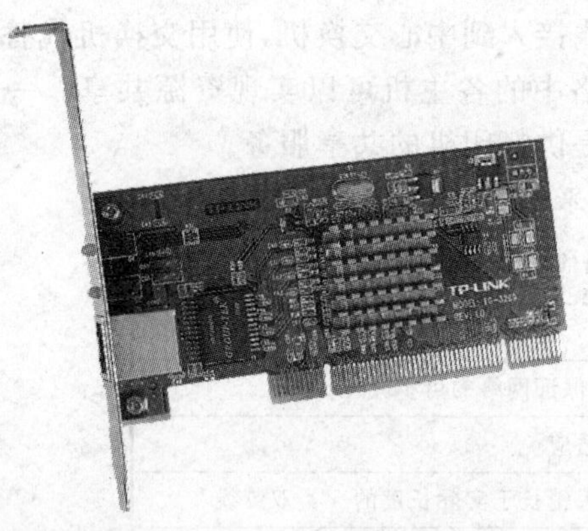

图 9－8　PCI 接口网卡示意图

图 9－9　交换机示意图

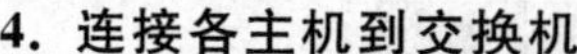

4. 连接各主机到交换机

利用前面制作好的双绞线，将其一头接入网卡的 RJ－45 口，另一头接入交换机的某一个端口，观察交换机上对应接口的指示灯，可检测连接是否完好。在连接网线时注意布线的方法，以尽量不要影响到室内工作人员的日常办公操作为宜。

9.2.2　软件设置

在连接好硬件设备以后，还需要对网络软件环境进行设置，才可以正常地使用局域网络。设置对等网络的软件环境，步骤如下：

① 安装网络通信协议；

② 设置网卡 IP 地址；

③ 设置计算机标识；

④ 设置文件及打印共享服务；

⑤ 使用“网络邻居”。

下面将对以上各步骤进行简要的介绍，同样仍按照上述的组网实例进行。

1. 安装网络通信协议

通过 9.2.1 节介绍的步骤完成硬件安装以后，接下来就需要安装相应的软件以使网络通信正常工作，在网络软件中首先需要安装的就是网络协议。从理论上讲，对等网络只需要安装 NetBEUI 网络通信协议即可，但如果要使用局域网中 Novell 服务器的资源，就还需要安装支持 Novell 的 IPX/SPX 兼容网络通信协议；如果还要接入互联网就需要安装 TCP/IP 协议。在本节的实例中安装 TCP/IP 协议，使得办公室局域网中的主机还可以访问互联网。

具体的协议安装步骤如下：

① 在 Windows XP 中打开“网络连接”文件夹（其方法可以参见前面的有关章节）。

② 在文件夹中选择一个有效的当前连接，单击鼠标右键选择“属性”，弹出如图 9－10 所示的“本地连接 属性”对话框。

③ 单击“安装”按钮，弹出“选择网络组件类型”对话框，双击“协议”，开始对相关协议的安装，如图 9－11 所示。

④ 在弹出的“网络协议对话框”（见图 9－12）中的网络协议选项框里，双击选择需要安装的协议，如 TCP/IP 协议。由于在安装系统时，这些协议就已经保存在用户主机的硬盘上，因此稍等片刻就可以完成协议的安装。

⑤ 在网络中的其他主机上重复这一操作，保证每一台主机都正确地安装了 TCP/IP 协议。

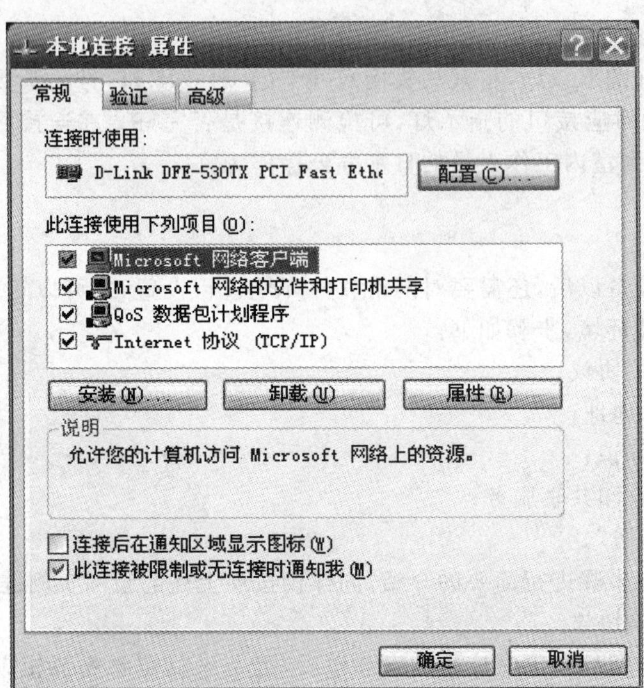

图 9-10 "本地连接 属性"对话框之一

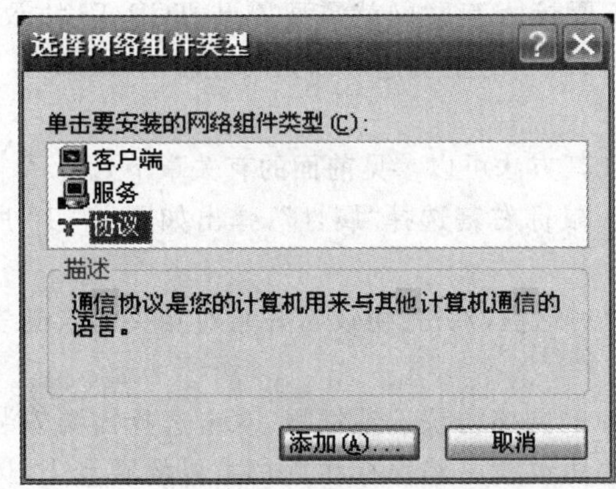

图 9-11 "选择网络组件类型"对话框

2. 设置网卡 IP 地址

在安装了 TCP/IP 协议以后,各个主机就应该相应地拥有一个固定的 IP 地址。IP 地址的获得在网络中可以根据不同的策略来进行。对于交换机组网的方式来说,没有 DHCP 服务器的存在,主机不能够自动地从服务器上获得 IP 地址,因此只能由网络管理员进行人工配置。

为了使网络中的各台主机都能相互通信,需要在各主机上设置同一网段的 IP 地址,并让其拥有相同的子网掩码。

具体的设置步骤如下:

① 打开"网络连接"文件夹;

② 选择当前有效的网络连接,打开其"本地连接 属性"对话框;

③ 在"此连接使用下列项目"选项框中,双击选择"Internet 协议(TCP/IP)",如图 9-13 所示。

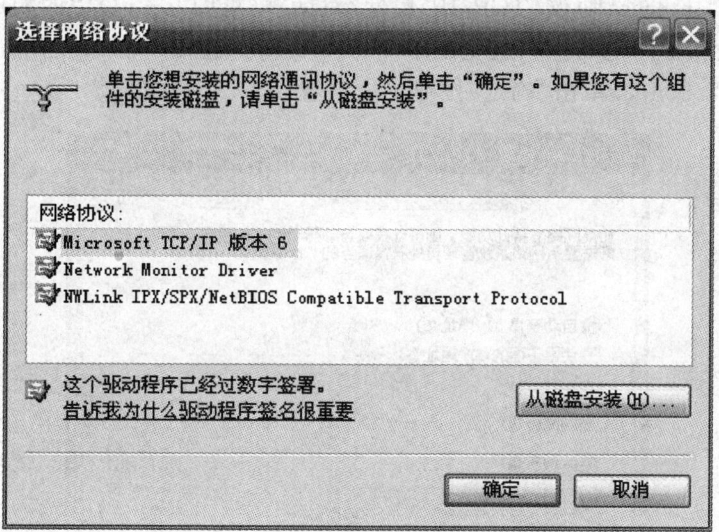

图 9－12　“选择网络协议”对话框

图 9－13　“本地连接 属性”对话框之二

④ 在弹出的“Internet 协议(TCP/IP)属性”对话框(见图 9-14)中的相应位置,就可以填入指定的 IP 地址和子网掩码。在这里使用 192.168.0.1 这样一个 IP 地址,子网掩码使用默认掩码即 255.255.255.0,单击“确定”按钮完成设置。

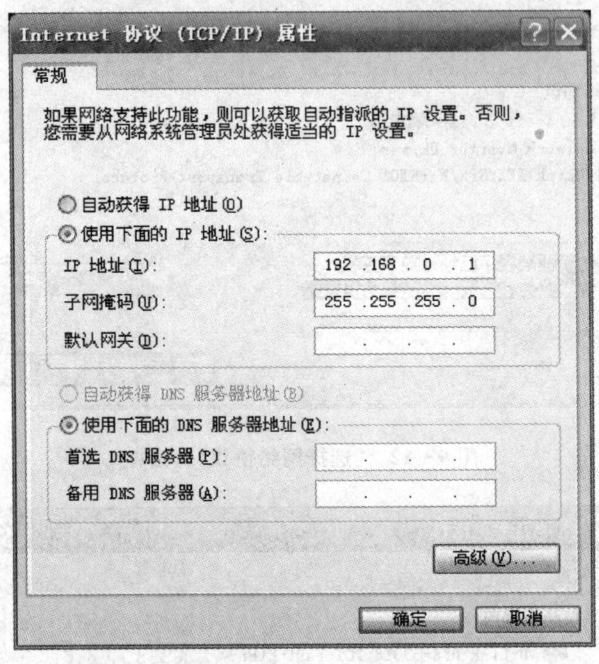

图 9-14 “Internet 协议(TCP/IP)属性”对话框

⑤ 网络中的其他主机按照同样的方法进行设置。为了确保通信,其余主机的 IP 地址依次应该设置为 192.168.0.X(X=2,3,4,5……),子网掩码都为 255.255.255.0。

3. 设置计算机标识

除了正确地设置 IP 地址,在一个办公室中的各台主机应该处于同一个工作组,才能使用网络邻居进行有效的通信。计算机名以及所处的工作组是在“网络标识”里进行设置的,在下面的小节中还将对其设置方法进行介绍。在本节中将向读者介绍另外的一种设置途径,以帮助读者更好地组建办公局域网。

设置计算机网络标识的步骤如下:

① 在“我的电脑”图标上单击鼠标右键,选择“属性”选项;

② 在弹出的“系统属性”对话框中,点选顶端的“计算机名”标签项,打开如图 9-15 所示的计算机名设置对话框;

③ 单击“网络 ID”按钮,根据提示依次设置计算机名和所在工作组名称,可以简单而方便地完成设置,具体操作可以查看相关章节;

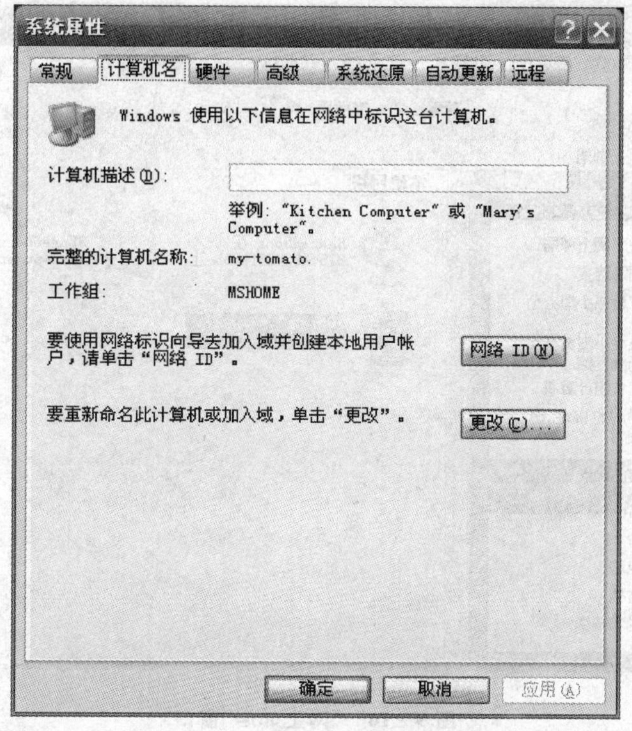

图 9－15　"系统属性"中的计算机名标签

④ 在网络中的每台主机上都依照上述方法进行设置，注意局域网中的主机须处于同一工作组中。

4. 设置文件及打印共享服务

在完成硬件安装和协议软件配置之后，网络就已经组建完成了。组建办公网络的一个主要目的就是共享文件和资源，以方便办公室日常事务，所以还要对常用的文件和打印机共享进行相应的设置。在 Windows XP 系统下，文件共享与打印机共享操作可以很方便地完成。在下面的一节中将对这一设置方法进行详细的介绍。

5. 使用网络邻居

位于网络上的主机可以方便地访问共享资源。双击桌面上的"网上邻居"图标，或者单击系统任务栏中的"开始"图标，在相应位置选择"网上邻居"，就可以打开"网上邻居"窗口，如图 9－16 所示。

在窗口中可以看到一些用户和一些组，前者就是位于同一工作组中的用户，后者则是网络中可能的其他组用户。利用"网上邻居"可以以窗口的形式方便地访问其他用户共享出来的资源，极大地方便了用户的使用。

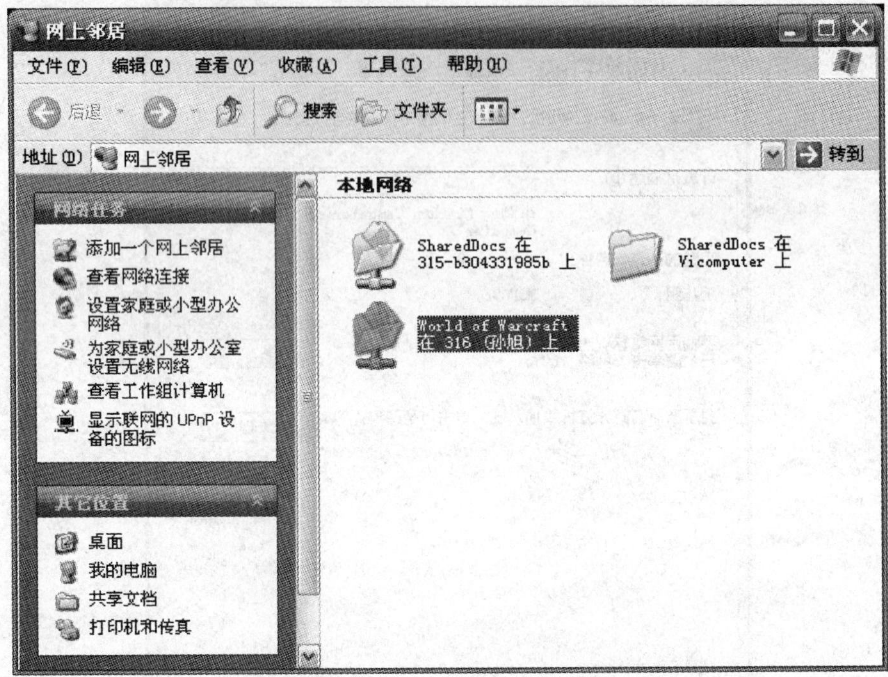

图 9-16 “网上邻居”窗口

9.3 共享文档和文件夹

处于同一个局域网中的主机，在操作系统的支持下，可以方便地共享本机的所有资源，包括文件、信息、处理能力等。办公自动化的一个目标就是要实现办公室内资源的共享和合理的分配。下面的小节将对网络用户共享文件和打印机的方法作简要的介绍。

9.3.1 设置共享资源

对于 Windows XP 用户来说，在局域网中共享本机上的文件是一件十分简单的事情，只需要简单的操作就可以完成。

① 首先确保正在使用的主机已经接入了办公室局域网络。

② 对本机的网络标识进行设置，才能使得网内的其他用户正常地访问共享资源。具体方法如下：

打开“网络连接”文件夹(相关内容可参考相应章节)。

在如图 9-17 的浏览窗口的左侧“网络任务”中，选择“设置家庭或小型办公网络”，单击此链接，开始网络安装向导过程，如图 9-18 所示，单击“下一步”按钮。

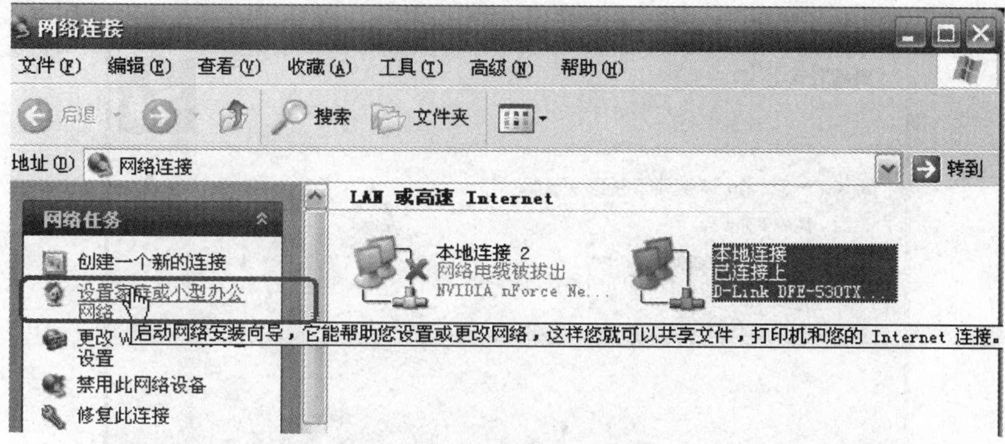

图 9-17　网络连接文件夹

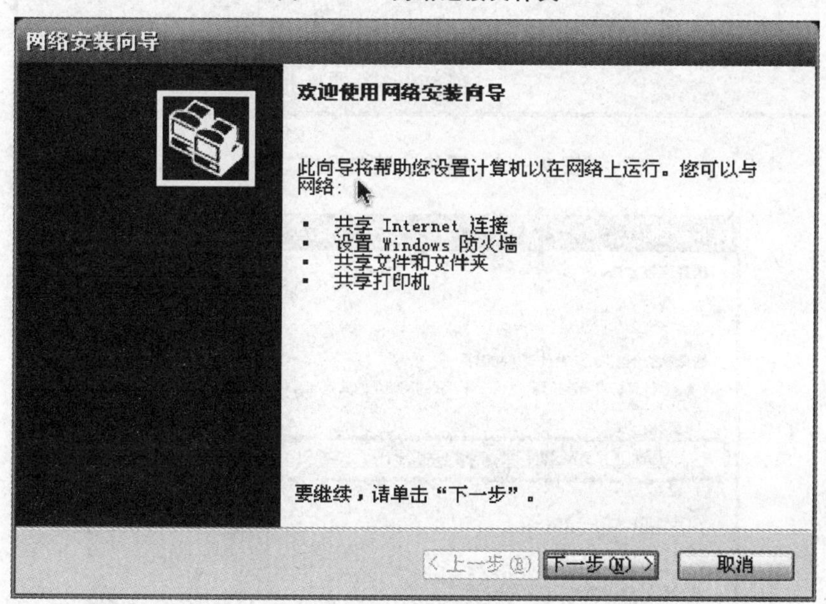

图 9-18　网络安装向导第一步

开始安装向导的第二步(见图 9-19)，继续点"下一步"按钮，在接下来出现的对话框中(见图 9-20)，连接方法要选择"此计算机通过居民区的网关或网络上的其他计算机连接到Internet"，然后单击"下一步"。

在接下来的对话框中就需要输入计算机名和计算机描述，计算机名用于在网络中标识和显示出本机的名称，便于在共享文件时指定源主机或目的主机，必须要填写；而计算机描述一项则可以不填，如图 9-21 所示。填写好相关信息后单击"下一步"。

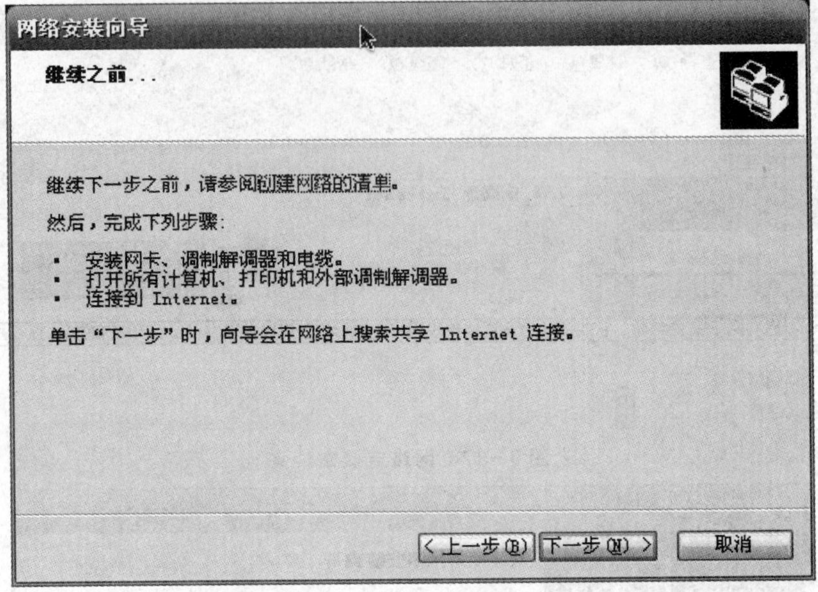

图 9－19　网络安装向导第二步

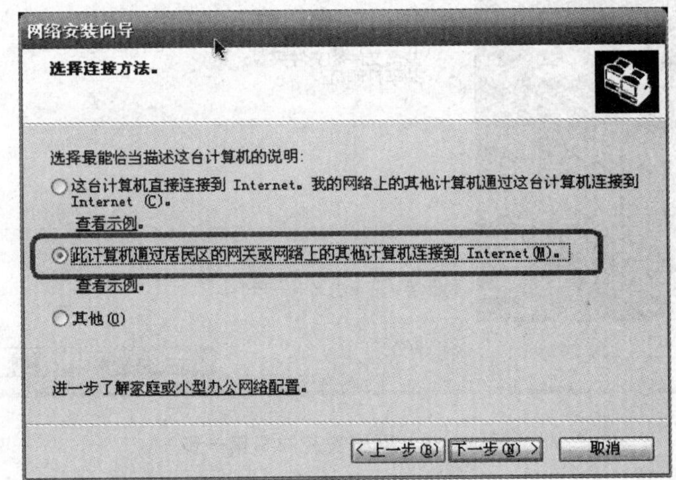

图 9－20　网络安装向导第三步——连接方法的选择

接着就要设置本机所在的工作组名，这是 Microsoft 网络特有的网络标识之一，只有处在同一工作组中的主机才能相互通信传输信息，所以工作组名的设置务必与办公室中其他主机一致，如对这个步骤有疑问，请咨询所在办公网络的网络管理员。在设置好工作组之后，继续单击"下一步"，如图 9－22 所示。

下一步就是要通过选择“启用文件和打印机共享”来启动 Windows 的文件共享机制，如图 9－23所示(注：此处的选项可能仅会出现于 Windows XP SP2 中)，然后单击“下一步”按钮。

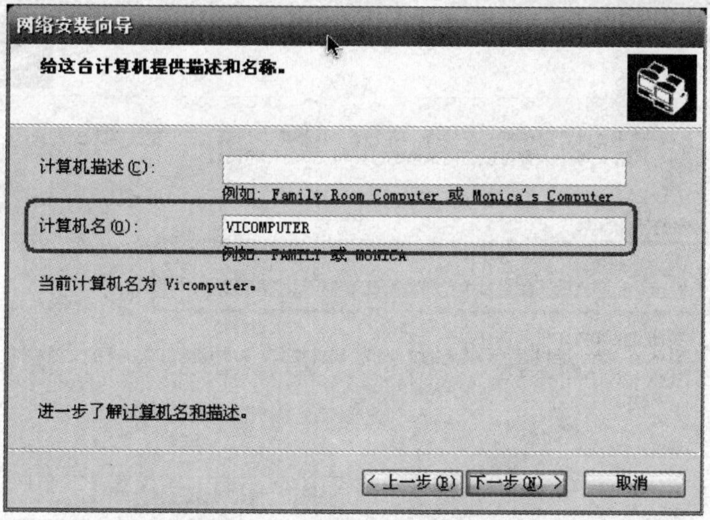

图 9－21　填写计算机名

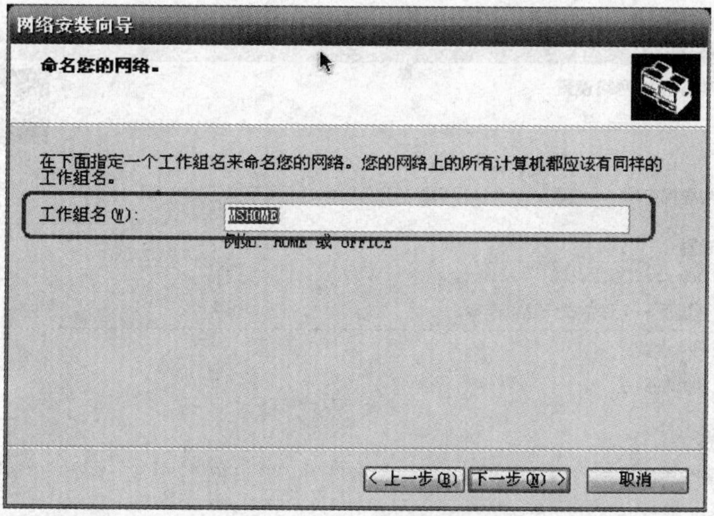

图 9－22　定义工作组名称

弹出的对话框显示了一些设置的基本情况，如图 9－24 所示，单击“下一步”，开始网络的安装过程，稍待片刻以后，出现完成安装提示，如图 9－25 所示，并提示是否创建网络安装盘。对于网络用户来说，需要把网络中的每一台主机都设置成同样的参数，因此利用网络安装盘就可以快速地在每台主机上完成网络安装过程，而无需像上文那样进行设置。

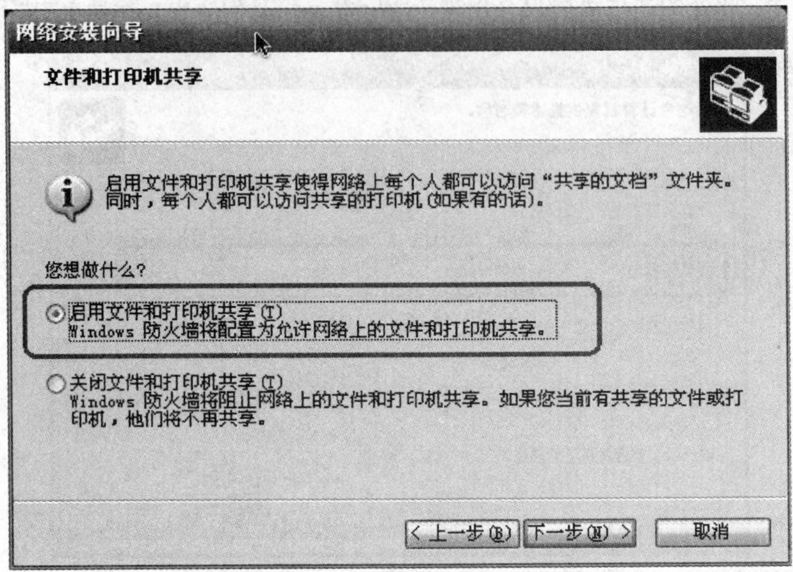

图 9-23　启用文件和打印机共享

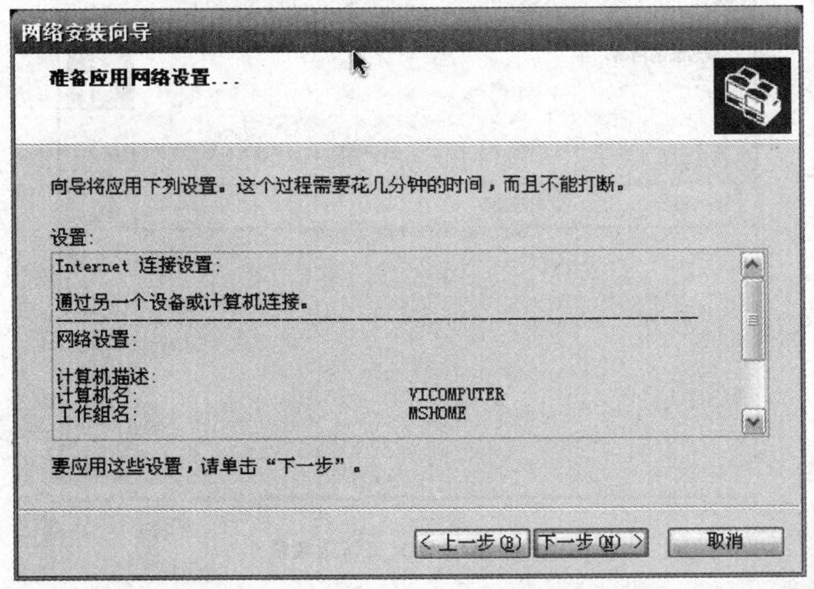

图 9-24　网络安装向导第七步及完成安装的过程

当然，网络管理员也可以在各个主机上分别按照上述方法进行设置，这时就不需要创建网

络安装盘,可以选择"完成该向导。我不需要在其他计算机上运行该向导",单击"下一步"按钮,弹出完成提示,重新启动计算机,就可以完成对工作组名等网络标识的设置。

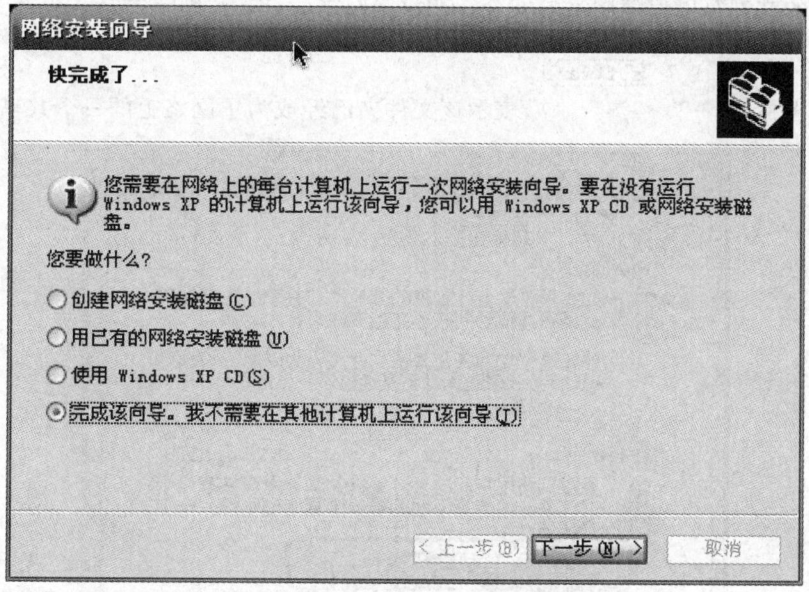

图 9-25　创建网络安装磁盘

在完成了网络设置之后,就可以将硬盘中的任意目录设置为"共享"属性,以供网络中的其他用户访问,如图 9-26 所示。选中将要共享的文件夹,单击鼠标右键,在弹出的快捷菜单中

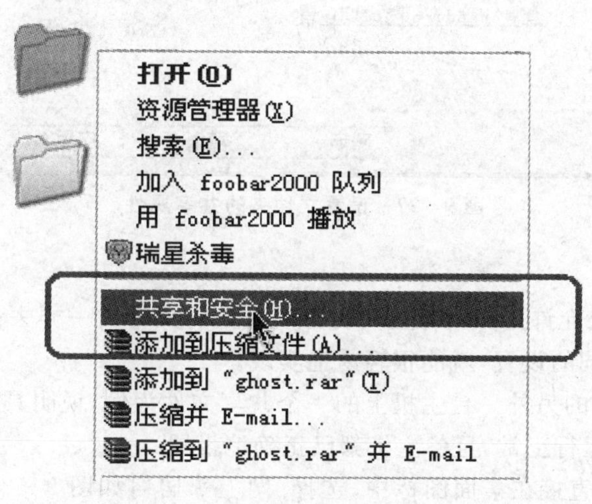

图 9-26　右键选择文件夹的共享与安全选项

选择“共享和安全”,打开如图 9-27 所示的文件夹属性对话框,将“在网络上共享这个文件夹”单选框前面的选框打勾,在下面一栏对文件夹的共享名作设置。通常情况下,不要选择“允许网络用户更改我的文件”,以保障网络的安全。在设置好之后,单击“确定”按钮,被选文件夹上就会出现一个手形图标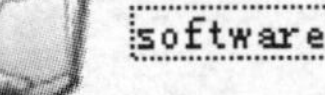

,表示该文件夹已经成为了网络上的一个共享文件夹。

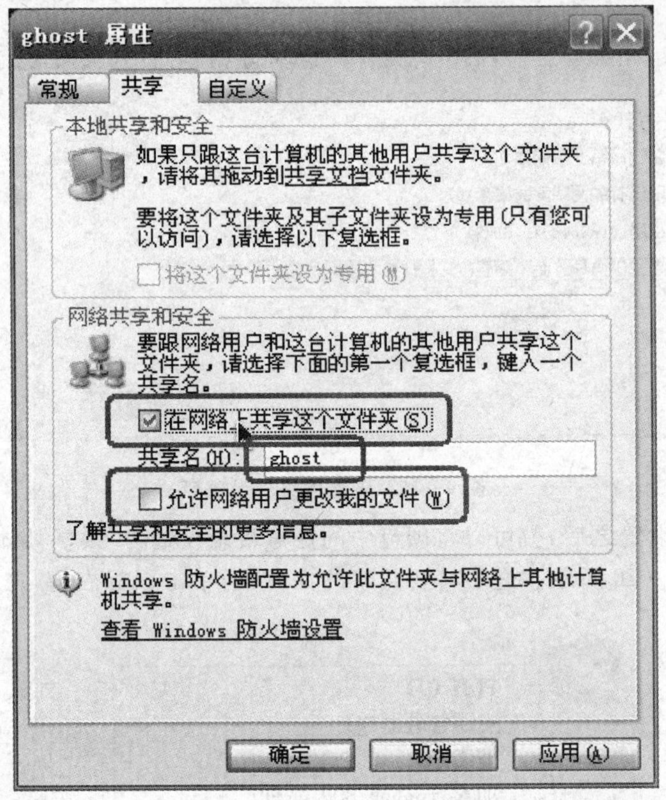

图 9-27　设置文件夹的共享属性

9.3.2　访问共享资源

Windows 操作系统允许用户就像访问自己硬盘上的文件夹一样去访问共享文件,只要处于同一网络中,具有相同的设置,就能很轻易地实现。

下面以访问网络中的另外一台主机上的一个共享文件为例,说明具体使用方法。

① 首先确保网络运行正常,且各主机都已正确地设置;

② 单击“开始”,或直接在桌面图标中,选择“网上邻居”,如图 9-28 所示,打开网上邻居文件夹。

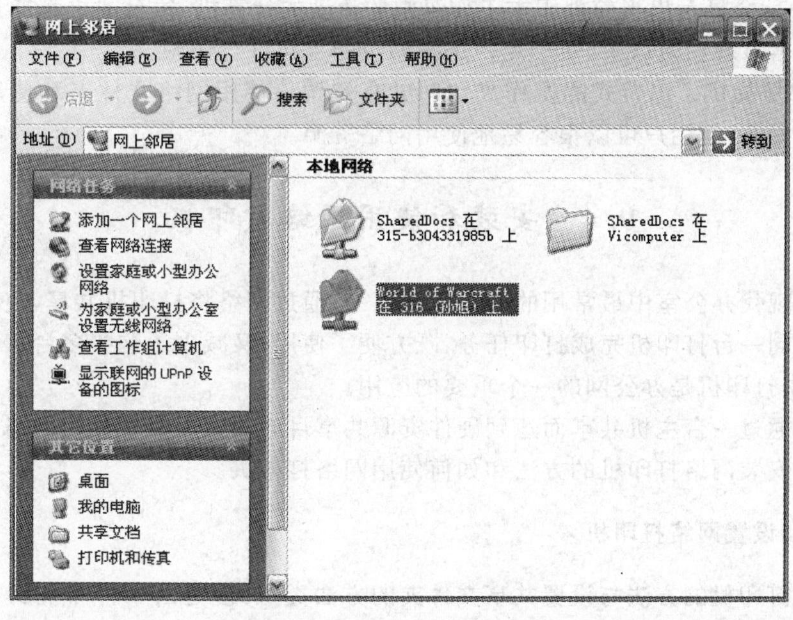

图 9－28　网上邻居文件夹

③ 网上邻居文件夹中列出了一些最近访问过的网络中的共享文件夹，如果要访问本工作组中的计算机，在窗口左侧的“网络任务”选项单中选择“查看工作组计算机”命令，如图 9－29 所示。

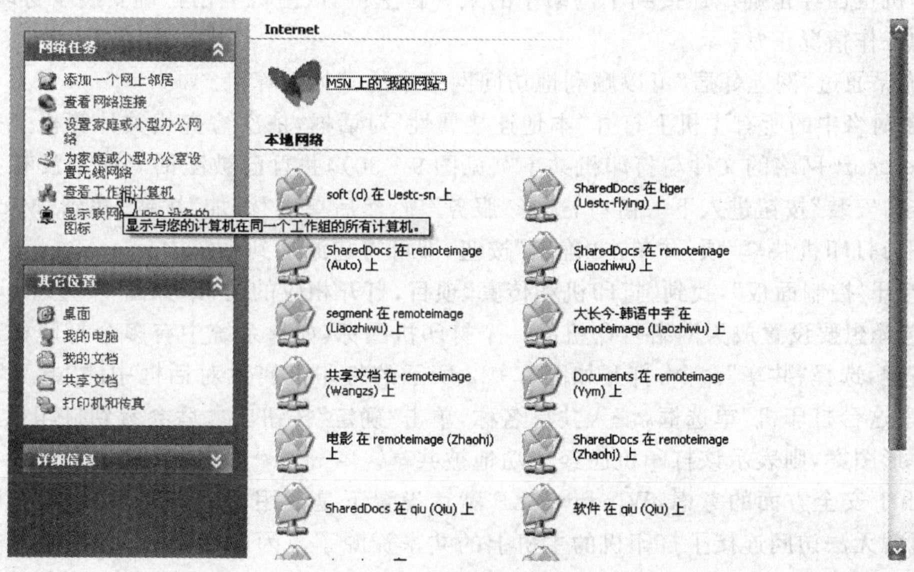

图 9－29　查看工作组计算机

④ 窗口中就会显示出当前处于本工作组中的活动的计算机,每台主机都通过网络标识中设定的计算机名显示在窗口中,便于用户选择相应的主机进行访问。

⑤ 网上邻居提供了窗口式的操作来访问共享资源。使用网络文件夹和使用本地磁盘上的文件夹一样方便,使用户可以很容易地使用网络资源。

9.4 安装和使用网络打印机

打印机是现代办公室中最常用的办公设备之一,通过网络将打印机共享,使得网络中的用户都可以使用同一台打印机完成打印任务,既方便了使用,又减少了购买多台打印机所需要的成本,因此共享打印机是办公网的一个重要的应用。

在网络中通过一台主机共享而达到硬件资源共享目的的打印机也称为网络打印机。下面将向读者介绍安装网络打印机的方法和如何使用网络打印机。

9.4.1 安装和设置网络打印机

安装网络打印机的方法与设置共享文件夹的方法类似,但是由于打印机属于计算机外设硬件,因此需要在连接到打印机的主机上正确安装驱动程序,并且在各台网络主机上也要相应地安装驱动,设置网络打印机,才能完成共享过程。

安装网络打印机的具体步骤如下:

① 首先确保网络已经组建完成,并安装了相关的通信协议,网络标识的设置也保持正常;并且打印机也已经正确地连接到了网络中的某一台主机,该主机上已正确安装了打印机驱动,打印机的工作情况正常。

② 确保通过“网上邻居”可以顺利地访问网络中的其他计算机。

③ 在网络中的所有主机上打开“本地连接属性”对话框,依次检查相关计算机上是否已安装了“Microsoft 网络的文件与打印机共享”(见图 9-30),并且已被激活。如果没有找到这一项,请单击“安装”按钮进入下一窗口,选择“服务”项,然后单击“添加”按钮,找到“Microsoft 网络的文件与打印机共享”项,并单击“确定”按钮,即可将它添加到系统中。

④ 打开“控制面板”,找到“打印机和传真”项目,打开相应的窗口,如图 9-31 所示。

⑤ 选择想要设置成为网络打印机的一个打印机图标(如果系统中有多个打印机存在),单击鼠标右键,选择“共享”命令,打开如图 9-32 所示的打印机属性对话框中的“共享”标签栏,选中“共享这台打印机”单选框,填入共享名称,单击“确定”按钮。之后会看到打印机图标上出现一个手形图案,则表示该打印机已经成功地被共享。

⑥ 出于安全方面的考虑,Windows XP 默认设置下是禁用 Guest 账户的,这样网络中的其他主机就无法访问连接了打印机的主机上的共享资源了。因此需要打开“控制面板”→“用户账户”,从中启用 Guest 账户,同时打开“控制面板”→“管理工具”→“本地安全策略”,在弹出

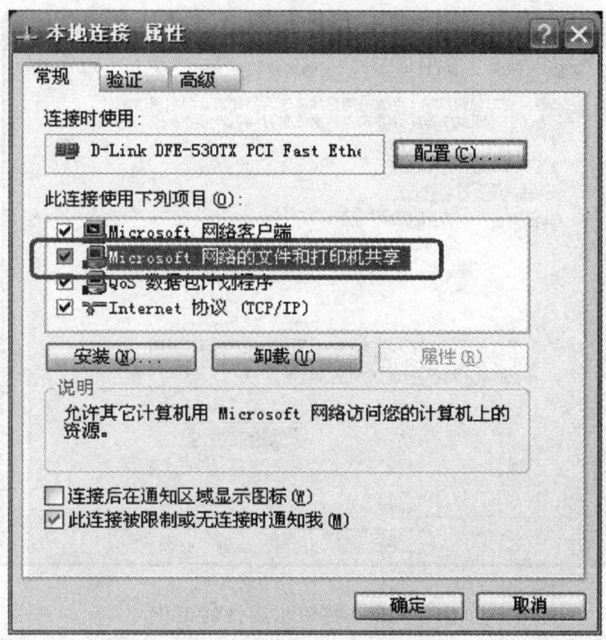

图 9-30 本地连接属性

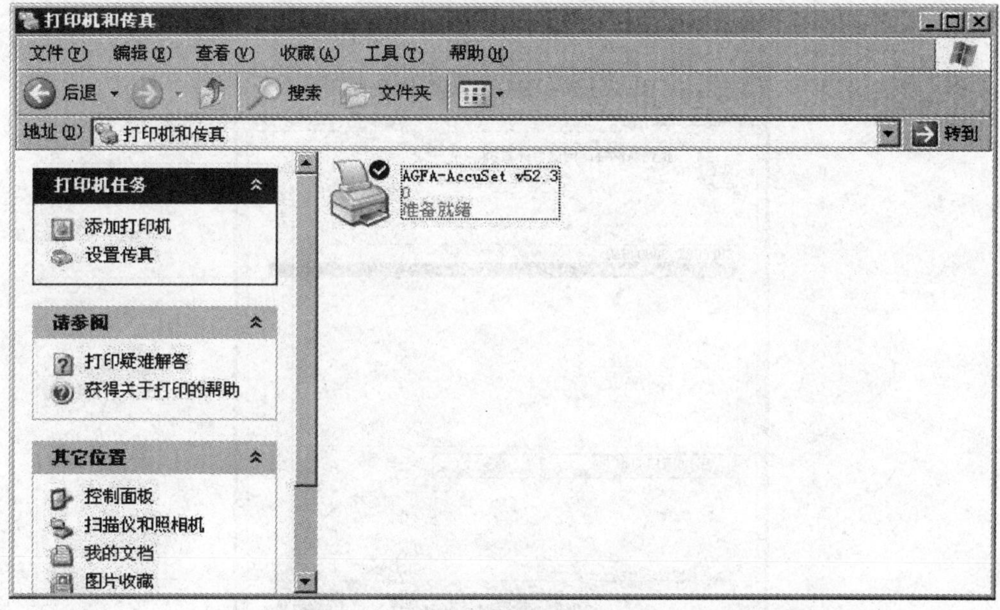

图 9-31 在窗口中选择要共享的打印机

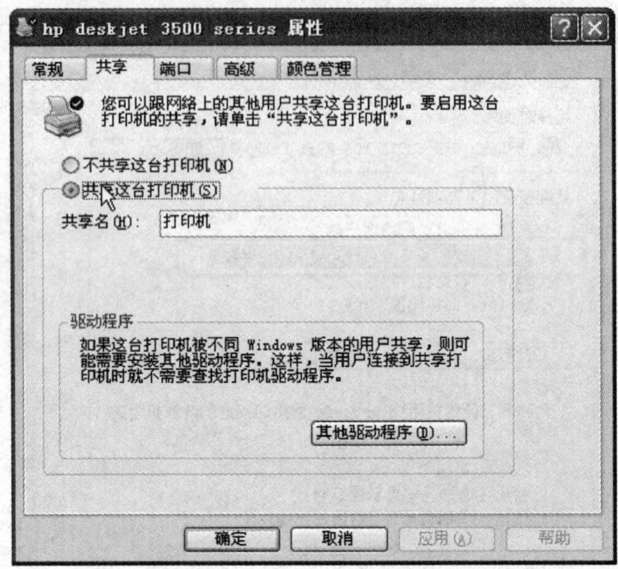

图 9-32 打印机属性对话框

的“本地安全设置”窗口中，逐层展开“安全设置”→“本地策略”→“用户权利指派”项，在右边的列表框中选择并双击“拒绝从网络访问这台计算机”，在弹出的属性对话框中将 Guest 项删除，如图 9-33 所示。

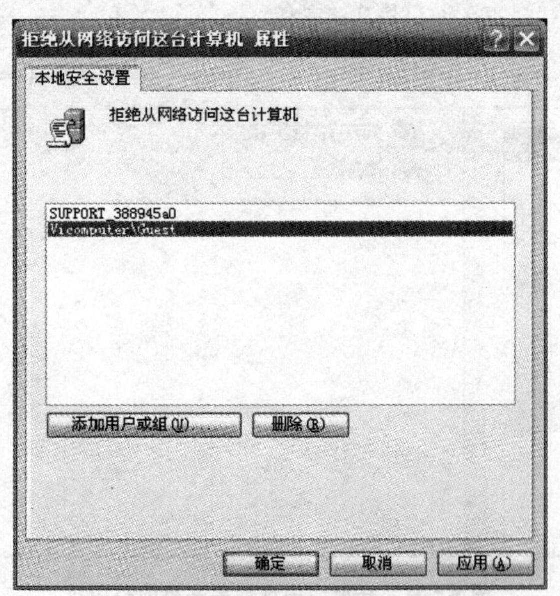

图 9-33 从属性对话框中删除 guest 选项

⑦ 在进行了上述设置以后，只是将这台打印机“共享了出来”，要想在其他主机上使用这一台网络打印机，还需要在这些主机上进行安装打印机操作。操作过程与在本机上安装打印机十分类似，只是打印机类型须选择“网络打印机”。从控制面板中打开“打印机和传真”项，在窗口的左侧选择“添加打印机”任务，系统将自动开始运行“添加打印机向导”，如图 9－34 所示。

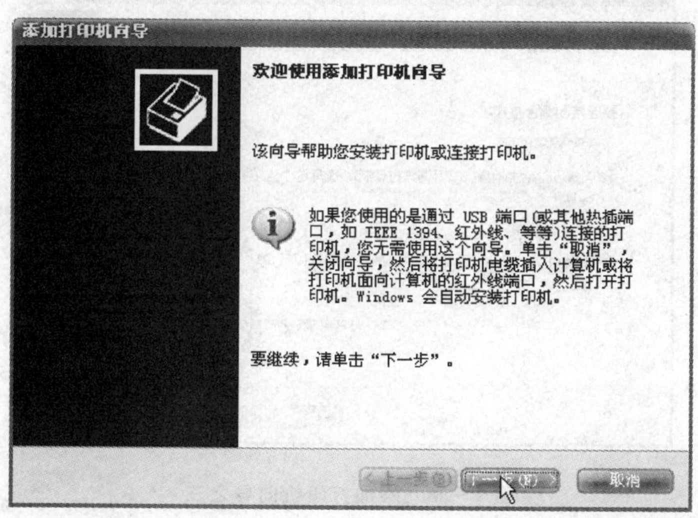

图 9－34　添加打印机向导之一

⑧ 单击“下一步”，出现两个选项，若是安装网络打印机则务必选择“网络打印机或连接到其他计算机的打印机”项，如图 9－35 所示，然后单击“下一步”按钮。

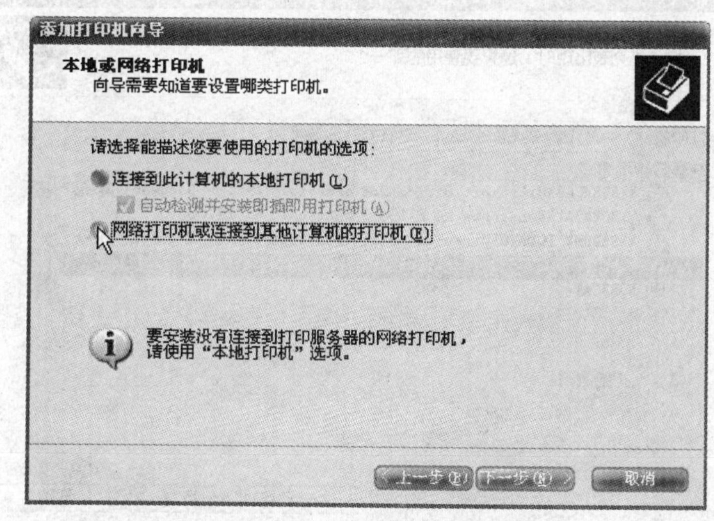

图 9－35　添加打印机向导之二

⑨ 然后在“指定打印机”的选择页面中选择“浏览打印机”，系统会自动搜索网络所有可用的打印机。当然如果知道共享打印机具体路径，则可以直接输入其名称或内部 IP 地址，如图 9－36 所示。

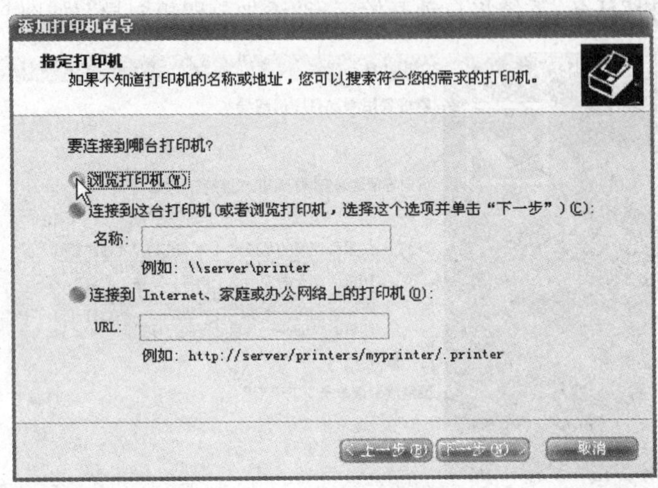

图 9－36 添加打印机向导之三

⑩ 接下来系统会进行搜索打印机的过程，如果网络畅通，很快就可以看到如图 9－37 所示的一个对话框，在当中可以看到这台已经共享出来的 Panasonic KX－P7100 打印机，选中后

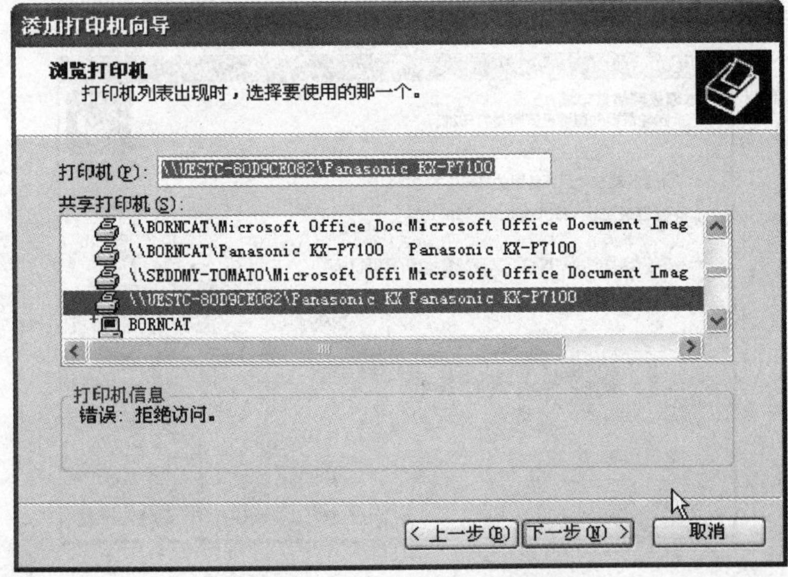

图 9－37 添加打印机向导之四

单击“下一步”按钮，系统会自动安装相应的驱动程序。当看到完成窗口时，即说明打印机添加成功，可以将其设置为默认打印机。

9.4.2　使用网络打印机

在安装和设置好网络打印机以后，就可以像在本机使用打印机一样使用网络上的打印机来执行打印任务。现以使用 Microsoft Word 为例来简要讲解打印的方法。

① 打开想要打印的 Word 文档；

② 打开菜单栏中的“文件”菜单，选择“打印…”命令，弹出如图 9－38 所示的打印对话框；

③ 在打印机名称栏中选择安装好的网络打印机名，并设置相关的打印参数，单击“确定”按钮；

④ 计算机通过网络访问网络打印机，开始执行打印任务。

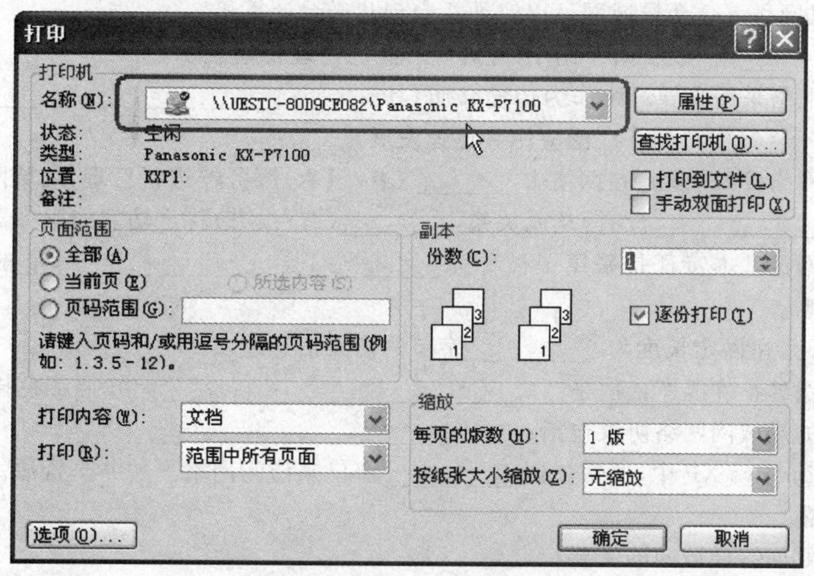

图 9－38　“打印”对话框

9.5　本章习题

1. 选择题

① 局域网通常所覆盖的物理范围是下列哪一个选项所指明的？（　　）

A. 10 m～1 km　　B. 10 km～100 km　　C. 100 km 以上　　D. 没有范围限制

② 下列四个选项中，哪一项不是有线网络采用的传输介质？（　　）

A. 同轴电缆　　B. 双绞线　　C. 光纤　　D. 电磁波

③ 在客户机/服务器形式的网络中，常见的服务器类型不包括下列各项中的哪一项？（　　）

A. 文件服务器　　B. 打印服务器　　C. 通信服务器　　D. 数据服务器

④ 下列哪一项不是目前流行的 LAN 协议？（　　）

A. NetBEUI　　B. OSI　　C. TCP/IP　　D. IPX/SPX

⑤ 双绞线使用的是下列哪一种接口？（　　）

A. RJ - 11　　B. RJ - 45　　C. RJ - 33　　D. 没有指定

⑥ 处于同一办公网络中的主机要正常通信，其网络标识中的哪一项须保持一致？（　　）

A. 计算机名称　　B. 域名　　C. 工作组名称　　D. 都不需要保持一致

2. 填空题

① 局域网是指距离在________范围内的办公楼群或校园内的计算机相互连接所构成的计算机网络。一个局域网可以容纳几台到几千台计算机。

② ______技术是局域网采用得最为广泛的物理传输技术。

③ 光纤网络采用光导纤维作为传输介质，具有______、______、______等显著优点，在骨干网络中得到了广泛应用和迅速发展。

④ 对等网络(P2P)就是在网络中_____(有/没有)服务器进行管理，局域网中的所有主机地位平等，_____(有/没有)从属关系，_____(有/没有)特定功能的服务器。

⑤ 以太网的基本特征是采用了被称为________________的共享介质多路访问的机制。

⑥ ATM 采用固定长度为______字节的信元信息组。

⑦ 双绞线的正确线序依次是________________(按照颜色排列)。

⑧ 常用的局域网网络协议包括：______、______、______。

⑨ 在 Windows XP 中，通常使用______窗口来访问网络上的共享资源。

3. 简答题

① 请简要回答局域网的主要特点。

② 物理拓扑和逻辑拓扑有什么区别与联系？

③ 试列举出常见的局域网拓扑结构和各自的特点。

④ 试简述为什么 TCP/IP 成为了目前最流行的局域网协议。

⑤ 试简述在以太网中是如何避免站点发送信息时发生冲突的？

⑥ 思考为什么组建办公网络时要选择安装 TCP/IP 协议？

⑦ 请简述组建对等式局域网时的软件设置过程。

⑧ 在 Windows XP 系统中如何设置网络标识？

⑨ 试简述在 Windows XP 系统中共享文件夹的方法。

⑩ 试简述在 Windows XP 系统中共享打印机的方法。

第 10 章 局域网操作系统的安装设置

教学目的和要求：本章是办公自动化技术的扩展章节。通过本章的学习，掌握在办公自动化中局域网服务器操作系统的基本操作。掌握 Windows 2003 操作系统的安装，局域网服务器操作系统的安装、配置，域中用户的创建与管理，Windows 2003 基本网络服务。

重点：

◇ 局域网服务器操作系统的选择；

◇ Windows 2003 操作系统的安装；

◇ Windows 2003 的配置管理；

◇ Windows 2003 域中用户的创建与管理、组的创建与管理等。

难点：

◇ 域控制器的操作；

◇ Windows 2003 的基本网络服务；

◇ Windows 2003 域中用户的创建与管理。

10.1 局域网服务器操作系统的安装

在一个局域网中，一般采用传统的客户机/服务器(C/S)模式，就是拿出一台配置稍高的机器，把它作为服务器，服务器主要用于向同一局域网中的其他客户机(也可称为工作站)提供一些公共服务。比如在网吧里，有很多的游戏(如 CS 等)和软件、文件(音乐、电影等)需要安装或存放在一个服务器上，这样，其他客户机就不必重复安装。

服务器操作系统又称网络操作系统，一般的操作系统的功能是管理计算机软硬件资源，而网络操作系统的功能是管理整个网络的软硬件资源，从而实现网络通信和资源共享。由于网络操作系统一般运行于服务器，故也被称之为服务器操作系统。

10.1.1 中小型局域网服务器操作系统及其选择

无论是寝室、家庭这样的小型局域网络，还是公司、网吧这样的中型局域网络，对于服务器的配置要求当然是越高越好。但不管怎样，都将以所挑选的这台服务器为例开始服务器操作系统的安装。

目前能够支持 64 位的三大网络操作系统如下：

(1) UNIX

最早的 UNIX 操作系统诞生于20世纪，由美国 AT&T 贝尔实验室的 Ken Thompson 和 Dennis Ritchie 于1969年开发成功。经过许多机构的扩充改进，目前已经发展出来多个变种，由加州大学伯克利学校(Berkeley)编写的 BSD UNIX 和它的老东家 AT&T 的 UNIX System V 是 UNIX 操作系统的两大主流。UNIX 操作系统网络服务功能相当强大，稳定性和安全性相当好，它的界面相当不友好，没有一定的功力驾驭不了，所以 UNIX 操作系统主要应用于大中型网络服务器端，不太适合个人用户和中小型局域网。

(2) LINUX

从名字上看，会联想到 LINUX 和 UNIX 应该有些渊源，事实上亦是如此。LINUX 的出现有点个人英雄主义的味道，容易成为年轻人的选择。它是由芬兰赫尔辛基大学的学生Linus B. Torvolds 于1991年编写的。它最大的特点就是源代码开放，可以免费得到许多应用程序。目前中文版的 LINUX 有美国的 RED HAT(红帽子)、中国的红旗 LINUX 等。它在安全性、稳定性等方面与 UNIX 有许多类似之处，目前也是主要应用于中、高档服务器中。

(3) Windows

由微软开发的 Windows 操作系统可以说是三大操作系统中最年轻的一种。从1985年 Windows 1.0 上市至今，Windows 操作系统已经走过20多年辉煌历程，至今已占据个人和服务器操作系统市场的半壁江山。

Windows 服务器操作系统至今已产生 Windows NT Server 4.0、Windows 2000 Server、Windows 2000 Advanced Server、Windows Datacenter Server、Windows Server 2003 等多个版本。

下面介绍 Windows Server 2003 的特点。

优势：高效性，使企业网络更加易于规划、部署、管理和使用；高可靠性，对应用程序与网络服务提供更为安全、稳定、扩展性优异的系统平台；可连接性，为企业信息化提供一个完备的、能够快速构建各种连接解决方案的系统平台；经济性，基于最大规模.NET 合作伙伴的应用联盟，使企业信息化的代价最小。

劣势：对服务器的硬件要求较高，稳定性不是很好，因此主要用于中低档服务器中。当然 Windows 的竞争优势在于它的功能也比较强大，最大的优势是它的友好。

10.1.2 服务器硬盘空间规划与分区

配置服务器对计算机硬件的基本要求如表10-1所列。

表10-1 服务器三大硬件配置表

主要硬件	CPU	内　存	硬　盘
最低要求	133 MHz	128 MB	2 GB
推荐配置	550+50×N MHz	128+20×N MB	80 GB

注：表 10－1 中 N 代表本局域网中有多少台客户机，例如一个有 10 台客户机的网络，CPU 主频最好在 1 GHz 以上，这个配置，一般的机器都可以满足，当然是越高越好。根据实际经验，内存低于 1 GB 运行的 2003 服务器速度较慢。

下面介绍一个简单实用的传统方法对硬盘空间进行整理和分区。

第 0 步：准备工作。

准备一张 Windows Server 2003 的系统安装光盘。

第 1 步：启动服务器计算机。

在启动计算机后，计算机要进行一个例行扫描，检测 BIOS 数据、显存、内存、硬盘、光驱等数据，如图 10－1 所示。

```
AMIBIOS(C)2001 American Megatrends, Inc.
BIOS Date: 02/19/03 19:39:18  Ver: 08.00.02

Press DEL to run Setup
Checking NVRAM..

256MB OK
Auto-Detecting Pri Master..IDE Hard Disk
Auto-Detecting Pri Slave...Not Detected
Auto-Detecting Sec Master..CDROM
Auto-Detecting Sec Slave...Not Detected
Pri Master: 1. 1     CntxCorpHD
Sec Master:        . CntxCorpCD
```

图 10－1　开机例行扫描

第 2 步：CMOS 引导区设置。

注意图 10－1 框选处，需要从光驱启动以安装 Windows Server 2003。在扫描过后按下<Delete>键进入 CMOS 设置，由于主板厂商的不同，所见到的 CMOS 设置界面也不尽相同。把第一引导设备设置为由光盘启动，第二引导设备改为硬盘，以后就不必再更改 CMOS 设置。在放入 Windows Server 2003 系统安装盘后直接按 F10 键，此时计算机将保存设置并自动重启，并从光盘启动，如图 10－2 所示。

第 3 步：硬盘分区。

硬盘分区是系统安装的一部分，为了把整个安装过程尽量简化，不采用一些特殊工具(如 Ghost 等)完成，而直接使用系统盘完成。

当系统盘运行之后，首先往内存中加载部分安装文件，大约一两分钟后，安装程序进入如图 10－3 所示的画面。

按下<C>键并选择 C 盘空间大小为 4 000 MB，移动方向键至未划分的空间，再次按下<C>键并选择 D 盘空间大小为 8 000 MB，并以同样方法创建其他分区。

硬盘分区的成败关系到以后的使用(尤其是安全问题)。注意：C 盘一般将自动格式化为 FAT32 格式。这是 Windows 的传统文件格式。Windows 98 采用这种格式。FAT32 格式缺

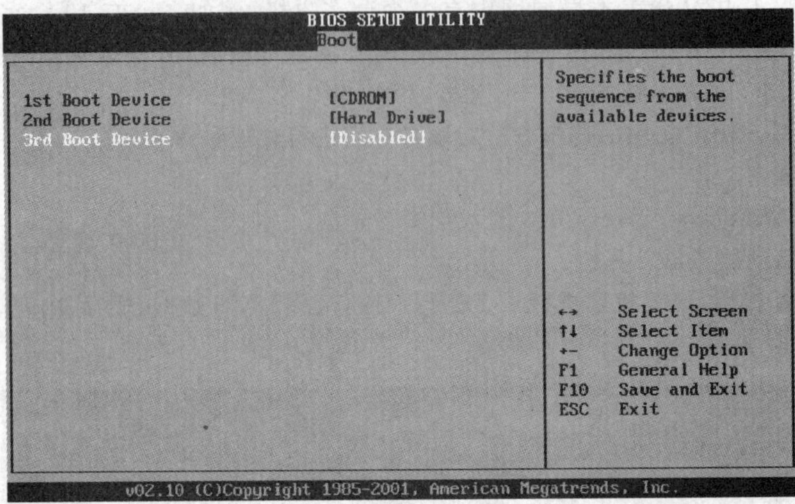

图 10－2　CMOS 引导区设置

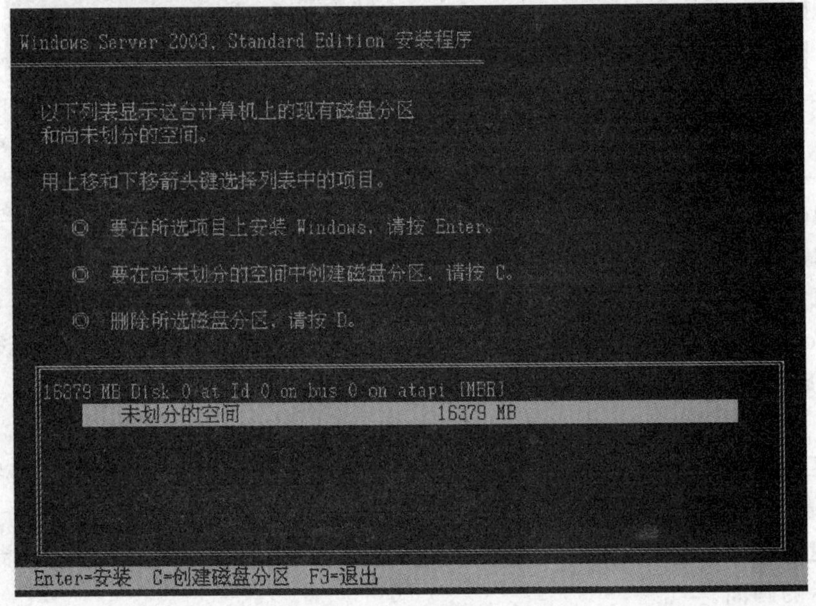

图 10－3　开始创建磁盘分区

乏安全性，不支持文件和文件夹压缩、磁盘配额、文件加密或单个文件权限等，主要用于系统备份。而安装 Windows 2003 系统的分区一定要用 NTFS 格式（Windows 的新型文件格式，支持权限设定），所以最好安装在 D 盘，对于一块 40 GB 以上的硬盘，建议这样分区：C 盘（大小：

4 GB,文件格式：—20 GB[11],文件格式：NTFS,用途：用户分区)；剩余空间为 F 盘和 G 盘(均作为用户分区)。

创健磁盘分区成功如图 10-4 所示。

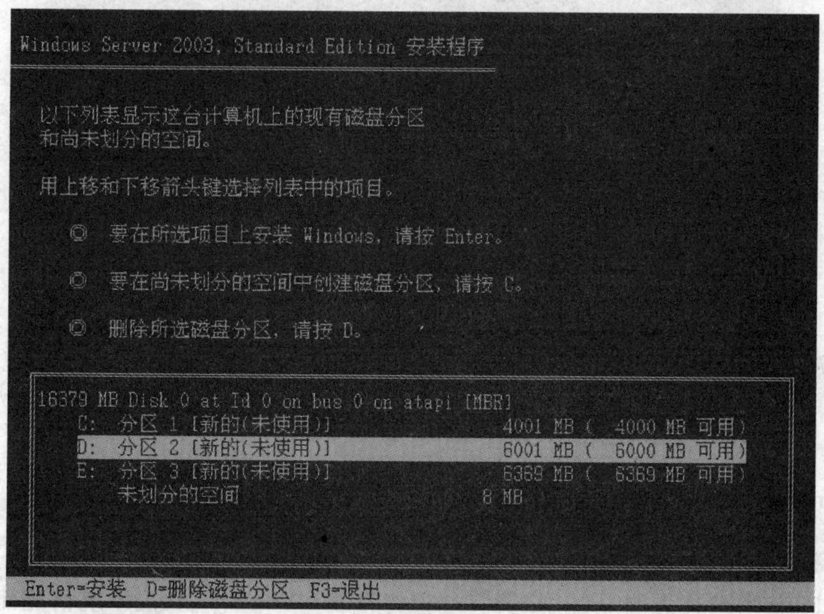

图 10-4　创建磁盘分区成功

此时依图 10-4 选定分区 D 盘，按下<Enter>键进入如图 10-5 所示的提示画面。

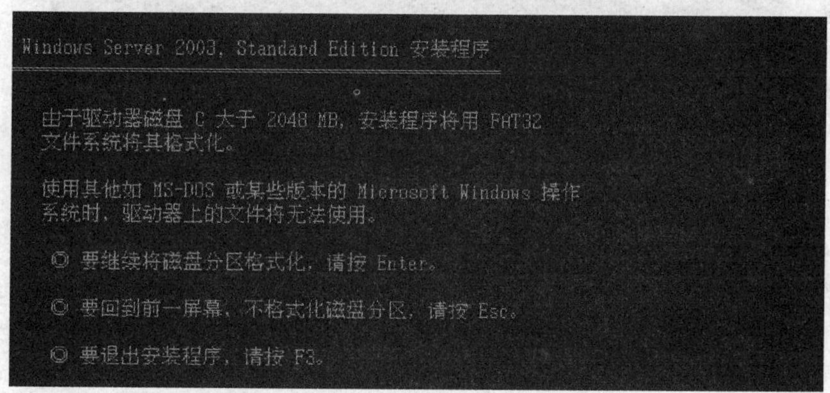

图 10-5　提示：格式化磁盘

再次按下<Enter>键，开始格式化磁盘，首先将 C 盘格式化为 FAT32 格式，将其他分区格式化为 NTFS 格式，如图 10-6 所示。

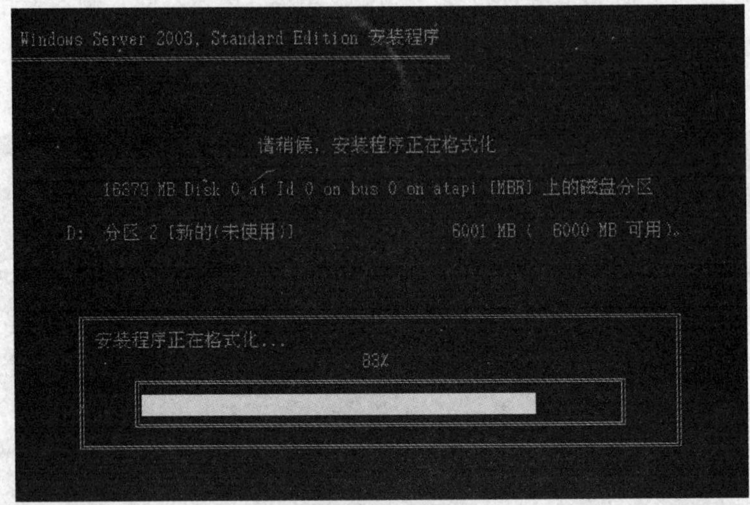

图 10-6 格式化磁盘

10.1.3 Windows Server 2003 的安装过程

经过对磁盘的整理分区之后，就可以开始 Windows Server 2003 的安装了。其安装过程与一般 Windows 系列并无明显区别，安装过程将持续 20～40 min(视系统情况而定)。

第 1 步：复制安装文件，如图 10-7 所示。

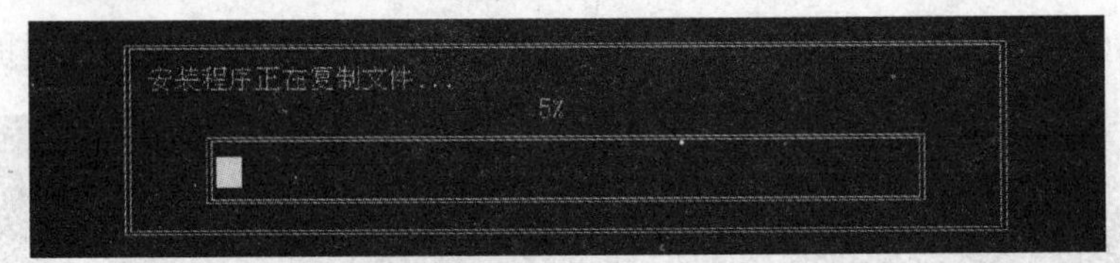

图 10-7 复制安装文件

第 2 步：系统自动重启后继续安装，如图 10-8 所示。

安装文件复制结束后系统自动重启，应将光盘取出使系统从硬盘启动并继续安装。此时，将陆续完成设备和网络的安装，并完成系统配置文件的复制、安装开始菜单、注册组件、保存设置、删除所有的临时文件等工作。一般来说，Windows Server 2003 的安装过程全部是自动完成的。

第 3 步：完成安装。

经过漫长的等待，完成了 Windows Server 2003 的安装。由于并没有更改任何设置，系统再次重启后按下＜Ctrl＋Alt＋Delete＞键，看到如图 10-9 所示的登录界面，和 Windows Server 2000 差不多。

图 10－8　安装 Windows

图 10－9　系统登录

默认用户为 Administrator，初始情况下是没有密码的。按下 Enter 键，就进入 Windows Server 2003 了。至此，完成了 Windows Server 2003 的整个安装过程。

10.1.4　卸载 Windows Server 2003

在以下四种情况下，可能希望把当前的某个操作系统卸载掉。

(1) 运行速度太慢，已“无药可救”

系统装载太多软件、文件，不堪重负，多次优化，仍无明显效果。

(2) 总是出现一些莫名其妙的问题

“窗口非法关闭”、“程序无法响应”、定时关机……究其原因，是一些软件之间由于共享系统文件造成不可预料的冲突，或是中了病毒。

(3) 觉得不习惯

如果说前两条原因一般是由用户在长期使用中难免引发的问题，而这第三种情况往往发生在那些有几年操作经验，追求新鲜事物的年轻朋友身上。

(4) 单系统的卸载

对于一个服务器来讲，很少会涉及到多系统。对于单系统服务器，卸载过程将非常简单。一般所做的并不是纯粹的卸载，确切地说应该称为重装。根据前面的安装，将系统盘放入光驱执行安装过程，只需依图 10-4 删除 C,D 分区，并重新划分分区即可。

注意：不要将 C,D 之外的其他分区一并删除。从 10.1.2 节已经知道，C 盘主要用于系统备份，D 盘用做系统分区，其他分区一般存放用户自己的程序、文件等数据。为了使卸载后最大程度地保留这些数据，千万不要随意删除其他分区。所以在卸载操作系统前最好将 C,D 分区下的数据备份到其他分区或硬盘、光盘等。需要特别提醒的是：存放在桌面和"我的文档"中的数据同样应该转移到其他分区或硬盘、光盘，这一点往往容易被忽略。

(5) 多系统的卸载

相对于单系统下的卸载来说，多系统下卸载 Windows Server 2003 的过程就需要多做一点工作了。

首先，选择一个尚且可以进入的操作系统并登录，如果都不能登录，这个多系统也就不叫多系统了，像对待单系统那样，直接将 C 盘和所有装有操作系统的分区全部删除。

如果 Windows Server 2003 尚且可以登录，下面看看它是怎么卸载的。

由于 Windows Server 2003 系统一般安装在非 C 盘(原因参见 10.1.2 节"硬盘分区"的解释)，可以先来修改 C 盘下的 boot.ini 文件，这一过程是为了避免在系统启动时仍然有多个系统选项，出现上面所说的"假多系统"。此时的 C 盘中可能无法找到 boot.ini 这个文件，需要做的就是将"工具"菜单下的菜单项"文件夹选项"中"查看"标签页中的"隐藏受保护的操作系统文件(推荐)"勾选掉，如图 10-10 所示。

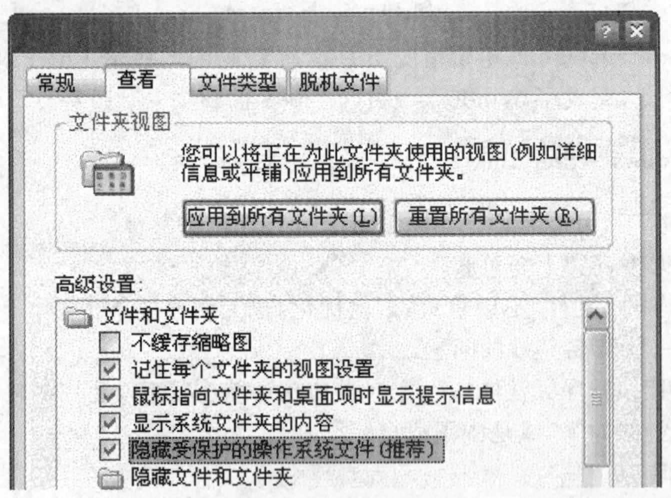

图 10-10 修改"隐藏受保护的操作系统文件(推荐)"

现在，用记事本(Notepad)打开 C 盘中的 boot.ini，会看到这样一行内容：

multi(0)disk(0)rdisk(0)partition(2)\WINDOWS="Windows Server 2003，Standard"
    /noexecute=optout /fastdetect

直接将这一行删除即可，这一过程在其他 Windows 系统下同样有效。

对于 Windows Server 2003 来讲，有一个方法比上面所说的要更加简单一些，只有 Windows Server 2003 才有。打开“控制面板”，选择“系统”(右键单击“我的电脑”的“属性”也可)，在“高级”标签页下有“启动和故障恢复”属性，单击“设置”，如图 10-11 所示。

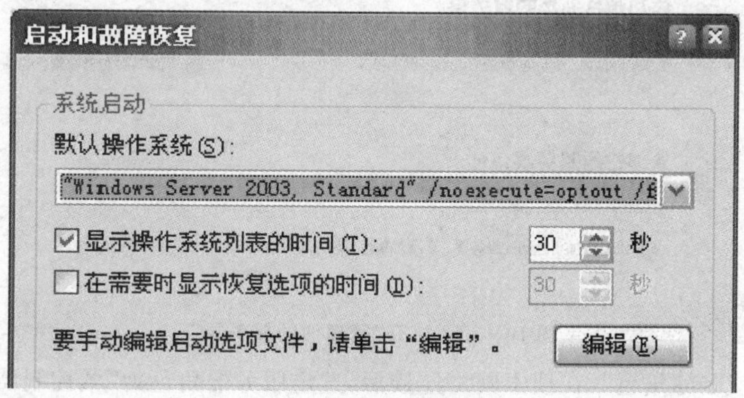

图 10-11　启动和故障恢复

此时直接单击“编辑”即可打开 boot.ini，还不影响对其他操作系统文件的隐藏保护。

如果把 Windows Server 2003 安装在 C 盘，需要把它卸载掉(因为 C 盘的文件格式默认是 FAT32 的)，使用系统安装光盘“开始安装”，依图 10-4 将 C 盘删除即可。此时如果机器上还有其他操作系统，使用该系统的安装光盘启动并进入“恢复控制台”进行修复即可。

10.2　Windows Server 2003 的配置管理

对于服务器本身来讲，由于 Windows Server 2003 提供了强大的服务，而有些服务一般是用不到的，即使以后用到也可以随时安装。所以在具体应用中，必须把握好一个原则：用不到的服务就不要去安装。

10.2.1　域控制器的建立

要将服务器配置为域控制器，首先要在服务器上安装 Active Directory(活动目录)，安装 Active Directory的方法主要有两种，下面分别介绍。

1. 使用“Windows Server 2003 管理服务器”向导

可以通过在“开始”菜单或“控制面板”的“管理工具”中打开“管理您的服务器”，如图 10 - 12 所示。

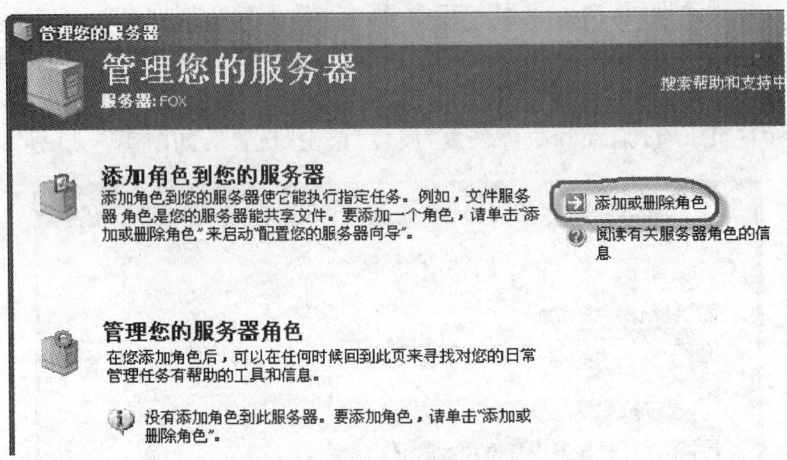

图 10 - 12　打开“管理您的服务器”

选择“添加或删除角色”，在搜索网络连接后，选定服务器角色为“域控制器 (Active Directory)”开始安装即可，如图 10 - 13 所示。

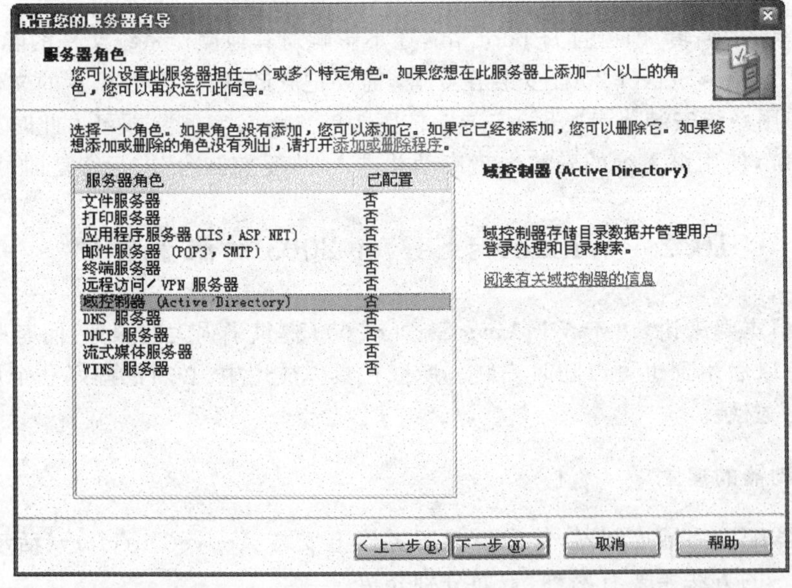

图 10 - 13　安装“域控制器 (Active Directory)”

2. 使用命令行工具 DCPromo

单击“开始”按钮，单击“运行”(或 Windows 键＋R)，键入 DCPROMO，在出现“Active Directory安装向导”时，单击“下一步”按钮开始安装即可。

在将服务器配置为域控制器之前，确保该服务器至少存在一个 NTFS 卷，并且确保Windows 防火墙已启用、“安全配置向导”已安装和启用。否则将出现以下错误提示，如图 10－14 所示。

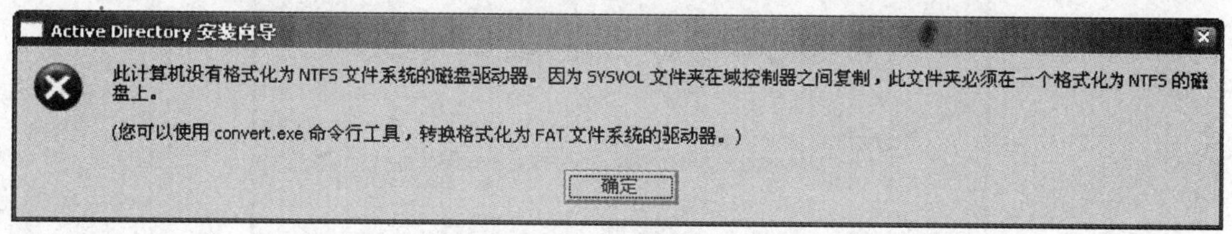

图 10－14　服务器没有 NTFS 卷

当创建第一个域控制器时，同时也创建了第一个域、第一个林、第一个站点，并安装了 Active Directory，如图 10－15、图 10－16 所示。

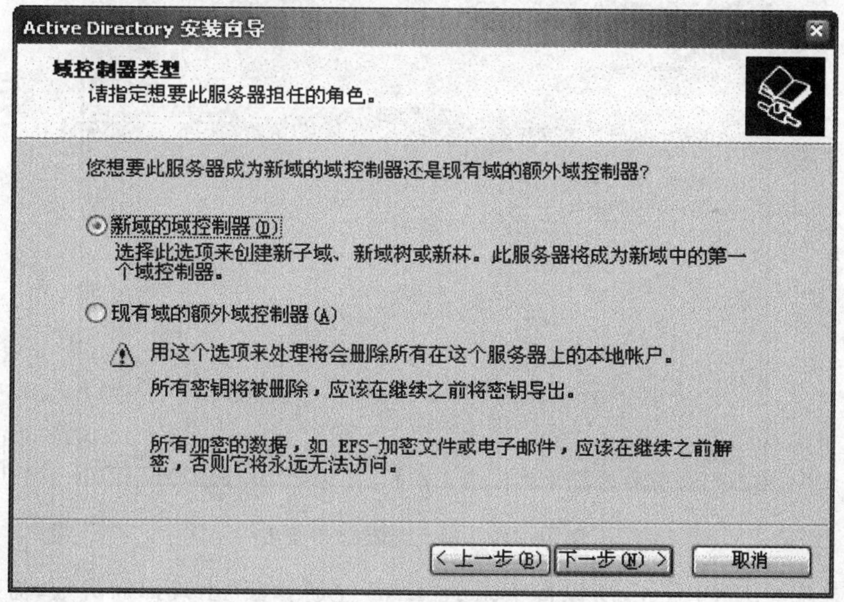

图 10－15　创建“新域的域控制器”

然后结合所拥有的 DNS 域名(如 yulefox. org)新建的域起一个名字，并指定 NetBIOS 域名，如图 10－17、图 10－18 所示。

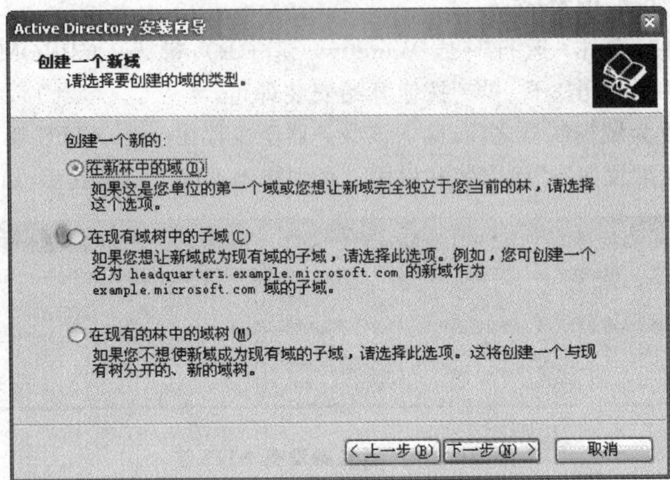

图 10－16　创建“新林中的域”

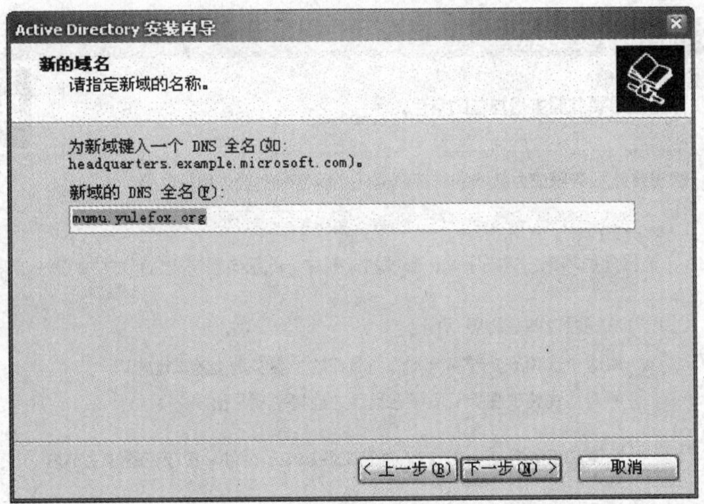

图 10－17　指定新域 DNS 全名

由于尚未配置 DNS 服务，所以接下来的“DNS 注册诊断”出现诊断失败，需要在安装完 Active Directory 之后，手动配置 DNS，如图 10－19 所示。

在“权限”页(见图 10－20)中，单击要用于 Windows 2000 之前版本的操作系统、Windows 2000 或 Windows Server 2003 操作系统的应用程序兼容性级别。

在 Windows NT 4.0 及更低版本的服务器上，系统会将用户和组信息的读取权限指派给匿名用户，现有的应用程序(包括 Microsoft BackOffice、SQL Server 和一些非 Microsoft 应

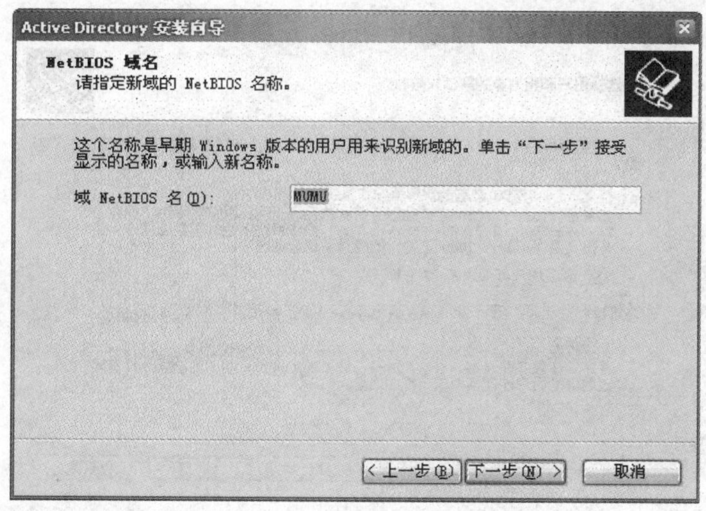

图 10－18　指定 NetBIOS 域名

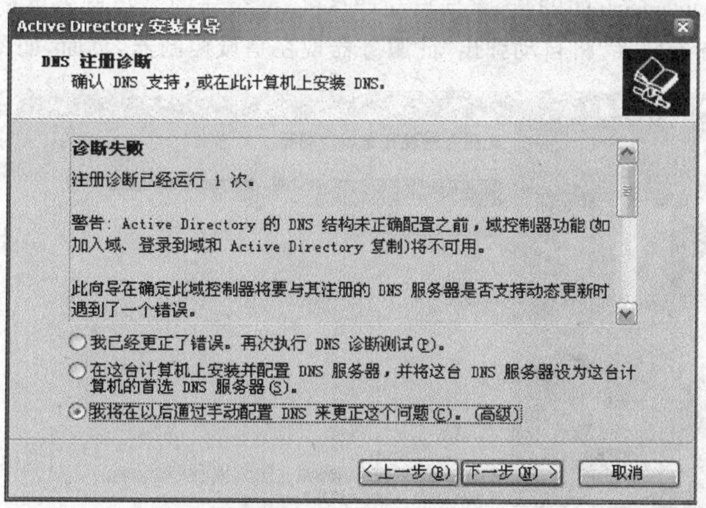

图 10－19　DNS 注册诊断

用程序)就能正常工作。在 Windows 2000 和 Windows Server 2003 家族中，只有当 Anonymous Logon 组被添加到 Pre－Windows 2000 Compatible Access 组中时，Anonymous Logon 组的成员才具有读取该信息的权限。具体选择哪一项，就取决于 Active Directory 域中是否有 Windows NT 4.0 及更低版本的服务器了。如果没有，出于安全考虑，则应选择后者。

最后是“目录服务还原模式管理员密码”(当域控制器以目录服务还原模式启动时，需要使用该密码)和“摘要”。

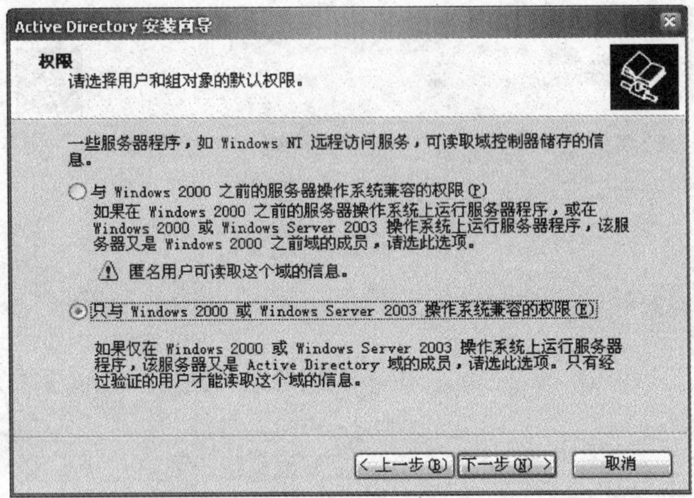

图 10－20　权　限

完成 Active Directory 的安装，重新启动计算机，一个新的域控制器就配置成功。在登录后，“配置您的服务器向导”将自动弹出“此服务器现在是域控制器”页面，如图 10－21 所示。

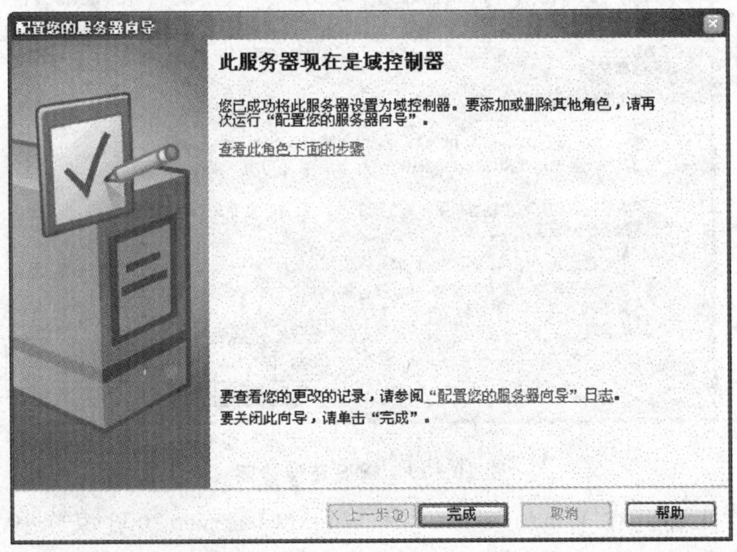

图 10－21　域控制器配置成功

10.2.2　向域中添加额外的域控制器

如果域中有多个域控制器，则当某个域控制器失败或必须断开连接时，该域可以继续工

作。通过使客户端在登录到网络时更容易连接到域控制器和创建额外的域控制器实现功能扩充，从而提高性能。

当然，在添加域控制器之前，应完全了解 Active Directory 以及在现有域中设置其他域控制器所需的要求：主要工作是验证将在其上安装 Active Directory 的服务器是否有 NTFS 分区；验证是否为其中将要添加域控制器的域中的 Domain Admins 组的成员；在安装 Active Directory 之前验证是否已正确配置 DNS(具体参见 10.5.2 节)。

若要执行此过程，必须是 Active Directory 中 Domain Admins 组或 Enterprise Admins 组的成员，或者必须被委派了适当的权限。作为安全性的最佳操作，可以考虑使用运行方式来执行这个过程。

只有当要从恢复的备份文件创建域控制器时，才需要"/adv"开关。在通过网络创建额外的域控制器时不需要此开关。

完成安装后，单击"完成"按钮并重新启动计算机。

10.2.3　域控制器降级为成员服务器

由于计算环境变化的需要，需要更改服务器的角色。使用"Active Directory 安装向导"，可以在成员服务器上安装 Active Directory 以使其成为域控制器，也可从域控制器上删除 Active Directory，使其成为成员服务器(顾名思义，成员服务器即尚处于某一域中的服务器；属于工作组但不属于域的服务器称为独立服务器)，如图 10－22 所示。即使在安装完成后，也可以在域控制器和成员服务器(或独立服务器)这两个角色之间来回更改服务器的角色，如图 10－23 所示。

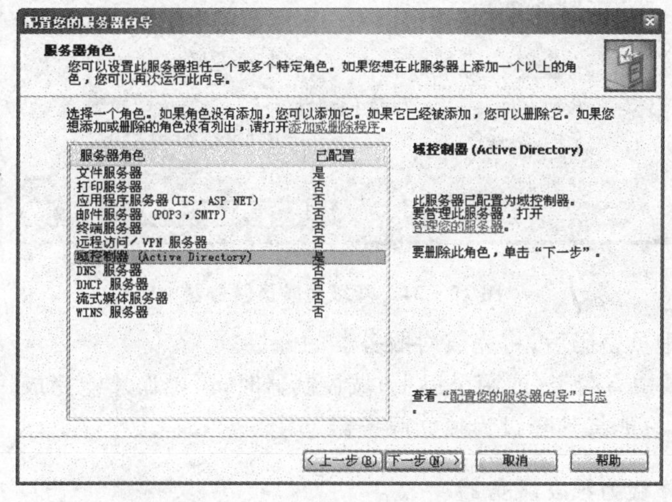

图 10－22　删除已有的域控制器

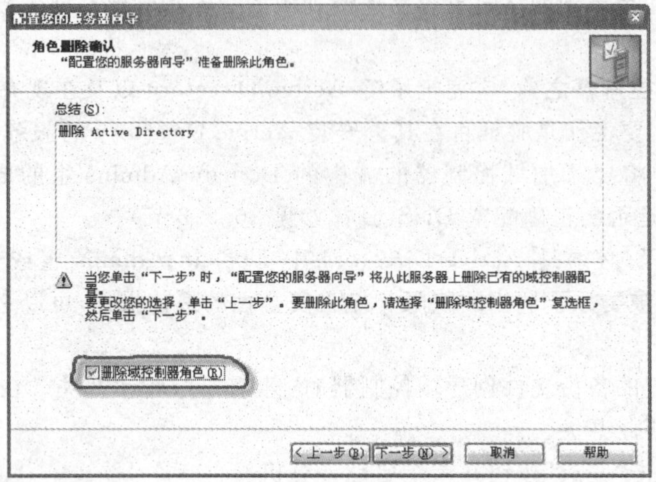

图 10-23　删除域控制器角色

如果勾选了图 10-24 中的选框，该服务器将降级为独立服务器。

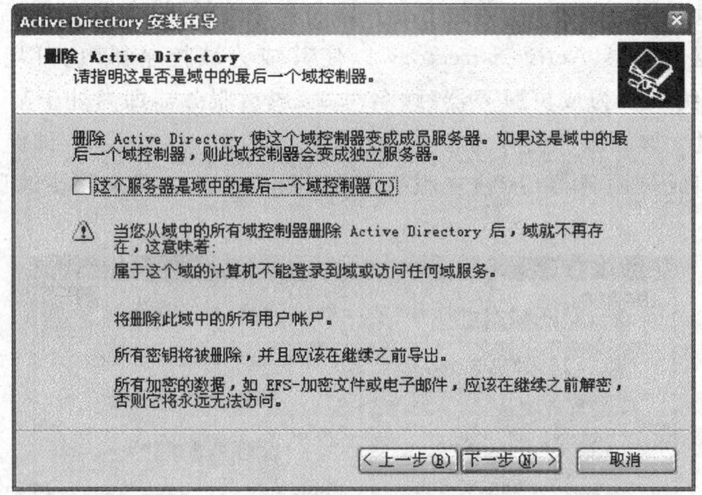

图 10-24　降级为成员服务器

在重新指定管理员密码后，将完成对服务器的降级。

注：只有当前域中有两个(或两个以上)域控制器时，该操作才能完成，否则如果当前域中仅有一个域控制器，只能将其降级为独立服务器。

10.2.4　域控制器降级为独立服务器

属于工作组但不属于域的服务器称为独立服务器。将域控制器降级为独立服务器的操作

过程和将域控制器降级为成员服务器的过程是相似的，只须确保当前域中仅有一个域控制器并将图 10－24 的选框勾选上即可。

10.2.5　域控制器的重新命名

重命名运行 Windows Server 2003 的域控制器的功能能够在需要时灵活地更改Windows Server 2003 域。重命名域控制器可以根据组织和业务需要重新构建网络，并使得管理和管理控制更加方便。

在重命名域控制器时，必须确保客户端能够无间断保持定位和验证重命名的域控制器的能力，除非在重新启动该域控制器之时。这是重命名域控制器的必要条件。

1. 提升域功能级别

需要注意的是：在重命名域控制器之前，其域功能级别必须设置为 Windows Server 2003，默认是“Windows 2000 混合”。查看或更改当前域功能级别，可通过“管理您的服务器”中的“管理域和信任”或“管理工具”打开“Active Directory 域和信任关系”（见图 10－25），选定要升级其功能的域，进而在其“操作”子菜单下打开“提升域功能级别”；也可在控制台树中右键单击要升级其功能的域后，选择打开“提升域功能级别”，如图 10－26 所示。

图 10－25　Active Directory 域和信任关系

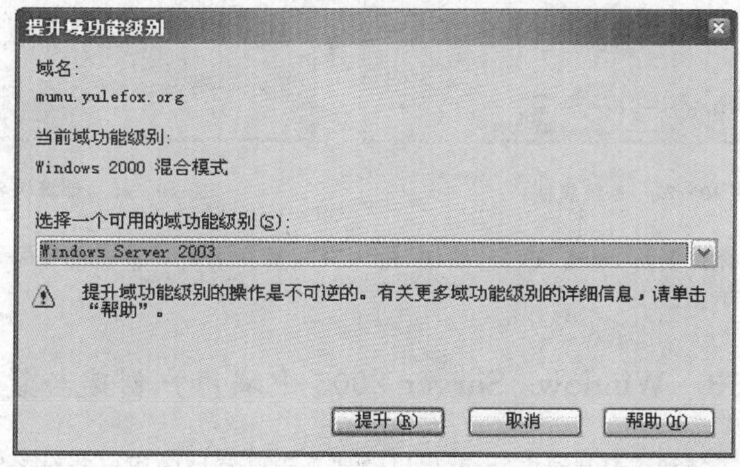

图 10－26　提升域功能级别

2. 重命名域控制器的方式选择

重命名域控制器有两种方式：通过 netdom 工具或者“系统属性”对话框。使用 netdom 工具需要安装 Windows 支持工具，如果 Windows 没有提供 Windows 支持工具，则使用“系统属性”是很好的选择，而且方便操作，其缺点是 DNS 和 Active Directory 复制滞后时间会延迟客户端定位或验证到重命名的域控制器的能力，该滞后时间的长度取决于网络设计和复制拓扑。笔者在这里给出通过“系统属性”对话框的方式。

3 打开“系统属性”对话框

“系统属性”对话框如图 10－27 所示。

通过“管理您的服务器”中的“计算机和域名称信息”或是通过右键单击“我的电脑”打开“属性”页面，从而打开“系统属性”对话框进行更改，如图 10－28 所示。

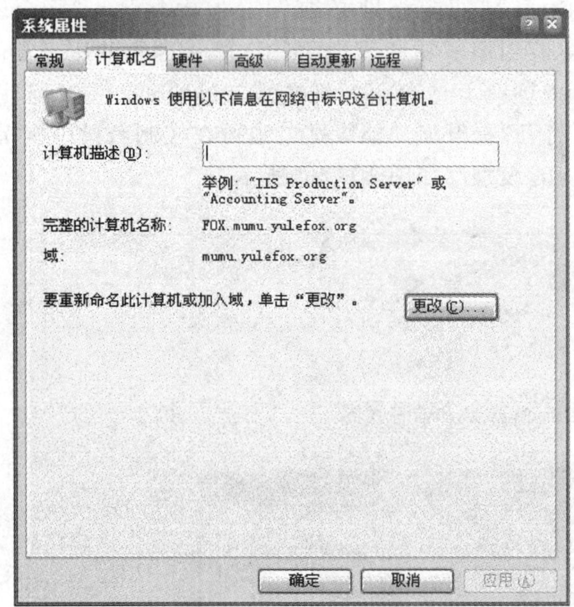

图 10－27　系统属性

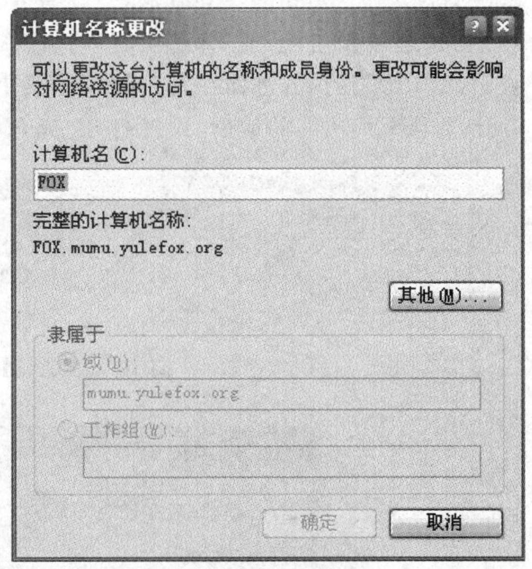

图 10－28　计算机名称更改

输入新的计算机名称，单击“确定”按钮，输入有权重命名此计算机的账号和密码后重新启动计算机即可应用。

10.3　Windows Server 2003 中域用户创建与管理

在成功创建了域和域控制器之后，就可以创建基于已有域的用户并对之实行管理了。本节将就如何在 Windows Server 2003 中创建与管理域用户作详细讲解。

10.3.1　用户账户与计算机账户的区别

在 Active Directory 中，用户账户和计算机账户代表物理实体，例如计算机或人。用户账户和计算机账户（以及组）也称为安全主体。

1. 二者的定义

(1) 用户账户

在 Active Directory 中，由所有用于定义域用户的信息组成的对象，包括用户名、密码以及该用户账户所在的组。

(2) 计算机账户

存储在 Active Directory 中并能唯一识别域中计算机的账户。

2. 二者的作用

(1) 验证用户或计算机的身份

用户账户使用户能够利用经域验证后的标识登录到计算机和域。登录到网络的每个用户应有自己的唯一账户和密码。为了获得最高的安全性，应避免多个用户共享同一个账户。

(2) 授权或拒绝访问域资源。

一旦用户已经过身份验证，那么就可以根据指派给该用户的关于资源的显式权限，授予或拒绝该用户访问域资源。详细信息，请参阅 Active Directory 的安全信息。

(3) 管理其他安全主体

Active Directory 在本地域中创建外部安全主体对象，用以表示信任的外部域中的每个安全主体。

(4) 审核使用用户或计算机账户执行的操作

审核有助于监视账户的安全性。

3. 二者的区别

① 用户账户可以存储在 Active Directory 或本地计算机上，计算机用户只能存储在 Active Directory 中。

② 在同一域中，每一计算机账户是唯一的，而用户账户则未必。事实上，所有使用 Windows的计算机都具有同样的三个默认用户账户（详见 10.3.2 节）。

10.3.2　Windows Server 2003 中的用户类型

位于 Active Directory 用户和计算机中的 Users 容器显示了三个内置用户账户：Administrator，Guest 和 HelpAssistant。创建域时将自动创建这些内置的用户账户。

每个内置账户均有不同的权利和权限组合。Administrator 账户具有最广泛的权利和权限，而 Guest 账户的权利和权限则有限。下面介绍运行 Windows Server 2003 的域控制器上的每个默认用户账户。

1. Administrator 账户

Administrator 账户具有对域的完全控制，可在必要时为域用户指派用户权利和访问控制权限。该账户必须仅用于需要管理凭据的任务。

Administrator 账户是 Active Directory 中 Administrators，Domain Admins，Enterprise Admins，Group Policy Creator Owners 和 Schema Admins 组的默认成员。虽然无法从 Administrators组中删除 Administrator 账户，但是可以重命名或禁用此账户。众所周知，Windows的许多版本都存在 Administrator 账户，所以重命名或禁用此账户会使恶意用户企图并获得访问它的权限变得更加困难。

Administrator 账户是使用“Active Directory 安装向导”设置新域时创建的第一个账户。

2. Guest 账户

Guest 账户由在该域中没有实际账户的人使用。账户被禁用（但未被删除）的用户也可以使用 Guest 账户。Guest 账户不需要密码。

可以像设置任意用户账户一样设置 Guest 账户的权利和权限。默认情况下，Guest 账户是内置 Guests 组和 Domain Guests 全局组的成员，它允许用户登录到域。默认情况下将禁用 Guest 账户，并且建议将其保持禁用状态。

3. HelpAssistant 账户

HelpAssistant 账户（同“远程协助”会话一起安装）可用于建立“远程协助”会话。当请求“远程协助”会话时，系统将自动创建该账户，同时该账户只具有对计算机的受限访问权限。

HelpAssistant 账户由“远程桌面帮助会话管理器”服务管理，如果没有远程协助请求等待响应，系统将自动删除该账户。

10.3.3 建立域用户账户

对域用户的建立和管理，都是在 Active Directory 中进行的。通过“管理您的服务器”的“域控制器”或是“管理工具”打开“Active Directory 用户和计算机”。

建立域用户的操作比较简单。前提必须是 Active Directory 中 Account Operators 组、Domain Admins 组或 Enterprise Admins 组的成员，或者被委派了适当的权限。

具体操作如下：

选定控制树中的域节点（或其中的文件夹）后，直接点击工具栏中的图形按钮，如图 10－29 所示。

右键单击控制树中的域节点（或其中的文件夹）后通过“新建”下的 User，如图 10－30 所示。

接下来就是输入用户名和密码，最后单击“完成”按钮结束操作。

图 10－29　点击图形按钮

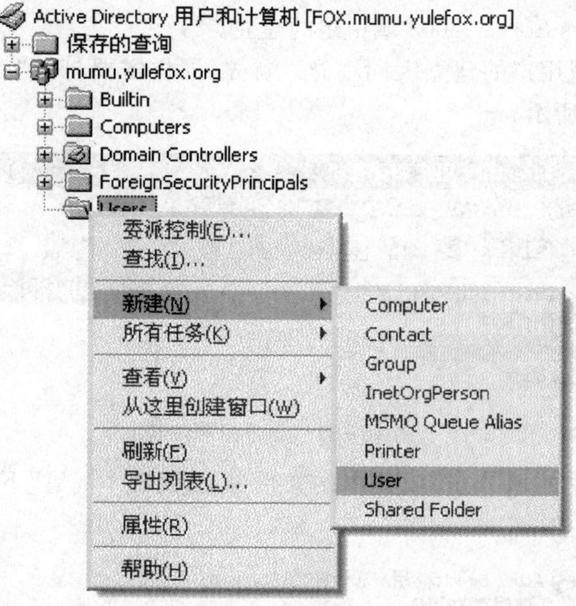

图 1－30　右键单击控制树中的域节点(或其中的文件夹)

10.3.4　管理域用户账户

HelpAssistant 账户由“远程桌面帮助会话管理器”服务管理，如果没有远程协助请求等待响应，系统将自动删除该账户。

10.4　Windows Server 2003 中组的创建、应用与管理

组是用户和计算机账户、联系人以及其他可作为单个单元管理的组的集合。属于特定组的用户和计算机称为组成员。

使用组可同时为许多账户指派一组公共的权限和权利，而不用单独为每个账户指派权限和权利，这样可简化管理。

组既可以基于目录，也可以在特定计算机本地。Active Directory 中的组是驻留在域和组织单位容器对象中的目录对象。Active Directory 在安装时提供了一系列默认的组，它还允许创建组。

组具有特定的作用域和类型：组的作用域决定了组在域或林中的应用范围；组的类型决定了可用于从共享资源指派权限（对于安全组），还是只能用做电子邮件通信组（对于通信组）。

还有一些组，无法修改或查看其成员身份。这些组被称为特殊标识，用于根据环境在不同时间代表不同用户。例如，Everyone 组代表所有当前网络用户，包括来自其他域的来宾和用户。

下面介绍 Windows Server 2003 域中组的建立。

域中组的建立和域用户的建立大同小异。首先，同样需要打开“Active Directory 用户和计算机”，如图 10－31 所示。

图 10－31　点击图形按钮

右键单击控制树中的域节点（或其中的文件夹）后通过“新建”下的 Group，如图 10－32 所示。

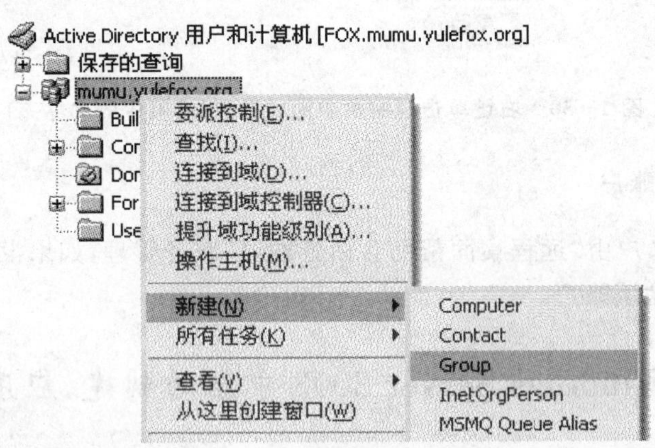

图 10－32　右键单击控制树中的域节点（或其中的文件夹）

最后是根据需要确定组名、组作用域和组类型。

组(不论是安全组还是通信组)都有一个作用域,用来确定在域树或林中该组的应用范围。有三类不同的组作用域：通用、全局和本地域。

(1) 通用组

通用组的成员可包括域树或林中任何域中的其他组和账户,而且可在该域树或林中的任何域中指派权限。

(2) 全局组

全局组的成员可包括只在其中定义该组的域中的其他组和账户,而且可在林中的任何域中指派权限。

(3) 本地域组

本地域组的成员可包括 Windows Server 2003,Windows 2000 或 Windows NT 域中的其他组和账户,而且只能在域内指派权限。

在 Active Directory 中有两种类型的组：通信组和安全组。可以使用通信组创建电子邮件通信组列表,使用安全组给共享资源指派权限。

(4) 通信组

只有在电子邮件应用程序(如 Exchange)中,才能使用通信组将电子邮件发送给一组用户。通信组不启用安全组,这意味着它们不能列在随机访问控制列表 (DACL)中。如果需要组来控制对共享资源的访问,则创建安全组。

(5) 安全组

安全组提供了一种有效的方式来指派对网络上资源的访问权。使用安全组,可以：

① 将用户权限分配到 Active Directory 中的安全组。

可以对安全组指派用户权利,以确定该组的哪些成员可在处理域(或林)作用域内工作。在安装 Active Director 时系统会自动将用户权限分配给某些安全组,以帮助管理员定义域中人员的管理角色。

② 给安全组指派对资源的权限。

用户权利和权限不应混淆。对共享资源的权限将指派给安全组。权限决定了谁可以访问该资源以及访问的级别,比如完全控制。系统将自动指派在域对象上设置的某些权限,以允许对默认安全组(比如 Account Operators 组或 Domain Admins 组)进行多级别的访问。

在定义对资源和对象的权限的 DACL 中列出了安全组。为资源(文件共享、打印机等)指派权限时,管理员应将那些权限指派给安全组而非个别用户。权限可一次分配给这个组,而不是多次分配给单独的用户。添加到组的每个账户将接受在 Active Directory 中指派给该组的权利以及在资源上为该组定义的权限。

像通信组一样,安全组也可用做电子邮件实体。给这种组发送电子邮件会将该邮件发给组中的所有成员。

在了解了以上信息之后，就可以作出选择，一个新组即创建成功。

由于之前已经创建好一个名为 mumu. yulefox. org 的域，故在该域中创建一个新组。应同时确定该组的作用域和类型，此时，创建一个“全局域”，并指定其类型为“安全组”，如图 10－33 所示。

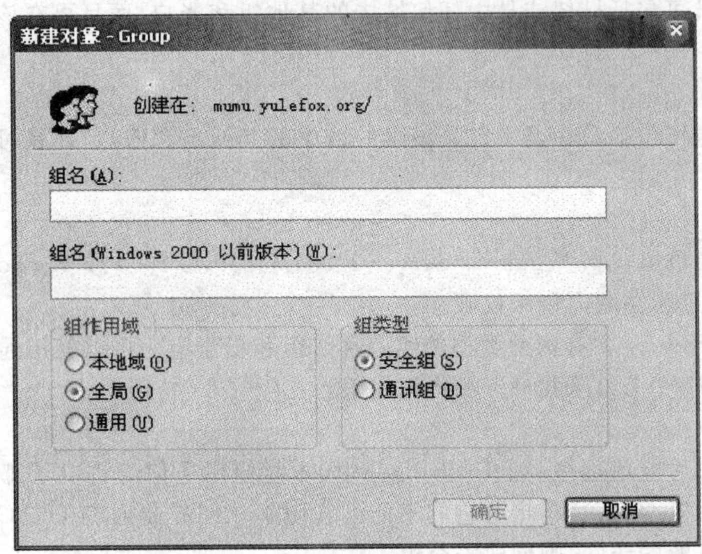

图 10－33　确定组名、组作用域和组类型

10.5　Windows Server 2003 基本网络服务

这一节，将本着一切从简的原则为大家介绍 Windows Server 2003 中三种最常用的基本网络服务。

10.5.1　DHCP 服务

1. 什么是 DHCP

动态主机配置协议(DHCP)是一种 IP 标准，旨在通过使用服务器集中管理网络上使用的 IP 地址和其他相关配置细节，以降低管理地址配置的复杂性。如果计划执行多播地址分配，并动态获得客户端 IP 地址和相关的配置参数，请将该服务器配置为 DHCP 服务器。

授权 DHCP 服务器的步骤如下：

① 在计算机重新启动后，按＜Ctrl＋Alt＋Delete＞组合键，并以 administrator@contoso.com 的身份登录到服务器上。将密码保留为空。

② 单击“开始”菜单，选择“管理工具”，然后单击 DHCP。

③ 单击 hq-con-dc-01.contoso.com。右键单击 hq-con-dc-01.contoso.com，然后单击“授权”。

④ 关闭 DHCP 管理控制台。

2. 什么时候用 DHCP

在配置 DHCP 服务器角色之后，可以集中地管理 IP 地址和相关信息。

在安装 DHCP 服务器（DNS 服务器、WINS 服务器也是一样）时，具体步骤如下：

① 选择“添加或删除角色”，如图 10-34 所示。

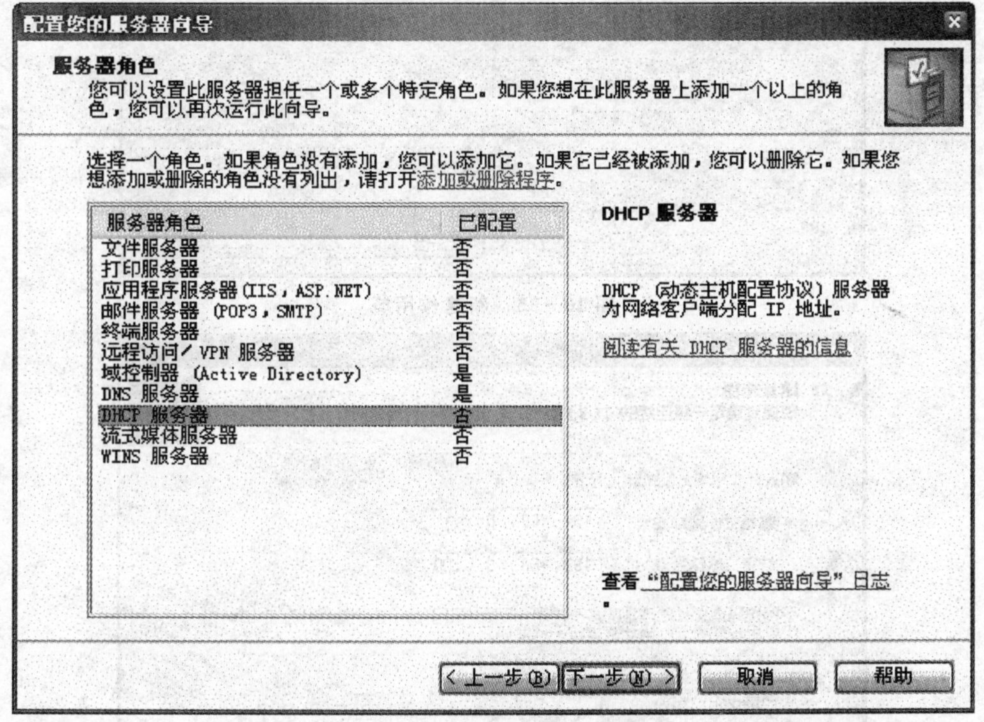

图 10-34　新建 DHCP 服务器

② 新建作用域并指定域名（可任意填写），如图 10-35 所示。

指定作用域分配的 IP 地址范围。在此，用户必须要按照网络规模规划 IP 地址，如果有 199 台客户机需要分配 IP 地址，可输入起始 IP 地址为 192.168.0.1；结束 IP 地址为 192.168.0.200。下面的子网掩码和长度都为默认的：255.255.255.0 和 24，如图 10-36 所示。

注意：此处，起始 IP 最好不要用 192.168.0.1，因为在使用中，192.168.0.1 一般用做网关 IP。

接下来是输入排除的 IP。有时候，希望 IP 地址段中留出一个或者一部分专用，如分配给

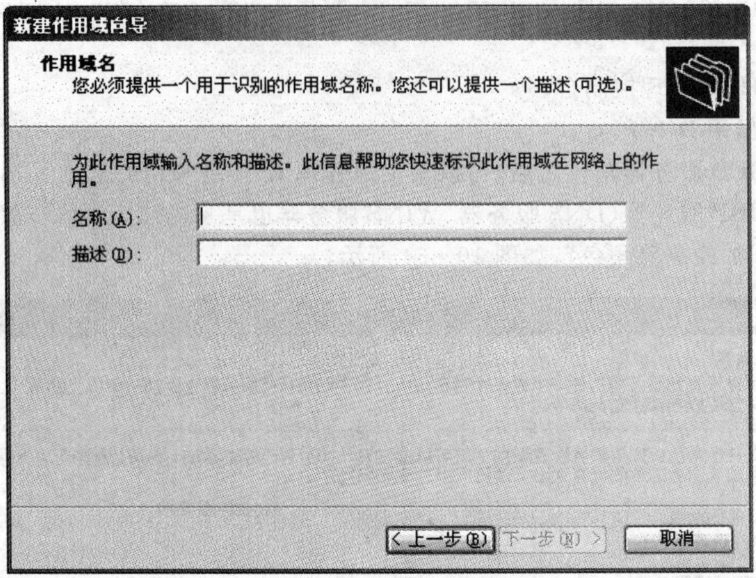

新建作用域向导

作用域名
您必须提供一个用于识别的作用域名称。您还可以提供一个描述(可选)。

为此作用域输入名称和描述。此信息帮助您快速标识此作用域在网络上的作用。

名称(A):

描述(D):

< 上一步(B)　下一步(N) >　取消

图 10-35　新建作用域

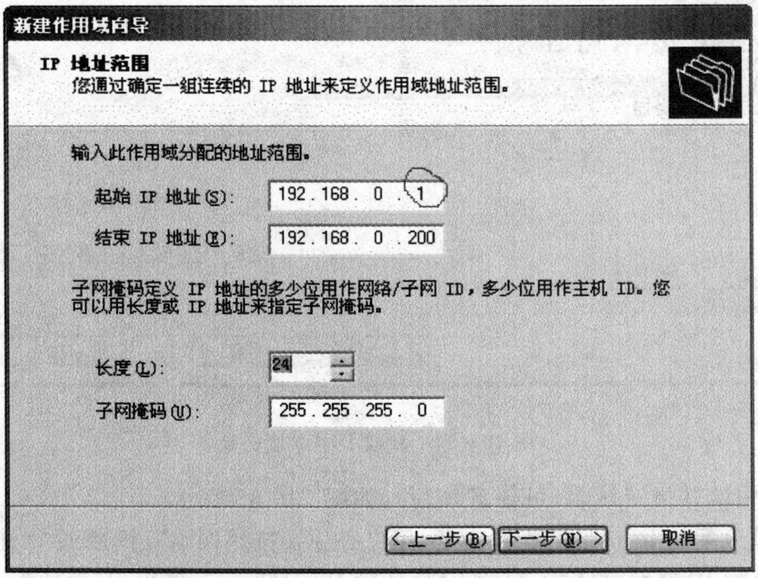

新建作用域向导

IP 地址范围
您通过确定一組连续的 IP 地址来定义作用域地址范围。

输入此作用域分配的地址范围。

起始 IP 地址(S):　192.168.0.1

结束 IP 地址(E):　192.168.0.200

子网掩码定义 IP 地址的多少位用作网络/子网 ID，多少位用作主机 ID。您可以用长度或 IP 地址来指定子网掩码。

长度(L):　24

子网掩码(U):　255.255.255.0

< 上一步(B)　下一步(N) >　取消

图 10-36　新建作用域

提供其他服务的服务器使用，则需要在“排除 IP 地址”里分别输入欲保留的单个 IP 地址或 IP 地址段，输入完成后单击“添加”按钮，它允许输入多段排除的 IP 地址。也可以直接单击“下一步”按钮来跳过“排除 IP”向导，如图 10-37 所示。

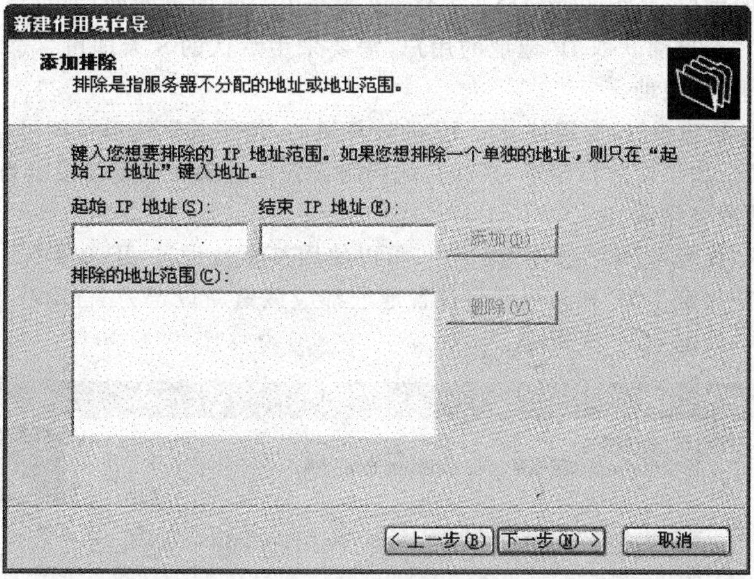

新建作用域向导

添加排除
排除是指服务器不分配的地址或地址范围。

键入您想要排除的 IP 地址范围。如果您想排除一个单独的地址，则只在“起始 IP 地址”键入地址。

起始 IP 地址(S):　结束 IP 地址(E):

添加(D)

排除的地址范围(C):

删除(V)

<上一步(B)　下一步(N)>　取消

图 10－37　添加排除

下一步可以为作用域中的 IP 地址设定其租约期限，如图 10－38 所示。一般来说，对于拥

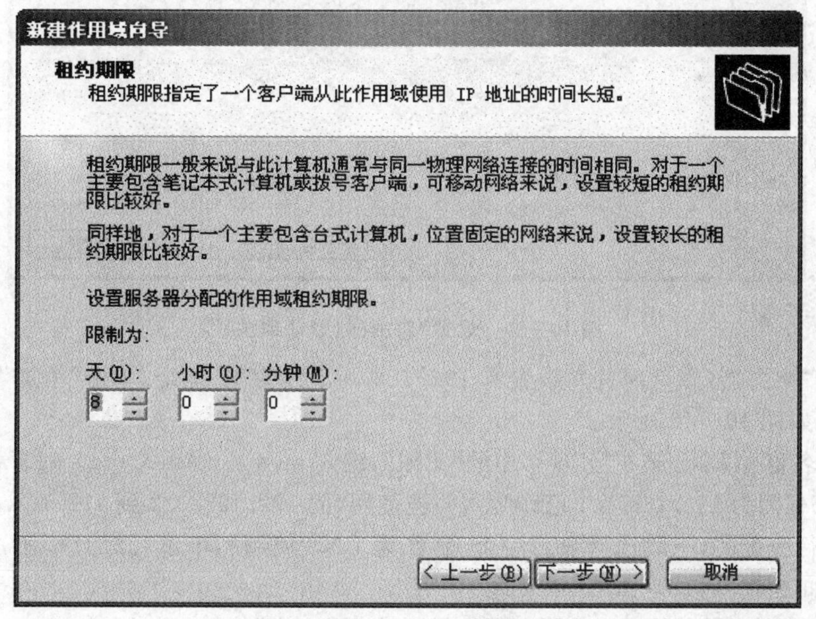

图 10－38　设定“租约期限”

有固定IP地址的用户，其租约期限要长一些，比如交了一年的上网费用，可以设定IP租约期限为365天，而对于自动获取IP地址的用户，需要采用默认的8天即可。这样，在租约期满后，需要重新申请IP地址。

使用了DHCP功能后，设定被分配IP的计算机时，使用其默认设置即可，IP和DNS都选定为“自动获得”。如果以前指定了IP和其他网络设置地址都应该重新设定为“自动获得”，以免引起网络地址冲突错误。

在接下来的“配置DHCP选项”操作中，可以使用其默认设置，IP和DNS都选定为“自动获得”。如果以前指定了IP和其他网络设置地址都应该重新设定为“自动获得”，以免引起网络地址冲突错误，如图10-39所示。

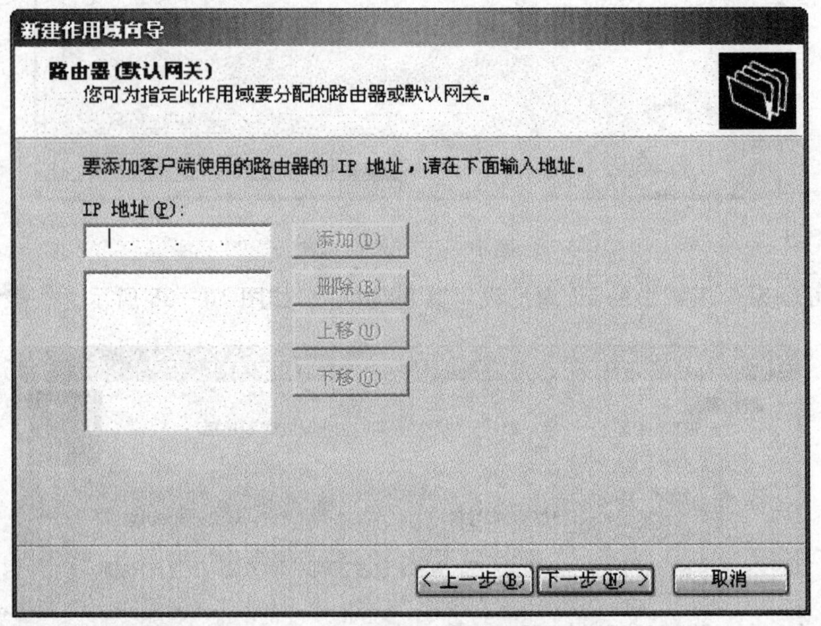

图10-39　设置“路由器(默认网关)”

这里，将“路由器(默认网关)”设置为192.168.0.1作为IP地址，单击“添加”按钮，然后单击“下一步”，如图10-40所示。

对于“域名称和DNS服务器”屏幕中的“父域”，键入mumu.yulefox.org。对于IP地址，键入192.168.0.254(因为192.168.0.1已作为网关被使用，而192.168.0.2到192.168.0.200是作为客户机IP进行分配的，一般选择最后一个IP作为DNS使用)，单击“添加”按钮，然后单击“下一步”按钮，如图10-41所示。

如果该环境中不使用“WINS服务器”，请单击“下一步”按钮。

在“激活作用域”，单击“下一步”按钮后，两次单击“完成”按钮即配置成功。

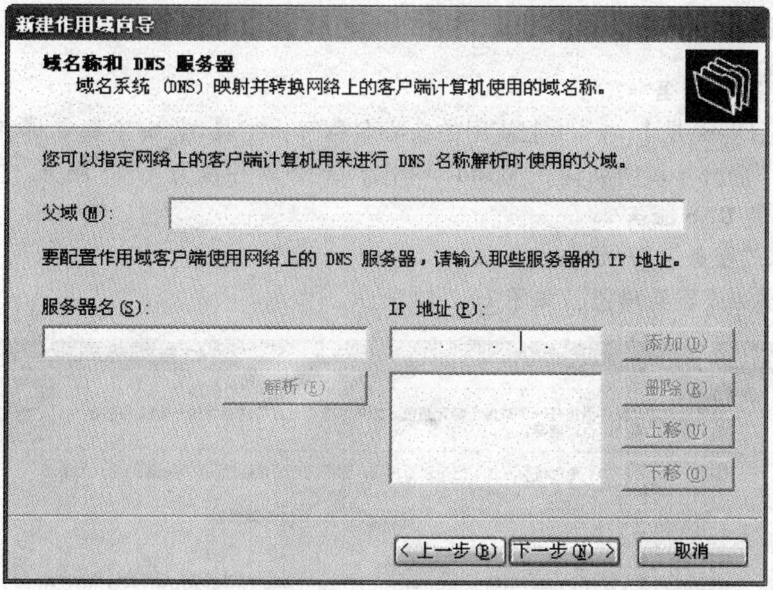

新建作用域向导

域名称和 DNS 服务器

域名系统 (DNS) 映射并转换网络上的客户端计算机使用的域名称。

您可以指定网络上的客户端计算机用来进行 DNS 名称解析时使用的父域。

父域(M):

要配置作用域客户端使用网络上的 DNS 服务器，请输入那些服务器的 IP 地址。

服务器名(S):　　IP 地址(P):

添加(D)　解析(E)　删除(R)　上移(U)　下移(O)

< 上一步(B)　下一步(N) >　取消

图 10-40　设定“域名称和 DNS 服务器”

新建作用域向导

WINS 服务器

运行 Windows 的计算机可以使用 WINS 服务器将 NetBIOS 计算机名称转换为 IP 地址。

在此输入服务器地址使 Windows 客户端能在使用广播注册并解析 NetBIOS 名称之前先查询 WINS。

服务器名(S):　　IP 地址(P):

添加(D)　解析(E)　删除(R)　上移(U)　下移(O)

要改动 Windows DHCP 客户端的行为，请在作用域选项中更改选项 046，WINS/NBT 节点类型。

< 上一步(B)　下一步(N) >　取消

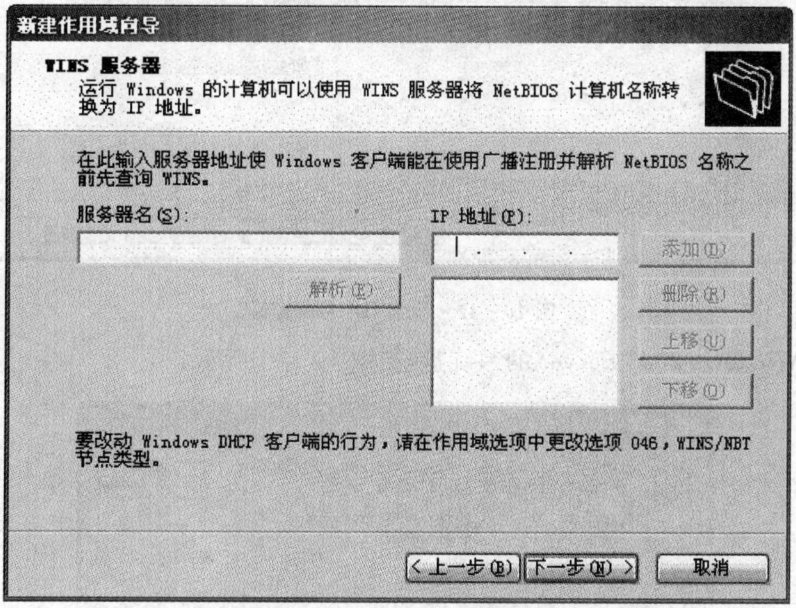

图 10-41　设定“WINS 服务器”

10.5.2 DNS服务

1. 什么是DNS服务

域名系统（DNS)是Internet上使用的核心名称解析工具，负责主机名称和Internet地址之间的解析。下面分步说明如何在Windows Server 2003中配置DNS服务。

2. 如何安装DNS服务

从"管理您的服务器"开始。

① 选择"添加或删除角色"，如图10-42所示。

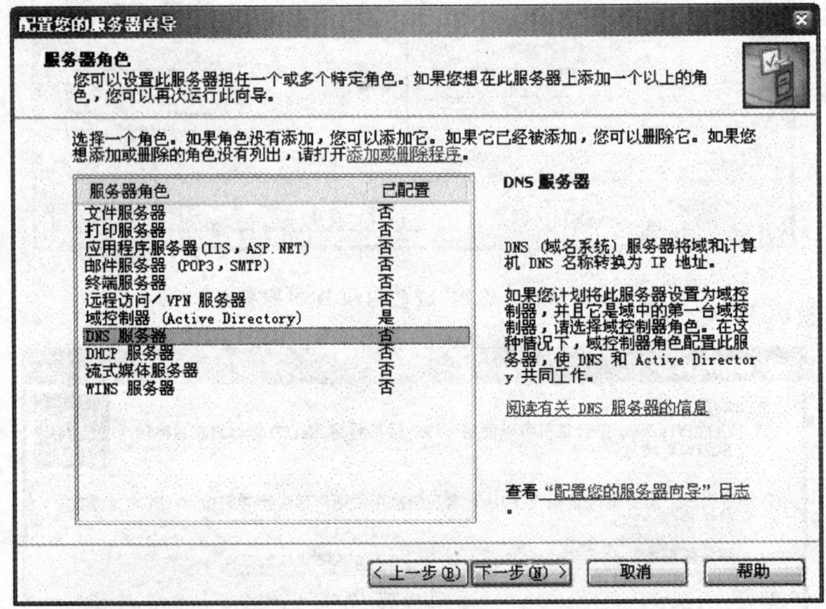

图10-42 设定"DNS服务器"

② 插入Windows 2003 Server的系统盘，如图10-43所示。

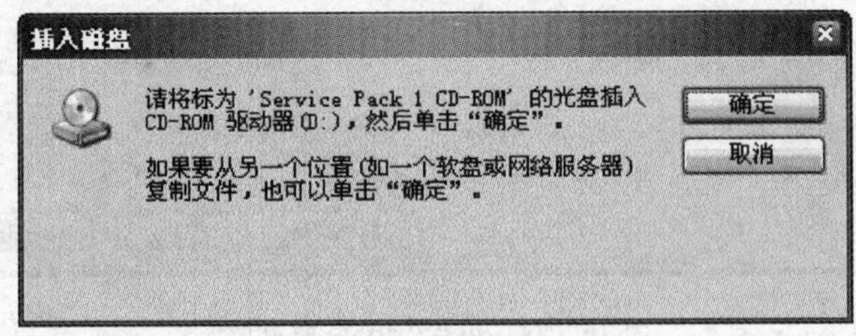

图10-43 插入磁盘

由于本机的 IP 地址尚未配置，将出现如图 10－44 所示的提示内容。

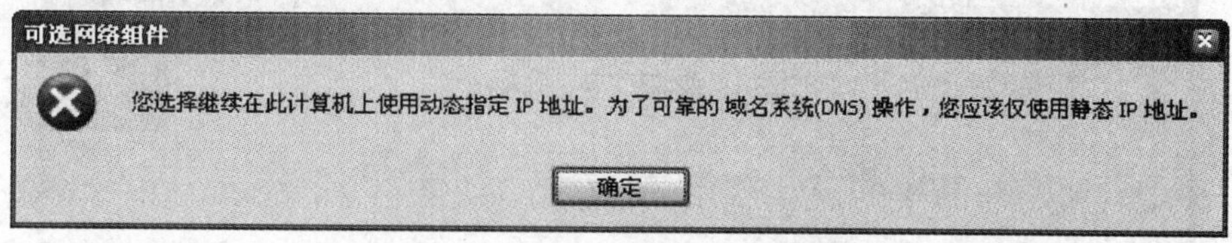

图 10－44　警告：使用静态 IP 地址

下面的操作将根据需要而定。以配置小型网络为例，如图 10－45 所示。

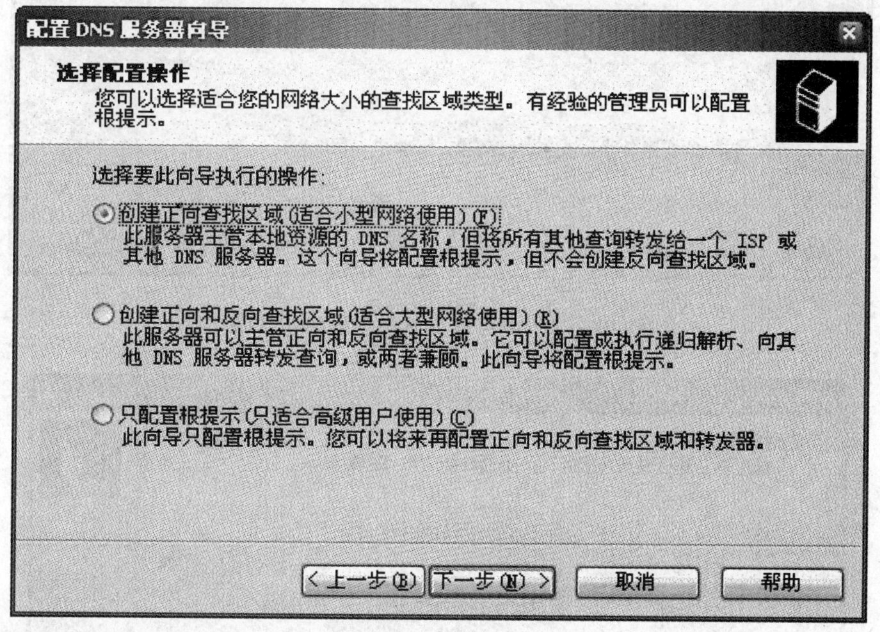

图 10－45　选择配置操作

注意：运行 Windows Server 2003 的 DNS 服务器必须将其 DNS 服务器指定为它本身，如图 10－46 所示。

如果该服务器需要解析来自它的 Internet 服务提供商（ISP）的名称，必须配置一台转发器。在本小节的最后将简要讲解如何配置转发器。

接下来将依“新建区域向导”新建一个区域，如图 10－47 所示。新区域包含该基于 Active Directory 的域的定位器记录。区域名称必须与之前建立的基于 Active Directory 的域的名称相同（yulefox. org 或其子域 mumu. yulefox. org 也可以），如图 10－48 所示。

在下一步的“动态更新”中，选用“只允许安全的动态更新（适合 Active Directory 使用）”或“不允许动态更新”（自行手动更新），如图 10－49 所示。

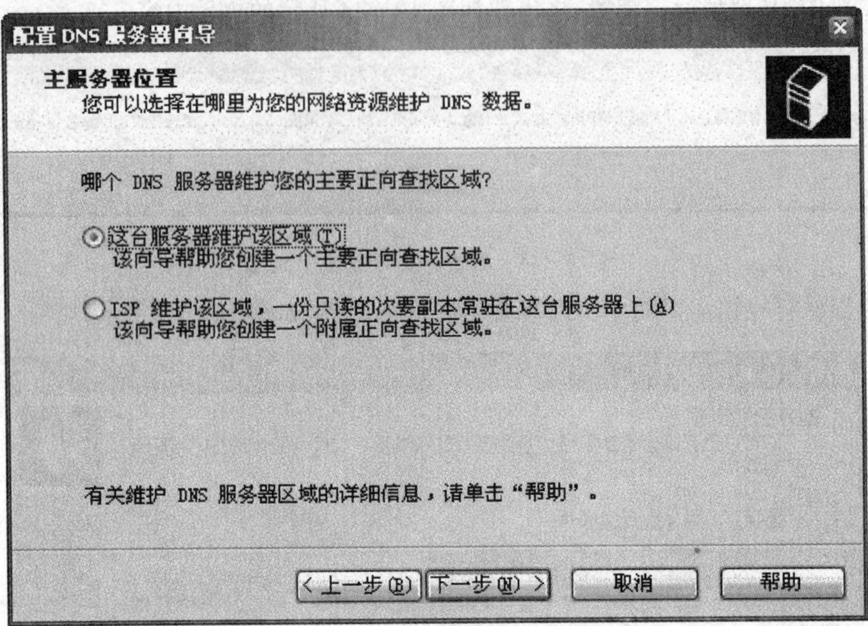

图 10－46　使用当前服务器维护该区域

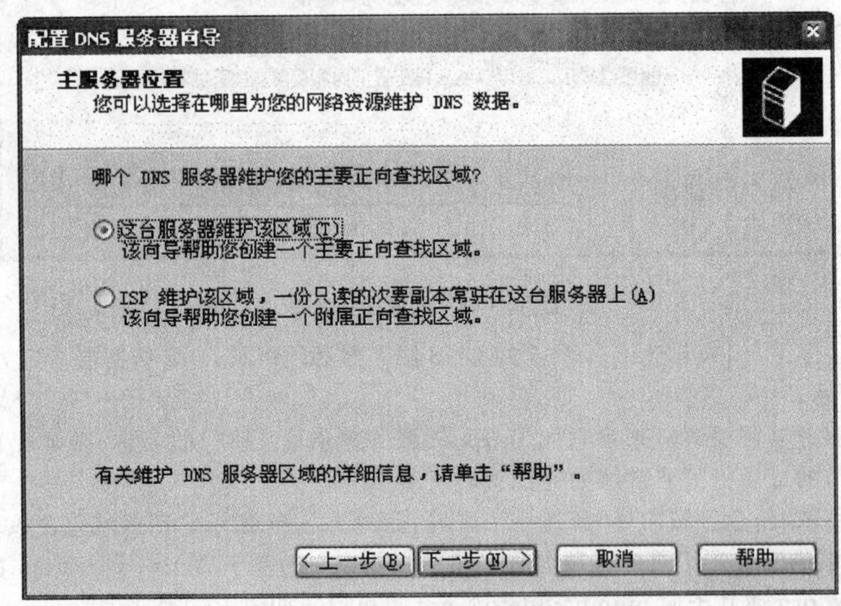

图 10－47　主服务器位置

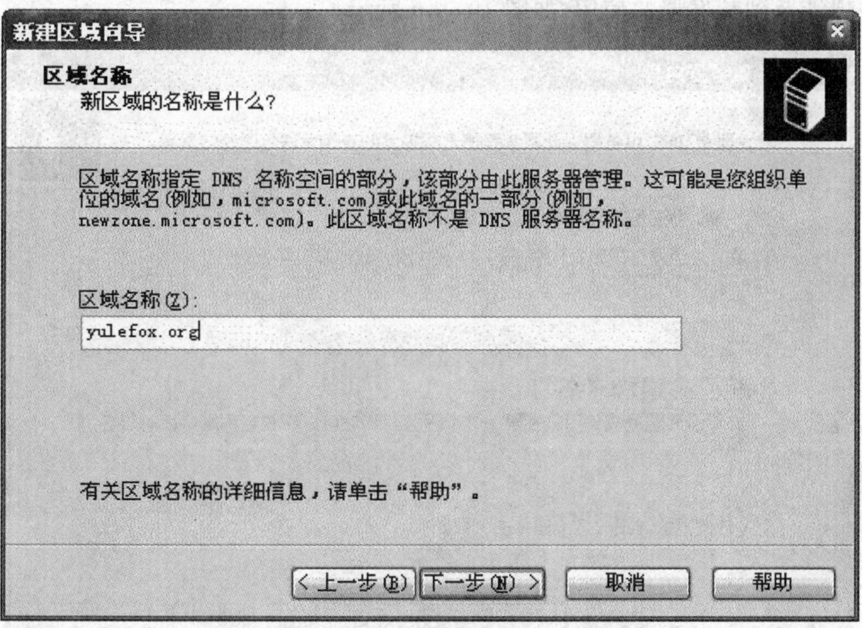

图 10－48　区域名称

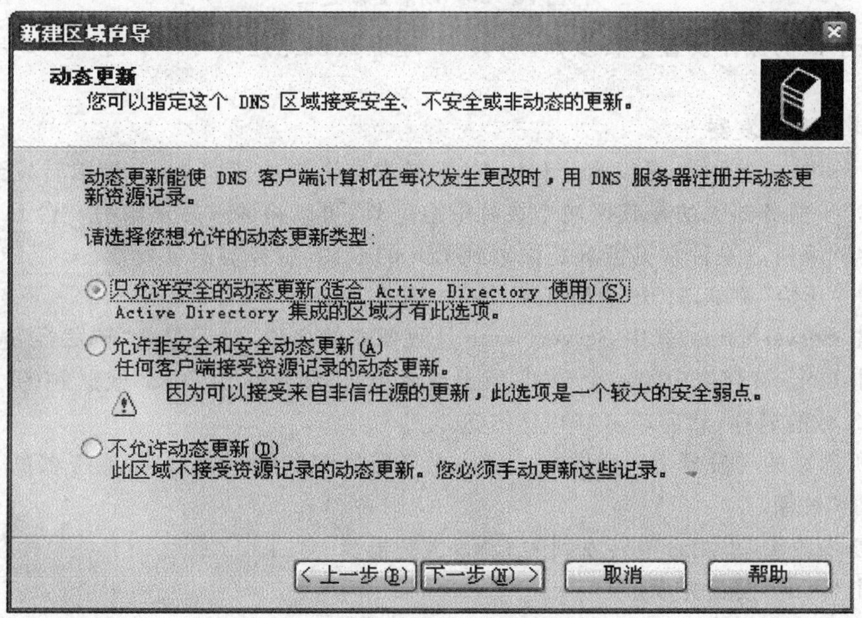

图 10－49　动态更新之一

最后一项涉及到转发器的使用，如图 10 - 50 所示。

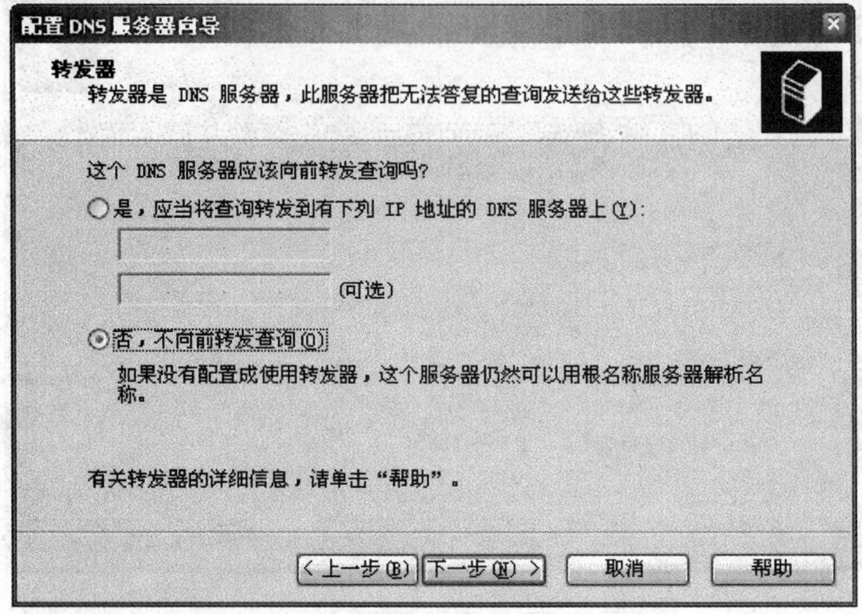

图 10 - 50　动态更新之二

如果按下面的操作设置了转发器，将其 IP 地址加在此处即可。单击“下一步”按钮完成 DNS 配置。

3. 如何配置转发器

Windows Server 2003 可以充分利用 DNS 转发器。该功能将 DNS 请求转发到外部服务器。如果 DNS 服务器无法在其区域中找到资源记录，可以将请求发送给另一台 DNS 服务器，以进一步尝试解析。一种常见情况是配置到 ISP 的 DNS 服务器的转发器。

① 单击“开始”菜单，打开“管理工具”中的 DNS 服务。

② 右击 ServerName，其中 ServerName 是服务器的名称，然后单击“转发器”选项卡。

③ 单击 DNS 域列表中的一个 DNS 域。或者单击“新建”，在 DNS“域框”中键入希望转发查询的 DNS 域的名称，然后单击“确定”按钮。

④ 在所选域的转发器 IP 地址框中，键入希望转发到的第一个 DNS 服务器的 IP 地址，然后单击“添加”按钮。

⑤ 重复步骤④，添加希望转发到的 DNS 服务器。

⑥ 单击“确定”按钮完成。

10.5.3 WINS 服务

Windows 互联网名称服务 WINS（Windows Internet Name Service）是指由服务器将 IP 地址动态地映射到计算机名称（NetBIOS 名称），从而使用户可以通过简单易识别的计算机名代替 IP 地址访问资源。如果希望该计算机跟踪网络中其他计算机的名称和 IP 地址，那么请将该计算机配置为 WINS 服务器。

安装 WINS 服务的过程比较简单，从“管理您的服务器”，进而选择“添加或删除角色”，然后选择“WINS 服务器”，直接单击“下一步”按钮，等待配置完成，如图 10－51 所示。

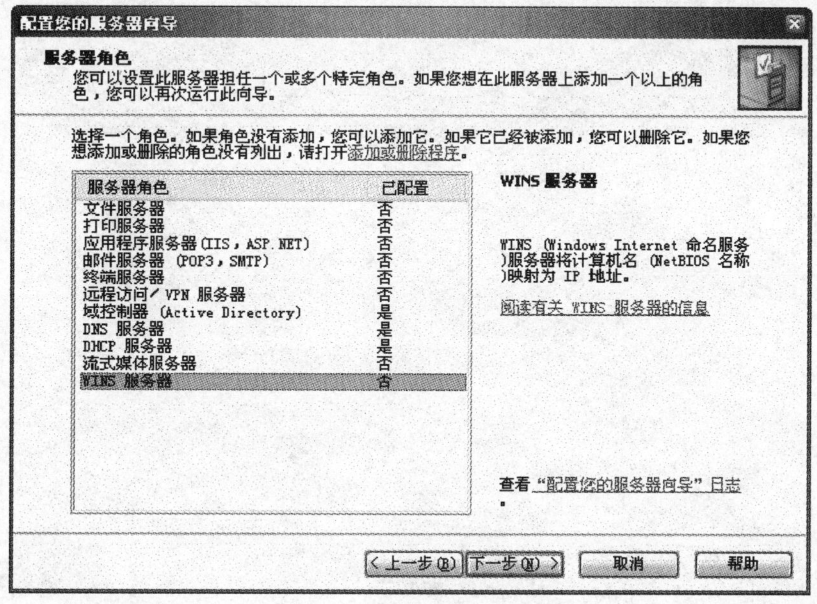

图 10－51 安装 WINS 服务器

10.6 本章习题

① 比较支持 64 位的网络操作系统的优缺点。

② 用户账户和计算机用户的区别是什么？

③ DHCP，DNS，WINS 服务的区别是什么？

④ 练习局域网操作系统的安装。

⑤ 练习 Windows Sever 2003 的配置管理。